北京外国语大学中国语言文学学院 编

人文丛刊

第九辑

学苑出版社

图书在版编目（CIP）数据

人文丛刊．第9辑／北京外国语大学中国语言文学学院编．—北京：学苑出版社，2015.9
ISBN 978-7-5077-4864-2

Ⅰ．①人… Ⅱ．①北… Ⅲ．①人文科学－文集 Ⅳ．① C53

中国版本图书馆 CIP 数据核字 (2015) 第 212738 号

责任编辑：战葆红
封面设计：徐道会
出版发行：学苑出版社
社　　址：北京市丰台区南方庄2号院1号楼
邮政编码：100079
网　　址：www.book001.com
电子信箱：xueyuanpress@163.com
销售电话：010-67601101（销售部）　67603091（总编室）
经　　销：新华书店
印　刷　厂：保定市彩虹艺雅印刷有限公司
开本尺寸：889×1194　1/16
印　　张：24.5
字　　数：500千字
版　　次：2015年9月第1版
印　　次：2015年9月第1次印刷
定　　价：100.00元

编委会

主　　编：魏崇新

执行主编：高育花

编　　委：魏崇新　　罗小东　　石云涛
　　　　　吴丽君　　陈小明　　黎　敏
　　　　　高育花

目 录

【语言本体】
中文组织名资源库的建设与应用 ································ 陈慧 1
副词"直"的语义研究 ·· 池宇 9
基于使用的模型与语言习得研究 ································ 邓川林 16
谈现代常用汉字中部件"又"的来源及含义 ······················ 方稚松 23
《老乞大谚解》《朴通事谚解》中的疑问代词 ····················· 高育花 36
汉英词汇空间隐喻心理投射对比研究初探 ························ 孟德宏 49
《金光明经》异译本中的时间连接成分 ···················· 王继红 王凤 56
几种常见语义分析方法与汉语歧义的分化 ························ 五霜梅 68
《新著国语文法》语法思想初探 ································ 余求真 74

【语言教学】
天人合一观——开启汉语世界的一扇窗 ·························· 耿 玲 80
"(X)整个一(个)Y"的分类及相关问题 ························ 桂 靖 86
电影作品在对外汉语教学中的应用 ······························ 何一薇 96
早期对日汉语教材考察 ·· 侯红玉 105
"认知法"在对外汉语综合课教学中的应用 ······················ 来静青 115
速成汉语教材编写的突破与创新 ································ 李 明 122
韩国职前汉语教师语法教学信念调查研究 ················ 刘芳芳 汲传波 130
简论江户时代前期汉语教育发展特点 ···························· 刘继红 140
针对马来西亚学习者的汉语教材设计 ···························· 鲁文霞 150
马来留学生利用汉语言环境调查研究 ···························· 吕滇霞 156
对外汉语教学中韩汉翻译课相关因素分析及教学设计 ·············· 万玉波 165
新旧 HSK 大纲相对程度副词比较 ······························ 王 波 174
奥地利非成人汉语课堂问题行为案例研究 ················ 王晓鸥、张红 184
浅谈中日两国类亲属称谓语的异同及日本留学生常见偏误 ·········· 闻广益 196
浅议经贸汉语综合课中经贸知识的编排 ·························· 岳 薇 208

马来西亚非华裔汉语学习者态度与动机研究 …………………… 朱旻文 214

【文学文化】

集体记忆的生成及效应:新时期初期文学如何书写历史 ………… 白　亮 221
英国汉学家阿瑟·韦利的袁枚研究 …………………………… 蒋文燕 232
《山海经》的亚文化解读 …………………………………… 罗小东 242
越南古代汉文小说中越使臣斗胜故事的模式化特征 …………… 吕小蓬 248
中国人处理交际冲突的原则初探 ……………………………… 冉利花 256
唐方镇及文职僚佐考补正 …………………………………… 石云涛 264
从丁玲的晚期创作看"何谓左翼" …………………………… 唐利群 286
明代文学史叙述的新视野 …………………………………… 魏崇新 292
北宋东京街市经济考察 ……………………………………… 徐晓峰 301
禅宗与汤亭亭的诗人之路 …………………………………… 杨　春 309
刘勰"自然"文学观浅谈 …………………………………… 岳　岚 317
《悲剧心理学》第十二章的比较文学方法论分析 ………… 张洪波　刘小乔 323

【博士专栏】

孙悟空信仰在泰国的流行 …………………………… 班侬·拉姆盖 333
中唐文士的文化反思与文化认同 ……………………………… 王　雷 346
唐代军士的《金刚经》信仰与崇经 …………………………… 张开媛 353
略论佛教与《文心雕龙》"圆"范畴 ………………………… 张明娟 359
《山海经》中的"人鱼"形象在日本的变异 ………………… 张西艳 371
说"潦倒" ………………………………………………… 赵晓晖 381

语言本体

中文组织名资源库的建设与应用

陈 慧

［内容摘要］ 我们基于国家语言资源监测语料库,抽取中文组织名实例与上下文信息、文本外信息,建设了一个动态更新的中文组织名数据库,并应用该数据库尝试进行了一系列应用研究,分别是:面向文本分类和行业信息挖掘的组织名分布特征研究、面向机构名识别的组织名结构规则研究和字词符号使用研究、面向国家语言资源监测的组织名动态监测与榜单发布实验研究。

［关键词］ 中文组织名　国家语言资源监测语料库　分布　结构规则　动态监测

一、研究背景

中文组织名是组织的专有名称。何谓"组织"？简单说来,"组织"涵盖了与个人、非正式临时群体相对应的集体。"这样一个集体应该具有如下两个特征:专有的组织目标、科层制组织系统。马克斯·韦伯认为科层制的特征是:有明确的权威等级;有一定的规章制度;成员在组织内的任务与其在组织外的生活相互分离;组织成员不具有它们所调配的物质资源。在民间团体等组织的发展越来越兴盛后,对过去的'明确的权威性'、'一定的规章制度'等都表现出一定的灵活性,但基本一致。[Anthony Giddens,2003]"。

据《中国语言生活状况报告》2005－2014年历年的统计结果,这样的中文组织名在词语种数中的比例稳定在36%左右,词语在不同年度中使用差异最大的是组织名,分别占到各年词种数的40%－43%。了解和研究组织名对于语言信息处理、语言学、社会学、大众传媒研究等都有不可小觑的价值和意义。但是目前这些价值和意义并未得到大家的重视。在工作中,我们深切感受到中文组织名的基础研究亟待突破。就拿中文信息处理来说,近30年来中文组织名识别成为了各种统计技术的"沙场"。然而从中文分词评测结果来看,中文组织名识别仍是中文分词标注工作的瓶颈。组织名识别除了要应用成熟的技术,还要应用相关的语言知识。和其他词语成分的语言研究相比,中文组织名的很多基本问题没有得到很好的研究和解决。

要做基础研究,就需要有材料。实际上我国有不少现成的中文组织名数据库,但是从长远角度考虑,我们所需要的数据库应该是能免费获取的,大规模的,来自真实语料的,有代表性的,而且如果能同时支持共时、历时的研究就更好。2001年起我国建造了国家语言资源监测语料库,成为了我国规模最大、媒体覆盖面最广而且不断更新完善的国家语料库。国家语言资源监测语料库依据流通度对主流报纸进行抽样,采录真实、语言规范的平面媒体、网络媒体、有声媒体等媒体语料。这些媒体语料经过了文本预处理、分词标注和领域分类。该语料库经历了从2001年至今的持续动态更新,能实现历时稳态和实时动态研究的要求。如果我们基于这一语料库对组织名进行全方位的基础研究,也许将对上述领域起到一定的基础支撑作用。出于这样的考虑,我们基于该语料库初步建构了一个组织名资源库,在此基础上从多个维度对其进行统计、分析、考察、实验。现在我们就简要汇报我们的资源库建设情况及初步的应用成果。

二、中文组织名资源库建设

我们首先从国家语言资源监测语料库中提取得到了全部被标记的中文组织名。规模如表1、表2所示:

表1 中文组织名研究语料库中的组织名规模

	总数	种数	平均频次
词语	247,257,749	8,750,105	28.258
组织名	3,954,716	615,681	6.423
比例	1.60%	7.04%	22.73%

表2 中文组织名研究语料库语料量统计表

年度	媒体	语料量(字节)	文本散布数	词语总数	词语种数
2002	北青报	514,664,332	341,770	83,941,419	2,263,096
	北京晚报	309,507,162	212,581	33,668,764	1,459,554

续表

年度	媒体	语料量（字节）	文本散布数	词语总数	词语种数
2006	法制日报	160,664,324	74,120	32,443,659	707,298
	环球时报	71,661,318	33,033	12,876,099	829,325
	人民日报	283,673,378	141,520	39,635,334	1,702,745
	羊城晚报	251,773,337	184,604	44,692,474	1,788,087
	总计	1,591,943,851	987,628	247,257,749	8,750,105

该语料库我们运用中科院自动化所分词标注系统进行分词标注，该系统的基本特点是：训练语料来自北京大学计算语言学研究所建设的《人民日报》6个月的语料；系统的命名实体识别模块完全通过统计技术训练获得；整个分词系统没有词典和规则等资源的支持。该分词系统在我国2004年863分词评测中取得了优秀的成绩，且在组织名识别方面的准确率达到了国内领先水平。我们的组织名考察研究工作就建立在此分词标注系统分词的基础上是更有意义和价值的。我们的组织名资源库结构如图1所示：

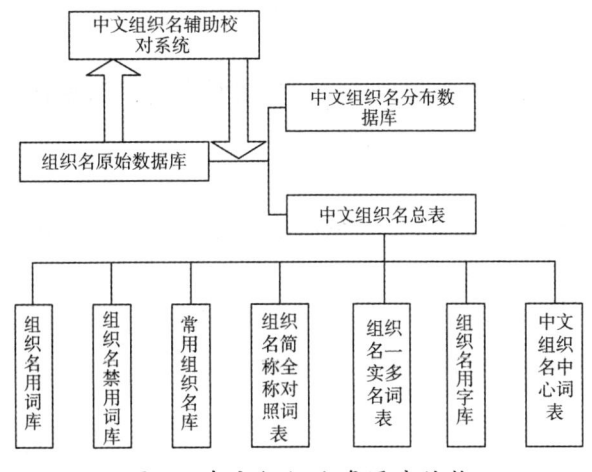

图1 中文组织名资源库结构

由于分词系统存在一定的错误率，长远考虑，我们专门设计了一个中文组织名辅助校对系统，界面如图2所示。

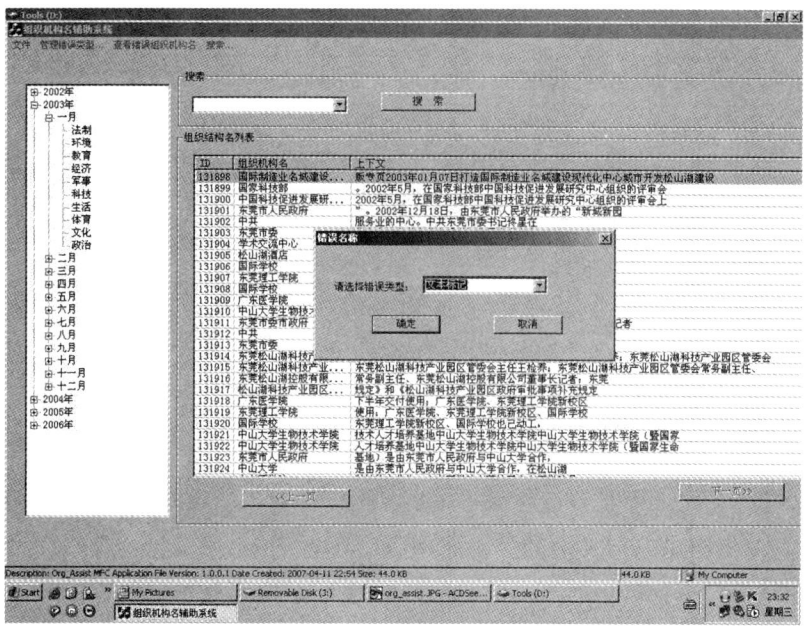

图2 中文组织名辅助校对系统界面(截图)

三、面向行业分析和文本分类的中文组织名宏观分布特征考察

通过组织名的分布,了解到不同媒体的关注喜好,洞察到不同行业信息,还能对文本分类有一定助益。面对多种可能的应用前景,我们做了最基础的组织名频率分布、领域分布、历时分布、报纸分布、字长分布考察,得到了以下可能有价值的分布特征:

1. 频率分布特征:平均每个中文组织名出现6.4次。约63%的组织名仅出现一次;约17%的组织名出现两次;约4.3%的组织名频次在10以上。排名第一的教育科研类组织为——北大。排名第一的国际、外国体育类组织为——韩国队。

2. 领域分布特征:政治类语料出现的中文组织名最多,环境类语料的中文组织名种类最少。法制类、经济类的组织名种数在各领域类词语种数中的比例是最高的。领域独用组织名的比例较高,平均达到56.63%的独用率。高频组织名在每个领域中都有可能出现。因此其领域特征确实不明显。

我们发现,衡量组织名是否进入通用领域,领域分布特征比频次更可靠。我们新创了"领域表征值"概念并给出操作标准,如,中国人民大学的政治领域表征值和法制领域表征值十分相近,说明中国人民大学至少在这两个领域有很强的表征能力。再如,"清华大学"和"北京大学"都在政治、教育领域特征很强,但是清华大学的政治领域特征强于教育领域特征,北京大学的教育领域特征强于政治领域特征。

3.历时分布特征：每年独用的组织名种类约占当年全部组织名种数的2/3，独用组织名总数约占全年组织名总数的1/5。年度独用组织名一般为频次为1—2的组织名。如频次较高，则为当年较热门的组织名。相邻两年会重复用到的组织名只有大约1/5。两年共用的词语一般也就是多年共用的高频词语和历时关注度较高的非高频词语。对于组织名而言，也是如此。

4.字长分布特征：

组织名的长度很不确定，在2—17的范围内均有分布。

组织名字长越大，其频次越低。从种数来看，字长为6的组织名最丰富。从词总数来看，三字组织名总数最多。频次和字长呈正相关。

下面将对2—4字长的组织名的形式特征进行进一步考察分析。字长为2的组织名都是组织名简称。字长为3的组织名结构最多的是"2＋1"式，字长为4的组织名结构最多的是"2＋2"式，更多字长的组织名结构实际上是在此基础上发展而来的。

5.报纸分布特征：

报纸独用的组织名约占该报纸组织名总种数的2/3。

《北京青年报》词语总数、词语种数均为6份报纸之冠。组织名分布、独用组织名比例是所有报纸中最平均的；《环球时报》的规模最小，所关注的组织名范围更集中，报道范围也更集中；《人民日报》上的组织名高度集中。更关注一些重要的、官方的组织机构的社会活动；《羊城晚报》组织名独用比率大，对于其关注的组织，其报道量也并不多；《法制日报》的组织名最丰富，关注的组织范围更广泛，报道范围更广泛。其报纸上载的组织名与其他报纸的差异性很大。

四、面向分词系统的中文组织名结构规则研究

汉语是没有形态变化的语言，如果单纯用西方语言的命名实体识别方法——主要依据机器学习和统计进行组织名识别——效果并不理想。因为单纯的统计模型无法解决数据稀疏和用词随机性带来的问题。因此中文组织名的识别必须引入规则。在这方面，我们全面查阅了从《马氏文通》至今的语言学文献与中文信息处理文献，发现这方面的研究主要集中在某一类别组织名的结构规则描写（如高校名、企业名）、中心词统计分析、用词分析、组织名形式化分类。主要的问题是，规则稍嫌琐碎，难以操作。随机获取的数据不能反映真实语料中的组织名分布。我们将在前人研究基础上，基于识别结果，以提高识别精度为目标，深入剖析组织名的中心词、上下文、结构等，建立了一套组织名规则研究的初步成果。其体系详见图3。以《中心词词表》为例，其中包括：52个单义中心词、26个兼类中心词、25个简

称中心词、8个小概率中心词、19个非组织名中心词。我们依据中心词对全部组织名进行了形式化分类,并对每一类组织名进行了规则描述,以企业类组织名为例:

〈组织名〉::=＆＆{〈地名〉}〈字号〉〈内容说明词〉〈中心词〉

〈地名〉::=＆＆〈国名〉|〈名词:表地名〉|〈地名〉〈方位词〉|〈处所词〉

〈企业类中心词〉::=＆＆〈中心词限定成分〉〈中心词〉

在上下文规则研究方面,我们初步选取的是"英国广播公司"、"中国证监会"和"清华大学"这三个代表性词语进行了前接续成分关系、后接续成分关系的考察。厘清了直接搭配关系之外的伪搭配和间接搭配关系。并对每一种情况进行了规则描述。

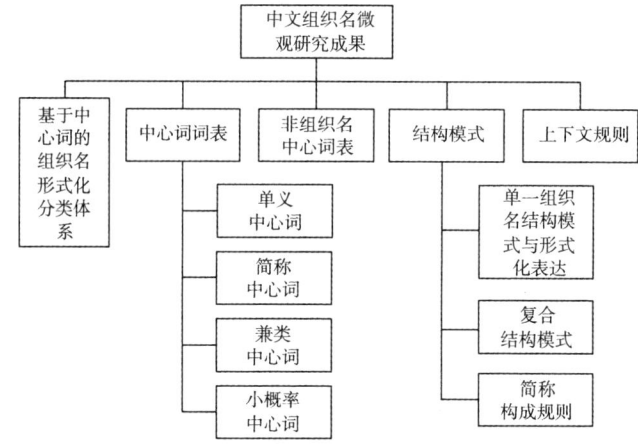

图3 中文组织名结构规则研究成果

五、中文组织名识别结果字词符号考察

我们基于识别结果,将组织名包含的通用汉字、其他字符、词性分布、词语使用、地名、字号、内容说明成分等行了初步的全面考察,考察内容如图4所示。

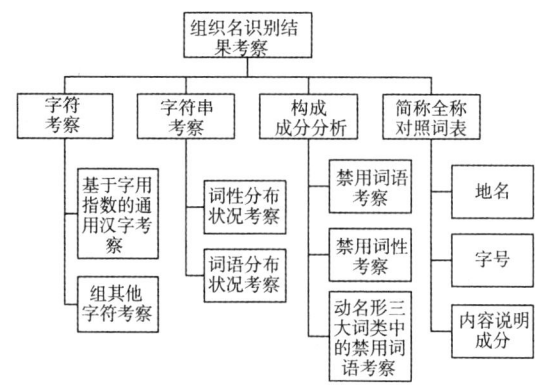

图4 组织名识别结果考察内容

数据库中共出现了4883个通用汉字,其中构成组织名简称最多的10个字为:

中、大、航、军、北、共、部、行、铁、盟。我们对组织名表中前60万种①组织名识别结果，进行了二次分词，并根据分词结果的性质不断过滤错误的识别结果。根据字词符号考察结果操作我们的过滤程序发现，如果在组织名识别结果中引入禁用词性这一资源，能自动过滤85475种中文组织名。引入禁用字符串这一资源，能继续自动过滤43930种中文组织名。随后我们又对三大实词中的禁用词语进行了一一排查。

在以上结构规则研究和字词符号研究之后，我们提出了一个组织名识别流程，以说明中文组织名规则知识在识别中的具体应用。

六、中文组织名动态监测

我们研制了一套年度中文组织名获取流程，如图5所示：

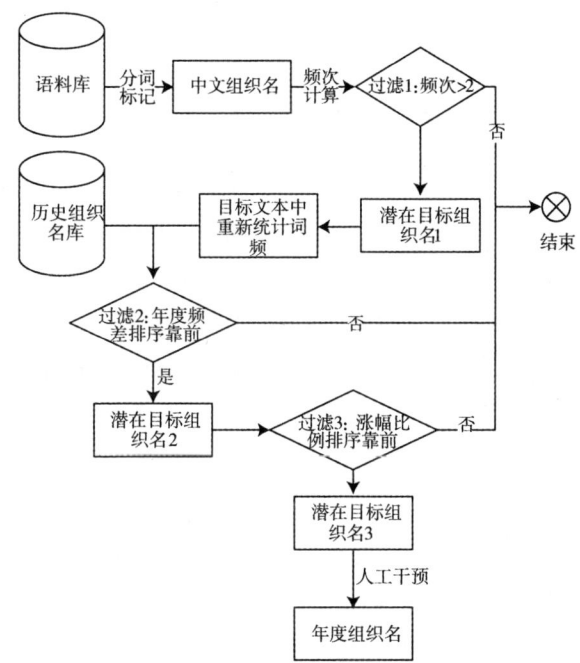

图5 年度中文组织名获取流程

然后我们选取2005、2006年六份报纸语料为语料进行实验，获得年度前十五位的政府组织名如下：民进党、国土资源部、铁道部、交通部、朝阳法院、中央综治委、红四方面军、国家药监局、丰台法院、国家安监总局、药监局、全总、红一方面军、市安监局、深圳市公安局。

---

① 之所以只取前60万，主要是因为后面的一万多条词语都是错误的识别结果。

除了整体监测,在这些数据的基础上我们也能很方便地实现对特定组织名的动态监测。如,可以通过年度频次等统计数据绘制其历时走势图,以了解某一组织名的历时分布状况。根据不同组织名的历时走势图,我们可以得到"持续高度关注型"中文组织名和"年度高度关注型"组织名。前者如"教育部",后者如"中国女足"。动态监测的目标一般重点在"年度高度关注型"中文组织名上,但"持续高度关注型"组织名则反映了媒体历时稳定高度的关注情况。

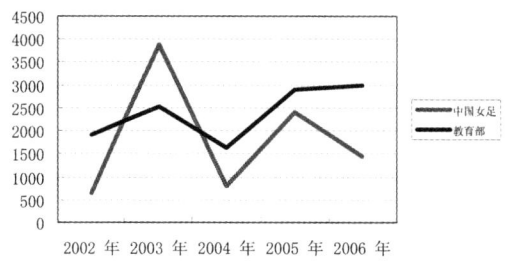

图6 "中国女足"、"教育部"历时走势图

七、结语

中文组织名研究是一个值得深入和拓展的课题,而本文的研究只是一些初步的工作。下一步,我们将进一步研究名词、动词、形容词中的"禁用词",结合组织名结构和语义词典,研究名词、动词、形容词在中文组织名结构中的条件限制和搭配规则,完善禁用词表,对组织名结构进行再分类,并将规则形式化,供中文信息处理使用。同时我们还将面向社会应用对组织名的动态监测和榜单发布进一步深入研究下去。

参考文献

[1]Anthony Giddens. 社会学(第四版). 北京大学出版社,2003

[2]中国语言生活状况报告:2006. 商务印书馆,2007

[3]黄昌宁,赵海. 汉语分词:十年回顾. 中文信息学报,2007(3)

[4]俞理明. 汉语缩略研究. 四川大学博士论文,2002

[5]詹卫东. 面向中文信息处理的现代汉语短语结构规则研究,清华大学出版社,1999

[6]张普. 关于动态语言知识更新与流通度研究. 语言文字应用,2001(4)

[7]张小衡,王玲玲. 中文机构名识别与分析. 中文信息学报,1997(4)

副词"直"的语义研究

池 宇

[内容摘要] 本文针对《现代汉语词典》中对副词"直"的义项，对"直"的用法进行考察，得出副词"直"除具有"一直""径直"这一义项外，还可以表示程度、结果、反复等语义。并对各个语义的语法结构、语义限制和语用习惯进行了分析。

[关键词] 副词 直 语义

"直"的副词用法在汉语中使用比较普遍，特别是在口语中，但除了《现代汉语词典》外，《现代汉语八百词》和《实用汉语语法》都没有对"直"的副词用法进行说明。而相关的研究文章也比较少见。

在《现代汉语词典》①中，"直"作为副词中的义项有三个，分别是：

1. 一直；径直，直接
2. 一个劲儿；不断地
3. 简直

作为副词的第一个义项，意义比较容易确定，本文着重对第二、第三两个义项的划分进行讨论和分析。

本文将分析副词"直"的结构搭配与语义的关系，确定不同结构所对应的语义关系，并分析其语用的规则和特点。

本文采用例句除注明外，均选自北大现代汉语语料库和北语现代汉语语料库。

一、"直"的句法结构

本文对几千条副词"直"的例句进行筛选分析，总结出"直"在语法搭配上主要有以下几种形式。

---

① 现代汉语词典（第五版），商务印书馆，2005

1.1 VP/AP+得+(NP)+直+程度

(1)初冬的北京已经非常寒冷,穿着薄薄戏服的我们冻得直打哆嗦,导演不喊过,我们就得一遍又一遍地重来。

(2)袁绍听到曹操救了白马,气得直跳脚。

(3)从未参加过国际大赛的白旭红开始有点紧张,在检录处急得直哭,朝着教练程国立使劲招手。

(4)代明到处"打工",割两斤草得一分钱,还到建筑工地推水泥灰,累得直想哭。

(5)赛后,刘翔在赛场上激动得直翻跟斗!自那以后,刘翔真正爱上了这项运动,且更加努力了。

(6)后来听说他是合资企业的总经理,吃惊得直伸舌头。

例(1),作为动词"冻"的补语,直打哆嗦是作为"冻"的程度出现的。例(2)中,袁绍由于听到曹操解了白马之围,非常生日,"跳脚"是其生气的程度。

例(3)(4)(5)(6)都是形容词结构,例(4)中,"想哭"是用来突出累的程度。而"翻跟头"和"伸舌头"也分别是"激动"和"吃惊"的程度。

1.2 vp+直+vp

(7)听了浑身直起鸡皮疙瘩。

(8)那位女孩正帮刘斌做饭,边做边和刘斌挤眉弄眼,让我直以为是刘斌的女朋友。

1.3 拟声词+直

(9)此时正是酷夏,小孩的胳膊上散发出阵阵恶臭,招来了一群群嗡嗡直叫的苍蝇。

(10)我满脸通红,心扑扑直跳,不敢看他们的脸,转身就走。

(11)桌上的玻璃器皿被子弹打得啪啪直响,一个女佣惊叫着,埃利奥特和罗斯伏在大理石地板上,子弹在他们周围嗖嗖飞过,把他们头顶上方的石灰打得直掉,雨点般地洒在他们身上。

(12)那人挣扎而起,疼得哇哇直叫。

(13)那饺子,一咬滋滋直冒油,真香啊!

以上四类结构,直的语义均是表示由一个刺激而导致产生程度很高的反应。无论这个反应是单次动作还是重复性动作。这些"直"都不重读,重读的是最后的反应性动词。

1.4 直+状语+VP+得

(14)此仇不报,非丈夫也,但须谋定而动,于是寻了个隐僻所在,花了好几个月功夫,将一路"碧针清掌"直练得出神入化,无懈可击。

(15)因此,他爱上了唱歌,不仅自己唱,还带动了身边的队友,直闹腾得大伙儿竞相添置卡拉OK设备,纷纷加入歌唱大军。

(16)在气候恶劣的青藏高原,大风暴的确太可怕了!狂风肆虐,石走沙飞,直刮得遮天蔽日,天昏地暗。

(17)就因为一次骑车路过南喜元家门前时按了几下车铃,就被南喜元抽了几个耳光,以后又三天两头找茬殴打南进喜,直打得他远逃外县亲戚家,隐姓埋名好几年。

(18)晚上睡觉时,像躺在冰窖里。我冷得实在受不了,便爬起来跳跃,直跳得身上冒汗,再爬上床去睡,就这样,一夜要反复折腾好几次。

"直+VP+得"结构在口语中几乎不使用,仅仅出现于某些曲艺形式的台词中,带有古典色彩。

在书面语中,例句相对于"直"的其他用法,也相对较少,而且出现在武侠或古代白话文中。

例(14)中,某人练功,练了好几个月,最终达到了出神入化的境界。"直"后面的成分是说明练功的结果。

例(15)中"他"鼓动队友唱歌,最终大家都跟他一起爱上了唱歌,并购买设备。"直"后面的内容是"他"不断带动鼓励的结果。

例(16)(17)(18)中,"直"后面的成分都是表示由于前面的事件或行为导致的结果。

1.5 直+VP

副词"直"

(19)"你如果敢把我能'传音入秘'的事告诉众奴,我非把你剁成血浆不可!""是,是,是……"飞奴被吓得直说"是"。

(20)她强抑住那份恐惧,拉着方婷的手直道歉。"对不起,对不起,我好晕,人很不舒服,所以——方婷,对不起,我真的不是故意的。"

(21)我还听到有一个女孩才不过第一次见到学长,整天就直夸他有多好、多高大、多帅气呢!

(22)蓝马婆听虎又怒啸,越发心寒,不住口直劝小孩快去。

(23)当他把这个好消息告诉我时,我直埋怨他瞎闹。

1.6 直+像/似/作

《现代汉语词典》在副词"直"作"简直"讲时使用的例句是:

(24)痛得直像针扎一样难受。

在这一句中,针扎一样难受,是痛的程度,但是像"针扎一样难受"只是一个比喻,并不是一个实际发生的行为,因此,这里"直"的用法显然不同于前面各例。

副词"直"作"简直就"讲的类似例句,我们找到的十分有限,北大语料库中"直像"结果只找到一例:

(25)刮大风底时侯,若是你有勇气上景山底最高处,看看天安门城楼屋脊上底鸦群,噪叫底声音是听不见,它们随风扬,[直像]从什么大树飘下来底败叶,凌乱得有意思。

在北大语料库中搜索"直像",得到110例,均为武侠小说作品。

我们又在北大语料库中搜索"直似",得到17个例句,其中2例为古文,一例为诗歌,另有8例来自金庸的武侠小说。

在北大语料库中搜索"直似",得到1186例,均为港台武侠小说作品。

在北大语料库中,找到"直作"结构1例,为古典诗词中的用法:

(26)所以清人讲山庄咫尺间,直作万里观。

(27)直到冷一枫将一条蛇吃得干干净净,盛大娘才敢回坐。冷一枫直作未曾瞧见,行所无事的抹了抹嘴,干笑道:"我已点过心,咱们不妨?

(28)查看雨、展梦白两人一齐送上马背。展梦白急呼道:"唐姑娘……"唐凤直作未闻,咬紧牙关!

可见,现代汉语中,特别是口语中,"直像"、"直似"、"直作"这种用法极为罕见。

二、"直"的语义类型

2.1 "直"作为副词,引出某一动作或状态所达到的一个较高的程度

类型1.1、1.2、1.3、1.4都属于这种语义类型。

为什么说这四种类型表示程度而不是表示"一个劲儿"呢?

例(4)代明到处"打工",割两斤草得一分钱,还到建筑工地推水泥灰,累得直想哭。

例(5)赛后,刘翔在赛场上激动得直翻跟斗!自那以后,刘翔真正爱上了这项运动,且更加努力了。

例(6)后来听说他是合资企业的总经理,吃惊得直伸舌头。

(8)那位女孩正帮刘斌做饭,边做边和刘斌挤眉弄眼,让我直以为是刘斌的女朋友。

这三个例句中,例(4)"直"后边是心理动词"想哭",心理动词是内心产生的一种感觉,一旦产生就具有。因此,并不可能是反复出现。因此,例(4)的"直"并不表示"一个劲儿"。

又如例(5)"直翻跟斗",运动员在激动时翻跟斗很常见,但这里显然不是一个

劲儿地翻跟头。即使只翻一个跟头,也可以使用"直"这个结构,表示激动的程度,因此与频度无关。

例(6)更加明显,人吃惊时会吐舌头,但不会是一个劲反复吐舌头。

例(8)中,"以为"也是一个心理动词,也不可能是反复"以为"。

可见,"直"后边的动作是前边动词导致的一种极高的程度,其语义不是反复。

2.2 "直"作为副词,表示一个动作反复进行,有"一个劲儿"的意味

副词"直"表示"一个劲儿"或反复时,副词"直"需要重读。

例(19)"你如果敢把我能'传音入秘'的事告诉众奴,我非把你剁成血浆不可!""是,是,是……"飞奴被吓得直说"是"。

例(19)很明显是表示"一个劲儿"反复的意思。前文有"是,是,是",且"直"重读,因此,虽然结构上与"VP+得+直"一样,但并不属于同一种类型。

2.1中,我们辨析了表示程度的"直"和表示反复的"直"的区别。那么如何辨析结构上相同"直"表示反复还是程度呢?

如果如上例中"是,是,是"这样明显表示重复的词语,比较容易鉴别。如果没有就需要从语音和语义上进行分析。

例:吓得她直说"对不起"。

我们假设这句话是在一个新手司机第一次上路就与前面的车追尾,新手司机非常紧张的情况下说出的。

首先,如果是口语中,"直"重读,当然表示"一个劲儿"之意。如果仅考察文本,我们首先要看,"吓"这个动作导致的结果是"一个劲儿道歉"这样的程度,还是"说对不起"是"吓"的程度。

我们认为"对不起"并不能体现"吓"的程度之深。"说对不起"只是在撞车之后一个正常反应,并不能体现"吓"的程度之深。

因此,这里的"直"只能是因为紧张害怕,而导致"一个劲儿"地向对方道歉,即"一个劲儿"是体现紧张和害怕的程度。

又如:

(29)开始小青年以为是要他掏月票,看到递过来的是针线,感激得直道谢。

"道谢"是"感激"的正常反应,因此,"直"不表示程度之高,而是表示"一个劲儿地",才能体现感激的心情之迫切。

所以,在仅仅分析文本时,要看动词与后边所导致结果之间是否有必然联系,而且必须是体现极高的程度。

2.3 "直"作为"连词",表示前一动作导致了后面的结果,有"以至于"或"直到"的意味。

要判断"直"的这个义项,对应有两种可能的情况:

1."直"前边的动作反复作用,直到发生后面的结果。这是"直＋VP＋得"结构的主要用法。

2."直"前边的动作作用力极大,影响程度极深,从而导致后面的结果。

如:

(30)浙江省某部门的一位处长向记者诉苦说,这几天中午、晚上"连轴转",最多的一天赶了6个场次,直喝得两肋发烫,满嘴麻木,成天昏昏沉沉的办不了什么事。

"直"前边是一位处长诉说他喝酒的事情,"连轴转"、"赶了6个场次"都明确显示"喝酒"这个行为反复发生。

而"两肋发烫"、"满嘴麻木"、"成天昏沉沉"则是连续多天喝酒导致的结果。

(31)今年3月份,部队组织艇员岗位合格考试,轮到张盛钦考张伟,张盛钦毫不留情,直考得儿子汗流满面。

这一例句中没有明确表示反复的词语,但是从上下文和常理中推断,考试并不会只有一个问题,且问题难度不小,才会导致"儿子汗流满面"。

第二种情况的例子,如:

(32)在我心中,提到艺术家艺术大师这是很神圣的事情,我哪儿戴得上这高帽子啊,感觉他们是胡来,直吓得我忐忑不安,就找主办方,我说你千万不要这样子做。

此例选自郭德纲相声文本,说话人提到主办方给自己戴高帽,称其为艺术家时,与说话者自身心理差距极大,从而导致说话者"忐忑不安"。可见,虽然没有一个反复作用的动作,但是前一个行为对说话人造成的心理影响极大,作用力极强,也可以使用副词"直"来引出后面的结果。

不过第二种情况这样的例子口语中极少见,仅见于少量书面语中。

2.4 副词"直"表示"简直就","直"后面的内容是说话人一种夸张的形容或者主观的感受。

目前这类表达可以找到的搭配主要是"直像"、"直似"、"直作"等。这样的表达方式,目前极为少见,多见于古文或仿古的武侠作品中。

现代汉语中,通常用"简直就(像)"来表示。

三、小结

经过以上考察,我们发现"直"作为副词,除了有"径直"、"直接"、"一直"这个含义外,还有表示程度、结果、反复和"简直就"等不同的义项。而《现代汉语词典》中的解释没有体现出副词"直"较常用的义项,而收录了并不常见的表示"简直"这一义项。在教学语法书中,对"直"的常见用法也没有涉及。

在汉语教学过程中,这是一个不能回避的语法项目,而课堂教学中,教师和学生往往按照"一直"来理解。这就给学习者造成很大的误导。

因此,教学中,我们可以选择"直"最典型的用法进行教学,如"V/A+得直"。而对于表示"简直"和"以至于""直到"这样现代汉语并不常见的义项就可以省略。

参考文献

[1]现代汉语词典(第五版).商务印书馆,2005

[2]丁险峰.试论"简直+……"结构的句法、语义、语用.语言文字应用.2002(4)

[3]张明莹.说"简直".汉语学习.2000(1)

基于使用的模型与语言习得研究

邓川林

[内容摘要] 基于使用的研究模型将语言看做复杂的适应性系统,其习得和演变是范畴化、类推等广域认知机制作用的结果,并受到使用经验的重要影响。儿童基于使用的句法操作来满足交际意图,从而构建出其母语语言系统。基于使用的教学者关注第一语言对二语学习在构式细节上的影响,有效地控制语言输入,并将特定情境同学习者的广域认知能力联系起来。这能更加有效地评价学习者的学习效果,从而更为及时地更新教学策略。

[关键词] 基于使用的模型;广域认知机制;语言习得

一、引言

自从索绪尔区分语言(LANGUE)和言语(PAEOLE)开始,近一个世纪以来,语言的内部结构同其实际使用就被分离开来。美国结构主义语言学全面继承了这种观点。随后乔姆斯基进一步将其融入到生成语法当中,体现为对语言能力(competence)和语言表现(performance)的区分。主流语言学界将对于语言结构和语言能力的研究作为最高目标,认为在描写语法系统时,无需考虑语言在语境中的使用。

然而在过去几十年里,一些功能语言学家试图探索"最高目标"以外的理论诉求,将语言结构同语言使用相结合(Greenberg 1966, Givon 1979, Hopper&Thompson 1980, Bybee 1985)。近年来,认知语言学家也加入到这个阵营当中,寻求创建一个具有普遍意义的研究范式,发展出了基于使用的理论模型

---

① 论文受"中央高校基本科研业务费专项资金"资助,项目名称"现代汉语体貌构式研究",编号 2015JJ012。谨致谢忱!

(USAGE-BASED THEORY /MODEL)。

　　基于使用的理论模型认为，语言是一个复杂的适应性系统，其内部充满了变异性和连续性。语言使用者根据言语经验将具体的词汇、习语性的结构和抽象的语法规则概括为不同形式的构式(construction)，这些构式根据图式化(schematized)程度的不同形成了一个由实到虚的语法单位连续统。语言结构的习得和演变受到语言使用的影响。

　　对此邓川林(2013)比较详细地介绍了类频率和例频率对于语言形式的塑造功能和多种效应，同时提到需要关注使用模型过于强调重复和类推作用，具有某种程度的行为主义倾向。这背后其实反映的是语言学习中的一个重要问题：人类的认知机制如何帮助我们学习语言，而语言使用对认知过程可能施加什么影响？近期的语言习得研究发现了一系列新的证据，这对于母语者语法和二语习得理论具有不可忽视的价值和意义。此外，这一关于使用影响语法的理论，也同第二语言的教学紧密相关。

　　本文将主要关注基于使用模型理论应用于语言习得领域所取得的进展。我们将首先介绍使用模型的基本观念，随后简述该理论对儿童习得母语的新认识，之后讨论第二语言习得者在使用模型下的新特点以及相应的教学策略。

二、基于使用的认知观

　　基于使用的模型认为语言的认知机制是一系列人脑中普遍存在的功能，可以称为广域认知过程(domain-general cognitive process)，包括范畴化(categorization)，模块化(chuking)，丰富性记忆存储(rich memory storage)，类推(analogy)和跨模态关联(cross-modal association)。

　　范畴化是最为普遍的过程，因为它同其他过程互相作用。它指的是当词和短语及其组成部分被识别并同已存储的记忆进行匹配时，所发生的相似性(similarity)和认同性(identity)匹配。它导致了语言系统的建立，包括语音单位，词素，单词，短语或构式。多种感知性的范畴都是独立于语言而发展的，因此范畴化是一种广域过程。

　　模块化是指一些联合运用的单位序列结合起来形成更为复杂的单位的过程。它能解释为什么人们通过练习能改善认知和神经元(neuromotor)任务的成绩。它是序列性单位组合为构式并组成结构(constituent)和公式化表达(formulaic expression)的基础。单词或词素序列的重复在认知上被打包(package)为一个整体，以便作为一个独立单位被处理。模块化同范畴化的互动使得规约化序列(sequence)具有不同程度的分析性和组合性。

丰富性记忆指的是对于语言经验细节的记忆存储，包括单词和短语的语音细节，使用语境，同话语相关的意义和推理等等。这些丰富性记忆通过范畴化投射到现存的表达中。这是因为语言形式的记忆通过范例（exemplar）表达，范例从相同语言经验的个例中构建起来。范例表征的关键在于每次言语经验都影响认知表征。非言语经验也会影响认知表征和神经（neurological）结构。

类推指基于已有的话语经验创造新的话语的过程。类推也要求范畴化，已有经验例证必须组合为单位并范畴化，之后新的话语才能从它们中构建出来。类推也是广域过程，在视觉刺激的关系结构中广泛存在，如场景、形状、颜色等等。（Bybee,2010）

广域认知机制还包括联系形式和意义的跨模态连接的能力。Ellis(1996)讨论了邻近原则（law of Contiguity）的作用，即同时发生的经验倾向于在认知上联系起来。因此意义同可能的最大模块相联系，包括单词、短语或结构。请注意特定话语的语境推理也同特定的序列相联系，从而引起意义的演变。

近期研究逐渐认识到使用对于语言认知表达的影响，很多实证研究现在已经将使用频率和多种结构现象联系起来。另外，若干研究已经揭示出语言使用者会受制于其言语经验的局限。（参见 Eills,2002）在这些研究中浮现出一种新的语言理论，它将语法看做个人言语经验的认知组织。在这种观念下，语言使用者在语言的个体使用中不断把这些个例加以抽象和归类，这种范畴化的过程创建了一个关于语音、语义和语用的相互关联的庞大网络，囊括了传统上认为的词项和语法。这一网络受到重复使用的影响，还包含了关于词和构式的形式、意义和使用环境的个别和抽象的信息。

这种认知观念同语言系统有很好的适应能力。构式之间的共时关系和新构式的历时发展都可以在认知动因上找到依据。此外，这种认知系统并不是封闭的心智结构，它受到文化环境和语言输入的深刻影响。其最大的吸引力在于符合我们的常识：对于二语学习者来说，重复接触和使用对于认知结构的发展具有决定性的作用，并会形成流利而合法的言语。这揭示出语言使用和语言习得之间可能的关系，为语言教学的有效性提供了有力的支持。

三、基于使用的习得观

基于使用的模型将儿童习得语言的过程看做是幼儿接触、理解和掌握语法构式的过程。构式（construction）是语言的基本单位，是关于形式和功能的存储配对，涵盖了从词汇层面到复句层面的多种语法形式，主要包括：

1. 简单词汇:桌子,觉得,漂亮
2. 语法语素和共现成分:动词+了,形容词+的
3. 带有固定词项内容的习语:成语,熟语,歇后语,流行语等等。
4. 可以被部分填充的习语:托<某人>的福,且<行为动词>且<认知动词>
5. 带有部分固化成分的构式:他是一个了不起的人。
6. 完全抽象的构式:张三给他一本书。

几乎所有构式都包含一些显性的形态成分,将其同具体的词汇或语素联系起来("了""的",重叠形式等等)。但第六点的双及物构式可能没有形态成分,仅通过词序表达。但是,需要注意仅有一小部分的动词能够进入这一构式,所以该构式仍然是仅适用于特定的词项。

将构式作为语法分析的基本单位,具有两个优点:一方面我们可以通过构式来观察从词项到语法的连续统(如从(1)至(6)),另一方面构式允许我们表达特定语法构型与特定词项之间的互动关系(如"给"和双及物构式之间的关系)。

我们认为语法结构是通过构式使用的实际经验建立起来的,构式通过特定投射机制将各种异同特性进行匹配,将其范畴化之后存储在记忆中。语言的认知表达是通过个人的言语经验集合抽象而来。有证据表明,关于语言使用的具体实例的知识并没有在这一抽象过程中完全丧失。通过重复使用的强化功能,构式的具体例子也可能在记忆获得表征。在这一语法观念下,使用频率在绝对认知结构的塑造上起到了重要的作用。

儿童的早期言语实验表明,多词句阶段儿童对动词的使用基于具体的构式而展开。儿童开始使用单一构式,并在该构式中使用单一谓词,慢慢才使用较复杂的图式范畴和构式。如对冠词 a 和 the 的习得最开始是用于[That's a X]和[in the X]这类构式中。儿童最开始使用特定的构式,且不同儿童对动词的使用很少重叠。输入频率和单词形式的形态复杂性都对儿童的语言获得起作用。(参见 Tomasello,2000)

其他的针对儿童语言获得的研究表明:儿童从一些简单的构式起步,甚至是从特定的动词或名词起步,从而逐渐建立起更为图式化、语法化的构式。其学习和概括的程度受周围输入者的构式输入频率影响,其习得顺序对构式之间的语义距离也很敏感。

Tomasello(2003)认为,儿童在表达时,如果已经有学过的可行的表达方式,他们会重新使用已存储的语言经验,如果没有,他们会使用已经掌握的语言图式和语言成分(item),将它们拼接起来满足交际需要,称为"基于使用的句法操作"(usage-based syntactic operations),先选择能建构整体交际的图式,在此基础上加入其他成分。儿童必须在拼接时考虑语言形式及其功能,否则说出的话毫无意义。拼

接的形式囊括了从单词、抽象范畴到半抽象的短语图式。研究发现，儿童语言在词汇和构式之间的不平衡性会反映到习得过程中：儿童经常先在特定的词汇语境下开始使用某个语法构式，继而将其扩展到其他词汇中，最终自如地使用这些语法构式。

因此一个可能的理论假设是，儿童最初只是处于基本需要而对某个熟悉的实际用例反复使用。在这一过程中儿童逐渐习得了实例背后的语法规则。至于该实例蕴含的语法意义，则是在整个构式中被认识，而不是作为抽象的语法语素来习得。也就是说，儿童是通过具体构式的实际使用过程来掌握语法标记和语法意义的。

四、基于使用的教学观

基于使用的理论将语言知识视为具有不同图式化程度的语法模型（pattern）的集合，这使得人们可以重新审视母语在二语习得过程中所扮演的角色。

第一语言对于第二语言的学习来说，既是帮助也是挑战。第二语言的构式可能有一部分同第一语言相似，这种情况下 L1 构式可以作为 L2 构式的学习基础，学习者只需要替换特点的词项或形态成分即可。但是即便某些语言中的构式在意义上非常相似，它们也可能在细节上有所不同。这种情况下 L2 的习得模式在具体细节上会受到 L1 原有模式的阻碍。抛除这些困难不谈，基于使用的理论能够预测出：通过有效的输入和练习，所有的形态句法构式都可以被习得，虽然可能难以持久。当然，学习者除了需要沉浸在目的语环境之中，还需要强烈的学习动机和学习能力。儿童学习者获得母语的过程，是他们在特定文化环境中长大成人的学习过程中的一部分。L2 的成人学习者只是试图发展出新的表达方式进行交流。他们不一定需要融入目的语的文化环境。在很多研究者看来，这一因素对习得目的语的程度高低具有决定性的作用。

基于使用的理念对于语言教学能够产生积极的影响。其最主要的教学策略就是控制语言输入的频率，同样包括类型频率（type frequency）和用例频率（token frequency）两部分。前面已经指出，言语经验可以多方面地影响其认知表达，这对 L2 学习者而言有利有弊。不利消息是因为成人学习者或学校里的学习者很难得到母语者一样的语言环境。此外，很多成人缺乏客观条件来遵循第一语言习得的顺序和过程。利好消息是教室里不必重复产出自然语言的频率分布状况。在自然的频率分布中，高频词项出现的频率远远超过他们被习得所需要的数量，而母语者接触的大量日常语言材料都会包含这些语言成分。对于那些低频的构式和固定语，母语者则可能要花更多的时间来学习。L2 学习者的另一个好消息就是，基于使用的理论认为,我们日常产出和解码 L1 所需的认知机制同样适用于习得 L2。比如我们日常用于将事物分门别类的范畴化机制,也可以用于学习一门新语言的语法范畴。最后,基于使用的模型认为组块和自动化过程需要通过语言结构和适用语境的重复输入来实现,这揭示出有意义的操练和语境化输入对于二语教学的重要意义。

基于使用理念的汉语教师将在教学实践中具有更为强大的控制力和引导力,包括多个方面:首先,语法体系将根据使用需要区分为不同程度的语法构式,让学生在特定情境中理解和运用。其次,在教学活动中教师的设计可以更多发挥学生范畴化、类推和跨模态关联的能力。再次,有意义的操练和适量的重复会帮助学生实现特定知识点的模块化,同时将相应的丰富性记忆加以存储。最后,教师可以从广域认知机制和语言构式系统入手,通过练习和测试的方式对学生的构式使用能力和二语认知情况加以评估,并适时地调整教学策略。

以句尾"了"的教学为例。句尾"了"用于动词或名词谓语之后,肯定事态出现了变化;或者同受程度修饰的形容词共现,表示偏离意义或感叹语气。教师可以尝试将句尾"了"的多种用法分解为相应的语法构式,在实际语境中教授其语义和功能。早期教学先用句尾"了"搭配简单谓语——动词谓语如"上课了""来车了"用于新情况的出现,名词谓语句(如"现在几点了")表示时间推移带来的变化,形容词谓语表示偏离义(如"早了")。中期教学可以在此基础上添加时间或程度副词,如形容词谓语加句尾"了"课结合程度性修饰语表示感叹义("太好了")。动词、名词谓语加句尾"了"可搭配"已经""就"表示特定事件对说话人的影响。在学生对句尾"了"的用法有一定掌握之后,可以继续了解句尾"了"更复杂的用法,如"为了""对了"等具体的词汇化构式,"完了""算了"等半词汇化的构式,以及双"了"句等较为抽象的语法构式。

这种基于使用的教学设计具有多重效用。首先,在早期教师通过实际情境的操练使学生掌握基本的如"上课了""太好了"等个例。其次,教师可以引导学生通过范畴化和类推学习到"来车了""太忙了"等同类的结构,对"V 了""太 A 了"等构式的形式和意义进行配对。再次,教师要求学生在特定情境使用特定构式,可以使得这些构式通过有意义的重复加以固化,变成学生的语法知识。最后,在教学过程中,练习和测试也可以通过基于功能导向的题目,变成一种模块化的手段,巩固和修正学生对知识点的有效记忆。比如教师不是直接考察"太 A 了"的用法,而是引导学生在实际交谈中表达偏离或感叹义,并鼓励学生自觉地构建语境。由此可见,基于使用的理论模型可以将语法项目有效地分解为多层次的学习任务,合理地投射到语言教学的各个环节之中。

相对于生成语法的理论而言,基于使用的语言理论最大的优势在于它并不依赖天赋来解释语言范畴,而是认为语法可以通过人类普遍存在的认知能力来理解。这些普遍的认知能力在人们的行为实践中同语言使用联系起来,使得使用因素自然地融入对人类语言属性的认知过程中。这一分析模式在语言的思维属性和社会属性之间建立起合理的联系,从而较好地避免了生成语法理论与生俱来的神秘主义色彩和行为主义理论在认知动因上的匮乏。目前基于使用的理论模式方兴未艾,还需要大量的应用研究和教学实践来检验和修正。本文可以看做是这方面的一个小小的开端和起步。

参考文献

邓川林,多功能语素"了"的使用模式研究,北京语言大学博士论文,2013。

Bybee, Joan L. *Morphology: A Study of the Relation between Meaning and Form* . Amsterdam: Benjamins, 1985.

Bybee, Joan L. *Language, Usage and Cognition*. Kindle version. Cambridge: Cambridge University, 2010.

Ellis, Nick C. Sequencing in SLA: Phonological Memory, Chunking and Points of Order. *Studies in Second Language Acquisition* 18, 1996. 91—126

Ellis, Nick C. Frequency Effects in Language Processing: A Review with Implications for Theories of Implicit and Explicit Language Acquisition. *Studies in Sencond Language Acquisition*, 2002(2). 143—188

Givón, Talmy. *On Understanding Grammar* . New York: Academic Press, 1979.

Greenberg, Joseph H. *Language universals: With Special Reference to Feature Hierarchies* . The Hague: Mouton, 1966.

Hopper, P. & Sandra A. Thompson. Transitivity in grammar and discourse. *Language* , 1980(2). 251—299

Tomasello, M. First Steps in a Usage Based Theory of Language Acquisition. *Cognitive Linguistics* , 2000(11). 61—82

Tomasello, M. *Constructing a Language* . Cambridge, MA: Harvard University Press, 2003.

谈现代常用汉字中部件"又"的来源及含义

方稚松

[内容摘要] 现代常用汉字中的部件"又"的来源及含义较为复杂,除了表示"手"这一本义外,有些是属于汉字简化过程中的记号代替,如权、汉、鸡等;还有一些属于草书楷化,如泽字中的又;而发与桑中的又则另有来源。本文除了对部件"又"作逐字之分析外,还对"又"的变体部件"ナ"、"ヨ或彐"等做了全面的讨论。

[关键词] 汉字源流 汉字部件 又

现代常用汉字中,"又"是一个较为常见的部件,含有此部件的汉字数量较多。在这些含有"又"部件的汉字中,"又"的来源及含义呈现出多元化的特点。其中有些汉字中的"又"表示含义和其本义有关,有些"又"属于汉字简化过程中的记号代替,还有个别汉字中的"又"另有来源。本文即是对现代常用汉字中"又"(也包括"又"的一些变体)之来源及含义作一全面之整理,以期让大家能对汉字构形有更为明确地认识,进一步了解汉字演变过程中的种种复杂性。下面我们分为部件"又"和"又"的变体两大部分分条梳理如下,文中重点对有关汉字之构形作一简要之说明。

一、部件"又"的含义

又,《说文·卷三·又部》解释为"手也;象形,三指者,手之列多略不过三也"。又的古文字字形乃是象人右手之形,以此表示左右之右;左右之左则用左手之形 𠂇、𠂇 表示。古文字中的"又"除了表示左右之右外,还经常用作有无之有、数字间连接词之又(如十又二)、祭祀名祐以及佑助之佑,用法较多。

商代文字	西周春秋文字	战国文字	小篆	隶书
𠂇𠂇ヨ	ヨ𠂇屮	屮屮	ヨ	又又又

1. 表示"手"义的"又"

现代含有"又"部件的常用汉字中,"又"表示"手"含义的有以下这些字:

取,《说文·卷三·又部》解释为"捕取也;从又从耳。《周礼》:'获者取左耳',《司马法》曰'载献聝',聝者,耳也。"这一解释是可信的。古文字的取是以手取耳之形表示获取之意,这一字形还反映了古代的一种重要的文化现象。在古代战争或田猎中,往往将敌人或猎物的耳朵割下作为记录功劳的一种凭证。

商代文字	西周春秋文字	战国文字	小篆	隶书

叔,《说文·卷三·又部》解释为"拾也;从又,尗声。汝南名收芋为叔"。拾取这一意思是叔在古书中的常用义,但并非其本义。叔的古文字字形中右边从手,左边是弋下带有几点,弋的字形象一种下端很尖的短木、木桩,表示的是橛杙之杙本字。叔的字形含义就是表示用手将这种尖尖的木桩插入土中,弋下的几点表示的就是泥土之形。郭沫若先生曾认为《说文》所说"汝南名收芋为叔"是其本义,字形乃从又持弋以掘芋也①。我们认为其字形表示的可能就是立杆之意,其用途之一可以用来测日影计时。我们现在写的督字本来是写作从叔从日的 ,表示的就是立杆测影,在甲骨文中用作时间词,表示日中时分②。

商代文字	西周春秋文字	战国文字	小篆	隶书

反,《说文·卷三·又部》解释为"覆也;从又厂反形"。字形中的厂(读 hǎn)乃是崖壁岩石之形,反的字形含义乃是用手攀岩之状,有学者指出其本义当是攀爬义,相反、反覆之意是其引申义③。

商代文字	西周春秋文字	战国文字	小篆	隶书

曼,《说文·卷三·又部》解释为"引也;从又,冒声。"但从金文中的 字形看,曼最初是从目,爰声的,并不直接从冒。爰字在甲骨文中作 ,字形是从目从爰,象双手张目之形,或可表示牵引之意。

---

① 郭沫若.两周金文辞大系图录考释.郭沫若全集·考古编 08.科学出版社,2002.75
② 宋镇豪.释督昼.甲骨文与殷商史(3).上海古籍出版社,1991.34－47
③ 杨树达.积微居小学述林·释反.中国科学院出版社,1954.67－68

商代文字	西周春秋文字	战国文字	说文小篆	隶书

支,《说文·卷三·支部》解释为"去竹之枝也;从又持半竹"。这一解释是正确的,竹在古文字中作 ,支的古文字字形正是一只手拿半支竹之形。

商代文字	西周春秋文字	战国文字	小篆	隶书

奴,《说文·卷十二·女部》解释为"奴婢皆古之罪人也;《周礼》曰:'其奴,男子入于罪隶,女子入于舂藁'。从女从又"。奴的古文字字形作以手从背后抓获女子之形,古代的奴隶很多都是来自于战争中抓获的敌方俘虏,奴字即以此来表意。

商代文字	西周春秋文字	战国文字	小篆	隶书

友,《说文·卷三·又部》解释为"同志为友;从二又,相交友也"。友的古文字字形以两手相携之形来表朋友之意。

商代文字	西周春秋文字	战国文字	小篆	隶书

受,《说文·卷四·受部》解释为"相付也;从受,舟省声。"其古文字字形为上下两只手形,中间为一舟形,以舟代表一物,表示将物体从一人手中交付与另一人手中,以此会交付之意。之所以选择舟作为交付之物,其目的主要为表受之读音,舟与受古音相近。

商代文字	西周春秋文字	战国文字	小篆	隶书

叚,常用汉字假所从的声旁。《说文·卷三·又部》解释为"借也;阙"。这里所解释的含义就是我们所说的假借之假,所谓阙是指许慎对叚的字形结构不知该作何解释。从早期金文看,叚的字形结构是从受从石,石兼表声,因受有相付予之意,故叚可理解为借义[①],整个字的构形与受字属同类。

商代文字	西周春秋文字	战国文字	小篆	隶书

---

① 何琳仪.战国古文字典.547页.中华书局,1998

㬎，常用汉字侵、浸等字所从的声旁。《说文》中未单独将此字列为字头，但在寝、侵等字中可见其写法，从又从帚。这是符合早期古文字写法的，甲骨金文中的㬎即作以手持帚之形，甲骨文中有字作 ，一般释为侵，象是手持扫帚刷洗牛身之意①。战国文字中从的字多作不从又的帚之形。

商代文字	西周春秋文字	战国文字	小篆	隶书

叟，常用汉字瘦的声旁。《说文·卷三·又部》解释为"老也；从又从灾，阙"。这里的"阙"是指许慎对叟字形为何从又从灾来表示老这一含义不清楚，故付之阙如。实际上，叟的字形含义表示的是人举着火把在房屋里搜寻东西，乃是搜寻之搜的本字，表示老乃是其假借义，后因这一假借义成了叟的常用义，于是又在字形上增加了一个手旁造出一个搜字来表示其本义。

商代文字	西周春秋文字	战国文字	小篆	隶书

㕆，常用汉字服、报等字所从的声旁。《说文·卷三·又部》解释为"治也；从又从卩，卩，事之节也"。许慎是将㕆字形中的卩理解为办事所用之符节含义，从而认为㕆是治事之治义。其实，这里的卩用的就是其本义，为一个跪坐的人，㕆的字形含义是用手从背后按压一个人的头部，令其服从之意，后来字形的"又"逐渐下移，由头部到了卩之下面，形成了㕆。

商代文字	西周春秋文字	战国文字	小篆	隶书

度，《说文·卷三·又部》解释为"法制也；从又，庶省声。"从古文字字形看，度可直接看成是以石为声符（庶也是以石为声的），出土文字材料中，度多作从攴，石声，古文字中又与攴常互通，学者或认为从又大概是简体②。甲骨文中有从又从石的 ，学者多隶定为度，若此说可信，则度本来即从又，从攴是又的繁化，古文字中又变成攴较为常见。

商代文字	西周春秋文字	战国文字	小篆	隶书

---

① 裘锡圭.释"𡧛".古文字研究(28).中华书局,2010.25—35
② 裘锡圭.古玺印考释四篇·释度.裘锡圭学术文集·金文及其他古文字卷.复旦大学出版社,2012.302—303

皮，《说文·卷三·皮部》解释为"剥取兽革者，谓之皮；从又，为省声"。许慎对皮字含义的解释是可信的，但对字形分析有误。皮字古文字字形中的⻖可看成是革字一半，革的古文字字形作䒑、䒑、䒑，象是动物皮展开之状。皮的字形正象用手剥取皮革之形。

商代文字	西周春秋文字	战国文字	小篆	隶书
	𩫖、𩫖	𩫖、𩫖、𩫖	𩫖	皮、皮

殳，《说文·卷三·殳部》解释为"以杸殊人也，《礼》殳以积竹八觚，长丈二尺，建于兵车，旅贲以先驱。从又，几（读 shū）声"。许慎是将殳之本义理解为一种杖形兵器。不过，从古文字字形看，殳表示的是手持敲打类器具，表敲击之意。之所以用作兵器名，是因为这种杖形兵器主要就是用来击打的。

商代文字	西周春秋文字	战国文字	小篆	隶书
殳	殳	殳	殳	殳

臤，常用汉字坚、贤、肾、紧等字上面所从声符的繁体字形（简化字中的⺊是由臣的草书楷化而来），读作 qiān。《说文·卷三·臤部》解释为"坚也；从又，臣声。……古文以为贤"。从古文字字形中看，臤确由臣与又两部分构成，且在古文字中材料中多读为贤，可见《说文》的读音应是可信的，我们认为其可能表示的乃是擎之初文，《说文·手部》训"擎"为"固也"，正与这里训"臤"为"坚也"意思相近，不过坚、固本非为臤、擎之本义，从字形看，其本义应为持取之类意思，臤字字形作以手持目与取之构形作以手持耳相类，不过这里目写作竖目之臣形又可表音。字书中搴（《说文》解释为"拔取也，从手，寒声"）、摼、擎（《说文》解释为"撮持也，从手，监声"）皆有引取之意，三字或同源。另外，这里可谈谈竖上面的臤之来源及含义。竖，《说文》中作豎，解释为"竖立也，从臤，豆声"。其中臤为意符，豆为声符，豎之所以用臤为意符，是因为臣的古文字字形即为竖立的目，竖以竖立之目来表意，古文字中就有不加"又"的竖，作𥪡，加"又"应表竖立之动作。故竖中的臤，其本义就可看成是竖立之竖，也就是说，竖上面的臤与坚、贤等字上面的臤应属于同形字，两者在读音和意义上应没有关系。现在所写的竖将下面的声符豆改成意符立，应是受其有竖立之意影响。

商代文字	西周春秋文字	战国文字	小篆	隶书
臤	臤、臤	臤、臤	臤	臤

奴，餐、粲等字的声符。《说文·卷四·奴部》解释为"残穿也；从又从歺"，其所从的歺，《说文》以为是象残骨之形，现学者认为是象铲耑之类的挖土工具，奴象以

手持㠯来挖土①。

2. 汉字简化中的"又"

(1) 记号代替

在汉字简化过程中,有一类现象属于记号代替,即将一些写法较为复杂的字形用一简单的字形来代替,用来代替的字形与原字形之间在读音、意义及字形演变上都不存在关系,纯属于一种硬性的记号规定。

现代常用汉字劝、权、观、欢等字的繁体分别作勸、權、觀、歡,其中的"又"替代的是"雚";叹、汉、艰、难的繁体分别作嘆、漢、艱、難,其中"又"替代的是"堇",这种"又"的替代还有些规律。而下面这些就没有什么规律可言了,如仅(僅,这里的堇与堇在字形上还多少存有一定联系,堇是在堇下增加了土旁)、鸡(雞)、对(對)、戏(戲)、凤(鳳)、树(樹)。而"雙"简化为"双"也可看成是一种记号代替,不过是特意在原字形中含有又字基础上再增加一个又,两个即为双;聶简化为聂也是有意地用双来代替两耳。

(2) 草书楷化

圣,现代汉字择、泽、译、驿、峄等字所从的声符,由睪简化而来。这一简化字形乃是受草书影响,如泽草书作泽,译草书作译,峄草书作峄,择草书作择,其中将睪的草书字形稍作楷化即可写成。圣变成圣不知是属于草书楷化还是属于异音替代,很可能是二者兼而有之。圣见《说文·卷十三·土部》,读为 kū,从又从土表示掘土之意。圣与圣之间毫无关系,或许是因为后者之草书字形与圣存有一定相似性,而表挖土之意的圣在后世中又较少使用,故就用圣代替了圣。

3. 由其他字形演化而成的"又"

犮,常用汉字拔所从的声符。《说文·卷十·犬部》解释犮:"走犬貌;从犬而丿之,曳其足则剌犮也。"小篆字形作犮,出土文字材料作犮、犮,字形应如许慎所说是在犬字上加一笔而成,楷书字形即由篆书字形演化而来,其中的"又"就是由犬的尾巴部分加一斜笔变化而来的。这里也顺带交代一下,我们现在使用的简化字形"发"是由犮分出来的一个字形,头发的发繁体为髮,字形下面即以犮表声。发替代發应属于同音替代。

桑,甲骨文中的桑作桑、桑,字形以树上桑叶之形来表意,后来表桑叶部分的中形演化成了又的形状,小篆中的桑作桑,上面即作又形。

---

① 裘锡圭. 燹公盨铭文考释. 裘锡圭学术文集·金文及其他古文字卷. 复旦大学出版社,2012.146—166

二、部件"又"的变体

古文字中像手形的"又"在现代汉字中除了写作又形之外，还有一些变成了其他部件，如左、右、厷中的𠂇；隶、事、尹、争、虐、彗、寻等字中的⺕或彐；甚至还有像及、史、夬等字中无法拆分中的一些笔画。下面我们对含有这些部件的字也进行逐个说明。

1. 𠂇

此部件见于《说文·卷三·𠂇部》，解释为"𠂇（zuǒ）手也；象形"；《说文·卷五·左部》又有左字，解释为"手相左助也；从𠂇工"。按照《说文》的解释，𠂇的本义是左右之左，左的本义是佐助之佐。其实，从文字源流看，这两个字乃是一字分化。甲骨文中的左右分别是以左右手之形来表示，𠂇象左手之形，故表左；又象右手之形，故表右。但由于古文字阶段，文字的书写方向大多无区别汉字的作用，为了增加辨识度，而习惯在𠂇字下加区别性符号"工（或口）"来表示左，又下加"口"表示右。现在作为部件的𠂇并无左右手之分。

商代文字	西周春秋文字	战国文字	小篆	隶书
𠂇	𠂇、𠂇、𠂇	𠂇、𠂇	𠂇	左、左

右，《说文·卷三·又部》解释为"手口相助也；从又从口"。《说文·卷二·口部》亦收有此字，解释为"助也；从口从又"。许慎这里解释的右之含义就是后来我们所说的佑助之佑。实际上，早期佑助之佑、祐祭之祐、左右之右、有无之有都是写作又的，后来为了分散文字职务以及增加与左的区别度，才在又字基础上添加口形成了右。右中的口只是装饰区别符号，并非如许慎所说是意符。佑、祐是在右字基础上增加意符而分化出去的。

商代文字	西周春秋文字	战国文字	小篆	隶书
又、又、又	又、又、又	又、又	右	右、右

卑，《说文·卷三·𠂇部》解释为"贱也；执事也；从𠂇甲"。徐锴认为字形之所以从𠂇，是因为右贵重而左卑贱，故将𠂇放在甲下以会意。不过，从古文字字形中的卑看，卑字中的手形并无区分左右之功用，只是表示手持一物而已，所持的也并非是《说文》所说的甲，甲骨文中甲作十字形，与此有别。

商代文字	西周春秋文字	战国文字	小篆	隶书
卑	卑、卑	卑、卑	卑	卑、卑、卑

有，《说文·卷七·有部》解释为"不宜有也，《春秋传》曰'日月有食之'；从月，又声"。这一解释是认为有从月，其实，有当从肉，以手持肉形表示拥有。甲骨文表示有无的有也写作又，金文里有字基本已从又字中分出。

商代文字	西周春秋文字	战国文字	小篆	隶书

厷，常用汉字宏、肱等字的声符。《说文·卷三·又部》解释为"臂上也；从又从古文，古文厷，象形；厷或从肉"。甲骨文中的厷就是在象手形（此处的又字形与一般的又稍有区别，此乃是肘的象形）的手臂位置画一圈来指示臂上这一位置，即我们现在所说的肱部。可看作是指事字，后来，那一圆圈逐渐与手臂分离，演变成了厶。

商代文字	西周春秋文字	战国文字	小篆	隶书

灰，《说文·卷十·火部》解释为"死火余烬也；从火从又，又，手也，火既灭可以执持。"许慎此说或可信。不过，需说明的是现在的炭字山下为灰，实际从小篆看，并不从灰。炭，篆书作，当是从火，屵声，炭字中灰所从的广实由厂讹变而来。

商代文字	西周春秋文字	战国文字	小篆	隶书

附带说一下现在存、在等字中的才与我们这里讨论的和手有关的ナ无关，存、在两字中除去子与土两个部件，剩下部件是才的变体，在两字中作为声符。

2. ヨ或彐

又字形在现代汉字中除了有ナ这样的变体外，还有一个重要的变体写作或彐，如秉、兼、事、争、尹、君、聿、隶中的以及寻、彗中的彐都表示的是手形。

秉与兼的字形相关。秉，《说文·卷三·又部》解释为"禾束也；从又持禾"；兼，《说文·卷七·秝部》解释为"并也；从又持秝。兼持二禾，秉持一禾。"许慎说解正确可从。

商代文字	西周春秋文字	战国文字	小篆	隶书

事，《说文·卷三·史部》解释为"职也；从史，之省声"。许慎认为事从之省声是错误的，字形与之无关。实际上，史、事、吏三字属于一字分化。古代的史即史

官,用来记事,官吏之吏也是一种做事的职官,故史、事、吏三字在字义上有密切联系,字形上也是如此。三字最初都作手持中形(具体象何形还不清楚),《说文》解释史为"记事也;从又持中,中,正也",其字形是否表记事义我们还不太确定,但应当是持物来进行某种职事之意。后来中上部又可作分叉之形,事与吏两字形可看作由这种分叉的字形分化出去的。甲骨文中的与分叉的在用法上无任何区分,可用作事与史;到了金文中,两字在字形上逐渐分开,字义上也稍有区别,史表史官,事是职事,但混同的情况也时有发生。战国文字中出现了用作吏的辞例,在写法上与史也并无区别。

商代文字	西周春秋文字	战国文字	小篆	隶书
				史
				事
				吏

聿,《说文·卷三·聿部》解释为"所以书也,楚谓之聿,吴谓之不律,燕谓之弗;从聿,一声"。其实《说文》中的与聿乃是一字,其字形都是手持笔形,就是我们现在所说"笔(繁体作筆)"之初文。

商代文字	西周春秋文字	战国文字	小篆	隶书
				聿

尹,《说文·卷三·又部》解释为"治也;从又丿,握事者也。"古文字字形也是象用手持竖笔形之物,学者认为其所持的也应是看作毛笔之形,即尹与上面我们讨论的聿也是一字分化,只是所持笔形有简繁之分而已。甲骨文中的君本从尹,但也有作的,上面就是写作聿;古文字中多释为画的字既可写作也可作,前一字形上面从聿,后一字形从尹,这些都可证尹与聿之关系。

商代文字	西周春秋文字	战国文字	小篆	隶书
				尹

隶,我们现在作为隸的简化字,但《说文》中它是一部首(隸收在此部首下)。《说文·卷三·隶部》解释为"及也;从又从尾省,又持尾者从后及之也",读 dài,也就是逮的初文。古文字的隶就是手持尾之形,表示抓住、逮住之意。与及为同义词,《说文·卷三·又部》解释及为"逮也;从又从人"。及的古文字字形是手从后抓一个人表示追及、赶上之意。

商代文字	西周春秋文字	战国文字	小篆	隶书
	爭	爭 爭	爭	爭
爭 爭	爭 爭	爭	爭	爭

争,繁体作爭,《说文·卷四·爰部》解释为"引也;从受丿乚"。从金文中"静"字所从的"争"来看(金文中没有单独的争,下所引西周春秋文字中的争乃是取静之偏旁),字形明显从双手从力的,力是古代的耕田农具,争之字形含义现学者多认为是双手持农具耕田之意,其本义就是耕①。对于甲骨文中的𤔲,两手之间的那个字形肯定不是力,但学者也多释为争,过去多认为字形是象两手在争夺某种东西,其本义为争夺义;现有学者认为中间的字形也是一种耕田的工具,本义还是耕②。

商代文字	西周春秋文字	战国文字	小篆	隶书
尋 尋	尋 尋 尋	尋	尋	尋

寻,《说文·卷三·寸部》解释为"绎理也;从工从口从又从寸,工口乱也,又寸分理之,彡声。此与乱同意度,人之两臂为寻,八尺也。"这一解释中,后面所说的"人之两臂为寻"是正确的,其他多不可信。甲骨文中的寻字形就是人张开双手去丈量簟席的长度。现在写法中的寸是由手形而来,上面的彐也是手形。

商代文字	西周春秋文字	战国文字	小篆	隶书
尋 尋	尋 尋	尋	尋	尋 尋

刍,《说文·卷一·艸部》解释为"刈艸也;象包束艸之形"。刍的古文字字形为手抓艸形,小篆的字形已有讹变,原来字形中的又形分裂成了两个勹形,写作芻。汉魏之后,出现一些俗写字形,如汉碑里邹作鄒,唐代则有写作鄒、鄒的邹。刍的简化字形即由这些俗写字形演化而来。这里,需说明的是急字心上面的刍乃是及的讹变,《说文》小篆急作急,即从心,及声;而隐字右边的急又另有来源,其繁体为㥯,心上面字形㥯见《说文·卷四·爰部》,从受从工,可见,字形中的彐也是由表手形之"又"演变而来。

商代文字	西周春秋文字	战国文字	小篆	隶书
芻 芻	芻	芻 芻	芻	芻

---

① 贾文.说甲骨文"争"——古代的"耦耕".中国历史文物.2005(3).61-63
② 刘洪涛.说"争"、"静"是"耕"的本字——兼说甲骨文"争"反映的是犁耕.复旦大学出土文献与古文字研究网站.2010年4月9日.http://www.gwz.fudan.edu.cn/srcshow.asp? src_id=1126

彗,《说文·卷三·又部》解释为"扫竹也,从又持甡"。甲骨文中的彗字旧多被误释为羽,经唐兰先生论证,将其改释为彗①,字形为编织扫帚所用的筀类草木之形。小篆中的即是由甲骨文字形演化而来,后在隶书楷书中形成了两个丰,彗字下的彐来自于又,表示的是手之意。雪,小篆作䨮,从雨,彗声,现在所用字形雨下面是彗之简化。这里,也谈一下帚字中的彐,其来源并非是又,而是扫帚上面的部分。帚,《说文·卷七·巾部》解释为"粪也;从又持巾埽冂内。"这里所说的"粪"是弃除、扫除之意,许慎对字义的解释基本可信,但对字形的解释并不准确。帚的古文字字形扫帚之形,字形中间的侧工字形应是编织笤帚时所用到的工具,小篆字形上面的又(即我们现在写的彐)是由扫帚形上面那个部分变化而来的,小篆字形中的巾是由下面的那个分叉变来的,并不存在《说文》所说什么手持巾打扫冂内之意。

商代文字	西周春秋文字	战国文字	小篆	隶书
〔甲骨文〕			彗	彗
〔甲骨文〕	〔金文〕	〔战国〕	帚	帚

虐中的反实际上也是与手形有关,不过它是由爪状的手形变化而来,虐在甲骨文中作〔字形〕,以虎用爪抓人之状来表肆虐之意②;到了小篆中作〔字形〕,还保留有虍、爪、人三部分,我们现在写的虐,只剩下了虍和爪两部分。

现代汉字中还有一些彐与汉字简化有关,如当、灵等字。当,繁体作當,本是从田,尚声的字,现在的简化字乃由草书字形楷化而成,當字草书中有作〔草书〕、〔草书〕,这种字形稍加楷化就成了当。而现在所写的灵作为靈的简化字,是属于同音替代。灵,《广韵·青韵》中作灵,引《字类》解释为小热之意。字形从从火,有学者以为是手可持火,故是小热,若按此说,则为会意字。现在所写灵字上的彐是由手形"彐"讹变而来。

3. 又

祭的古文字字形是以手持肉用来表祭祀之意,后增加意符示作〔字形〕,在后来的文字中一般也都是写作从又的。只是在文字规范化过程中,将写在字形右上方的又变成了又。

商代文字	西周春秋文字	战国文字	小篆	隶书
〔甲骨文〕	〔金文〕	〔战国〕祭	祭	祭、祭

---

① 唐兰.殷虚文字记.中华书局.1981.19—20
② 裘锡圭.甲骨文字考释(八篇).裘锡圭学术文集·甲骨文卷.复旦大学出版社,2012.81—82

还有一部分字,在古文字阶段是明确含有又的合体字,但在汉字发展演变中这些又部件和其他部件逐渐糅合在一起,形成了现在的独体字形,已看不出原来的又字形了,这类字除了我们上面提到的及、史、吏外,还有更、夬等字。

夬,《说文·卷三·又部》解释为"分决也;从又,ⱏ象决形"。夬的古文字字形是在表手的又字上加一圆圈,这一圆圈加在手的大拇指位置,表示的乃是古代射箭时戴在大拇指上用以钩弦的扳指①。这一含义,古书中多用决、玦、抉等表示,如《诗经·小雅·车攻》"决拾既佽,弓矢既调"。

商代文字	西周春秋文字	战国文字	小篆	隶书

更,《说文·卷三·攴部》解释为"改也;从攴,丙声"。许慎所解释的"改"这一含义可能并非是更之本义,于省吾先生认为更表示的乃是鞭之初文,甲骨文中丙下面的字形表示的就是手持鞭形,丙为声符②。金文中驭字有作 ,左边为马,右边即是更,正表示以鞭驭马之意。

商代文字	西周春秋文字	战国文字	小篆	隶书

另外,耒字中的三也是又的讹变。《说文·卷四·耒部》解释耒为"手耕曲木也;从木推丯"。许慎对字义解释可从,但对字形的认识则不够准确。对此,我们可从古文字中的耤(藉田之藉初文)看出耒之来源。耤最初作 ,字形以人双手持耒表耕田之意。字形中的 即是耒这一农具的形状,写作耒则是由加手的 演变而来③。《说文》小篆耒作,其中木乃是 的形变,上面彡是"又"的形变。

参考文献

[1] [汉]许慎著,[宋]徐铉校订. 说文解字. 中华书局,1963
[2] 孙海波. 甲骨文编. 中华书局,1965
[3] 容庚编著,张振林,马国权摹补. 金文编. 中华书局,1985
[4] 汉语大字典字形组编. 秦汉魏晋篆隶字形表. 四川辞书出版社,1985
[5] 范韧庵,李志贤,杨瑞昭,蔡锦宝. 中国隶书大字典. 上海书画出版社,1991

---

① 赵平安. 夬的形义和它在楚简中的用法——兼释其他古文字资料中的夬字. 第三届国际中国古文字学研讨会论文集. 香港中文大学,1997.711—723
② 于省吾. 甲骨文字释林. 中华书局,1979.391—393
③ 徐中舒. 耒耜考. 中央研究院历史语言研究所集刊(2本1分).1930.11—59

[6]李志贤,蔡锦宝,张景春.中国草书大字典.上海书画出版社,1994
[7]汤余惠.战国文字编.福建人民出版社,2001
[8]黄德宽主编.古文字谱系疏证,商务印书馆,2007.
[9]滕壬生.楚系简帛文字编(增订本).湖北教育出版社,2008
[10]董莲池.新金文编.作家出版社,2011
[11]李宗焜.甲骨文字编.中华书局,2012
[12]汤志彪.三晋文字编.作家出版社,2013

《老乞大谚解》《朴通事谚解》中的疑问代词[①]

高育花

[内容摘要] 本文以《老乞大谚解》和《朴通事谚解》中的疑问代词为研究对象,在详尽统计与描写两书疑问代词使用情况的基础上,分析比较二者在疑问代词使用上的异同。通过研究我们发现:两书在疑问代词的使用上没有明显的差异,疑问代词的使用都比较丰富,各类疑问代词语义明确,可用于不同句式;高频疑问代词基本一致,但使用频率有所不同;相同语义,两书所用的疑问代词也不尽相同。

[关键词] 《老乞大谚解》 《朴通事谚解》 疑问代词

《老乞大》《朴通事》同为朝鲜时代最重要、最权威的汉语会话教科书,被视为"学译者"之"津梁"。两书均成书于高丽朝末期(约相当于中国的元末),为了便于学习,16世纪前半叶,由朝鲜著名语言学家崔世珍为两书作了谚解。显宗时期边暹、朴世华等又对此进行修改,1670年《老乞大谚解》(以下简称《老》)《朴通事谚解》(以下简称《朴》)刊行。两书成书时代相近,体例相同,语言大体都反映了明初的北方话口语。但也有不同之处,即《朴通事》内容更为广泛,语言更为典雅。本文以两书中的疑问代词为研究对象,在详尽统计与描写两书疑问代词使用情况的基础上,分析比较二者在疑问代词使用上的异同,以期更好地了解明代的语言面貌,同时为深入了解两书的语言性质提供事实支撑。

《老》、《朴》中共有疑问代词19个,可以分为五类,分别是:

(一)谁

(二)那(朴)[②]那个 那些个(老) 那里

[①] 本文《老乞大谚解》《朴通事谚解》所用语料本均依据王维辉编《朝鲜时代汉语教科书丛刊》,中华书局,2005年。

[②] 本文中疑问代词如有下标的,表明仅在下标书中出现,如"那(朴)"表示疑问代词"那"仅在《朴通事谚解》中出现。疑问代词"哪"和指示代词"那"在汉语史上一直写作"那",只是五四时期人们为了要和指示代词分别,才写作"哪"。

(三)甚 甚么 甚的(朴) 何(朴)

(四)怎 怎的 怎生 怎么 如何

(五)多少 多(朴) 几 几时 多早晚(朴)

下面我们分别讨论如次。

一、谁

《老》11例,《朴》12例。用于指人。

1. 表示询问,《老》8例,《朴》12例。在句中作主语、宾语、兼语、定语。例如:

(1)你是姑舅弟兄,谁是舅舅上孩儿？谁是姑姑上孩儿？（老）

疑问代词"谁"用作主语。

(2)可知道好。着谁去讨？（朴）

疑问代词"谁"用作兼语。

(3)你谁根底学文书来？（老）

在形式上是"谁"修饰方位词"根底",实际上从元代开始,汉语受到蒙古语的影响,很多方位词已相当于蒙古语中的位格标记,功能与意义与介词相同,例(3)中"根底"与介词"跟"的功能相同,"你谁根底学文书来？"即"你跟谁学文书来？"

2. 表示反诘,《老》2例,《朴》3例。相当于"没有人"。例如:

(4)这段子价钱谁不知道,要甚么讨价钱！（老）

(5)他要变时谁睬他？（朴）

3. 表示任指,《老》、《朴》各1例。分别指称指称特定范围内的任何人或任何人。即:

(6)教当直的学生将签筒来摇动,内中撒一个,撒着谁的,便着那人背书。（老）

(7)墙上一个琵琶,任谁不敢拿他。（朴）

二、那 那个 那些个 那里

1.那

4例,只见于《朴》。均用于数量词"一个"前,表示询问（1例）或任指（3例）。例如:

(1)咱打那一个窝儿？——咱且打球门窝儿了。打花台窝儿。却打花房窝儿。（朴）

表示询问。

(2)咱两个对君王面前斗圣,那一个输了时,强的上拜为师傅。（朴）

表示任指,此时"那一个"前均有先行词给定所指的范围。

2. 那个

《老》1 例,《朴》4 例。询问处所或事物,均为指示用法,用于名词前,作定语。例如:

(3)他在那个房子里下?(老)

(4)我问你些字样。缝衣裳的"缝"字怎么写?——那的不容易,纽丝傍做"逢"字。——那个"逢"字?(朴)

《朴通事谚解》中表疑问的"那一个"和"那个"均有 4 例,用于询问事物的各 1 例,其他 3 例分工明确,"那一个"表示任指,"那个"询问处所。

3. 那些个

仅《老》中 1 例。询问处所,犹"哪里",作介词宾语。即:

(5)你在辽东城里那些个住?(老)

4. 那里

《老》25 例,《朴》53 例。有询问、反诘、感叹、虚指、任指等用法。询问时多为称代用法,用于指示的仅 2 例。句法上,主要是用在"在"、"到"、"往"、"从"几个介词后,充当介宾;但很多时候,介词被省略,"那里"直接修饰动词作状语(共 24 例)。用于反问句或感叹句中,"那里"意在否定或不满,大多作状语。虚指时称代不确定的处所。例如:

(6)大哥,你从那里来?——我从高丽王京来。(老)

表询问,作介词"从"的宾语。

(7)他是那里人氏?——是真定人。(朴)

表询问,作定语。

(8)主人家,你说那里话!好人歹人怎么不认的?(老)

表感叹。

(9)知他你是那里来的客人!自来又不曾相识,怎知是好人歹人,便怎么敢容留安下?(老)

表示虚指,指处所。

(10)且住,你来街坊有赁的驴么?——有钱时那里没赁的驴?(朴)

表示任指。

表 1 "那"类疑问代词的用法及频率

词项	用法及频率	语义功能			反诘或感叹	虚指	任指	句法功能					出现次数
		询问											
		问人	问事物	问处所				主语	宾语	定语	状语	"的"字结构	
老乞大	那												0
	那个		1										1
	那些个			1						1			1
	那里			14	10	1		1	6	1	16	1	25
朴通事	那	1			3						4		4
	那个	4									4		4
	那些个												0
	那里			31	17	4	1		12	1	39		53

从表 1 中我们可以看出,在"那"类疑问代词中,"那里"的使用频率都相对较高,且询问多于反诘;"那些个"不仅总体使用频率低,也只出现在《老乞大谚解》中。"那些个"询问处所,元代才始现,《原本老乞大》即已用之,《老乞大谚解》则继续保留了这一用法;现代一些北方方言中"那些个"询问处所的用法依然存在,但在与《老乞大谚解》同期的《朴通事谚解》中,"那些个"并未使用,这或许与其语言相对典雅有关。

三、甚 甚么 甚的 何

1. 甚

《老》1 例,《朴》5 例。均为指示用法,用在名词前,作定语。语义上主要表反诘(1 例)、虚指(2 例)和代指(3 例)。例如:

(1)槽疥有甚难处?医他时便是。(朴)

表反诘。

(2)我别没甚买卖,比及你卖布的其间,我买些羊,到涿州地面卖去。(老)

表虚指,用于"没"所构成的否定句,指示不确定的事物,同时有缓和否定力量的作用。

(3)这告子写了也:"几年月日,走失了甚色马,牙几岁,有甚暗记,没印。执信的三两,收讨的六两。"(朴)

表代指,代指某个已确定的事物。

2. 甚么

《老》85例,《朴》115例。兼有指示和称代两种用法,可用于询问、反诘或感叹、虚指和任指。

(i)用于询问,《老》27例,《朴》44例,既可用于名词前,询问事物及其性质、样态(作定语);也可询问事物或原因、目的(作宾语)。例如:

(1)你学甚么文书来?(老)

(2)咱赌甚么?(朴)

(ii)反诘或感叹,《老》40例,《朴》63例。表示否定、不满或不屑,在句中可作定语、状语或宾语。例如:

(3)碍甚么事!这店里都闭了门子了,怕有甚么人入来?(老)

(4)休那般道,你高官里转除的有,愁甚么?(朴)

(iii)虚指,《老》17例,《朴》8例。既用于否定句,也用于肯定句、是非问句、选择问,指示不确定或未知的事物。句法上,用作定语或宾语。例如:

(5)我有些脑痛头眩。请太医来诊候脉息,看甚么病。(老)

(6)又叫两个宫娥,抬过一个红漆柜子来,前面放下,着两个猜里面有甚么。(朴)

(7)我也没甚么干的勾当,又少些盘缠,不曾去的。(朴)

(8)有书信。这信上写着,没甚么备细。(老)

"甚么"用于"没"所构成的否定句时,实际上和"甚"用于"没"字否定句一样,起缓和否定力量的作用,"没甚么 N"等于说"没 N"或"没多少 N";"没甚么 V/Adj"实际是"没甚么 V/Adj 的"之省①,故"甚么"充当的是"的"字结构的定语。

(iiii)任指,仅《老》中1例。表示在所说的范围内没有例外。即:

(9)安乐时不快活时,真个呆人。死的后头,不拣甚么,都做不得主张,好行的马别人骑了,好袄子别人穿了,好媳妇别人娶了。(老)

3. 甚的

仅《朴》中1例,用于名词前,作定语。虚指用法,用于假设句中,指示不确定的事情。即:

(10)家中没甚的事时赏你,有些事时吃打。(朴)

---

① 吕叔湘先生指出:作修饰语用的"什么"用在否定句中往往有缓和否定力量的作用,在名词前头有形容词的时候,"什么"的缓和作用实际上是在形容词上。吕叔湘.吕叔湘文集第三卷.北京:商务印书馆.1992.160—161

4. 何

10例，均见于《朴》中。兼表指示（5例）和称代（5例）。语义上，具有询问（5例）、反诘（4例）、虚指（1例）功能。在句中做定语、状语和宾语。例如：

（11）三藏道："贫僧是东土人，不曾认的你，有何冤仇？"（朴）

（12）何须谦让？不当家，吃些淡茶去不妨。（朴）

表2　"甚"类疑问代词的用法及频率

词项	用法及频率	语义功能							句法功能				独立构成选择问	出现次数
		询问				反诘或感叹	虚指	任指	代指	主语	宾语	定语	状语		
		问人	问事物	问数量	问原因、目的										
老乞大	甚						1		3			1		句后项1	1
	甚么	2	22		3	40	17	1	1	1	15	55	13		85
	甚的														0
	何														0
朴通事	甚					1	1		3			5			5
	甚么	40		4	63	8		1		43	61	8	2		115
	甚的						1				1				1
	何	2	1	2	4	1					3	5	2		10

从表2可以看出，"甚"类疑问代词中，"甚么"的使用均占绝对优势，《朴通事谚解》"甚"类疑问代词的使用更为丰富，使用频率也较高。

四、怎　怎的　怎生　怎么　如何

1. 怎

《老》4例，《朴》4例。均用于指示，在句中作状语。语义上可表示询问和反诘。例如：

（1）姐姐，我看上你，饭也好生吃不得。常言道：男儿无妇财无主，妇人无夫身无主。怎刮划我这一场愁？（朴）

用于疑问句谓语动词前，询问动作的方式。

（2）休这般说。贼们怎知你有钱没钱？小心些还好。（老）

用于反诘句中，表示否定或不满。

2、怎的

《老》3例,《朴》18例。用于指示和称代。例如:

(3)咱们的马怎的喂?——官人的伴当处,散馈喂马的草料钱。(朴)

(4)这般精土炕上怎的睡?有甚么藁荐,将几领来。(老)

用作指示,位于谓语动词前,作状语。

(5)怎的是撤签背念书?怎的是免帖?(老)

用作称代,语义上表询问。"怎的是+O"全部凡4见。

(6)频频的这般做歹勾当,他有两个浑家,小媳妇与大妻商量说:"我男儿做这般迷天大罪的事,假如明日事发起来时,带累一家人都死也,怎的好?"(朴)

用作称代,"怎的"代表了一个小句,作"好"的主语①,"怎的好"全部凡4见。

(7)买人的文契只这的是,更待怎的?(朴)

作谓语,接受副词修饰。

(8)尸首实葬了那怎的?——烧人场里烧着,寺里寄着里。(朴)

独立构成选择问句的后项,表示不确定或未知的行为。

3、怎生

《老》8例,《朴》4例。用于指示,作状语,具有询问、反诘、虚指等语义功能;在句中作谓语或宾语,具有询问、虚指、任指等语义功能。例如:

(9)你这东国历代几年?当初怎生建国来?(朴)

用于指示,询问方式,作状语。

(10)主人家哥,我几个行路的人,这早晚不曾吃早饭,前头又没甚么店子,我特的来,怎生籴与些米做饭吃。(老)

表示虚指。

(11)你是有见识的,这早晚日头落也,教我那里寻宿处去?不拣怎生,着我宿一夜。(老)

表示任指,表示所指范围没有例外,同"不拣什么"。

4、怎么

《老》39例,《朴》59例。主要用于指示,均充当状语,具有询问、反诘、感叹、虚指、任指等语义功能;少量用于称代,充当主语、谓语、宾语或独立构成选择问句的后项,语义上可表达询问、反诘、任指等。例如:

(12)你寻他怎么?——我是他亲眷,才从高丽地面来。(老)

作谓语,相当于"干什么",询问原因。

---

① 吕叔湘.吕叔湘文集第三卷.北京:商务印书馆.1992.326

(13)怎么这般蝇子广？将蝇拂子来都赶了。（朴）

用于"怎么这般……"格式的反问句中，表示不满，《老》《朴》中各2例。

(14)不拣怎么,你与我做些个粥如何？（老）

用于任指,表示没有例外。

5、如何

《老》17例,《朴》18例。只用于称代,作谓语或状语。语义上,只表询问。例如：

(15)茶饭如何？（老）

(16)如何不去？你这金榜挂名的书生,那里想我这渔翁之味。（朴）

表3 "怎"类疑问代词的用法及频率

用法及频率 词项		语义功能						句法功能				出现次数
		询问			反诘或感叹	虚指	任指	主语	谓语	宾语	状语	独立构成选择问句后项	
		问方式	问原因、目的	问事物的情况	征询对方意见								
老乞大	怎					4						4		4
	怎的	2				1			2			1		3
	怎生	3				4	4	1		1	3	8		12
	怎么	4	12			22	1			4	1	33	1	39
	如何			17						17				17
朴通事	怎	1				3						4		4
	怎的	13				2			6	1		8	3	18
	怎生	3				4	4	1		1	3	8		12
	怎么	11	9			38		1	2	4		53		59
	如何		2	11	5					16		2		18

从表3我们可以看出,《朴通事》"怎"类疑问代词的使用频率总体上高于《老乞大》。其中,"怎么"在两书中都是使用频率最高的"怎"类疑问代词,语义上以表反诘为主,在句中主要做状语;"怎生""如何"两书使用频率基本相当,但"如何"两书在语义功能上差别较大,《老乞大》中"如何"主要表示征询,《朴通事》中则以询问事物情况为主;"怎的"在《朴通事》中的使用频率也比较高,主要用来询问方式。

五、多少 多 几 几时 多早晚

1. 多少

《老》39例，《朴》29例，用于指示和称代。用于指示时，语义上兼有询问、反诘、感叹、虚指、任指等，在句中主要用作定语和状语；用于指称时，语义上兼表询问、反诘、感叹、任指等，在句中主要用作主语和宾语。例如：

(1)你那众学生内中，多少汉儿人？（老）

用在名词前，作定语。

(2)离阁有多少近远？

用在形容词前，作状语。

(3)我是新来的庄家，不理会的多少汤钱。（朴）

表虚指，用于否定句中，表示未知的数量。

(4)不问多少，与他些个便是。治得马好时，多少不打紧。（朴）

表示任指，言其数多，作宾语，主语。

2. 多

"多"用作疑问代词，其实是疑问代词"多少"的省缩，但仅限于形容词前。现代汉语中这种用法还很常见。仅《朴》中1例。用于形容词前，做状语，询问性状的程度。即：

(5)那珠儿多大小？——圆眼来大的，好明净。（朴）

3. 几

《老》39例，《朴》65例。用来询问或代指二至九的数目。句法上，绝大多数用在量词或准量词前，作定语，语义上可表询问、代指、虚指、反诘、任指等。例如：

(6)店主人家哥，后头还有几个火伴，赶着几疋马来也，你这店里下的我么？（老）

(7)这帽儿也做得中中的，头盔大，檐儿小，毡粗，做的松了，着了几遍雨时，都走了样子。（朴）

例(7)"几"用于动量词前，两书只此1例。

另外有2例单独作谓语，即：

(8)今日几？——今日腊月二十五日。（朴）

(9)申窃盗状：某村住某人，年几，无病……。（朴）

例(8)"几"可问序数。

还有1例与位数词"十"合成概数"几十"，即：

(10)……中门一间，客位几间，铺面周围几十间，窗、炕、壁俱全（朴）

"几"问数量时,在说话人的预期中,数目不是很大,通常都小于九。有时实际的数目则较大,现代汉语里需要用"多少"来询问。例如:

(11)你几个学生?——咱学长为头儿四十五个学生。(朴)

"几"有时还可指说话人已确知的某个数目。例如:

(12)你京里有甚么勾当去?——我将这几个马卖去。(老)

4、几时

《老》8例,《朴》15例。有指示和称代两种用法。指示时,多数用于动词前,作状语;语义上,兼表询问和反诘。称代时,均用作宾语;语义上兼表询问和任指。例如:

(13)你几时离了王京?(老)

用在动词前,作状语。

(14)该管的外郎也受了些钱财,把我的文卷来飚在柜子阁落里,不肯家启禀,知他是几时的勾当?(朴)

用于名词前,作定语。

(15)我有认色了,不拣几时要换。(老)

表示任指,作宾语。

5、多早晚

仅《朴》中1例,询问时间,相当于"什么时候",在句中作状语。即

(16)多早晚入敛来?——丑时入敛。(朴)

表4 "多少"类疑问代词的用法及频率

用法及频率 词项		语义功能							句法功能					出现次数
		询问		问性状的程度	反诘	感叹	代指	虚指	任指	主语	谓语	宾语	定语	状语	
		问数量	问时间												
老乞大	多少	35			1	1			2	2		12	23	2	39
	多														0
	几	7			1		9	21	1				39		39
	几时		5		1				2			4		4	8
	多早晚														0

续表

用法及频率 / 词项		语义功能								句法功能					出现次数
		询问			反诘	感叹	代指	虚指	任指	主语	谓语	宾语	定语	状语	
		问数量	问时间	问性状的程度											
朴通事	多少	12			5	11		1		4		6	19		29
	多			1									1		1
	几	15		1			29	20			2		63		65
	几时		10		5					1	1			13	15
	多早晚		1											1	1

从表4可以看出:"多少"类疑问代词中,"几"的使用频率最高,这可能和近代汉语中"几"既可询问一定的或具体的、不太多的数量,还可询问序数、表示虚指、任指等强大的语义功能相关。

六、结语

通过以上的讨论与分析,我们可以看出,《老乞大谚解》《朴通事谚解》中的疑问代词总体使用情况如下。

表5 《老乞大谚解》《朴通事谚解》疑问代词总体使用情况

频次 / 疑问代词	《老乞大谚解》		《朴通事谚解》	
	次数	百分比	次数	百分比
谁	11	3.9%	12	2.9%
那	0	0	4	0.9%
那个	1	0.4%	4	0.9%
那些个	1	0.4%	0	0
那里	25	8.9%	53	12.7%
甚	1	0.4%	5	1.2%
甚么	85	30.2%	115	27.5%
甚的	0	0	1	0.2%

何	0	0	10	2.4%
怎	4	1.4%	4	0.9%
怎的	3	1.1%	18	4.3%
怎生	8	2.8%	4	0.9%
怎么	39	13.9%	59	14.1%
如何	17	6%	18	4.3%
多少	39	13.9%	29	6.9%
多	0	0	1	0.2%
几	39	13.9%	65	15.6%
几时	8	2.8%	15	3.6%
多早晚	0	0	1	0.2%
总计	281	100%	418	100%

从前面的分析和表5我们可以看出,《老乞大谚解》《朴通事谚解》中的疑问代词具有以下特点：

(一)疑问代词的使用比较丰富,《老乞大谚解》中共有14个,使用次数达281次;《朴通事谚解》中共有18个,使用次数达418次。各类代词的语义比较明确,各司其职,不同语义,基本上用不同的词语表示;但同一词语,大多可表示不同的语义。例如,询问人用"谁",询问处所用"那"类疑问代词;而"那"类疑问代词除了询问处所外,还可询问事物。

(二)各类疑问代词语义比较丰富。语义明确和语义丰富并不矛盾,"明确"是指在某一用法中其语义指向明确,比如"甚么"表询问时,可询问人、事物、原因;"丰富"是指其可用于不同句式,如"甚么"可用于特指问句表示询问,也可用于反诘句表示反问,还可用在陈述句中表示虚指和任指。《老乞大谚解》《朴通事谚解》中的大多数疑问代词除具有询问功能外,同时还具有反诘、虚指、任指等功能,用法基本与现代汉语一致。同类疑问代词中,双音节的使用频率大多高于单音节的使用频率。

(三)两书的高频疑问代词基本一致,在我们所讨论的"那"类、"甚"类、"怎"类、"多少"类疑问代词中,两书的高频词均是"那里""什么""怎么"和"几"。

(四)两书在疑问代词的使用上没有明显的差异,有13个疑问代词为两书所共有,但使用频率上有所不同;另外,相同语义,两书所用的疑问代词也不尽相同。在询问事物时,《老乞大谚解》只用疑问代词"甚么",《朴通事谚解》则相对丰富,除"甚么",还用了"那""那个"和"何";询问处所时,《老乞大谚解》使用了疑问代词"那个""那些个"和"那里",而《朴通事谚解》只用了"那里"。

我们以两书中的疑问代词作为研究对象,重在求其同,而非究其异。尽管《老乞大谚解》和《朴通事谚解》两书篇幅不一样,前者字数只是后者的三分之二强,但两书时间相近,体例相同。通过对两书中疑问代词作详尽的描写、统计和比较,有助于我们了解明初疑问代词的使用情况。

一直以来,两书语言成分问题都是学界争议的一个热点话题,尤其是古本《老乞大》的语言性质。两书采用对话体形式编写,疑问代词是使用频率相对较高的一类词,但从疑问代词的使用情况来看,差别殊微,基本上反映的是明初北方口语的语言实际。

参考文献

[1] 冯春田.近代汉语语法研究.济南:山东教育出版社,2000

[2] 李泰洙.《老乞大》四种版本语言研究.北京:语文出版社,2003

[3] 蒋绍愚、曹广顺.近代汉语语法史研究综述.北京:商务印书馆,2005

[4] 吕叔湘.吕叔湘文集第三卷.北京:商务印书馆,1991

[5] 太田辰夫.中国语历史文法(修订译本,蒋绍愚、徐昌华译).北京:北京大学出版社,2003

[6] 汪维辉.朝鲜时代汉语教科书丛刊.北京:中华书局,2005

[7] 杨联陞.老乞大朴通事里的语法语汇,《庆祝赵元任六十五岁论文集》上册,中央研究院历史语言研究所集刊第 29 本,1957

[8] 朱德熙.《老乞大谚解》《朴通事谚解》书后,北京大学学报,1958(2)

汉英词汇空间隐喻心理投射对比研究初探
——以"高兴"义心理状态词为例

孟德宏

[内容摘要] 本文以汉英词汇中"高兴"义词汇为主要研究对象,对两种语言空间隐喻在心理层面的投射做出了初步的梳理和分析,得出的主要结论为:汉英"高兴"义心理状态词汇中,都存在着空间隐喻在心理层面的投射,这既是心理语言学像似性原则的体现,也是人类思维与语言间存在着某种共同性和共通性的体现。

[关键词] 空间隐喻 心理投射 "高兴"义心理状态词

一、引言

空间隐喻理论源于西方认知语言学。就本质而言,隐喻并不完全属于纯粹语言研究的范畴,其也应该属于认知心理学研究的范畴,并被认知心理学所关注。就语言学所关注的隐喻而言,在语体和语域相对较低的口语中的隐喻表达,大多是深层的隐喻概念系统在表层的语言句法系统的呈现。因此,作为一种基本认知模式的隐喻,其实就是说话者(speaker)通过内容相对具体、结构相对清晰的概念,向听话者(listener)传递内容相对抽象、结构相对模糊的概念。从这个意义上说,隐喻既是语言社团使用者用以理解抽象概念、进行抽象思维的一种方式,也是该语言社团使用者之间进行概念沟通和表达的重要途径之一。

从隐喻所遵从的方向来说,隐喻是单向的将始原域(source domain)的框架投射到目标域(target domain)之上,该过程不存在逆向的反过程;从隐喻所遵从的内容特点来说,该投射仅仅是部分内容的投射,即始原域的框架只有部分内容被投射到目标域之上。同时,从隐喻所体现的结构来说,该投射遵循 Lakoff(1993)提出的 the Invariance Principle 原则,即所投射的结构应与目标域的原有内部结构相一致。认知语言学赋予隐喻下述重要特征①：

第一，隐喻概念系统的运行是自动的、无知无觉的、经常的，不易被人们察觉的。

第二，大部分的新鲜隐喻（newmetaphors）都是约定俗成隐喻（conventional metaphors tionalmetaphors）的延展，因此具有与后者一样的特性，受同样的原则约束。

第三，有些隐喻概念具有广泛的普遍性，例如"时间即空间"隐喻；另外一些隐喻则表现出更多的文化特征。

语言所体现的概念系统包含了成千上万的认知隐喻。

心理活动词汇是几乎所有语言中都含有的一类词汇，是具体的某种语言词汇系统中的子系统之一。一般来说，心理活动词汇系统中包含着三种主要类别的词语：心理状态词语、心理活动词语和能愿词语。

其中，心理状态词语中包含着"高兴"义、"悲伤"义、"忧愁"义、"烦闷"义、"得意"义、"失望"义等诸多的语义类别；心理活动词语中包含着"想象"义、"思考"义、"推测"义、"喜欢"义、"厌恶"义等诸多的语义类别；能愿词语中也包含着"愿意"义、"应该"义等语义类别②。

"高兴"义心理状态词是心理状态词语的一个重要语义类别，因而也是心理活动词汇的重要构成内容之一。

汉英语言中都包含着丰富的表示"高兴"义的心理状态词。

汉语中的"高兴"义心理状态词主要包括：

单音词：欢、快、乐、庆、喜、欣、怡等等；

双音词：高兴、开心、愉快、欢快、称快、快活、快乐、欢愉、欢娱、欢虞、欢欣、欢喜、喜欢、欣喜、欣欣、欣然、怡然、陶然、陶陶、愉悦、融融、狂喜、销（消）魂、开颜、欢腾、欢跃、雀跃、欣幸、喜幸、庆幸、幸喜、幸甚、弹冠等等；

三音词：乐陶陶、乐滋滋、乐呵呵、乐悠悠、乐融融、喜冲冲、喜滋滋、喜洋洋、兴冲冲、甜丝丝、美丝丝等等。

需要指出的是，从严格意义上来说，上文所列举的表示"高兴"义的单音节词语，除了"乐"之外，大多数都已经不是完全意义上的"词语"，而主要是作为构词的"语素"了，即这些语言单位在现代汉语系统中，大多数情况下，已经丧失了直接进入句法的功能；但是我们也不难发现，这些语素，却是"高兴"义双音词和三音词的积极参构者。

英语中的"高兴"义心理状态词主要包括③：

---

① 蓝纯 从认知角度看汉语的空间隐喻 外语教学与研究 1999年10月
② 梅家驹等 同义词词林 上海辞书出版社 1983
③ 精选英汉－汉英词典（新版）牛津大学出版社 商务印书馆 1999年（第五版）

Confortable、cheerful、gay、glad、happy、high、joyful、pleased、merry、satisfied 等等。

英文中这些含有"高兴"义的词汇,也有着自身的一些语义、语法和语用特点,如:有的已经逐渐失去该义项,而逐渐产生或表示他义,如 gay 一词;有的在表示"高兴"义时,往往已经依存于特定的语法结构和语用条件,如 merry 一词。

二、汉语"高兴"一词的空间隐喻心理投射

作为一个复合式双音合成词,中文里的"高兴"本身是由两个构词语素"高"和"兴"组合而成的。而"高"与"兴"本身,在古代汉语中本来是都有着自身实在意义的单音词。我们先来看一下这两个单音词"高"、"兴"的本义。

《说文解字》:"高,崇也。象臺觀(台观)高之形。从冂、口。與(与)倉(仓)舍同意。"高与矮是一组相对立的概念。就"高"字的字形而言,是以楼房作为造字取象的客观依据的。早期甲骨文的"高"字(附图 1)构形中,冂像人造高大土石平台一方的正面形象,上部则为该平台之上所矗立着的屋亭之形;后期甲骨文以及金文(附图 2)中的"高"字,大多又加入了"口"形,表示进出高台的通道口。篆隶楷书之后,字形基本定型为今日所写的"高"。所以,以楼台与地面加以对比进而表示出"高"的概念,就是"高"这个字最初的本义。《老子》三十九章曰:"高以下为基",用的就是该字的本义。

《说文解字》:"興(兴),起也。从舁(yú),从同,同力也。"先来说一下这个"舁"。注意,"舁"字上面的"臼"(jiù),最底下的那一横划是分开的,念做 jú,表示左手和右手一起合作进行动作的意思,即今日"掬"的本字;"舁"下面的"廾"(音 gǒng,即"共"字下面的部分),本身是一个简化的字形,其原字字形为左手加右手,表示两只手同时动作之意,也就是"拱"的本字。这样一来我们就清楚了,"舁"字的字形结构就是,上面左右两只手,下面左右两只手,表示一共四只手共同配合动作之意。有学者根据音韵学的知识判定"舁"字的上古音为 tái,其实也就是今天的"抬"的本字,表示两人(四手)抬物。

甲骨文和商代金文中的"興(兴)"字,在四只手("舁")中间再加上一个"舟",商承祚先生认为"象四手各执盘之一角而興(兴)起之";也有的甲骨文和金文中,在"舟"的下面添加一个"口"形,商承祚先生认为那是"举重物邪许[①]之声也"。我们知道,由于"舟盘"在上古社会是盛物之器,所以,"興(兴)"之字形构意其实就是四手(两个人)抬着类似于担架之类的一个东西的意思,故"興(兴)"的本义即为"将

---

① 邪许:嘿呼之象声。该引文出自《殷契佚存考释》。

担架之类的物体从地面抬起"之意。许慎把"興(兴)"解释为"起"是相当正确的。进而,"興(兴)"包含着"从低处向高处运动"之意也就不难理解了。

"高""兴"合并到一起,最初是作为一个词组使用的。这时"高兴(兴)"的意思跟上述的"高""兴"本义是紧密联系在一起的,基本上就是"高"义与"興(兴)"义的相加。这一点《辞源》已经做出证明了。《辞源》对"高兴(兴)"释义为:"谓興(兴)建高楼。興,音 xīng",并引证张衡《西京赋》云:"望北辰而高興(兴)"。

登高远望自然能让人心旷神怡,想来古今中外感受相同。所以,《辞源》对"高興(兴)"的第二个释义就是"高雅的興(兴)致"。并引用《昭明文选》诗文"独有清秋日,能使高興(兴)尽"加以证明。比该例证更为人所知的是《论语》。在初中教材《论语·子路曾皙冉有公西华侍坐》篇中有这样一句话,"莫春者,春服既成,冠者五六人,童子六七人,浴乎沂,风乎舞雩,咏而归。"这里的"雩",其实就是用来祭雨的高台。由此可见,汉语词汇中的"高兴",实际上就是由静态的"高"——"高"和动态的"高"——"興(兴)"发展演变而来的。

与"高兴"一词相类似,雀跃、欢跃、欢腾等词语,"跃""腾"等构词语素,其实也都表示"向上"的空间运动性,因此可以这样说,现代汉语中的这些表示"高兴"义的词汇,都体现出从空间状态的"高",到心理状态的"高兴"的转变。所以,我们完全有理由认为,这些都是空间隐喻在心理感知层面投射,在汉语词汇上的具体反映。

三、英语 High、happy 等词语的空间隐喻心理投射

英文里的"高兴"典型代表词汇是 Happy。稍微具有一点儿构词法知识的人都不难发现,Happy 这个词中,-y 是表示形容词的后缀,其词根应该是 hap-,在加上-y 时收尾音-p 双写,从而构成了 Happy 这个词形。因此,我们需要系统地分析一下词根 hap-所组成的词族。

根据印欧语系音转规律,我们可以看到,元音/a/、/i/、/o/之间有着密切的关系。所以,词根 hap-,与词根 hip-、hop-具有一定的语源联系。因此,hap-、hip-、hop-实际上是同一词源的词根变体。同时,辅音/p/、/t/的区别也仅仅在于是否送气,所以在很多印欧语系中并不是区别音位,因此也存在着一定的同源关系。Hap-与 hat-同源,也是能够理解的。

下面,我们分别来看一下这些词根所构成的各自词族。

(1)Hip-词族:

Hip1:①臀部;髋部;

②hip. hip. hooray 希普希普乌拉,齐声喝彩欢呼或表示赞许时喊的词语。

Hip2:时髦的,新潮的。

Hill:小山。

Hip-hop:嘻哈。

Hippie=hippy:嬉皮士。

(2)Hop-词族:

Hop1:单足跳。

Hop2:(小鸟)雀跃。

Hope:希望。

(3)Hap-词族:

Hap:机会,幸运。

Happy:高兴的。

Happen:发生。

Help:帮助。

High:高。

Helio-:"太阳"的词根。

Heaven:天堂。

Haven:安乐窝。

(4)Hat-词族:

Hat:帽子。

Hatch1:孵化。

Hatch2:天窗,舱盖。

如果我们把上述这些单词放在一起进行观察就会发现,这些单词的词义中基本上都含有"高"这个义素。

就表示具象意义的词汇来说:"臀部"(hip)是人身体的高起部分;"帽子"(hat)位于人体最上方的头部的上方;"小山"(hill)自然是高出平地的部分;"太阳"(词根helio-)自然是高高在上的;"天堂"(heaven)和"安乐窝"(haven)也是高高在上的;"天窗、舱盖"(hatch2)是位于各自所属物体的上方;"单脚跳"(hip1)和"雀跃"(hop2)也是表示身体瞬间向上的动作;就表示抽象意义的词汇来说,"帮助"(help)的词源意义是位于低谷的人获得了位于高处的人的拉持;"机会、幸运"(hap)就是拥有了向上运动的条件。凡此种种,不一而足。因此,我们可以认为,英文里的"高兴"——Happy,其实也是由人处于(静态的"高")或向高处(High)运动(动态的"兴")时,空间变化带给人的愉悦性感觉发展而来的。Happy 一词已经完全完成了空间隐喻的心理投射过程,其现在通行词汇义也已固定于"高兴"义,而看不出空间状态"高"的词源义了。与该情况相反,high 一词则仍然处于空间隐喻心理投射这一动态的过程之中。

High①：
①being a long way up　很高的；
②large in amount　数量大的；
③very good excellent　极好的，优秀的；
④important　重要的；
⑤happy/excited　高兴的/兴奋的；
⑥about sounds　有关声音；
⑦winds：very strong　风：很猛烈的；
⑧best/most extreme　最佳的/极度的；
⑨far from equator　远离赤道的；
⑩about cheese/meat　有关奶酪/肉

从上述 High 的诸多义项中我们可以看到，high 一词依然含有"空间的高"与"心理感受的愉快"等多个义项，其空间隐喻向心理投射的过程尚未完全完成。

无论是 High，还是 Happy，都体现出英语词汇中，从空间状态的"高"，到心理状态的"高兴"的转变，可以说，这是空间隐喻在心理感知层面投射，在英语词汇上的具体反映。

四、汉英"高兴"义心理状态词的对比

为什么中英文里的"高兴"和 High、Happy 都与表示静态的"高"——"高"和表示动态的"高"——"興（兴）"有关呢？首先，这与人类的心理认知机制有关。

人类的心理认知机制可以反映在各个方面。比如在对色彩和亮度的感受，往往喜欢并追逐光明，厌恶并反感黑暗。这些认知特点，使得一些意象折射到词汇上，进而体现出人类某些共同性或共通性的心理认知机制。比如，无论东方还是西方，"坟墓"、"邪恶"等词汇，往往与"黑色""灰色"等词汇同源②；而"希望"、"神圣"等词汇，则往往与"光明""亮色"等词汇同源。

与之相似的是，空间变化也会带给人类某些相同或相通的心理感受。一般说来，"处于上位"或者"向上走"，往往让人觉得有希望，因此往往会带来愉悦之感；"处于下位"或者"向下走"，则往往会让人意志消沉，感到绝望。所以认知语言学的研究得出的结论是，空间感受往往与心理感受具有一定的通感关系，即人类心理认知的"像似性"原则。举例来说，帮助别人，其实就是给人以支撑——Helping peo-

---

① 麦克米伦高阶英汉双解词典　外语教学与研究出版社　2005 年
② 如，中文表示坟墓的词"窀穸"一词中，夕就是黑；而墓与幕、暮等同源，都带有黑义；英文表示坟墓的词 grave 与"灰色"grey 同源；God、Glory 等同源，都带有光明义。

ple is like supporting them physically, for example with your body or with something that you build. 对于受帮助的人来说,其所获得的帮助,恰如被处于上位的人给予了拉持。这个道理是不难理解的。

空间感受"像似性"原则在中英文里都有体现:中文"消沉"这个词的两个构词语素"消"和"沉"本身都是表示向下的[1],结合为双音词后表示情绪的低落;英文里的"绝望"一词 despare 的最初其实也就是"向下望"的意思,后引申为"绝望"。我们也可以把其理解为空间位置给词汇带来的隐喻现象。

具体到本文所谈到的"高兴"和 happy,我们似乎可以这样说,Feeling happy and hopeful is like being high up or like moving upwards;Feeling sad and unhappy is like being low down or like falling. 因此,从"高""兴"到"高兴",汉英"高兴"义心理状态词的空间隐喻心理投射的共同性和共通性。

五、结论

综上所述,我们认为,汉英"高兴"义心理状态词汇中,都存在着空间隐喻在心理层面的投射,这既是心理语言学像似性原则的体现,也是人类思维与语言间存在着某种共同性和共通性的体现。加强对汉英语言中类似"高兴"义心理状态词汇共同性和共通性的认识和把握,无疑对于汉语作为第二语言教学和英语作为第二语言教学都有着现实的理论意义和应用价值。

附图1 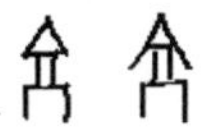 附图2

参考文献

  [1]蓝　纯　从认知角度看汉语的空间隐喻　外语教学与研究　1999 年 10 月

  [2]绪可望　汉英空间构式对比研究　东北师范大学博士论文　2012 年 5 月

  [3]王　宁　黄易青　词源意义与词汇意义论析　北京师范大学学报　2002 年第四期

  [4]孟德宏　从七组汉英词汇的对比分析看词理的物理与心理共性汉字文化　2011 年第一期

  [5]梅家驹　同义词词林　上海辞书出版社　1983 年 10 月

---

① 消:水退去;沉:牛落入水底。

《金光明经》异译本中的时间连接成分[①]

王继红[1]　王凤[2]

（北京外国语大学中国语言文学学院,北京,100086）

（北京市经济管理学校,北京,100086）

[内容摘要]　本文在篇章语言学视野下,运用同经异译的比较方法,分析《金光明经》两种汉译本中时间连接成分的使用情况。时间连接成分分为起始时间连接成分、接续时间连接成分和结尾时间连接成分。两个译本使用最多的都是接续连接成分,使用最少的是结尾连接成分。起始时间连接成分的使用义净译本要高于昙无谶译本。而接续时间连接成分和结尾时间连接成分的使用昙无谶译本高于义净译本。

[关键词]　《金光明经》；时间连接成分；昙无谶；义净

一、前言

　　《金光明经》自西凉时期传入中国后,历来被视为护国之经。《金光明经》在中土有五种汉译本,即北凉玄始年间（412—427）昙无谶译的《金光明经》,下面简称昙本；梁承圣元年（552）真谛在昙本基础上的补译本《金光明帝王经》；北周武帝时（561—578）耶舍崛多的《金光明更广寿量大辩陀罗尼经》；隋开皇十七年（597）宝贵《合部金光明经》,下面简称合本；武周长安三年（703）义净译的《金光明最胜王经》,下面简称义本。现在仅有昙本、合本和义本存世,其他两种译本已经散失。

　　昙无谶是公元5世纪初北凉著名的译经大师。根据梁慧皎《高僧传》,昙无谶"本中天竺人,少学小乘,后因得树皮《大涅槃经》本而专精大乘,通咒术。游于凉土,为北凉主河西王沮渠蒙逊所厚遇。译大涅槃、大集、大云、金光明、悲华等二十部经,后因欲行而为蒙逊所害。"昙无谶译经,十分谨慎,初入凉土,"谶以未参土言,

---

[①]　本文研究得到国家社科基金项目（13BYY111）、北京市社会科学基金项目（14WYB018）、北京外国语大学中青年卓越人才支持计划（2015QZ009）的资助。

又无传译,恐言舛于理,不许即翻,于是学语三年,翻为汉言,方共译写。"

义净是唐代著名的高僧,本姓张,字文明,唐齐州(今山东济南)人,生于贞观九年(635),卒于玄宗先天二年(713)。义净自幼出家,因仰慕法显、玄奘两位大师的事迹,"年十有五,便萌其志,欲游西域"。但直到唐高宗咸亨二年(671),37岁的义净才最终踏上了西去求法的道路。义净西行求法,"经二十五年,历三十余国",带回梵本经、律、论约400部。义净与法显、玄奘并称为"三大求法高僧",又有人将他和鸠摩罗什、真谛、玄奘并称为佛教史上的四大翻译家。

昙无谶与义净生平对照表

译者	国籍	译经时间	译经地点
昙无谶(385—433)	印度	北凉玄始年间	姑臧(今甘肃武威)
义净(635—713)	中国	唐武则天时期	长安(今西安)

近三十年来,汉语语篇研究文献数量日益增加,这打破了以往语法研究句本位的局限,使人们开始从篇章角度研究语言的组织规律。Labov(1970)提出,语篇研究最根本的问题是"说明一个句子是如何合理地、有规律地接在另一个句子后面的;一个语段是如何合理地、有规律地接在另一个语段后面的。"廖秋忠先生(1991)指出:"篇章现象的研究可大致分为两大类,篇章连贯与篇章结构的研究。"由此可见,语篇的衔接与连贯是语篇分析的核心问题。时间先后关系的表达是篇章衔接与连贯理论的一项重要内容,属于衔接关系中"连接"研究范畴。时间连接成分反映了篇章中相关事件的时间先后关系,是篇章组织中时间顺序义的显性表达法。根据金晓艳、马庆株(2010),本文将时间连接成分分为起始时间连接成分、接续时间连接成分和结尾时间连接成分。

二、起始时间连接成分

起始时间连接成分表示某一事件是顺序性事件中最早或以前发生的。起始时间连接成分可以进一步分为初时连接成分和前时连接成分。①

2.1 初时连接成分

初时连接成分表示某一事件是顺序性事件中最早发生的。常见的初时连接成分有先、初。

2.1.1 先

"先"在同经异译《金光明经》中有两个意思,一是"最初,本来",表示初时时间,

---

① 参见金晓艳、马庆株(2010)。

我们记为"先₁"。例如：

(1)先所遣臣,寻复来至,既至王所,作如是言:"愿王莫愁,诸子犹在,不久当至,令王得见。"(《金光明经·舍身品》)

(2)我先所作罪,极重诸恶业;今对十力前,至心皆忏悔。(《金光明最胜王经·梦见金鼓忏悔品》)

二是"首先",表示次序,我们记为"先₂"。例如：

(3)云何我身,不先薨没,而见如是,诸苦恼事?(《金光明经·舍身品》)

(4)善住当知!持此呪时,作如是法,先应诵持满一万八遍为前方便。(《金光明最胜王经·金胜陀罗尼品》)

从意义上看,两者是有联系的,都表示事件发生在前的,如果着眼于现在,"先"所表示的事件已经发生,"先"便带有过去时间义,如果着眼于未来,"先"就侧重表次序,"首先做什么"。所以我们把"先"都归为起始时间连接成分。昙本中,"先₁"和"先₂"使用频率一样,但到了义本中"先₂"的使用频率明显高于"先₁",成为"先"的主要用法。由此可见,"先"的过去时间义逐渐弱化,开始倾向于只表示事件的次序。

2.1.2 初

"初"的用法较为复杂,有用作副词的,意为"刚刚、才",如"佛身明耀,如日初出"等;有表次序的,意为"第一个",常和"第二"等序数词对应,如"是初佛身,随众生意有多种故,现种种相,是故说多。第二佛身,弟子一意,故现一相,是故说一。……";有的表示时间,用作起始时间连接成分,意为"当初、以前",多用于追述往事时,有时与"最"连用,表示最早时,最开始时。这种用法仅见于义净译本。如：

(5)初有一大臣,念忙至王所,进白大王曰:"幸愿勿悲哀;王之所爱子,今虽求未获。不久当来至,以释大王忧。"(《金光明最胜王经·舍身品》)

(6)第二王子复作是言:"我于自身初无悋惜,恐于所爱有别离苦。"(《金光明最胜王经·舍身品》)

"初"作起始时间连接成分,表示过去时间,在上古汉语中是比较常见的,如"初,郑武公娶于申。"(左传·隐公元年)"初,鲁肃闻刘表卒,言于孙权……"(《资治通鉴·赤壁之战》)但是到了中古晚期,"初"的起始时间连接用法已经减少。

2.2 前时连接成分

前时连接成分表示某一事件是顺序性事件中相对靠前发生的。常见的前时连接成分有昔、往昔、过去、向者等。

2.2.1 "昔"类前时连接成分

"昔"意为"从前、过去",和"今"相对,是个表前时的起始时间连接成分。有时和"时"连用,构成"昔时"、"昔……时"等形式,意思不变,不同的是"昔"既可以做定

语,又可以做状语,而"昔时""昔……时"一般只做状语。例如:

(7)我于昔时曾为大子,不久亦当绍父王位。(《金光明经·正论品》)

(8)昔时有大国,国主名大车;王子名勇猛,常施心无悋。(《金光明最胜王经·舍身品》)

(9)我昔行菩萨道时,劝请诸佛转大法轮,由彼善根,是故今日一切帝释、诸梵王等,劝请于我转大法轮。(《金光明最胜王经·灭业障品》)

2.2.2 "往昔"类前时连接成分

"往昔"和"昔"同义,也表示"以前、过去"意,也常与"时"连用,构成"往昔时"或"往昔……时",意思不变,不同的是"往昔"常做定语,而"往昔时""往昔……时"常做状语。"往昔"在《金光明经》中出现了7例,《金光明最胜王经》中出现了17例,是典型的时间连接成分。例如:

(10)世尊!我闻世尊过去修行菩萨道时,具受无量百千苦行,捐舍身命肉血骨髓,惟愿世尊,少说往昔苦行因缘,为利众生受诸快乐。(《金光明经·舍身品》)

(11)然由往昔慈善根力,于彼有情随其根性意乐胜解,不起分别,任运济度,示教利喜,尽未来际无有穷尽,是如来行。(《金光明最胜王经·如来寿量品》)

"往昔时"和"往昔……时"用例比较少,两个译本中共出现4例。例如:

(12)宝胜如来本往昔时,行菩萨道作是誓愿:若有众生,于十方界临命终时闻我名者,当令是辈即命终已,寻得上生三十三天。(《金光明经·流水长者子品》)

(13)善女天!尔时长者子流水,于往昔时,在天自在光王国内,疗诸众生所有病苦,令得平复,受安隐乐。(《金光明最胜王经·长者子流水品》)

2.2.3 "过去"类前时连接成分

"过去"类前时连接成分有"过去""向者""从昔来"等。

"过去"是一个典型的时间连接词。"过去"有时和"世"连用,构成"过去世"或"过去之世",意思和用法与"过去"一样。例如:

(14)过去诸恶,今悉忏悔;现所作罪,诚心发露;所未作者,更不敢作;已作之业;不敢覆藏。(《金光明经·忏悔品》)

(15)金龙金光是我子,过去曾为善知识;世世愿生于我家,共授无上菩提记。(《金光明最胜王经·莲华喻赞品》)

(16)于过去世,无数劫中,求正法故,常舍身命。(《金光明经·善集品》)

(17)阿难!过去之世有王名曰摩诃罗陀,修行善法善治国土无有怨敌。(《金光明经·舍身品》)

(18)何以故?以是天子于所住处舍五欲乐故,来听是《金光明经》,既闻法已,于是经中净心殷重如说修行,复得闻此三大菩萨受于记莂,亦以过去本昔发心誓愿因缘,是故我今皆与受记,于未来世,当成阿耨多罗三藐三菩提。(《金光明经·授

记品》）

"向者"意为"刚才"，也是起始时间连接成分。"向者"用例不多，只在《金光明经》中出现了2例，是《金光明经》独有的时间连接成分。例句如下：

（19）于是王妃说是偈已，时有青衣在外已闻王子消息，心惊惶怖寻即入内，启白王妃作如是言：向者在外闻诸侍从推觅王子不知所在。（《金光明经·舍身品》）

（20）王妃闻已生大忧恼，涕泣满目至大王所：我于向者传闻外人，失我最小所爱之子。（《金光明经·舍身品》）

"从昔来"意为"从过去以来"，多用于回顾过去，对比当下，这个时间连接成分用例也不多，两个译本中共出现3例，其中昙本2例，义本1例。例如：

（21）世尊！我从昔来未曾得闻如是微妙寂灭之法，我闻是已心生悲喜涕泪交流，举身战动肢节怡解，复得无量不可思议具足妙乐。（《金光明经·四天王品》）

（22）尔时四天王闻是颂已，欢喜踊跃，白佛言：世尊！我从昔来未曾得闻如是甚深微妙之法。（《金光明最胜王经·四天王护国品》）

从总体上看，义本使用的起始时间连接成分要略高于昙本，其中初时时间连接成分义本多于昙本，前时连接成分两个译本使用频率差不多。无论是昙本还是义本，前时连接成分的使用频率比初时连接成分高很多，而且前时连接成分的表达方式更多样，初时连接成分只有"先"和"初"两个。另外，两个译本使用最多的起始连接成分都是"过去"，分别占到总数的45%和35.8%，远远高于其他起始连接成分的使用。除了"过去"外，昙本使用频率较高的是"往昔"，义本使用频率较高的是"先$_2$"和"往昔"。也就是说，两个译本的最大区别在于"先$_2$"的使用，义本对"先$_2$"的使用远远高于昙本。在时间词的使用上，昙本没有"初""昔……时""往昔……时"的衔接方式，而义本没有"过去之世""过去本昔""向者"的衔接方式。

三、接续时间连接成分

3.1 后时连接成分

后时连接成分表示某一事件是在另一事件之后发生的。常见的后时连接成分有寻、即、即便、即寻、……顷、未来世、遂、乃、良久、然后等。

3.1.1 "寻/即"类后时连接成分

"寻"意为"不久、顷刻"，"即"意为"立刻、马上"，两者都是时间副词，是用于表短时的后时连接成分。它们用法和含义相近，在古代汉语中是同义词，可以连用，构成"寻即"或"即寻"等。例如：

（23）是时大王，为闻法故，于比丘前，合掌而立，闻于正法，赞言善哉，其心悲悼，涕泪交流；寻复踊悦，心意熙怡。（《金光明经·善集品》）

(24)大臣受敕,即至其家,奉宣王命,唤长者子。(《金光明最胜王经·长者子流水品》)

(25)若闻金鼓,微妙音声,所出言教,即寻礼佛。(《金光明经·忏悔品》)

(26)于是王妃说是偈已,时有青衣在外已闻王子消息,心惊惶怖寻即入内,启白王妃作如是言:向者在外闻诸侍从推觅王子不知所在。(《金光明经·舍身品》)

虽然"寻"和"即"是同义词,但无论是昙本还是义本,都倾向于使用"即"。尤其是义本,"即"的使用频率达到97%,其他形式使用的非常少。相比较而言,昙本其他形式的使用频率都比义本高。另外,昙本使用的表达形式更丰富多样,"寻"、"即"、"寻即"、"即寻"四种形式都有,而义本没有使用"即寻"这一形式。

3.1.2 "遂/便"类后时连接成分

"遂"和"便"都有"于是、就"的意思,表示顺承,在这个意思上两者是同义词,有时可以连用,构成"遂便",其意不变。例如:

(27)若有敬礼,赞叹十力,信心清净,无诸疑网,能作如是,所说忏悔,便得超越,六十劫罪。(《金光明经·忏悔品》)

(28)若见恶不遮,非法便滋长;遂令王国内,奸诈日增多。(《金光明最胜王经·王法正论品》)

(29)时长者子遂便随逐,见有一池其水枯涸,于其池中多有诸鱼,时长者子见是鱼已生大悲心。(《金光明经·流水长者子品》)

(30)我等四王及余眷属无量鬼神,即便不得闻此正法,背甘露味失大法利,无有势力及以威德,减损天众增长恶趣。(《金光明经·四天王品》)

3.1.3 "后"类后时连接成分

"后时"意为"后来",表示事情过后,属于后时连接成分。"后时"在两个译本中用例很少,《金光明经》中只有1例,《金光明最胜王经》中只有2例。例如:

(31)是长者子复于后时,宾客聚会醉酒而卧。(《金光明经·流水长者子品》)

(32)尔时长者子流水及其二子,为彼池鱼施水施食,并说法已,俱共还家。是长者子流水,复于后时因有聚会,设众伎乐,醉酒而卧。(《金光明最胜王经·流水长者子品》)

"然后"在中古时期已凝固为一个词,表示顺接,指某一行动或情况发生后,接着发生另一行动或情况,常与"先、首先"等先时连接成分相呼应。"然后"在《金光明经》中出现了8例,在《金光明最胜王经》中出现了9例。例如:

(33)若于无量,百千万亿,诸佛如来,种诸善根,然后乃得,闻是忏悔。(《金光明经·忏悔品》)

(34)诸天共加护,然后入母胎;既至母胎中,诸天复守护。(《金光明最胜王经·王法正论品》)

3.1.4 "顷"类后时连接成分

"……顷"是表示时间的佛教用语,有表示立时的"一念顷"、"一刹那顷";表示短时的"须臾之顷"、"未久之顷";表示长时的"良久之顷"等。例如:

(35)世尊!是诸人王于说法者所坐之处,为我等故烧种种香供养是经,是妙香气,于一念顷即至我等诸天宫殿,其香实时变成香盖,其香微妙金色晃耀照我等宫释宫梵宫。(《金光明经·四天王品》)

(36)是诸人王手持香炉供养经时,种种香气非但遍此三千大千世界,于一念顷亦遍十方无量无边恒河沙等百千万亿诸佛国土,于诸佛上虚空之中变成香盖,金色普照亦复如是。(《金光明最胜王经·四天王护国品》)

(37)世尊!如是等众于自宫殿见彼香烟,一刹那顷变成香盖,闻香芬馥,覩色光明,遍至一切诸天神宫。(《金光明最胜王经·四天王护国品》)

(38)须臾之顷,复有臣来,见王愁苦,颜貌憔悴,身所著衣,垢腻尘污:"大王当知,一子已终;二子虽存,哀悴无赖。……"(《金光明经·舍身品》)

(39)汝当谛听!过去有王,名力尊幢,其王有子,名曰妙幢,受灌顶位未久之顷,尔时父王告妙幢言:……(《金光明最胜王经·王法正论品》)

(40)向于林中,见二王子,愁忧苦毒,悲号涕泣,迷闷失志,自投于地;臣即求水,洒其身上,良久之顷,乃还苏息。(《金光明经·舍身品》)

"良久"表示相隔时间很长,和"良久之顷"同义,在两个译本中用例也不多,例如:

(41)尔时大王,即从座起,以水洒妃,良久乃苏。(《金光明经·舍身品第十七》)

(42)时大臣等,以水遍洒王及夫人,良久乃苏,举手而哭,咨嗟叹曰:"……"(《金光明最胜王经·舍身品第二十六》)

3.1.5 "未来世"类后时连接成分

"未来世"是表将来时间的连接成分,与"过去"、"现在"相对,构成一个时间序列,有时写作"未来之世"。例如:

(43)若未来世有诸人王听是经典,及供养恭敬受持是经四部之众,是王则为安乐利益汝等四王及余眷属无量百千诸鬼神等。(《金光明经·四天王品》)

(44)大王!若未来世有诸人王听受是经,恭敬供养并受持是经,四部之众尊重称赞。(《金光明最胜王经·四天王护国品》)

(45)时长者子见其子还心生欢喜踊跃无量,从子边取饮食之物散着池中,与鱼食已即自思惟:"我今已能与此鱼食令其饱满,未来之世当施法食。"(《金光明经·舍身品》)

3.2 同时连接成分

同时连接成分表示某一事件与另一事件同时发生。常见的同时连接成分有一时、尔时、同时等,另外表示现在义的时间名词,指时下发生的事,从广义上讲,也可以归为同时连接成分,这样的词如"今"、"今时"、"现在"、"现在世"等。

3.2.1 "时"类同时连接成分

"一时"表示事件或动作同时发生,属于同时连接成分,例如:

(46)不可思议,百千万亿,那由他等,无量诸天,一时俱来,集说法所。(《金光明经·善集品》)

(47)尔时,四大天王闻佛说此护持妙法,各生随喜护正法心,一时同声说伽他曰:"……"(《金光明最胜王经·付嘱品》)

"尔时"和"同时"也可以用作同时连接成分,例如:

(48)是虎尔时见血流出污王子身,即便舐血啖食其肉唯留余骨。(《金光明经·舍身品》)

(49)善男子!我于尔时作女人身,名福宝光明,于第三会亲近世尊,受持读诵是《金光明经》,为他广说,求阿耨多罗三藐三菩提故。(《金光明最胜王经·灭业障品》)

(50)五者、于奢摩他、毗钵舍那,同时运行,心得安住。(《金光明最胜王经·最净地陀罗尼品》)

(51)是长者子流水,复于后时因有聚会,设众伎乐,醉酒而卧。时十千鱼同时命过,生三十三天,起如是念:我等以何善业因缘生此天中?(《金光明最胜王经·长者子流水品》)

3.2.2 "今"类同时连接成分

"今"表示"现在",和"过去""未来"相对,构成一个时间序列,对于篇章衔接有着重要作用。"今"在两个译本中出现很多,其中昙本出现 66 处,义本出现 103 处。例如:

(52)我今不疑,佛所行处,惟愿慈悲,为我现身。(《金光明经·赞佛品》)

(53)世尊!我等皆得闻是《金光明最胜王经》,今悉受持读诵通利,为他广说,依此法住。(《金光明最胜王经·灭业障品》)

其他"今"类同时连接成分还有"今日""今者""今时"等,例如:

(54)汝等今日长夜利益于诸众生,行大悲心,施与众生一切乐具,能遮诸恶勤与诸善。(《金光明经·四天王品》)

(55)希有!希有!我等今日幸遇大士,得闻正法。(《金光明最胜王经·依空满愿品》)

(56)我于今时于此经中,亦为汝等大众宣说,能于人天为大利益,哀愍世间,拥护一切,令得安乐。(《金光明最胜王经·如意宝珠品》)

(57)我心忧苦,目睫瞤动,如我今者,所见瑞相,必有灾异,不祥苦恼。(《金光明经·舍身品》)

(58)王子今何在?今者为存亡,谁知所去处?(《金光明最胜王经·舍身品》)

3.2.3 "现"类同时连接成分

"现"在两个译本中出现很多,但大多用作动词,表示"出现"意,或做定语修饰其他名词,没有时间衔接作用。真正用作时间名词,表示"现在"意的并不多,两个译本共出现5例。其中昙本出现1例,义本出现4例。如:

(59)过去诸恶,今悉忏悔;现所作罪,诚心发露;所未作者,更不敢作;已作之业;不敢覆藏。(《金光明经·忏悔品》)

(60)过去诸佛现有身骨流布于世,人天供养得福无边?今复言无,致生疑惑。(《金光明最胜王经·如来寿量品》)

"现在"是现代汉语典型的时间连接成分,但在同经异译金光明经中多用作定语,修饰其他名词,没有时间顺序义,不会与"过去"、"未来"构成时间序列,故不在考察范围内。真正表示时间概念的"现在"共出现19例,其中昙本3例,义本16例,如:

(61)尔时为王,说法比丘,于今现在,阿閦佛是;时善集王,听受法者,今则我身,释迦文是。(《金光明经·善集品》)

(62)有漏苦海愿超越,无为乐海愿常游;现在福海愿恒盈,当来智海愿圆满。(《金光明最胜王经·莲华喻赞品》)

佛经中常出现"现世",表示"今生、现在"的意思,是"现在世"的缩略,与"过去世""未来世"相对。"现世"在昙本中只出现了2例,义本中出现了6例。例如:

(63)聚集如是诸善功德,现世常得无量无边不可思议自在之利,威德势力成就具足,能以正法摧伏诸恶。(《金光明经·四天王品第六》)

(64)是故诸天,护持是王,以灭恶法,修习善故,现世正治,得增王位,应各为说,善不善业,能示因果,故得为王。(《金光明经·正论品第十一》)

(65)彼之人王,有大福德善业因缘,于现世中得大自在增益威光,吉祥妙相皆悉庄严,一切怨敌能以正法而摧伏之。(《金光明最胜王经·四天王护国品第十二》)

若欲请辩才天女哀愍加护,于现世中得无碍辩,聪明大智,巧妙言词,博综奇才,论议文饰,随意成就无疑滞者,应当如是至诚殷重而请召言:"……"(《金光明最胜王经·大辩才天女品第十五之二》)

(66)若造诸恶业,令于现世中;诸天不护持,示其诸恶报。(《金光明最胜王经·王法正论品第二十》)

"现在世"和"现世"同义,是"现世"的完整形式,与"过去世"、"未来世"构成一个时间序列。"现在世"在昙本中出现了2例,在义本中出现了3例。如:

(67)梵王!是《金光明》微妙经王若现在世,无上法宝悉皆不灭,若无是经,随

处隐没。(《金光明最胜王经·依空满愿品第十》)

(68)世尊！是《金光明最胜王经》，若现在世，若未来世，若在城邑聚落、王宫楼观，及阿兰若、山泽空林，有此经王流布之处，世尊！我当往诣其所，供养恭敬拥护流通。(《金光明最胜王经·坚牢地神品第十八》)

后时连接成分中，两个译本使用最多的都是"寻/即"类，使用频率在20%左右，远远地高于其他后时连接成分的使用。使用最少的后时连接成分，昙本是"后时"，义本是"良久"。同时连接成分中，两个译本使用最多的是"尔时"，其次是"今"，使用最少的是"同时"和"一时"。对于同时连接成分的使用，两个译本很相近。

四、结尾时间连接成分

结尾时间连接成分表示某一事件是顺序性事件中最后发生的。结尾时间连接成分成员很少，常见的有终、遂$_2$、卒、最后。

"终"意为"最终、最后"，是结尾时间连接成分，用例少，只在《金光明最胜王经》中，出现了1例，例如：

(69)此四大蛇性各异，虽居一处有升沉；或上或下遍于身，斯等终归于灭法。(《金光明最胜王经·重显空性品》)

"遂"除了表示顺承外，还可以表示最后的结果，意为"终于、最终"，我们记做遂$_2$。用于此意的"遂"，在两个译本中出现了4例，例如：

(70)是时流水及其二子，将二十大象，从治城人借索皮囊，疾至彼河上流决处，盛水象负，驰疾奔还至空泽池，从象背上下其囊水写置池中，水遂弥满还复如本。(《金光明经·流水长者子品》)

(71)是时二兄，故在竹林，心怀忧恼，愁苦涕泣，渐渐推求，遂至虎所。(《金光明经·舍身品》)

"卒"也有"最终、最后"意，用于结尾时间连接成分。但用例很少，只在《金光明最胜王经》中出现了1例。如下：

(72)复更推求，是池中水从何处来？寻觅不已，见一大河，名曰水生，时此河边有诸渔人为取鱼故，于河上流悬险之处，决弃其水，不令下过，于所决处，卒难修补。(《金光明最胜王经·流水长者子品》)

"最后"是现代汉语中很常见的结尾时间连接成分，但在两个译本中只出现了一次，即：

(73)是时大王，既出城已，四向顾望，求觅其子，烦惋心乱，靡知所在。最后遥见，有一信来，头蒙尘土，血污其衣，灰粪涂身，悲号而至。(《金光明经·舍身品》)

从总体来看,无论是昙本还是义本,结尾时间连接成分使用的很少,昙本共出现3例,义本共出现4例。无论是昙本还是义本,使用最多的都是"遂$_2$"。从使用频数上看,义本多于昙本,但从使用频率上看,义本实际不如昙本高。义本中的结尾连接成分种类更多样,使用了"终"、"遂"、"遂$_2$"三种表达方式,而昙本只使用了"遂$_2$"和"最后"两种。

五、结论

汉译佛经,包括翻译佛典和本土教徒撰写的佛典。对于中古汉语的研究,它有着同时期中土文献不可比拟的优势。蒋冀骋(1994)说"要较全面地勾勒出中古汉语语法的特点,必须综合使用汉译佛经和中土文献,由于汉译佛经口语化程度较一般中土文献更高,故鄙意以为,研究中古汉语语法在材料使用方面应偏重放汉译佛经,同时要与中土文献相参证。"朱庆之(1992)认为,不研究汉译佛经,"就无法写出真正的中古汉语史,特别是中古汉语词汇史"。

同经异译是汉译佛经中常见的一种现象,指的是同一部佛典被译作不同的译本。它包括两种情形,一是不同时代的异译,二是不同译者的异译。通过同经异译的对比研究佛经是一种起源很早且行之有效的方法。梁启超对此评价很高:"欲察译学之进步,莫如将同本异译之书为比较的研究"。《金光明经》的昙无谶译本成书于北凉时期,属于佛经翻译史的第一个阶段,而义净译本成书于唐代,属于佛经翻译史的第三个阶段,两者相差三百多年,有着不同的时代背景和翻译风格。通过对这两个译本篇章衔接手段的研究,我们可以看出不同时期、不同译者篇章衔接手段的使用差异。

通过对《金光明经》的昙无谶和真谛两种译本时间连接成分的比较,我们发现,两个译本使用最多的都是接续连接成分,使用最少的都是结尾连接成分。起始时间连接成分的使用义净译本要高于昙无谶译本。而接续时间连接成分和结尾时间连接成分的使用昙无谶译本高于义净译本。昙本的语言从语体上看,是半文言的,完全合于通常的汉译佛经的风格的,既非纯粹的口语,又非一般文言的一种特殊语言变体,朱庆之先生称之为"佛教混合汉语"。

参考文献

[1] 胡壮麟. 语篇的衔接与连贯[M]. 上海:上海外语教育出版社,1994.

[2] 赖永海主编,刘鹿鸣译注. 金光明经[M]. 北京:中华书局,2010.

[3] 梁启超. 佛学研究十八篇[M]. 南京:江苏文艺出版社,2008.

[4] 廖秋忠. 廖秋忠文集[M]. 北京:北京语言学院出版社,1992.

［5］金晓艳，马庆株.时间连接成分的范围和分类［J］.东北师大学报，2010（5）.

［6］金晓艳，彭爽.时间连接成分的本体研究概述［J］.济南大学学报，2008（4）.

［7］金晓艳.时间连接成分的历时演变和产生方式［J］.古籍整理研究学刊，2008（5）.

［8］王继红.佛典譬喻经语篇衔接方式的文体学考察［J］.当代修辞学，2012（2）.

［9］朱永生，郑立信，苗兴伟.英汉语篇衔接手段对比研究［M］.上海：上海外语教育出版社，1994.

几种常见语义分析方法与汉语歧义的分化

王霜梅

[内容摘要] 汉语由于缺少形态变化使得歧义现象具有普遍性。在分化歧义时一般可以通过轻重音、停顿、增添或换用词语、调整语序、变换句式等手段加以分化,但这些只提供表层手段,而运用一些和语义相关的分析方法则可以从深层揭示歧义产生的动因,能更清楚地解释语言现象。本文主要探讨几种常见的语义分析方法,包括语义关系分析法、语义特征分析法、配价分析法、语义指向分析法、认知分析法对分化汉语歧义结构的作用,概括每种方法适用的歧义类型。

[关键词] 语义,歧义,分化

一、歧义及歧义的分化

汉语从语言结构类型来说属于孤立语,其特点是缺少严格意义上的形态变化,汉语语法的组织和语义的表达主要依赖于语序和虚词。句法规则是一个有限的系统,而客观事物却是无穷无尽的,以有限的句法关系表示无限的语义关系,必然是一对多的结果,表现为汉语中存在一定数量的歧义结构。与形态发达的语言相比,汉语的歧义现象更具普遍性和必然性。

对于歧义的定义,通常认为就是同一语言形式表达几种不同意义的现象。我们此处研究的歧义,主要指歧义句法结构,即除了句子层面以外,还包括短语层面的一些歧义结构。

分化歧义是指通过某种方法从一个歧义结构中分离出几种不同的意义,即解释歧义结构的多种意义。首先进行歧义分化的是朱德熙先生。在《汉语句法里的歧义现象》一文中他提出"歧义结构",认为有歧义的句子不是单一现象,并提出通过转化、层次构造、显性句法关系和隐性句法关系分化歧义结构。

从语体角度,歧义可以分为口语歧义和书面语歧义。对于由于汉语中大量同音异义词的存在而造成的口头歧义,因为存在于语音层面中,所以口语歧义句一旦落实到字面上即可分化。例如:"明天 qīzhōng 考试。""这次考试我们班 quánbù 及格。"而对于书面语歧义,有的可以采用停顿、轻重音等语音手段进行分化,例如:"北京人多。""我想起来了。"有些则需要通过一些常见的语义分析手段来实现。这些手段包括语义结构关系分析法、语义特征分析法、配价分析法、语义指向分析法、认知分析法等等。语法和语义是语言不可分割的两个方面,上面提到的这些分析方法既是句法分析方法,同时更是语义分析法,因为它们都是从意义入手,分析的实质是分化其不同意义。

本文后面几部分试探讨几种常见的语义分析方法在分化汉语歧义句时的作用。

二、语义结构关系分析法与歧义的分化

句子中词语成分不仅处在一定的语法结构关系之中,同时处在一定的语义结构关系之中。语义关系分析就是指出句中动词与有关联的名词语所指的动作与事物之间的语义关系,即动作与施事、受事、与事、工具、时间、处所等关系。比如"名词+动词"可以有"施事+动作"(客人来了)、"受事+动作"(衣服洗了)、"处所+动作"(屋里坐着)等各种语义关系意义。如果同一个词语线性序列存在两种语义关系意义,人们对这个序列的意义就可以做出两种不同的理解。对歧义分化最直接的办法就是进行语义关系分析。这种方法适用于结构和层次均相同、潜在的语义关系意义不同的歧义句。比如:"鸡不吃了","鸡"和"吃"之间就存在着"施事+动作"和"受事+动作"两种语义关系意义,因此这个歧义结构就有两种理解:一是"鸡不吃食了",二是"人或其他什么动物不吃鸡了"。类似的例子还有:

1."他谁都认识。"这句话有两种理解:
   a."他"是施事,"谁"是受事,意思是"他认识的人多"。
   b."他"是受事,"谁"是施事,意思是"很多人都认识他"。
2."这个人连我都不认识了"。这句话有两种理解:
   a."这个人"是施事,意思是"这个人不认识我"。
   b."这个人"是受事,意思是"我不认识这个人"。
3."咬死了猎人的狗",这句话有两种理解:
   a."狗"是施事,狗咬死了猎人。
   b."狗"是受事,狗被咬死了。

综上所述,语义关系分析法适用于分化语法结构相同,语义结构不同(例1、2),或者是语法和语义关系都不同的歧义结构(例3)。

三、语义特征分析法与歧义的分化

"语义特征",又称为"辨义成分",是语义学中的概念,指的是某个词在意义上所具有的特点,这是对语义特征分析的狭义理解,还有一种广义理解,即除了词之外,还包括短语、单句甚至复句的结构义、句式义,例如认为被动句式有[——企望]的"语义特征"。语义特征分析法的理论基础是语义与句法的对应性,即词语组合时要受到语义搭配的选择限制。

首先,语义特征分析法适用于分化词汇层面的歧义。例如:

1."小李借我一本书",这句话有不同含义,是因为"借"分别具有[借出]和[借入]两种语义特征。

2."他走了三天了",这句话有不同含义,是因为"走"分别具有[行走]、[离开]和[去世]三种语义特征。

其次,语义特征分析法适用于分化某种句法格式的歧义。例如:

名词[处所]+动词+着+名词语

3. 台上坐着主席团[附着]　　——主席团坐在台上
4. 台上唱着戏　　[动态]　　——台上正唱着戏。
5. 屋里摆着酒席。[附着][动态]　——酒席摆在屋里/屋里正摆着酒席。

根据动词的不同,"名词[处所]+动词+着+名词语"可以分化成表附着和表动态两种情况。类似的语法特征分析法分化歧义格式的例子不少,不再赘述。

四、配价分析法与歧义的分化

配价分析法是利用动词与不同性质名词之间的配价关系来研究和解释某些语法现象。根据动词所支配的不同性质的名词性词语的数目,将动词分为零价动词、一价动词、二价动词、三价动词。配价数在很大程度上取决于词本身的意义,因此配价问题可看作是一种语义现象,这种语义现象对句法有制约作用。

配价分析法可以分化一些歧义句,其中最典型的就是"动词+的"结构做主宾语时的歧义分化,例如:"吃的":这些是吃的。"吃"是二价动词,这时它的两个配价成分均未出现,因此有歧义。分化时可采用补足配价成分的方法,例如:这些点心是吃的/这些是吃的人。

目前汉语配价研究已从最初的动词配价扩展到名词配价、形容词配价等,也可用于相应歧义句式的分化,例如"对(于)……的"修饰的名词是"二价名词",有时这种结构有歧义,例如:"对校长的意见",歧义的产生是因为介词"对(于)"的宾语成分在语义上可以任意地理解为"的"字后面的那个二价名词的不同性质的某个配价成分。类似的例子还有"对(于)儿子的感情、对(于)这篇文章的看法、对(于)美国的政策"等等。

詹卫东(2000)曾提出广义的配价模式,考虑一旦动作实行后动词的配价成分可能会发生什么样的状态变化,这对分析汉语述补结构能提供帮助。词语之间的制约关系也可以看作是"广义配价模式"的一种延伸。例如"VA 了"句式,有时无歧义,如"洗干净了""挖浅了",分别表示结果的实现和结果的偏离。但有时有歧义。如:

	结果实现	结果偏离	
那竹竿儿我把它锯短了。	＋	＋	(有歧义)
那竹竿儿我把它画短了。	＋	＋	(有歧义)
那竹竿儿我把它买短了。	－	＋	(无歧义)

"VA 了"句式歧义存在与否跟"锯"、"画"、"买"所表示的动作行为以所锯的、所画的、所买的(竹竿儿)的性质有无影响、如何影响有关。

五、语义指向分析法与歧义的分化

语义指向是指句中某一成分跟句中或句外的其他成分语义上的直接联系。通过分析句法结构的语义指向情况来解释、说明一些语法现象就是语义指向分析法。语义指向分析法对汉语歧义句的分化作用较大,它可以分化以下类型的歧义:

1.结构层次不同的歧义,例如:

这是新职工宿舍。(a"新"指向"职工",b"新"指向"宿舍")

2.副词的管辖域引起的歧义。例如:

这些苹果孩子们都吃了。(总括量词"都"的语义指向存在三种情况,a 指向"苹果",b 指向"孩子",c 同时指向"苹果"和"孩子")

3.数量结构的管辖域不同引起的歧义。例如,数量结构＋NP1＋的＋NP2:一个青年学生的建议、两位军人的家属、三个学校的老师、三个瘦瘦的中年教师的孩子,等等,数量结构可以修饰 NP1 做定语,也可以修饰 NP2 因此产生歧义。

4.处所状语或指向不明引进的歧义。例如:他在树上摘花。

"在树上"可以指向"他",也可以指向"花",因此我们可以用分解法来分化这种歧义:A. 他在树上＋他摘花。

B. 花在树上＋他摘花。

类似的例子还有:小李在火车上写字、我在屋顶上发现了小偷,等等。

5.省略引起的歧义。例如:

我看见你那年才六岁。("六岁"可以指向"你",也可以指向"我")

6.其它成分语义指向不明的情况,例如:

李芳看望被丈夫打伤的小红。("丈夫"既可以指向"李芳",也可以指向"小红")

六、认知分析法与歧义的分化

语言的认知分析是指从人的心理感知的角度来分析和解释语言现象。认知分析法是一种研究范式,发端于 20 世纪 70 年代,假设和模型的主要特点是把语义放在中心的位置来考虑。认知分析法对于句法歧义的分化有一定作用,主要体现为心理预设的作用,例如:

差一点没 V_P:

1. 儿子差一点没死。(没死)

2. 那头野猪差一点没死。(死了)

3. 日本队差一点没赢。(赢了/没赢)

同样的句式,因为句子主语的不同而影响到动词的实现与否。1 和 2 句子没有歧义,因为从一般的认知心理角度来讲,不期望"儿子死",而期望"野猪死"。而例 3 语义则不明,有"赢"和"没赢"两种情况,这取决于说话人的期望。类似的例子还有"头发剪短了"。这种语言现象单从句法角度无法解释清楚,因为这种歧义是语言运用中产生的,具体哪种语义得到凸显受到说话人心理倾向的制约。所以在分析时需要加入语言使用者的心理因素,这种歧义才能得以分化。

我们发现,认知分析法的主要功能在于解释,对于一些有歧义倾向的句式,认知分析法可以排歧。例如下面一组句子:

4. 他在抽屉里发现了钥匙。

5. 他在飞机上发现了航母。

6. 他在屋顶上发现了小偷。

相同的句式,例 4、5 没有歧义,6 有歧义。因为由于认知规律的匹配制约,虽然两个成分之间具有相同的语义特征,但根据人类认知的一般规律,有些不合理的搭配可以排除。在例 4 中,只能是钥匙在抽屉里,排除了人在抽屉里的情况,例 5,只存在他在飞机上一种情况,排除了航母在飞机上的情况。也就是说,人类认知规律可以反方面排除两个成分之间不存在指向关系。如果排除不了多项的指向关系,则该句存在歧义,如例 6。

总之,认知分析法对句法歧义的分化的作用并不十分强大,主要是因为这种方法本身重在阐释语言和一般的认知能力之间密不可分的联系。

结语

　　语义结构要表征为语法结构时,由于受到线性组合的限制,只能形成一种句法结构,这时候就产生了歧义。在进行歧义分化时,我们一般采用轻重音、停顿、增添词语、调整语序、变换句式等手段加以分化,但这些只提供手段,属于比较直观的方法。而运用一些和语义相关的分析方法在分化歧义的同时,可以从深层揭示歧义产生的动因。这有利于我们更清楚地解释语言现象,认识语言的本质。这些方法主要有:语义关系分析法、语义特征分析法、配价分析法、语义指向分析法、认知分析法等。

　　语义关系分析法适用于分化语法结构相同、语义结构不同,或者是语法和语义关系都不同的歧义结构。例如:开刀的是他的父亲、咬死了猎人的狗。

　　语义特征分析法适用于分化词汇层面的歧义,以及某种句法格式的歧义。例如:菜不热了、他倒了一杯水、"名词(处所)＋V着＋名词语"结构。

　　配价分析法可以分化一些特定句式,例如"V＋的"歧义结构,有时也涉及名词的配价,例如"对……的＋N"格式,而广义的配价模式对分析汉语述补歧义结构(例如"VA了")很有意义。

　　语义指向分析法分化歧义结构的能力十分强大。它适用于分化结构层次不同的歧义,副词的管辖域引起的歧义,数量结构的管辖域不同引起的歧义,处所状语联系多项名词所致歧义以及省略引起的歧义等等。

　　认知分析法对句法歧义的分化的作用有限,主要体现为心理预设的作用,其主要功能在于解释,可用于排除潜在歧义格式中歧义实现与否。

参考文献

　　[1]朱德熙.汉语句法里的歧义现象.中国语文,1980(2)

　　[2]陆俭明.现代汉语语法研究教程.北京大学出版社,2005

　　[3]陆俭明.语义特征分析在汉语语法研究中的运用.汉语学习,1991(1)

　　[4]陆俭明."VA了"述补结构语义分析.汉语学习,1990(1)

　　[5]徐仲华.汉语书面语言歧义现象举例.中国语文,1979(5)

　　[6]邵敬敏.歧义分化方法探讨.语言教学与研究,1991(1)

　　[7]詹卫东.一个汉语语义表达框架:广义配价模式,计算语言学文集.清华大学出版社,1999

　　[8]王红旗.语义特征及其分析的客观基础.汉语学习,2002(1)

　　[9]周　刚.语义指向分析刍议.语文研究,1998(3)

　　[10]税昌锡.语义指向分析的发展历程与研究展望.语言教学与研究,2004(1)

《新著国语文法》语法思想初探

余求真

[内容摘要] 黎锦熙《新著国语文法》是我国第一部完整的现代汉语语法著作,书中借鉴印欧语法体系,建立了一套完整的汉语语法教学体系。本文试着从体系、方法论、句子成分划分标准等几个方面着手,具体讨论了词类划分、"句本位"、主语宾语划分等问题,并将其同其他体系进行对比,从而了解汉语语法的独特性及存在的争议。

[关键词] 语法体系　词类　句本位　主语　宾语

黎锦熙《新著国语文法》初版于1924年,是我国第一部系统完整、体现了民族特色的现代汉语语法著述,它总结归纳了"国语"(当时指称标准的汉民族白话文,后通称为普通话)组词造句的规律,并且形成了一套语法教学体系。笔者重读《新著国语文法》,希望能从中了解汉语语法体系及概念如何建立及存在的争议。

一、体系

1. 词类问题

词类划分的意义在于词类反映了语言的语法结构的本质。离开词类,既不可能理解汉语句法的特点,也不可能理解汉语形态的特点,因而也就不可能说明汉语语法。

印欧语有丰富而明显的形态变化,形态就自然而然成了其划分词类的标准。汉语的词几乎没有形态变化,汉语的词以什么作为划分标准?成为语言学家头疼的问题。《马氏文通》从意义出发,"依义定类""随义转类",来划分词类。完全依据意义标准划分出来的词类进入句子后,就陷入"词无定类"的尴尬状态。

《新著国语文法》第一次明确提出"词"的概念。因为在印欧语系中,词是一个自然的单位,词之间是自然分开的。而在汉语中,字是自然的单位,黎锦熙能够撇开字的"干扰",提出"词"的概念是具有开创性的。

黎认为国语的词类"必须看它在句中的位置、职务，才能认定这一个词是属于何种词类"。即"依句辨品"，根据词在句中的位置功能，把词分为五类："实体词、述说词、区别词、关系词、情态词"。黎所根据的词在句中的"位置、职务"其实就是词在句中充当的句法成分。在这一点上，《新著》有所进步，但是仅仅根据词的句法成分确定词类在汉语中还是行不通的，因为汉语中词类和句法成分之间不是一一对应的。

《马氏文通》、《新著国语文法》最后都陷入"词无定类"说，与其单一根据某一标准划分词类有关，无论是意义标准，还是在句中的"位置、职务"，都有依赖印欧语法的痕迹，这也是早期语法体系不可避免的问题。

何容《中国文法论》认为，"各类词都有其共同的形式上的特征以别于他类词"。划分词类，找出同类词形式上的共同特征，这种特征不是印欧语词的形态变化，也不仅仅限于词充当何种句子成分。而是后来为多数学者主张的广义的形态，即包括词汇意义、形态标准、句法标准。这样就比较圆满地解决了汉语词类研究中的词类划分标准问题。

2."句本位"观念

在印欧语系语言中，词及其形态变化有着突出的地位，整个印欧语系传统语法是针对词类本位而言的。而汉语情况则大不一样，汉语中词极少形态变化，而以词序、虚词作为重要语法手段。《新著》摆脱印欧语系词本位限制，以句本位的理论为指导，把语法分析的重点放在句子上，用较多篇幅讲解句子构造，重视句子结构分析。《新著》设立了六大句子成分，这一体系一直在教学语法体系中延续，对我国语法研究和语法教学的贡献有巨大贡献。

黎锦熙的句本位语法思想形成有几个方面的原因：一是适合汉语特点。词本位理论适合形态变化丰富的拉丁语，汉语是没有形态变化的语言，所以仅仅分析词是不能把汉语语法弄清楚的。而以句子为基本单位来分析汉语，是比较实用的。二是受国外语法著作的影响。《新著国语文法》是以英语语法为模仿对象的，相对于印欧语言，英语丧失了大部分形态变化，英语语法重视句子结构的分析，黎用句本位理论分析汉语正是直接受英语影响。

汉语语法的本位观念经历了马建忠的"词本位"、黎锦熙的"句本位"、朱德熙的"词组本位"、徐通锵的"字本位"、邢福义的"小句中枢"几个阶段。李宇明指出，黎的句本位其实是"句成分本位"，认为黎"以句法结构为视点进行语法分析"。汉语语法分析总是绕不开词类问题，而词类的划分对于形态变化不丰富的汉语来说是个老大难问题。词本位、句本位都是试图依据句法成分确定词类或根据词类确定其句法成分，最后都在某种程度上陷入了循环论证。

龚千炎认为，《新著》创建了宏大的"句本位"语法体系，建立了一套"中心词分析法"。黎主张句子分析首先要抓住主要成分(主干),而后再找出依附于它们的次要成分。这对我们的语法教学与研究功不可没。

3. "位"的概念

黎根据名词、代名词在句中的位置把它们分为七类:主位、呼位、宾位、副位、补位、领位、同位。同《马氏文通》一样,黎提出"位"的概念显然也是受了印欧语法体系"格"范畴的影响,但是黎先生不同意别人把他所说的"位"等同于西语的"case",黎认为他的"位"不是 case,而是 place 或 position of words。

印欧语 case 总是和形态变化联系在一起,没有形态变化就无所谓 case。汉语没有形态变化,汉语中 position of words 表示句法关系,词的位置不同句法关系也发生变化,如"学习汉语"和"汉语学习"。

语序在汉语的句法中占有特殊地位。黎认为并不是每类词的位置都表现得很灵活,"语法的词类中,以名词为最多,以代词(指代名词)为最灵活,以动词为最忙。"名词的位置比较灵活,并且由于位置的改变,产生了各种句式和语法关系

黎选择了把名词的"位"和句式联系起来,《新著国语文法》第四章"实体词的七位",把名词、代词在句中的位置分为七类:主位、宾位、补位、领位、副位、同位、呼位,黎花了大量篇幅讲变式的"位",以说明一些特殊的句式如"把"字句、倒装句等。黎的所谓的变式的"位",是以逻辑为标准的。如"我把这本书看完了",黎认为"书"是变式的宾位。在黎看来,句式的差别是由于实体词"位"的不同。

黎锦熙的"位"概念缺陷在于:①根据逻辑关系确定名词的位而不是名词的位置,黎列出了不少位的变式,都是以逻辑关系为依据的。事实上深层的语义结构和表层的句法结构是不尽一致的。②当今我们所说的"格"语法,是通过说明句子的语义结构,从而说明句法结构。而黎的"位"仅仅描述的是名词在句中的位置,所以还流留于表面。

二、方法论

汉语中如何划分主语、宾语,各家标准不一。其中一个原因是把语用和句法、语义纠缠在一起。黎先生提出"论理的次序"、"文学的次序",或许是一条解决之路。

"论理的次序"是指句子的逻辑意义内容,"文学的次序"则是句子的逻辑意义内容在言语表达上的各种变化形式。按照转换生成语法,"论理的次序"是深层的结构,是语言的各种逻辑关系,"文学的次序"则是深层结构按照各种转换规则,在表层结构中的具体表现形式。《新著》认为句子的结构分析要"兼顾"逻辑意义内容与"文学"表达形式,将两个"次序"结合起来。

《新著国语文法》能在 20 世纪 20 年代提出"论理的次序"、"文学的次序"这种类似深层结构、表层结构的理论,在当时是先进的。

三、主语、宾语的划分问题

在富有形态变化的语言中,主语和宾语因为有形态变化而一目了然。而汉语是缺乏形态变化的语言,所以我们无法根据词的形态变化来确定主语、宾语。所以根据什么标准来确定主语、宾语呢?

以《新著国语文法》为代表的传统语法体系认为,按照意义标准来划分汉语的主语、宾语,即施事者为主语,受事者为宾语,不管其在句中的位置如何。

王力《中国现代语法》观点和黎比较接近。

而以《现代汉语语法讲话》为代表,受美国描写语言学派影响,主张根据结构位置标准划分汉语的主语、宾语,即凡是动词前的一律为主语,动词后的一律为宾语。

《新著国语文法》、《现代汉语语法讲话》对主语、宾语的划分分歧很大,下面就他们对具体问题的处理进行分析对比。

1. "施事—外动词——受事"句

如:工人造桥,"工人"是主语,"桥"是宾语。两家看法相同。

2. 施事—不及物动词

如:工人们来了。"工人"是施事,是主语。

3. 动词+名词(《新著》34 页)

刮风了!

下雨了!

响雷了!

《新著》处理为"主位直接倒装在述语之下"。

4. 施事—受事—动词谓语

学生们功课做完了。

黎把"功课"处理为变式宾语,丁认为"功课做完了"整个儿充当谓语。

5. 受事—施事—动词谓语

这本书我已经读过了。

黎认为"这本书"属提到句首的宾语,丁处理为主谓谓语句。

6. 对"把"字句、"连……都"句的处理

我把这本书读完了。

我连这本书也读完了。

黎把"这本书"处理为提前的宾语。

7. 被动式

敌人全被歼灭了。

黎认为"敌人"是受事,对动词来说,"敌人"是提到句首的宾语;但对全句的语意来说,它反成了主语。

8. 受事—动词

信发出去了。

黎认为"信"是变式宾语,但仍看作主语。

丁认为"信"在意义上是受事,但在语法上是主语。

9. 动词——施事

茶棚里坐着许多工人。

黎把"工人"看作主语。

丁会处理为宾语。

从上面主语、宾语划分的不同,我们可以看出以《新著》为代表的传统语法和以《现代汉语语法讲话》为代表的描写主义语法在划分句子成分时存在的差异。汉语因为缺乏形态变化,词与句子成分之间不存在简单的一一对应的关系。以《新著》为代表的传统语法较多地根据意义进行语法分析,而在形式上求证不够。这也是其遭诟病最多的地方。

事实上,完全从意义角度或从结构角度出发分析句子的主语、宾语,都有一定的局限性。正因为都存在不足,后人多主张从意义和形式结合的角度分析句子的主语、宾语,但到底如何结合,还有待进一步探索。

《新著国语文法》是我国第一部系统地全面地研究白话文的语法著作,是现代汉语语法研究史上的一个里程碑。当然,我们也认识到它并不完美,胡明扬认为《新著》最突出的不足之处是主要根据意义来进行语法分析,而在形式上求证不够。语法研究最常见的做法是从意义着手,再在形式上求证,从而避免主观随意性。

参考文献

[1] 黎锦熙. 新著国语文法. 湖南教育出版社. 2007

[2] 孙良明. 中国现代语法学"句本位"文法代表"黎氏文法". 北京师范大学学报,2015.1

[3] 孙良明. 1924年的黎氏文法新探. 山东师范大学学报,2014.4

[4] 刁晏斌. 评价黎锦熙语法思想的几个重要原则. 北京师范大学学报,2010.5

[5] 刁晏斌.《新著国语文法》与现代汉语史研究. 湖南大学学报,2010.9

[6] 胡明扬. 现代汉语语法的开创性著作. 语言科学,2002.11

[7] 史国东,胜广. 评《新著国语文法》的语法思想. 沧州师范专科学校学报,

1999.12

[8]陈慧娜,庄初升. 黎、王、丁三家关于主、宾语问题说法的比较. 龙岩师专学报,1995年13卷1期

[9]李宇明. 汉语语法"本位"论评. 世界汉语教学,1997.1

[10]朱林清,王建军. 汉语词类研究述评. 南京师范大学学报,1995.1

[11]吕冀平. 主语和宾语的问题. 语文学习,1955.7

[12]王了一. 主语的定义及其在汉语中的应用. 中国语文,1956.1

[13]朱德熙. 语法分析和语法体系. 中国语文,1982.1

[14]黎锦熙. 关于语法体系的批评与自我批评. 中国语文,1958.12

[15]黎锦熙,刘世儒. 语法再研讨——词类区分和名词问题. 中国语文,1960.2

[16]杨成凯. 词类的划分原则和谓词的"名物化". 语法研究和探索,第五辑.1986

语言教学

天人合一观——开启汉语世界的一扇窗

耿玲

[内容摘要] 天人合一理念是博大精深的中国文化中的重要组成部分。天人关系是古代思想家、哲学家一直探究的最具有重要意义的命题,它与人们的劳动和生活实践息息相关。语言是文化的载体,语言中自然沉淀着极为丰富的文化内涵。本文着重探讨天人合一的哲学理念在汉语中的体现。主要以汉字和词语为例,来揭示天人合一观在汉语中的渗透和影响。探讨汉语词语中的文化意蕴无疑对汉语教学有着重要的意义。

[关键词] 天人合一观;汉字;词语;汉语词汇教学;文化教学

从古至今,天人关系是思想家、哲学家一直探究的重要命题。在天人合一的观念中,无论这个"天"是被神化的天,还是指自然,天与人始终都是密不可分的统一体。天人合一观一直伴随并指导着人类认识自然、利用自然、治理社会以及完善人类自身的实践活动。它几乎贯穿、渗透到中国文化的一切领域,比如中国医学、气功、武术、养生、建筑、文学、艺术等无不渗透着天人合一的思想,而且已经融入到人们的日常生活中。天人合一理念,是几千年来中华民族智慧的总结。语言是文化的载体,语言本身就是一种文化。语言中必然沉淀着极为丰富的文化内涵。天人合一观自然会在语言中有所渗透和影响。

一、在古老的汉字中找寻"天人合一"的印迹

1."人"。是象形字。甲骨文和金文中的人字形就像是一个侧身站立的"人",两只手向前下方伸出。《说文》:"人,天地之性最贵者也。像臂胫之形。凡人之属皆从人。"笔画很简单,省略了人体的其他细节,只描画了前伸的手臂和直立的腿,

而这恰恰最能显示人类与其他动物的区别——人类在进化过程中学会了直立行走和用手制造工具、使用工具。而且"人"字描画的是个站立在地上的形体，而甲骨文中描画动物的字，除了"鹿"、"牛"（只用牛头）、"羊"（只用羊头）等少数几个字以外，其他都是尾朝下，脚足伸向左侧的形体，如"虎"、"豹"、"马"、"犬"、"兔"、"鼠"、"龟"等字，它们都没站立在地上，而给人一种悬空的感觉。可见，古人在字形上把人和动物做了明显的区分，强调了人在自然界中所具有的特殊的重要的地位，这正如《说文》中的解释：人是天地间的生物中最可宝贵的。也就是中国人常说的"人是万物之灵"。

2."大"。"人"字加一横就是"大"。"大"是象形字。甲骨文、金文、小篆的字形都像一个四肢伸展开的正面站立的人的形象。一撇一捺，力道均衡，凸显了人的伟大，也表达了古人希望自己能够更好地生存在天地间的美好愿望。《说文·大部》："大，天大，地大，人亦大。故大象人形。古文大也。凡大之属皆从大。"这个解释源于老子的思想，"……故道大，天大，地大，人亦大。域中有四大，而人居其一焉。人法地，地法天，天法道，道法自然。"①中国人自古以来就重视取材于地，取法于天。而道先于天地而存在，它超越了天、地、人，是效法自然而形成的宇宙本体和规律法则。宇宙万物都是按照这个规律法则自然而然地演进和发展。人的生命如同自然物一样，按照春生、夏长、秋收、冬藏的节奏而流转。在科学技术高度发展的今天，仍然对天存敬畏，对大地有亲近，人类在天地间才能实现真正的伟大。

3."天"。"大"字上面加一横就是"天"。"天"在甲骨文中便已出现，字形像正面站立的人，突出了上部的方框（头）。金文的形体大致相同，显得更形象，用一个圆形来表示头部。《说文》："天，颠也。至高无上，从一大。""天"的初始意义是指人的头顶。人至高无上的部分是"天"（头顶），人站在大地上，头顶上就是一片蓝天，自然界至高无上的部分也是"天"。可见古人造"天"字时是以人为参照的。古代神话传说如《女娲补天》、《后羿射日》等，也都反映了远古时期人们对天、对大自然的敬畏和人类改造自然、征服自然的强烈愿望。

4."地"是会意兼形声字，金文与"隧"同源，会一豕（猪）从高崖坠地之意。《说文·土部》："地，元气初分，轻清阳为天，重浊阴为地。万物所陈列也，从土，也声。"古代神话传说《盘古开天地》中把我们生活的这个宇宙描述成混沌的一团，盘古举起大斧子向这黑暗的一团劈去，随着一声巨响，轻而清的东西上升变成了天，重而浊的东西下降变成了地……《说文》的释义跟盘古开天地的传说有异曲同工之妙。古人认为皇天后土主宰着万物，古代帝王祭祀天地的仪式中，"封禅"制可谓达到了极致。北京现存的天坛、地坛都是明清时代的皇帝祭天拜地的地方。大地可以承

---

① 饶尚宽译注.老子.中华书局,2006年9月,第63页

载万物、滋养万物,所以人们常说"大地母亲"。

5."三"是个指事字,本义就是数字三。在甲骨文中,"三"的字形就像是上下三根长短相同、并列平行摆放的竹签。《说文》:"三,天、地、人之道也。从三数。"认为"三"这个数字可以代表"三才之道",即天道、地道和人道。众所周知,西汉时期的董仲舒提出了天人感应的学说,在天人关系上,他认为天不仅支配自然界,也主宰社会人事。这种天人感应、天人合一的观念盛行一时,成为当时的主流意识形态。东汉许慎编著了《说文解字》,在编写这部字典时肯定受到当时这种占主导地位的天人合一观的影响。"三才之道",即天在上,地在下,人在中间。把人融进了大自然中。这正是天人合一观的形象表现。一直到今天,人们仍然认为要赢得战争和比赛或者办成一件事,天时、地利、人和三种因素缺一不可。

就像这样,"人"、"大"、"天"、"地"、"三",顺着古老的汉字找回去,在古人造字和解字的智慧中,我们不难发现天人合一的理念是如此悠久和深远,在找寻的过程中,感悟心接天地的召唤和启示,这是汉字的魅力。

二、在丰富的词语中体味"天人合一"的妙趣

任何民族的语言都承载着该民族深厚的文化内涵。天人合一观作为重要的哲学理念,已经成为中国人的思维方式甚至生活方式,天人合一的理念也一定会融入汉语中,尤其是在最能反映民族文化个性特征的词汇系统中。下面就以一些词语、成语、俗语为例,来揭示天人合一观在汉语词汇中的体现和影响。

1.人的才能,本来是人的一种能力,但在汉语中却与天联系在一起。比如词语:天禀、天分、天赋、天资都表示天生的资质和能力。把非常聪明智慧的人称为"天才",把才华出众或勇敢的人称为"天之骄子"。把在文艺、体育等某个领域中水平最高、最有影响的男性称为"天王",女性称为"天后"。"天籁"是指自然界的声音,如风声、鸟声、流水声等,形容人的歌声非常优美动听时可比喻成"天籁之音"。

2.形容女子美貌,可以说成天生丽质、貌似天仙、国色天香、绝色天姿,都是指天生、天然的美丽姿容。民间相术迷信中,形容一个人的面相好,说成"天庭饱满"、"地阁方圆",把人的前额的中央比作"天庭",把人的下巴比作"地阁"。甚至古人认为"天圆地方,人头圆足方以应之。天有日月,人有两目"等等,将人体的结构在自然界中找到相对应的东西,目的在于强调人的存在与自然存在的统一性。

3.人先天具有的品质或性格叫做"天性",人心地单纯,性情直率是"天真"。人应尽的最崇高的职责称为"天职"。人的良心称为"天良",完全失去了人性是"丧尽天良"。

4."天命"指上天的意志,也指上天主宰之下的人们的命运。"死生有命、富贵

在天。"①人的生死和命运都是由天决定的。既然如此,那么就可以"乐天知命",安于自己的处境,不必忧虑。消极的态度是"听天由命"。积极的态度是"尽人事而由天命",也有俗语说:"谋事在人,成事在天。"乐观的态度是"天无绝人之路",中国人遇到困难时可以用此来宽慰自己。人的自然寿命称为"天年",人们希望能安享天年,如果人没有活到自然寿命,叫做"天年不遂"。如果人即将死亡,可谓"天夺之魄",是上天夺走了魂魄。形容人命案件性质严重,不容忽视,说成"人命关天"。

5.古人认为天有意志,人事是天意的体现,天意能支配人事,人事能感动天意,二者合为一体。中国有句俗语"天有不测风云,人有旦夕祸福",把天与人事紧密联系在一起。形容声势浩大或事业伟大,我们可用"惊天动地"。人在悲痛欲绝的时候,可以大声叫天,用头撞地,我们用哭得"呼天抢地"来形容人的极度悲痛。俗语"叫天天不应,叫地地不灵"是人处于孤立无援的绝望境地中的形象写照。还有成语"天灾人祸"、"天怒人怨"、"天翻地覆"、"天昏地暗"等。成语"天道人事"指大势所趋不可违背。"天高听卑"是指天高高在上,但能洞察人间之事,也用来颂扬天子圣明,能洞察百姓、地方之事。

6.上天能主宰人事,主持公道,这就是"天道"、"天理"。人们认为"天道无亲"、"天理昭彰"。形容十分公平合理,说成"天公地道"。如果是绝对正确,不容改变的真理,称为"天经地义"。如果人做坏事"天理难容"。如果人无视法纪和天理,毫无顾忌地胡作非为,就是"无法无天"。用"天罗地网"比喻严密的包围,也比喻对坏人的严密防范。"天网恢恢,疏而不漏",坏人一定会受到惩罚。如果罪大恶极,为天地所不容,就会"天诛地灭"。

7.上天能给人带来好运和幸福。濒于灾祸而幸免的好运气叫"天幸"。人的处境顺利是受到了天地神灵的保佑,所以当人们幸免于灾祸的时候会发自内心地"谢天谢地"。难得的好机会叫"天赐良机"。上天能成全人们的意愿叫"天随人愿"、"天公作美"。如果是自然形成并且令人满意称为"天造地设"。赞颂人的美满婚姻,我们说是"天赐良缘"、"天作之合"。祝愿人们的爱情或友谊永久不变,我们用"天长地久"。中国传统婚姻礼仪中,首先要拜天地,感谢天地的养育之恩,新人们也希望生活在天地之间能幸福长久。可见"天地"在人心目中的地位最崇圣,与人的关系至关重要,密不可分。还有"天伦",指父子、兄弟等亲属之间的关系,家庭中亲人团聚的时候人们享受"天伦之乐"。

三、天人合一观与留学生汉语词汇教学

以上述汉字、词语、成语、俗语为例,我们验证了天人合一观在汉语中的渗透和

---

① 张燕婴译注.论语.中华书局,2006年9月,第173页

影响。在中华文明几千年来的发展历程中,正如天人合一的理念一样,文化自然积淀在语言中,尤其是在语言的词汇系统中。对外国人来说,学习汉语不可避免地要学习中国的文化。在对外汉语教学中,如何把文化教学与汉语教学紧密结合起来呢?笔者近些年来教授中级班的综合汉语课程,在中高级阶段,词汇教学是汉语教学中的重中之重,也是文化教学的一个很重要的切入点。在词汇教学中如何贯穿文化教学,多年来很多专家学者都有全面而深刻的研究和论述,很多教师也在课堂教学中进行了卓有成效的实践,积累了丰富的经验。笔者在学习前辈同仁的成果和经验的基础上,结合课堂教学的实际情况,也在词汇教学中逐渐地加强了文化教学的自觉性。下面简单举几个例子。

1. 拜天地。这个词本身就是文化词。是中国传统婚俗在举行婚礼仪式中特有环节。一拜天地,二拜高堂,三是夫妻对拜。对文化词教学,显而易见地我们会介绍其文化意义。为什么首先要拜天地呢,除了介绍这个仪式之外,如果能补充介绍一下中国人自古对天地的崇拜和敬畏,以及天人合一的理念,新人们感谢天地的恩赐,希望生活在天地之间能幸福长久。这样会有助于加深学生对中国婚俗的理解。

2. 茶具。这个词本身不是文化词。茶起源于中国,柴米油盐酱醋茶,茶是中国人日常生活的重要组成部分,也是中国人对世界文明的重大贡献。所以这个词可以扩展。

一套茶具主要包括茶壶,茶杯等。授课时可以用图片展示,我看到有的教师做了精美的PPT向学生展示茶具。条件许可的话,我们还可以带来实物让学生观赏。除此之外还可以做一点儿补充:在对茶的认识上,中国人自古认为茶是天涵之,地载之,人育之的灵芽。在中国茶道中,习惯把有托的盖杯称为"三才杯"。茶杯的盖儿为"天",茶杯的托儿为"地",杯子为"人",意思是天大、地大、人亦大。很形象地体现了天人合一的理念。如果连杯子、杯托儿、杯盖儿一同端起来品茶,这种拿杯手法称为"三才合一",如果只用杯子喝茶而杯盖儿、杯托儿都放在茶桌上,这种手法称为"唯我独尊"。如果我们能补充这样一点儿文化内涵,会增加教学内容的趣味性,也有助于提高学生对中国茶文化的兴趣。

3. 命。在《博雅汉语 中级冲刺篇(1)》第二课《朋友四型》中有这个生词。明显不是文化词,只是一个普通的词语。主要给学生三个义项(1)生命;(2)寿命;(3)命运。

"命中注定"中的"命"就是"天命",是上天安排好的,人无法抗拒的命运。在这里可以补充一个句子"吾十有五而志于学,三十而立,四十而不惑,五十而知天命,六十而耳顺,七十而从心所欲,不逾矩"。[①] 在第一课《名字的困惑》中学过了"困惑"一词,所以这个句子学生不难理解。顺便介绍一点儿古人的名言名句,可能会

---

① 张燕婴译注.论语.中华书局,2006年9月,第13页

加深一点儿学生对中国传统文化的理解。

4.松柏。在《博雅汉语 中级冲刺篇(1)》第三课《香港的高楼,北京的大树》中有这个生词。本身不是文化词。是松树和柏树的合称。西方人更多关注它的植物属性。比如我们学习这个生词的时候,有的欧洲学生说在他们的国家,圣诞树用的是哪一种树。

而松柏冬夏常青的特性更多的是引起中国人关于"人品高洁,意志坚强"的联想。我们可以给学生补充孔子的名句"岁寒,然后知松柏之后凋也"。① 意思是说在恶劣的环境里,才能了解一个人的坚强意志。正因为如此,岁寒三友松竹梅常常出现在中国的诗画中。另外,松柏生命力强,树龄长久,几百年甚至上千年的古松柏颇不少见,所以松柏也是长寿的象征。中国画传统的祝寿题材"松鹤延年"把松树和鹤画在一起,就是祝愿老人像松树一样长寿的意思。像"松柏"一词一样,在汉语中有不少植物、动物名词被赋予了特殊的文化意义。体现了中国人亲近自然的雅趣以及人与自然的相通性理念。在汉语词汇教学中,注意揭示类似这些词语背后所隐含的深层文化意义,对学习者来说,既可以更好地理解词义,也能学习中国的文化,会起到事半功倍的作用。

综上所述,天人合一观只是开启汉语世界的一扇窗。中国文化博大精深,天人合一的理念只是中国文化中的一个重要组成部分。中华民族的哲学思想、历史观念、特有的思维方式、价值取向、心理活动、感情特点、表述方式等,无一不凝缩汇聚在汉语中并呈现出来。汉语中正是因为沉淀着丰富的文化内涵,凝聚着中华民族的智慧,才显得如此丰富多彩、魅力无穷。在对外汉语教学中,自觉地把文化教学和汉语词汇教学结合起来,尤其是注意挖掘和适度扩展词语中隐含的深层文化意蕴,在教授汉语的同时自然地传授中国文化的精华,无疑会对丰富课堂教学,提高课堂教学效果具有重要意义。

参考书目

[1]鲁宝元著,神里常雄译,汉语与中国文化(汉日对照),华语教学出版社,2000年

[2]石云涛主编,中国传统文化概论,学苑出版社,2004年10月北京第二版

[3]孙德金主编,对外汉语词汇及词汇教学研究,商务印书馆,2006年7月第一版

---

① 张燕婴译注.论语.中华书局,2006年9月,第130页

"(X)整个一(个)Y"的分类及相关问题

桂 靖

[内容摘要] 本文首先论述了"(X)整个一(个)Y"格式的三大特征:贬义性、夸张性和文化性特征,并对它们的重要性进行了分析和对比。其次,本文对可以进入该式的情况分五类进行分析,并对非文化性的体词和谓词结构进入该式的限定性进行了探讨。在此基础上,笔者为该式的教学提出建设性意见。

[关键词] 贬义;夸张;文化;自创

绪 论

"(X)整个一(个)Y"是口语中一种常见表达式,使用频率高,但理论上对该式的研究并不多,甚至有些论述所使用例句的合理性也值得商榷。之所以缺乏合理性,是由于进入该式的Y违背了使用规律,换句话说,"Y"不具备必需的特征。关于该式中"Y"特征的研究有一些成果:刘长征(2007)《"(X)整个一(个)Y"格式试析》一文中对该式的文化性、夸张性、贬义性特征,以及其中X和Y的语义关系都有详尽论述,[①]然而还有些问题没有解决:第一,满足该式的Y是否需要同时具备这几项特征,抑或一定条件下可以缺少某一项特征?第二,文化性的专有名词、谚语、成语等成分比较易于进入该式,原因何在?普通的名词和动词、形容词进入该式的限制性条件又是什么?这是本文所要研究的。

一、关于"(X)整个一(个)Y"已有的研究成果

刘长征(2007)在《"(X)整个一(个)Y"格式试析》中,对该式的特征做出了分析。北京语言大学BCC语料库收集相关语料89条,北京大学CCL语料库收集

---

① 刘长征."(X)整个一(个)Y"格式试析.汉语学习.2007(1).32−36

106条,排除其中的重复项,笔者对共计114条语料进行综合分析,对刘文的结论逐一进行验证。

1. 贬义性特征

刘文指出:"从感情色彩上看,进入'(X)整个一(个)Y'格式的普通名词多带有贬义色彩。"①郑曼娟(2012)也有类似分析:"'整个一个X'是一个主要用来进行负面评判的习语构式。"②不仅普通名词,进入该式的专有名词、成语、谚语以及动词、形容词也大多具有贬义性特征。

据统计114条语料中具备明显贬义色彩的有94条,占82.5%,拥有绝对比例优势。例如"整个一干糙活儿的脑袋"、"整个一个大脑缺氧"、"整个一个败家子"等。

2. 夸张性特征

刘文指出,"'整个一(个)Y'是对X的判定或评价,这种判定或评价常常带有一种强烈的主观夸张色彩。"此外,刘文还指出,"该格式本身只有肯定形式,没有否定形式"。

据统计,114条语料中,具有明显夸张色彩的有87条,占76.3%之多。例如:"整个一个废物"、"整个一个口腔痼疾患者"、"整个一个南辕北辙"等。

需要说明的一点是,114条语料中,或具备夸张性特征,或具备贬义性特征,或二者兼而有之,但没有一项语料这两项特征均欠缺的。

3. 文化性特征

刘文还谈到,"进入'(X)整个一(个)Y'格式的专有名词一般是为大家所熟知的、具有某种突出特点或典型特征的人名或地名。"此外,刘文指出,大量的谚语、熟语、歇后语可以进入该式,事实上也从另一侧面说明进入该式的Y大多具有文化性特征。

据统计,114条语料中,含有文化性特征的语料有66项,占58%。其中包括"整个一个刺儿头"、"整个一个阶级敌人"等文化分类名词;包括"整个一个喂不亲的狼"、"整个一呆鸟"等有文化内涵的比拟性词语;也包括"整个一个瞎耽误工夫"、"整个一个南辕北辙"等文化惯用语、成语。

---

① 刘长征."(X)整个一(个)Y"格式试析.汉语学习.2007(1).33
② 郑娟曼.从贬抑性习语构式看构式化的机制——以"真是(的)"与"整个一个X"为例.世界汉语教学.2012(4).523

二、"(X)整个一(个)Y"特征产生的原因及地位

1. 贬义性产生的原因

贬义性特征是由该式中的"整个"赋予的。

郑娟曼(2012)分析,由于受到构式述谓性的影响,"整个"具有了副词化倾向,同时,作为"总括副词"中的一员,它具有"极性副词"的特点,这就大大降低了表达的客观性,增强了表达的随意性与主观性。"这种超现实的说法与不满情绪的相容度要高得多,即使与褒扬性的评价义结合,这种表达方式也难免带有讽刺的意味。"[①]

为什么总括副词"整个"会带来评价的随意性和主观性呢?笔者认为,它起到了拉开说话者与被描述者之间距离的作用。

苏轼诗云"不识庐山真面目,只缘身在此山中。"当两者之间的距离过近时,彼此是难以观察到整体的。反过来说,看到"整体"的前提条件是两者拉开距离。说话人通过"整个"拉开了自己与被描述者之间的距离,同时将自己从近距离的"描述者"变为远距离的"审视者"。如同观众可以对演员的表演品头论足一样,距离感带来了评价的随意性和主观性,贬义色彩便悄然产生。"整个"带来的双方心理位置变化过程如图1所示,A为说话者,B为被描述者;"整个"使二者的关系发生了下列改变。

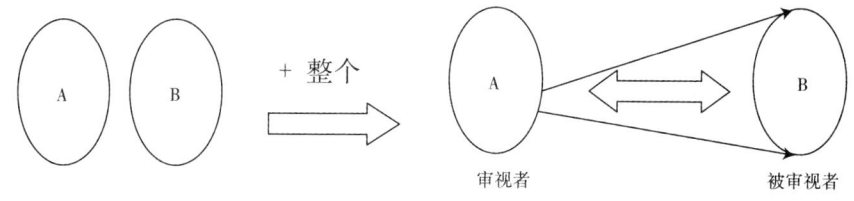

图一

综上所述,极性副词"整个"导致说话人和被描述者间的心理距离拉开,进入主观、随意的评价模式,同时奠定了评价的贬义基调。

2. 夸张性产生的原因

该式的夸张性是由其中的数量词"一个"赋予的。

数量词"一个"引发的心理期待是对后续名词"分类"的归属。分类的标准有客观的,也有主观的。客观分类不存在夸张的问题,比如"人"、"鱼"、"汽车"等,在"是"与"否"之间不存在中间状态。主观分类则不同,比如,"傻瓜"、"富商"、"托词"

---

① 郑娟曼.从贬抑性习语构式看构式化的机制——以"真是(的)"与"整个一个X"为例.世界汉语教学.2012(4).525

等,都是人们主观意识对人、物、事进行的划分,从"是"到"否"存在中间过渡状态,智商多少算"傻瓜"？财富几多属"富商"？不同的人有不同的衡量标准。

主观分类标准承载着社会文化因素和主观感知因素,事实上它是一种不确定的标准。在使用"(X)整个一(个)Y"时,说话人不管被评价者是否达到Y的标准,通过"一(个)"将其强行划分为此类,这就给该式赋予一种"拔高"的夸张色彩。

3. 文化性产生的原因

事实上,文化性本身并不是"(X)整个一(个)Y"的特征,它的存在是由于进入该式的大量文化性人物、事物以及熟语、成语等同时具备了夸张性、极端性等特点,而这也正是它们之所以成为文化典型的主要原因。大量的文化典型人名、地名,以及成语、谚语、歇后语都具备生动、鲜明、夸张的特点,这使得它们高度符合该式对夸张性的需求,因此进入该式便容易得多。但如果说文化性本身是该式的特点之一,未免欠妥,据统计,收集到的有关资料里有58%有比较明显的文化特征,这与夸张性76.3%的比例和贬义性82.5%的比例相比,的确低得多。反过来性,还有42%的语料不具备文化性特征,这也是一个不小的比例。由此看来,这一特征在该式的三个特征中不占据重要地位,它仅属附属类的特征。

4. 三大特征的地位

综上所述,"(X)整个一(个)Y"式的三个特征中,贬义性特征和夸张性特征分别是由"整个"和"一个"赋予的,属于本质性特征,换句话说,进入该式的Y需要至少具备其一,这是必备条件;而文化性特征则是夸张性特征的派生特征,虽然也是该式的特征之一,但并不属Y的必备特征,而是选择性特征。

三、可以进入该式的几类情况

1. 固有归类概念

社会上对人、事、物已有的贬义归类概念是最有资格进入该式的。无论从贬义性,还是从夸张性,抑或归来概念本身的名词性,从感情色彩和语法的规范性来讲都最有资格承接"整个一个"。

此类实例,语料库中收藏了41例。例如"整个一个二狗子"、"整个一个社会渣滓"、"整个一个废物"、"整个一个地头蛇"、"整个一个狐狸精"等。

刘长征(2007)分析这一类"格式的作用是对X进行归类,即把X归入Y类。这种归类本身就具有强烈的主观色彩和评价功能。该格式的意义可以表述为'X(简直)就是Y'。"[1]郑曼娟(2012)也有类似分析:"'整个一个X'是一个主要用来

---

[1] 刘长征."(X)整个一(个)Y"格式试析.汉语学习.2007(1).34

进行负面评判的习语构式。这种评价可以通过直接描述的手段实现,也可以通过归类的手段实现。在句法上,前者的 X 体现为谓词性结构,后者体现为体词性结构。"①第一类结果就是郑文所说的后者,即"归类的手段"。

需要说明的是,这一类概念事实上包含着两小类,表达语气上也有所不同。

第一小类是专有的文化概念,例如"阶级敌人"、"叛徒"、"流氓"、"家庭妇女"、"大男子主义"、"小三儿"、"二百五"、"马大哈"等。由于这些概念可以说是为某一类人或事"量身定做"的,对应精准,语气相对客观,评价者只是将被评价者强行划分为此类,因此这一类评价尽管带有主观性,但夸张性较弱。

第二小类是带有比喻性质的文化概念,例如"王八蛋"、"缩头乌龟"、"畜生"、"傻瓜"、"丑八怪"、"猪头"、"狐狸精"等。由于这些概念汇聚了人们对现实世界的观察,沉淀了社会文化情感,因此表达更加生动形象,情感因素也更加强烈,这使得概念的夸张性、贬义性随形象性得到延伸,甚至触及"骂语"的边缘。"整个一个狐狸精"比"整个一个小三儿"贬义更明显;"整个一个畜生"比"整个一个流氓"更为愤怒。总之,此类概念的夸张性和贬义性更为强烈。

2.特征相同的类比对象

这一类我们可以称之为类比型或借用型。

当没有精准确定的归类概念可用以划分被评价者时,说话人便会借用特征类似、特点突出的人、事或物来比拟被评价者,这就是刘长征(2007)所分析的这种情况:"Y 是专有名词。进入'(X)整个一(个)Y'格式的专有名词一般是为大家所熟知的、具有某种突出特点或典型特征的人名或地名。"②此时"X"与"Y"之间的关系,是一种"类比"或"比喻"的关系。

借用的范围是很广的,大体上,可以分为三类:一是其他领域的专有名词,二是旧时代概念词;三是古今中外文化典型。

首先是其他领域的专有名词。语料库中收录了大量其他领域专有名词进入该式的例子,例如:

(1)教导员,你看还要不要再审下去了,我看他真的是疯了,整个一个精神分裂症,没有一句不是在胡说八道。(张平《十面埋伏》)

(2)你们男人,看见年轻漂亮的女人就挪不动步,整个一个动物世界!(王群《渴望爱抚》)

(3)谁愿意去匈奴那破地方啊?又干又冷,没吃没喝的,整个一第三世界!(孔庆东《47楼207》)

---

① 郑娟曼.从贬抑性习语构式看构式化的机制——以"真是(的)"与"整个一个 X"为例.世界汉语教学.2012(4).523

② 刘长征."(X)整个一(个)Y"格式试析.汉语学习.2007(1).33

这里,"整个一个精神分裂症"借用了医学领域名词;"整个一个动物世界"借用了电视栏目名;"整个一第三世界"则借用了政治领域名词。

其次是旧时代概念词。有一些旧时代的概念随着社会的进步已消失,但附着在这些概念上的特征十分明显突出,因此也被后人拿来借用。例如:

(4)"看完大汽车我还给你买好吃的,给你洗衣服,给你捶腿。""整个一个丫环。"(皮皮《渴望激情》)

(5)"下班啦,累坏了吧?""比当法医时可累多啦。现在整个一个小跑堂的。"(穆宪林《桑拿之谜》)

(6)这二十年里我在哪儿?我他妈的整个一个奴才!(皮皮《比如女人》)

这里的"丫环"、"小跑堂的"和"奴才"的身份在今天早已消失,但是他们的身份特征,即"伺候人"、"跑腿儿打杂儿"等身份特点却被今人借用来进行类比。

最后是古今中外文化典型。前文分析过,文化典型之所以成为文化典型,正是由于其某一方面的特征突出,以此比喻所评价的人或物,本身就满足了"夸张性"的特点,因此,当被评价的人或物难以根据特点进行归类的时候,与此相关的文化典型就会取而代之。说到婚姻情感上喜新厌旧的人,人们会想到"陈世美";描述一个人反复唠叨自家不幸,人们会想到"祥林嫂";形容一个人自己骗自己以换取精神安慰,人们会联想起"阿Q";形容一个人冤屈深重,人们会想到六月飞雪的"窦娥"……这些"旗帜性人物"足以代替专有名词而担当起归类的标志。日积月累,人们逐渐接受了这种"代替"。

这一类例子在语料库中收录不足,但是在现实中却是十分常见的。例如:

(7)她可不得了,在公司里八面玲珑,呼风唤雨,整个儿一个王熙凤。

(8)你咋能这么蛮干呢?这不整个儿一猛张飞嘛!

(9)我老爸啊,一天到晚唠叨个没完没了,整个儿一唐僧!

3.描述性的熟语

从语法的精准度上来讲,嵌入该式的"Y"应为体词性结构。但通常会有这样的情况,评价者难以找到合适的归类概念和类比典型等体词性结构,却在生动形象的成语、谚语、歇后语以及惯用语等熟语中寻到了契合的对象。很多熟语以描述为主要功能,例如"南辕北辙"、"四六不靠"、"不知所谓"、"狼狈为奸"、"狗咬吕洞宾——不识好人心"、"黄鼠狼给鸡拜年——不安好心"、"猴吃麻花——满拧"等,均属谓词性结构。谓词性结构的熟语进入该式原则上说是不合乎语法的。

郑曼娟(2012)是这样分析这种情况的,由于"依靠名词来实现评价义的表现形式有未尽之处",因此"为了弥补这个表达上的大缺口,NP 不得不向谓词性结构扩展"①。也就是说,当没有归类概念和类比典型存在的情况下,该式的使用范围只好从体词扩展到谓词所指代的名词类,即熟语所描述的"情况",时间久了,人们也将后者默认为谓词所指代的名词,并逐渐接受了。

熟语是历史长河中人们情感、智慧和文化在口语表达中的积淀,不仅生动形象,而且富于典型性和夸张性,这一点上来看符合进入该式的条件。由于谓词性熟语在其中占据相当大的比例,因此该式中 NP 向谓词性结构扩展的趋势成为必然,并逐渐为人们所接受,因此此类输出所占的比例相当大。语料库中收集了"整个一个手足无措"、"整个一个南辕北辙"、"整个一个乱七八糟"、"整个一个狼心狗肺"、"整个一个吃不着葡萄说葡萄酸"、"整个一个瞎耽误工夫"等。

这一类就是刘长征(2007)在文中所分析的"X"和"Y"的第三种关系:"Y 是对 X 的陈述。"刘文解释:"'X+Y'可以构成一种主谓关系,这时 Y 一般是谓词性的词或短语。"②

4. 自创定义

说话人在评价中选择"整个一个"时,仅仅意味着他启动了一种主观的、极端的评价模式,并不意味着他可以为这个模式找到恰如其分的归类,特征相似的类比,或者形象生动的熟语——有些事物的具体特征是难以被涵盖其中的。这种情况下,说话人则需要为该式自创一个"Y",而这种自创需要遵循一些规则:第一,语法上"Y"为体词性结构;第二,"Y"具备夸张性;第三,"Y"具有贬义色彩。对这三点的符合度越高,"Y"进入该式的可能性就越大。

在这些规约下,出现了"自创定义型"的"Y"。这一类定义并不被社会认同,也不具备长久保留和广泛流传的必要,只是一种为满足该式指定的临时概念。语料库中这类例子有 15 例。例如:

(1)它不同于以往或当下某一本书的畅销,而是整个一个王朝的畅销。(BBC 语料库·报刊)

(2)加上这一带是勐养自然保护区东西两片的结合部,也是两片保护区野生大象交流汇聚的中心通道,这一带又是热带雨林的封闭区,整个一个野生大象的天然乐园。(BBC 语料库·报刊)

(3)不过无论如何,风是整个一簌的催助者,催着青绿,也催着秋红,繁花在风里开展,在风中受孕。(刘墉《点一盏心灯》)

例句中的"王朝的畅销"、"野生大象的天然乐园"和"簌的催助者"都不是固有

---

① 郑娟曼.从贬抑性习语构式看构式化的机制——以"真是(的)"与"整个一个 X"为例.世界汉语教学.2012(4).528

② 刘长征."(X)整个一(个)Y"格式试析.汉语学习.2007(1).34

的,被世人所承认的概念,而是作者为适应该式临时自创的定义。由于"王朔的畅销"、"籁的催助者"、"小张君秋"、"现代文人手迹大荟萃"等表述具有囊括性、完全性等特点,自成一种归类概念,因此同样满足了进入该式的"Y"极端性、夸张性的特点。

5. 自创描述

这一类情况进入该式,笔者认为略显牵强,但在语料库中却的确存在。这一类之所以能够进入该式,一方面是借鉴了第四类,即"自创定义"类的手法;另一方面是借鉴了第二类,即"描述型熟语"以谓词身份最终逐渐被"Y"的体词需求所接受的途径。

这一类由于不具备固定概念归类、类比典型、熟语等文化性特征,在夸张性、极端性方面难以得到保证;另一方面在语法上属谓词结构,难以被"Y"所接受,因此进入该式是比较危险的。我们来分析语料库中的几例,看看它们是如何应对的:

(1)一个佛家的"万"字,配上道家的"阴阳鱼",整个一个不佛不道。(BBC语料库·报刊)

(2)海内外的文艺家影视人纷至沓来,借宝队伍与日俱增,整个一个挡不住。(BBC语料库·报刊)

(3)你他妈办的这叫什么事? 整个一个谁都不认识谁,干让人诈,跟在街上买有什么两样?(王朔《橡皮人》)

例句1化解危险的方法是"仿造成语","不佛不道"事实上并不是成语,但是成语中有"不伦不类"、"不三不四"、"不阴不阳"等,于是作者根据需要,依势仿造出"不佛不道",这样一来就可以借"描述型熟语"之名进入该式,不会让人觉得不妥。

例句2和例句3采用的方法是"突出极端化"策略。"挡不住"和"谁也不认识谁"作为谓词性结构,均旨在描述一种"极端化"的状态。这也是进入该式的谓词性结构必须具备的特点。所谓"极端化",就是一种"完全都是"或者"一点儿也不"的状态,只有这样,才能实现评价的主观性,满足"Y"的夸张性。

这里,我们引用袁丽(2007)在《现代汉语"整个一个 X"格式考察》一文中使用的三个例句来进行分析①:

(1)整个一个伤感。

(2)医院里的事儿,整个一个逗!

(3)我整个一个没明白你的意思。

三个例句中,笔者认为仅例句3可以被认同,而例句1和例句2的说法是值得商榷的。作为谓词进入该式的形容词"伤感"和"逗"都不具备极端性特征,"伤感"

---

① 袁丽. 现代汉语"整个一个 X"格式考察. 郧阳师范高等专科学校学报. 2007(2).53—56

本身指由外界景物引起的淡淡的忧伤,它本身就不具备极端性,不适合进入该式;而"逗"则涵盖了"有点儿逗"到"逗极了"所有程度,仅一个"逗"也是不宜进入该式的,改为"医院里的事,整个一个逗死人了!"就合适得多。例句3的"没明白你的意思",可以被默认为"一点儿都没明白你的意思"或"完全没明白你的意思",达到了"零"极限,因此进入该式则没有什么问题。

总之,自创式描述对该式的满足程度最低,使用时存在风险,谓词性描述语最起码要具备极端化特征,才有进入该式的可能。

四、对于汉语教学的启示

该研究对于汉语教学的启示有两点:

第一是"(X)整个一(个)Y"式教学阶段的确定应该明晰。

上文分析到,进入该式的Y应具有贬义性和夸张性、极端性等特征。贬义色彩固然是易于感知的,但是夸张性却难以界定。由于文化类的概念、典型和熟语更加容易实现夸张性,进入该式时有明显的优势,因此,该式的教学应该以丰富的文化知识和文化类词汇为基础。

以《汉语口语习惯用语教程》(北京语言大学出版社)为例,前言中提到,该教材是为"中高级水平的汉语学习者"编写的选修课教材。事实上这个跨度本身就比较大,高级水平者的新HSK水平为5—6级,所要求词汇量为2500—5000个;而中级水平者的新HSK水平为3—4级,所要求词汇量仅为600—1200个。试想词汇量1000左右的学生,文化类的词语和文化知识都相对有限,甚至可以说比较匮乏,这对于该式的学习势必形成阻碍。鉴于此,该式的教学应该安排在高年级阶段,学生已经接触过相当数量的文化词汇、历史典故、熟语等,不仅对例句的理解会更加容易,对该式的运用也会更加自如。

第二是划分层级,明确教学目标。

前面笔者已经对该式的Y进行了情况分类和分析。前三类,即固定的归类概念,可类比的文化典型,以及汉语熟语由于大多具有夸张性的特点,因此更容易进入该式,教师在教学中应该设定情景,引导学生大量使用和操练。第四类和第五类,即自创定义类和自创描述类,由于夸张性不够明晰,标准难以把握,学生在使用中存在风险,因此建议教学中以理解为主,不必引导学生大量使用和操练。

结　论

作为汉语惯用语表达之一,"(X)整个一(个)Y"式中的嵌入对象"Y"有三大特征,其中,贬义性和夸张性特征是该式的本质性特征,而大多文化词语、文化定型和熟语由于极富夸张性,进入该式有相当的优势,因此文化性也成为该式的特征之一,但实际上它属派生特征。除文化类的词语以外,其他的体词和谓词性结构也是可以进入该式的,但是前提是必须具有极限性、夸张性特征。但是由于非文化类的体词和谓词结构是否具备足够的极限性特征,该标准难以把握,因此在使用中存在风险,建议教师在教学中分层教学,将它们限定为理解内容而不必引导使用和操练。

参考文献

[1]刘长征."(X)整个一(个)Y"格式试析.汉语学习.2007(1)

[2]袁丽.现代汉语"整个一个X"格式考察.郧阳师范高等专科学校学报.2007(2)

[3]郑娟曼.从贬抑性习语构式看构式化的机制——以"真是(的)"与"整个一个X"为例.世界汉语教学.2012(4)

电影作品在对外汉语教学中的应用

何一薇

[内容摘要] 现代多媒体技术的发展使得电影材料成为一种既可以传播文化知识又可以学习语言知识的重要载体,将电影作品引入到对外汉语教学中,以活跃课堂气氛,激发学生对语言的学习兴趣,在真实生动的情景中进行语境化教学,对学生的各种语言能力的培养具有积极的意义。同时,教学中应注意电影作品的选取和加工,预设到学生在学习过程中可能会遇到的困难,将电影作品进行有效应用,通过各种教学策略提高学生听说读写的语言技能,从而进一步了解中国国情和社会文化。

[关键词] 电影作品、语言技能、体验文化

近年来,随着现代多媒体技术的发展,电影作品越来越深入广泛地运用到第二语言教学中来,在某种程度上解决了第二语言教学中言语技能训练与文化知识学习相结合的问题,在培养学生实际运用汉语能力,特别是增强学生的汉语学习兴趣方面,收到了较好的教学效果。电影作品直接把学生带入贴近现实生活的真实语言文化情境中去,有助于学生学到地道的汉语,还可以使他们领略到中国的文化风情,从而增长知识,提高学生的综合语言能力。

一、理论依据

学习是一种复杂的心理过程,它与心理活动密切相关,一些心理学的实验结果对于我们开展语言教学具有指导意义。心理学家曾发现人类各种感觉器官获得知识的比率并不一样:

感觉	视觉	听觉	嗅觉	触觉	味觉
比率	83%	11%	3.5%	1.5%	1%

对于同样的教学内容采用不同的教学方式,学生获得知识所能保持记忆的比

率是不同的：

学习方法	记忆保持比率	
	三小时左右	三天后
单用听觉	60%	15%
单用视觉	70%	40%
视听并用	90%	75%

可见，人类的各种感觉器官在认识事物时，视觉、听觉器官所起的作用最大，如果视、听协同活动，可以大大提高学习的效率。[①]

在古希腊语中，"我看见"的意思就是"我知道"。在中国则有古话为"眼见为实"。这也说明，我们在语言教学中可多选用影像、声音等教学材料作为我们的教学内容。

电影作为一种综合艺术，声像具备，其生动的画面展示、精彩的语言表达和丰富的文化内涵，彰显出特有的优势，能更迅速、更有效地传递学习内容，影片营造的语境使学生更易于理解和掌握语言形式在交际中的具体运用，建立起汉语语感，学生们在比较自然的语言环境中获得更多的知识。

二、电影作品特点及选用

1. 电影再现真实生活，提供了真实自然的语言环境

电影最大的特点是再现真实生活，通过影像还原和声音还原对现实生活进行逼真的再现，将语言、文化、娱乐融为一体，从视觉、听觉、情感等方面去触动学生；另外，电影中丰富的对话语言，以情境性视觉听觉信号为学习者提供了直观、形象的理解支持，这对汉语教学来说，是一个极为有利的特点。汉语教学的最终目的，是让学生不仅逐步掌握语音、词汇、语法，最终要发展为运用汉语进行交际的真实语言运用能力。

电影以其直观的表现手法，丰富的内容和艺术感染力，吸引着学生，使他们在学习中保持高度的兴趣和注意力。这样，有效地克服了传统教学模式的弊病，改变了单一枯燥的语言环境和材料给学生造成紧张、焦虑的情绪状态，给学生创造了一个低焦虑程度的学习语境，使学生处在轻松、愉悦的理想学习环境和学习状态中。

2. 电影中的语言特点

电影是以社会或历史上的人为表现主体的，人物之间的对话语言的信息容量

[①] 参见郑艳群主编《对外汉语计算机辅助教学的实践研究》，商务印书馆，2006年7月，第2—3页。

较大,往往采用形式多样的语言表达手段。史耀华(2006)指出:"常常口语书面语兼有,这为听说读写各方面的教学提供丰富的素材,可以做到一材多用。"而且电影中的人物语言都是电影中活生生的人物在流畅的情节发展过程中讲出来的,具有生动性、现场性等特点。

电影语言随着情节的推进,人物性格的不同而有变化,是综合性和灵活性的统一,虽然能增强语言的真实感,但它往往没有适当的阶梯性和层次感,在相对集中的时间里,学生会接触到难易变化非常明显的语言表达形式。因此,对于词汇量、语法知识和语用知识要求比较高的内容,学生难以看懂,再加上快速流畅的语速,大量俗语俚语,更令许多学生大喊"看不懂"。因此,他们有时只能依靠非语言信号"看热闹",电影内容易被误解,语言形式易被误用;而听得懂的内容,也许会过于简单,学生很难以此实现汉语语言知识的高效积累。据此,有些学生觉得,单纯观看电影,与依靠传统课本和录音学习相比,效果不见得好。所以观看汉语电影教学片,学生有时感到收效甚微,最初有的热情也会消失了。

根据电影作品的以上特点,在电影教学中,我们应当充分发挥其长处,尽量避免不利因素。对电影作品进行精心挑选和适当加工,在教学中发挥其应有的作用。

3. 电影作品选用

在教学实践中,面对浩如烟海的电影资料,如何根据汉语教学的目的与特点,有针对性地对电影作品进行选择和加工,使其发挥应有的作用,是教师们急需解决的一个难题。

选择电影作品时,就内容而言,应选取满足学生欣赏趣味的影片。刘继红(2004年)曾举过一个例子:"成功的影视作品还可以激发起人们学习第二语言的兴趣:据有关报道,由中国大陆、台湾、香港合作拍摄的影片《卧虎藏龙》夺得4项奥斯卡大奖后,不仅在电影市场上引起连锁反应,还在北美地区引发了'中文热',美国有些学校甚至将《卧虎藏龙》的剧本当作学习中文的教材来使用。"

不过,名片大片并不意味着适合第二语言课堂教学。陈凯歌导演的《霸王别姬》,是一部"深刻挖掘中国文化历史及人性、影像华丽、剧情细腻"(国际影评联盟评语)的影片,然而,因影片历史跨度大,历经清末民初的北洋时代、中日战争、文化大革命等历史阶段,同时还涉及了京剧等文化因素,即便老师作了课前辅导,介绍了相关历史背景、人物关系等,学生们理解起来还是很难,似懂非懂,以至于认为影片中的人物性格奇特,举止怪异。

王家卫导演的《花样年华》虽然人物刻画细腻、服装华丽、音乐旋律优美,可是影片的节奏过于缓慢,人物的情感表达过于含蓄内敛,也不适合用作语言教学片。

我们认为,那些反映当代人的生活为主要内容的影片容易被接受,家庭伦理、爱情婚姻、社会教育等具有普遍性的作品容易引起共鸣,如李安的《饮食男女》、郑晓龙的《刮痧》、张扬的《洗澡》、冯小刚的《非诚勿扰》、藤华涛的《失恋33天》、刘杰的《青春派》等都是比较理想的作品。

在电影语言方面，所选取的影片的语言不能是方言作品，如《秋菊打官司》中的秋菊操一口陕西方言，不宜用作第二语言教学。作为语言教学的语料，我们认为电影语言要尽可能使用标准规范的普通话，发音清晰、纯正，对话清楚，语速要适中，要考虑到影片中的语言是实际生活中经常使用的词汇。例如张扬的《爱情麻辣烫》，语言清晰、规范，整部影片由五个既独立又有一定关联性的故事构成，非常适合语言教学使用。

三、电影作品的具体应用

1. 训练并提高学生听、说、读、写的汉语技能

电影教学具有一定的直观性和趣味性，集视觉、听觉刺激作用于一体，以形象、生动的画面给与学习者最为直观的感受。我们在教学中运用电脑多媒体技术，综合处理文本、画面、图像和声音等多种信息，同时作用于人的感官，根据不同的教学目的，采取不同的教学措施，有效地促使学习者言语信息的输入与输出，从而提高学生听、说、读、写综合能力。

1.1、以读促听

第二语言学习者在观看电影时，最大的问题是听不懂。为了解决这个问题，老师可以选取部分重要关键的词语在观看前组织学生学习。如以下是《失恋33天》中老板大老王安慰失恋员工黄小仙的对话中的词语：

配　pèi

人均消费　rén jūn xiāo fèi

开除　kāi chú

散伙饭　sàn huǒ fàn

迫害　pò hài

被害妄想症　bèi hài wàng xiǎng zhèng

泡　pào

隆重　lóng zhòng

不安　bù ān

情意　qíng yì

心理素质　xīn lǐ sù zhì

寻死觅活　xún sǐ mì huó

权利　quán lì

质疑　zhì yí

劈头盖脸　pī tóu-gài liǎn

骂　mà

要不　yào bù

拼命挣钱　pīn mìng zhèng qián

公主　gōng zhǔ

早恋　zǎo liàn

大提琴　dà tí qín

转移　zhuǎn yí

注意力　zhù yì lì

适龄　shì líng

外贸尾单　wài mào wěi dān

俗　sú

治愈　zhì yù

我们通过直接翻译、图片展示、语素教学、情景教学、设计练习等方法让学生大致了解以上词语的意思，既扩大学生的词汇量，也有助于学生理解影片。

我们也可以将台词转换为阅读材料来进行学习。比如，影片《爱情麻辣烫》中有这样一个片段——《声音》，讲述的是一个喜欢各种声音的男生爱上了一位女生，为了向女生表达自己的好感，他特意录制了一盒磁带，录下了女生在各种场合的声音，这盒磁带是这个故事中很重要的一条线索，我们将磁带上的台词配上拼音，打印成文字材料，让学生们用十分钟的时间快速阅读，然后给他们英文翻译材料，在完全明白意思的基础上，大家一起朗读台词：

《爱情麻辣烫》片段

我喜欢声音，喜欢自然界的各种声音。

但是有一天，我发现有一种声音我最喜欢，

那就是你的声音。

清晨，我推开房门，一个洁白的世界映入了我的眼帘。

我还喜欢你的笑声，

每次走近你，我的心跳就会加快。

啊，下雪了，鹅毛般的雪花漫天飞舞着，

一切都显得那么纯洁而美丽。

有一天我梦见和你一起去北海赏雪，

我们走在厚厚的积雪上，

鞋在发出咯吱咯吱的声音，

身后留下一串长长的脚印。

你喜欢和我在一起吗？

喜欢呀。

真的喜欢吗？

真的喜欢呀。

如果你喜欢这盘录音带，

星期一你就穿上那天你在百盛时穿的裙子。

我们发现学生对于这样的台词阅读材料很感兴趣，虽然难度可能会高于自身的水平，但是他们乐于挑战，学得津津有味。而且，通过这样的学习，再去观看影片，听力的难度就降低了很多，这让学生很有成就感。

1.2. 带着任务观看

提高学生听力能力的另一个重要方法是在观看影片之前，给学生布置明确的视听任务。让学生们带着任务观看，有助于集中注意力，抓住重要信息，提高分析和概括能力。比如，《失恋33天》中，观看"大老王宴请黄小仙"之前，我们布置了五个问题：(1)黄小仙为什么说酒能品出人民币的味道？(2)黄小仙怀疑王总要做什么？(3)王总为什么要请黄小仙吃饭？(4)王总的女儿现在在哪里？他们经常见面吗？(5)王总要送黄小仙什么？为什么要这样做？

带着明确的问题观看，可以让学生预测到有关信息，随着剧情的推进，抓重点，跳障碍，综合推断出问题的答案，较好地理解影片的内容。

1.3. 角色扮演

在口语训练方面要有热烈的讨论，电影作品可以提供大量刺激学生口语表达的素材，比如，在影片的放映过程中，我们可以固定画面，让学生做描述练习，把展现在眼前的画面表述出来，或者是猜测故事情节，或者是续编故事；我们也可以将画面中的声音变为静音，进行配音训练，充当演员角色在特定的情景里模仿演员的语音腔调，完成特定的交际任务；也可以让学生就影片中某一现象进行辩论，或对影片中的交际文化的不同理解发表见解，或让学生交流影片中印象最深的一幕。比如，我们就曾对《失恋33天》中大老王的观点进行过讨论："女孩一定要富养，要不长大要吃亏。"大家从自己的成长经历、教育背景出发,纷纷各抒己见,讨论得非常热闹。

不过,学生们最喜欢的活动要数"角色扮演",就是让学生根据影片再创作,自编、自排、自练,相互交流,自娱自乐,加强协作配合,融于表演之中,进行语言沟通。比如,电影《爱情麻辣烫》片段——《麻将》中有这样一个情节,一位即将退休的医务工作者老李,在电视台做了征婚广告,热心的女儿将三位追求者同时约到了家中做客,那么他们该如何应对这尴尬的场面呢?三位追求者该如何发挥自身特长表现自己呢?学生们在原有的电影基础上发挥想象力和表演力,充分发挥语言情景的优势,将语言的运用提高到情感交流的层次上,语言表达上升到了一个更高的层面。

1.4. 为练习写作提供素材

利用电影作品不仅可以训练学生的听、说、读的能力,而且也可以有写作方面的训练。比如影片《非诚勿扰》的开头就是一个"征婚广告":

你要想找一帅哥就别来了,你要想找一钱包就别见了。硕士学历以上的免谈,女企业家免谈(小商小贩除外),省得咱们互相都会失望。刘德华和阿汤哥那种才貌双全的郎君是不会来征你的婚的,当然我也没做诺丁山的梦。您要真是一仙女我也接不住,没期待您长得跟画报封面一样看一眼就魂飞魄散。外表时尚,内心保守,身心都健康的一般人就行。要是多少还有点婉约那就更靠谱了。我喜欢会叠衣服的女人,每次洗完烫平叠得都像刚从商店里买回来的一样。说得够具体了吧。

自我介绍一下,我岁数已经不小了,留学生身份出去的,在国外生活过十几年,没正经上过学,蹉跎中练就一身生存技能,现在学无所成海外归来,实话实说,应该定性为一只没有公司、没有股票、没有学位的"三无伪海龟"。性格OPEN,人品五五开,不算老实,但天生胆小,杀人不犯法我也下不去手,总体而言属于对人群对社会有益无害的一类。

有意者电联,非诚勿扰。

看完了这个片段,理解了征婚时的自我介绍和对对方的要求后,学生们趁热打铁,模仿描述了自己的"征婚启事",写得标准各异、风趣幽默,可以说活学活用,起到了事半功倍的作用。

2. 进一步了解中国国情和社会文化

"体验文化"教学法的倡导者吴伟克曾指出,他的理想是培养能够理解中国的学生,"应该设法理解为什么中国人会这么想,尽量了解他们的文化根源、文化视角和世界观。"通过电影作品体验中国文化并且学习汉语无疑是一条最佳的途径。电影多以现实生活为原始素材,反映中国社会的方方面面,如表现现代人的爱情观念、家庭教育、伦理道德、文化冲击、改革开放等,电影是中国社会、人类情感的一个缩影，是学生了解中国国情与文化的重要工具。

影片《青春派》，讲述了一群 90 后青少年的成长历程，其中情窦初开、陪读租房、高考冲刺等情节非常接地气，展现了真实的中学生活，电影中的经典台词已经在网络中流传开来了。如：

醒醒 醒醒 醒醒，都给我打起精神来。

两眼一睁 开始竞争。发卷子。

不苦不累 高三无味；不拼不搏 等于白活。

所以，就算拼个头破血流，也要给我冲进一本的大楼。

提高一分，你就有可能干掉的是上万人。上万人，懂吗？

扛得住给我扛，扛不住，给我死扛！

我现在就是觉得时间不够用，你们的成绩都提高得太慢。

你们要记住，累死你一个，幸福你一家。

破釜沉舟 拼他个日出日落；背水一战 干他个无怨无悔。

外国学生也许已经对中国的高考状况有所耳闻，但通过影片的画面和人物的行为、语言等来了解，还是会有更深程度的震撼，对中国学子千军万马挤独木桥的现状有了更为深刻的体会。

《刮痧》是部深受学生喜爱的影片，因为它不仅表达了不同国家民族都能理解的"父子之爱"、"夫妻之爱"、"祖孙之爱"，更借一件小事反映了中美文化的冲突。电影中的爷爷一句话说出了问题的核心："刮痧在中国已经几千年了，怎么一到美国就说不清楚了呢？"事实上，说不清楚的文化冲突还有很多：许大同在法官面前撒谎，承认是自己给孩子"刮痧"，而不是父亲，这是因为中国人的价值观念中"孝"为大，因此儿子要为父亲隐讳；此外，许大同认为当着好朋友昆兰的面打孩子是为了尊重昆兰，给他面子，是教子有方。爷爷见了也很赞同："打是亲，骂是爱，不打不骂不成材"，"当面教子，背后教妻"，这是中国传统的道德规范。而在昆兰看来，这些都是"乱七八糟"的中国逻辑，得不到理解和认同。

影片中多处出现中美文化冲突，很难说谁对谁错，由于文化差异而产生的误解，才是值得我们思考的，影片最后的结局较为圆满，也是缘于相互之间的沟通和理解。学生们通过观看影片，很自然地了解了中国人的道德文化价值观念、社会习俗以及处事原则等，同时也增强了对学生文化交际能力的培养，提高文化适应能力。

电影是文化的传播者，是多元文化的载体，通过对中国真实社会生活环境的反映来具体、生动地体现文化差异，让学生有更为直观的认识和更深刻的印象，从而正确理解语言中所隐含的丰富的语言交际意义和文化意义。

结　语

　　现代多媒体技术的发展使得电影材料成为一种既可以传播文化知识又可以学习语言知识的重要载体,将电影作品引入到对外汉语课堂教学中,以活跃气氛,激发学生对语言的学习兴趣,在真实生动的情景中进行语境化教学,将语言教学和文化教学融为一体,对学生的各种语言能力的培养具有积极的意义。同时,教学中也应注意电影作品的选取和加工,预设到学生在学习过程中可能会遇到的困难,将电影作品进行有效应用,利用各种教学策略提高学生听说读写的语言技能,从而进一步了解中国国情和社会文化。

参考文献

　　[1]史耀华.高等院校对外汉语教学中影视作品的运用,中文教材与教学研究,北京语言大学出版社,2006。

　　[2]刘继红.关于中高级影视教学的思考,数字化对外汉语教学理论与方法研究,清华大学出版社,2004。

　　[3]李敏儒,吴伟克.中文教学与中美文化交流——第二届中国语言文化友谊奖获奖者吴伟克教授访谈录,国外汉语教学动态,2003(3)。

　　[4]王永阳.试论戏剧化教学法在汉语作为第二语言教学中的运用——以澳大利亚的一个课堂教学为例,世界汉语教学,2009(2)。

　　[5]黄迎.英语影视教学中影视作品的选择与加工,山东教育学院学报,2004(4)。

早期对日汉语教材考察

——以《汉语初阶》为例

侯红玉

[内容摘要] 《汉语初阶》是中国学者编写的、日本出版的现代最早的对日汉语教材,也是以交际价值最大化为宗旨,将结构、功能和文化相结合的对外汉语教育探索时期具有代表性的教材,其在海外教育体制下,通过较小的篇幅、密集的话题设计、真实自然的语料、典型的文化元素成功地解决了汉语教材在海外的适应性问题,开创了现代对日汉语教材的先河。

[关键词] 早期;日本;汉语教材

一、引言

随着国际汉语教育的发展,汉语教材"国别化"日益受到学界的关注。所谓"国别化汉语教材"指的是"针对不同国别或者具有相似文化背景的地域编写的汉语教材。"[1]如匈牙利罗兰大学《匈牙利汉语课本》(在匈牙利供母语为匈牙利语者使用)、白乐桑、张朋朋《汉语语言文字启蒙》(在法国供母语为法语者使用)。"[2]

国别化汉语教材在反映汉语、汉语教学和汉语学习基本规律、体现科学性的基础上,与通用教材的显著区别是针对性强,具体体现是:从内部因素上看,国别化汉语教材要结合不同国别或地域的情况,吸收对比语言学和跨文化交际学的成果;从外部因素上看,国别化汉语教材要照顾当地的社会文化、教育体制、有效学时和学习者的认知倾向。

国别化汉语教材并非新生事物,早在 20 世纪 80 年代,日本汉语教学就已经导

---

[1] 李禄兴,王瑞. 国别化对外汉语教材的特征和编写原则. 语言文字应用,2014(2)
[2] 赵金铭. 何为国际汉语教育"国际化""本土化". 云南师范大学学报(对外汉语教学与研究版),2014(2)

入了由中国学者针对日本语言文化背景编写的、在日本出版的汉语教材,但此类海外出版的国别化教材的文献资料大部分尚未回归中国本土,所以相关的研究还比较零散。系统总结早期国别化教材的成果和不足不仅有利于以史为鉴,加强国别化教材的基础理论建设和实证研究,减少教材编写的盲目性,而且有利于梳理海外汉语教育的发展脉络,推动国际汉语教育发展史的构建。

二、对日汉语教材编写的缘起

1. 日本现代汉语教育的兴起

1972 年中日邦交正常化为日本汉语教育的发展带来了机遇,不过,1972—1980 年期间汉语教育在日本规模还很小,开设汉语课的高中和大学还很少,汉语教育主要由民间的小型语言专门学校承担。[①] 20 世纪 80 年代以后,随着中国改革开放的逐步深入,中日两国的政治、经济和文化等领域的交往日益频繁,学习汉语的人数迅速增加,日本汉语教育迎来了大发展。除了电视和广播开设汉语讲座以外,汉语教育逐渐进入了日本的中等和高等教育体系,高中和大学成了汉语教育的主要阵地。与此同时,汉语教材的发行量也呈增长趋势,1970—1979 年的十年间,日本出版的各类汉语教材约 110 种,而 1980—1989 年的十年间,出版的教材数量为 192 种,约为前一个十年的 1.8 倍。[②]

2. 从《实用汉语课本》的受容到《汉语初阶》的编写

20 世纪 80 年代初,汉语正处于进入日本正规学校教育的初期,这一时期日本引入了不少中国大陆出版的汉语教材,如《基础汉语》、《汉语课本》、《基础汉语课本》和《实用汉语课本》等。其中,《实用汉语课本》影响最大。

《实用汉语课本》是 20 世纪 70 年代末专门针对海外汉语教学编写的第一套汉语教材,该书全套共 6 册,其中第一、二册作为外国成人使用的综合性基础汉语教材,课文以日常生活中急需的内容为中心,语言结构有完整的系统,教学安排由易到难,是最早强调交际功能、实用性较强的对外汉语教材,"这套教材 80 年代初一出版,即在世界汉语教育界受到了广泛好评,特别是在欧美国家,在教授现代汉语的大学使用率曾高达 75%,在出版后的 20 年间,仅英文版就印行了 17 次。"[③]

《实用汉语课本》产生的广泛影响引起了日本出版界的关注,该书不仅很快被引入到日本,而且在引入后的十几年间,日本还陆续出版了《实用汉语课本》日文

---

① 奥水優. 中国語の教え方学び方——中国語科教育概説. 冨山房インターナショナル,2005. 10—23
② 六角恒広. 中国语关系书书目(增补版)1867—2000,不二出版社,2001. 180
③ 刘珣. 为新世纪编写的《实用汉语课本》. 暨南大学华文学院学报,2003(2)

版、《实用汉语课本》第一、二册词语手册、《实用汉语课本》改编版——《实用汉语课本:日常会话表现》和《实用汉语课本》第一、二册压缩版——《简明实用汉语课本》,其中《实用汉语课本》日文版在出版后的七年间再版达13次之多。

虽然《实用汉语课本》在日本产生了很大影响,但对日本学习者来说,这套教材的篇幅太长,仅第一、二册(初级阶段教材)就达50篇课文,1000多页(32开),虽然可以对其进行压缩和改编,但这毕竟是一本面向世界汉语教学,尤其是欧美国家汉语教学的通用教材,对日本学习者针对性不强。

20世纪80年代,日本汉语教学界期待的教材是:能根据日本汉语学习者的特点,结合汉日语言和文化对比研究的成果,满足初学者急需的、以语言运用能力为目的、以日常会话为中心、篇幅适宜的教材,以便学习者在短时间内掌握现代汉语的基本体系并学会运用汉语进行简单会话。面对这种诉求,日本较早涉入汉语教材出版领域的两家出版社——光生馆和日本中华书店几乎同时启动了邀请中国专家为日本学习者量身定做汉语教材的项目。其中,光生馆邀请了《实用汉语课本》的编写者刘珣编写《汉语初阶》,日本中华书店邀请《基础汉语课本》编写者李培元参与编写《最新中国语教本》(上下册),两本教材同时于1985年在日本出版,作为中日文化交流的成果,诞生了现代最早的两部对日汉语教材。

由于《汉语初阶》和《最新中国语教本》是在日本语言文化背景下、针对日本汉语学习者编写的教材,故本文将其列在国别化汉语教材的框架下讨论。为了深入了解这两部教材相对于通用教材的创新与突破,下面就以《汉语初阶》为例,考察其是如何适应日本的教学环境,展开区域化、个性化尝试的,以期为当前国际汉语教育背景下国别化教材的编写提供借鉴。

三、《汉语初阶》的体例

《汉语初阶》的体例基本上沿袭了《实用汉语课本》,由以下几部分组成:

1. 生词

生词部分除了课文中出现的新词以外,还补充了扩展词汇,便于学生酌情自学,也便于教师灵活调整教学进度。

2. 课文

课文以交际功能为体,由5—16句简短实用的对话组成。根据日本汉语学习者的特点,前十课突出语音教学,对难点进行反复训练。全书的拼音教学切分成三个阶段:前十课课文全部注音;第11—15课只给汉字注声调,不注拼音;第16—25课只有汉字,无拼音和声调。

3. 注释

以汉语解释课文中的新语法项目,并通过适量的例句再现重点和难点。

4. 练习题

练习题型包括:语音练习、会话练习、词语填空、替换与扩展、组句和翻译等,每课题型多为三种,每种题型的题量多为3—4小题,和同时代的对外汉语教材相比,《汉语初阶》的练习进行了精简。

四、《汉语初阶》的创新

由于日本学习汉语的"大众"是大学把汉语作为选修课、学习一两个学期、每周学习2—4课时的学生,所以教材以60—70课时的教学安排为宜。为了适应这一要求,《汉语初阶》的定位是:精简篇幅,把结构和功能相结合,使学生在最短时间内掌握现代汉语的基本词汇和语法结构,培养日常交际能力。① 为此,《汉语初阶》在继承《实用汉语课本》编写经验的基础上,积极探索适合日本学习者的个性化教材,在总结以往教材成果的基础上,进行了以下创新:

1. 将教材瘦身,减少课文篇数,并大幅削减语法项目、基本句型和基本词汇数量。

《汉语初阶》共25篇课文,分三个单元,基本语法点50个,基本句型64个,日常会话74句,基本词汇700个。② 和以往教材相比,《汉语初阶》在篇幅上进行了以下调整:

1.1. 和20世纪50—80年代中国大陆出版的、影响较大的初级水平对外汉语教材相比,大幅削减了课文篇数(见表1)。

表1 20世纪50—80年代几部有影响的初级水平汉语教材课文篇数统计

教材	出版时间	课文篇数
汉语教科书	1958年	72
基础汉语	1971年	66
基础汉语课本	1980年	58
实用汉语课本	1981年	50
汉语初阶	1985年	25

---

① 刘珣.汉语初阶.光生馆,1985.1—3

② 同上

1.2 语法项目的数量在以往教材的基础上进行了大幅削减

1958年出版的《汉语教科书》是北京大学外国留学生中国语文专修班第一学期所用的教材,是近代最早的、有代表性的对外汉语教材,"其语法项目为170个,来自教学实践的反馈是语法项目偏多,之后出版的《基础汉语》和《基础汉语课本》语法项目分别减少为116个和108个。"①《实用汉语课本》第一、二册在《基础汉语》和《基础汉语课本》的基础上,进一步将语法项目削减为80个,而《汉语初阶》则大幅削减为50个。

1.3 基本句型进行了大幅削减

1977年商务印书馆的《汉语课本》基本句型为83个,1980年外文出版社的《基础汉语课本》基本句型为90个,而《汉语初阶》的基本句型则为64个。

1.4 基本词汇进行了大幅削减(见表2)

表2 20世纪50—80年代几部有影响的初级水平汉语教材词汇统计②

教材	出版时间	词汇数量
汉语教科书	1958年	864个
基础汉语	1971年	953个
基础汉语课本	1980年	1210个
实用汉语课本	1981年	1227个
汉语初阶	1985年	700个

在篇幅上,《汉语初阶》是在日本学制下为汉语初学者专门设计的一套教材,其语法系统以《实用汉语课本》第一、二册为蓝本,虽然篇幅短小,但短短二十五篇课文却容纳了汉语初级阶段主要的语法和句式,并且语音、语法和词汇练习与课文配合紧密,针对日本初学者的特点,突出了语音、语法方面的难点,经过精心设计,词语和句式在教材中不断重现,学习者可以不断地复习巩固。③ 可以说,"少而精、难点突出、重现率高"是《汉语初阶》这套教材的显著特点。

2.突破了20世纪50～60年代对外汉语草创时期教材"以语法结构为主"的模式,融入直接法、听说法和交际教学法的长处,积极探索结构、功能和文化相结合的

---

① 輿水優.中国語の教え方学び方——中国語科教育概説.冨山房インターナショナル,2005.89-97

② 輿水優.中国語の教え方学び方——中国語科教育概説.冨山房インターナショナル,2005.89-97

③ 刘珣.汉语初阶.光生馆,1985.1-3

实用型教材。

2.1 交际性导向

作为初级水平的教材,《汉语初阶》不仅照顾到了语法结构的系统性,而且吸收了直接法、听说法和交际教学法的优点,将结构和功能自然地结合,"从第一课开始,力求做到每个词语、句子都有交际价值,学以致用。"[①]《汉语初阶》的交际性导向主要体现在以下几个方面:

(1)课文以日常交际话题为主线,从发音阶段开始,就设计了丰富的交际话题,力求用有限的篇幅实现最大的交际价值。

以 1—5 课为例,课文每句话的句长为 2—7 个字,每篇课文的字数为 14—40 字,篇幅很短,但话题却很丰富(见表3)。

表3 《汉语初阶》1—5课的交际话题

课文	话题
第一课	1.打招呼 2.互相问好
第二课	1.课堂用语 2.评论
第三课	1.问姓名 2.道歉 3.感谢
第四课	1.问国籍 2.祝愿 3.祝贺
第五课	1.欢迎 2.招待 3.道别

《实用汉语课本》是中国国内出版的最早的结构和功能相结合的对外汉语教材,《汉语初阶》继承了《实用汉语课本》结构和功能相结合的编写理念,在《实用汉语课本》功能项目的基础上,加大了话题的密度,几乎每篇课文都围绕 3 个话题展开,全书 25 课,设计的话题达 73 个;语料使用标准的现代汉语口语,25 篇课文全部采用对话体,突出了基础阶段的听说训练,体现了教材的交际性和实用性。《汉语初阶》和《实用汉语课本》一起,实现了对以往语法结构型对外汉语教材的创新,成为交际功能型教材的先行者。

(2)每篇课文都设计了精美的插图,提供了一定的交际情境,便于展开会话练习。

(3)在教材中设计了固定的主人公,全书围绕汉语教师于汉华和日本学生木村、高桥和成田的活动展开,这种模式使交际场景相对真实、自然,对之后的教材编写影响很大。

---

① 刘珣。汉语初阶。光生馆,1985。1—3

2.2 文化元素

"要学好汉语,必须对中国的文化、历史和现实有所了解。"①《汉语初阶》在编写中,把语言习得和文化元素巧妙地融合,并力图通过中日文化对比培养学生对多元文化的认知:

(1)教材的练习后面设计了题材多样、富于中国民族特色的精美剪纸插图,有助于学生对中国的传统文化形成视觉印象。

(2)课文的交际场景设置在中国和日本两地,内容有买旗袍、看京剧、吃北京烤鸭和学习中国书法等有代表性的中国传统文化片段,也有日本学生熟悉的本国元素——到东京访问和开展柔道运动等,还有体现中日两国友好交流的在中国观赏来自日本的樱花。

可以说,《汉语初阶》较早地在教材中体现了对语言和文化关系的自觉,不仅在语言习得中介绍中国文化,而且也引导学生用汉语重新审视日本文化,通过中日文化双向交流体现国别化教材的多维视角。

3.课文的题材从校园生活扩展到校园外的社会生活

《汉语初阶》从传统对外汉语教材的校园主题扩展到校外,其内容既有职员参加产品交易会,也有公司之间简单的贸易合作等,使学生能从较为广泛的视野接触现代中国。

五、《汉语初阶》的启示和不足

1.启示

教学环境是制约汉语教材编写的重要因素,国别化教材在海外语言文化背景下,应该包括哪些内容、设计多大的分量、采取什么样的编写模式才有利于学习者接受,才能解决海外适应性问题,《汉语初阶》对上述问题进行了大胆尝试:

1.1 在内容上,以交际功能为宗旨,而交际技能又以严谨的语言结构为依托

《汉语初阶》的目标是:"用通用的、规范的、地道的现代汉语介绍日常生活中急需的、初学者在社交生活中迫切需要掌握的活的语言材料。"②在教学上,以话题为主线开展任务型教学,努力使学习者尽快运用汉语进行日常会话;在语法结构上相对系统,并循序渐进地安排教学,使语法结构成为交际功能的重要依托。

1.2 在篇幅上,为适应当地学制,把削减教材容量和精心设计教学环节相结合

与以往的对外汉语教材相比,《汉语初阶》篇幅短小,但无论是语法顺序的安排

---

① 刘珣,邓恩明,刘社会.实用汉语课本(第一册).商务印书馆,1981.前言
② 刘珣,邓恩明,刘社会.实用汉语课本(第一册).商务印书馆,1981.前言

还是话题、插图及课后练习的设计,每个环节都精心安排,为学习者在最短时间内掌握初级汉语打下了基础。

1.3 采取综合性教材的编写模式,一本教材打天下,不同于中国国内的分技能教学

虽然 20 世纪 80 年代日本汉语学习者的主体是把汉语作为公共选修课的大学生,但从整体上看,学习者的构成较为多样化,所以《汉语初阶》的定位是综合性教材,"能满足各个年龄段学习者的需要,无论是正规的中高等教育学校还是社会办学机构。"① 为了适应市场需求,《汉语初阶》以一本教材打天下,不同于中国国内针对全日制留学生设计的分技能教学。

《汉语初阶》在反映汉语本体科学性的基础上,在教材的内容、篇幅和中日文化双向交流等方面体现出的取向性,显示了与通用教材的差别,突出了其作为国别化的针对性和适用性。

20 世纪 80 年代刘珣在《汉语初阶》和《实用汉语课本》中提出的教材编写主张,"在 90 年代形成了'结构—功能—文化'三结合的教材编写理念",而"针对性、实用性、科学性、趣味性这四性也最终成为教材编写者的共识。"②

2. 不足

2.1 未充分发挥学习者母语的优势

初级阶段对外汉语教学的语法部分,适当采用母语进行说明,同时融入母语和目的语对比研究的成果,不仅可以减少初学者的焦虑感,还能起到事半功倍的学习效果。而作为早期国别化汉语教材,《汉语初阶》在语法说明方面没有突破中国国内出版的对外汉语教材的编写思路,未能充分发挥学习者母语的优势,仍然采用的是汉语注释,这必然会给学生自学带来不便,因此,这一点很快被之后日本出版的汉语教材予以修正。

2.2 受时代局限,未能参照课程大纲和考试大纲进行编写

《汉语初阶》1985 年发行初版,时值对外汉语教育探索时期,汉语课程大纲、水平等级大纲、语法大纲和词汇大纲尚未出台,受时代局限,《汉语初阶》无法像如今的对外汉语教材那样可以参照教学大纲和考试大纲更加科学地规范语法项目及词汇的量与序,但以《汉语初阶》为代表的早期教材却推动了对外汉语教学用语法和词汇体系的逐步形成。

《汉语初阶》作为现代最早的对日汉语教材,总体上是成功的,在出版之后的两年间就再版三次,受到了日本汉语初学者的普遍欢迎。这套教材为适应海外教学环境作出的内容和形式上的变革为国别化教材的编写起到了开创性的作用。

---

① 赵金铭.教学环境与汉语教材.世界汉语教学,2009(2)
② 耿直.改革开放以来对外汉语教材编写研究综述.河南社会科学,2011(4)

结　语

　　日本现代汉语教材的发展是从民间语言学校自编教材开始的,之后随着汉语教育进入高中和大学,关于教材编写的讨论和实践在日本的中高等教育界就不绝如缕。与此同时,日本也在积极引进、改编中国国内出版的汉语教材,并邀请中国学者为日本学习者量身定做教材。

　　1999年日本出台了第一部高中汉语教学大纲——《高中汉语教育指南》(高校中国語教育のめやす),并于2013年进行了修订;2007年创建了大学公共汉语课教学大纲——《汉语初级阶段学习指南》(中国語初級段階学習指導ガイドライン),这两部大纲的颁布意味着日本汉语教育和汉语教材的编写真正走上了科学化、规范化的道路。如今,日本根据本土汉语教学大纲编写了多样化的高中和大学汉语教材,并且从单行本发展到配有教师参考用书、练习册和视听资料的立体化教材;教材从零星的几种到目前种类、数量都具备一定规模,其中不乏优秀教材,走出了一条独立发展的教材发展道路,其中,《汉语初阶》等对日国别化教材对日本汉语教材的发展无疑起到了不可或缺的、推波助澜的作用。随着国际汉语教育的发展,汉语学习者越来越呈现多元化倾向,在新时代,如何从"他者的视角"编写易学、好用、有趣的供海外使用的汉语教材,解决教材走出国门后在文化差异下的适应性问题,是国别化教材编写和理论建设不得不面对的问题,而这个问题的解决需要我们对早期国别化教材进行深入系统的基础性研究,以发扬传统,推陈出新。

参考文献

　　[1]北京语言学院.中国语教科书(上、下卷)(日语缩印版).光生馆,1984

　　[2]耿直.改革开放以来对外汉语教材编写研究综述.河南社会科学,2011(4)

　　[3]六角恒广.中国语关系书书目(增补版)1867—2000.不二出版社,2001

　　[4]刘珣.汉语初阶.光生馆,1985

　　[5]刘珣,邓恩明,刘社会.实用汉语课本(第一册—第六册).商务印书馆,1981

　　[6]刘珣,邓恩明,刘社会.实用汉语课本(日语版)(第一、二册).东方书店,1991

　　[7]刘珣,邓恩明,刘社会.简明实用汉语课本.东方书店,1998

　　[8]刘珣.为新世纪编写的《实用汉语课本》.暨南大学华文学院学报,2003(2)

　　[9]刘山,李培元.最新中国语教本(日语版).中华书局,1985

　　[10]潘先军.国际汉语教材的通用性与国别化.汉语国际传播研究,2014(1)

　　[11]松田和夫,千岛英一,三潴正道,武信彰.实用汉语课本:日常会话表现.

中国书店,1985

　　[12]王还,赵淑华等.基础汉语(上下册).商务印书馆,1972

　　[13]舆水優.中国語の教え方学び方——中国語科教育概説.冨山房インターナショナル,2005

　　[14]赵金铭.教学环境与汉语教材.世界汉语教学,2009(2)

"认知法"在对外汉语综合课教学中的应用

——以《博雅汉语》准中级加速篇中的若干教学案例为例

来静青

[内容摘要] 认知法是由美国著名的教育心理学家杰罗姆·布鲁纳(Jerome Bruner)在 20 世纪 50 年代末提出的,现在我们所称的"发现性学习模式"也是源于认知法这一教学流派。本文以《博雅汉语》准中级加速篇中的若干教学案例为例,从汉字教学、词汇教学、语法教学三方面谈"认知法"在对外汉语综合课教学中的应用,指出其在教学中的作用和意义。

[关键词] 认知法 发现性学习 启发式教学

引 言

认知法是由美国著名的教育心理学家杰罗姆·布鲁纳(Jerome Bruner)在 20 世纪 50 年代末提出的,现在我们所称的"发现性学习模式"也是源于认知法这一教学流派。认知法主张在外语教学中发挥学生的智力,注重对语言规则的理解和创造性的运用。布鲁纳提出"教学以'学习者为中心',教师应充分发挥学习者的积极性和主动性,引导学习者通过对所学对象的观察、分析、归纳等逻辑思维活动自己去发现其中的规则和原理。"[1]认知法的教学原则中强调把培养学生语言能力作为教学目标的重点,并认为教学中"以学生为中心,注重培养学生正确的学习动机、良好的学习习惯和学习毅力,重视开发学生的智力,激发学生学习的兴趣,充分调动学生的学习积极性和主动性;提倡演绎法的教学原则,强调学生理解和掌握规则,启发学生发现语言规则,提倡有意义的练习;主张听说读写齐头并进,全面发展。"[2]50 年代,美国著名语言学家乔姆斯基(Noam Chomsky)的转换生成语言理论是认知法创立的理论支柱。"乔氏认为语言是一种行为,它像人类的其他行为一

---

[1] 章兼中.国外外语教学法主要流派.华东师范大学出版社,1986,190
[2] 盛炎.语言教学原理.重庆出版社,1996,160-161

样,是受规则支配的。这些规则就是语法。人们利用语言的规则,可以从有限的、基本的语言单位去构成无限数量的、复杂的语言系统,就是语言的生成性。人们学习语言并不是学会某个特定的句子,而是运用规则去创造(构成)和理解新句子。"①根据乔氏的观点,可以得出这样的结论,学习语言主要并不是依赖模仿,掌握规则才是最根本的。教师的作用就是要创造机会和情景,让学生发现语法规则,并把所学的规则应用到交际实践中去。60年代初,瑞士著名心理学家皮亚杰(Jean Piaget)创立了"发生认识论","在皮亚杰看来,客体只有在主体结构的加工改造以后才能被主体所认识,主体对客体的认识程度完全取决于主体具有什么样的认知结构。"②

对外汉语综合课教学中也强调教师应该通过直观、典型并且易于理解的语言让学生领会和掌握汉字的意义、词汇的意义及用法、语法知识和语法规律的意义及用法。教师在教学中应该善于激发学生的学习兴趣,精心设计带有启发式的问题,引导学生发现性学习。本文将结合教学实践,具体谈谈"认知法"在对外汉语综合课教学中的应用。

一、以汉字教学为例

教学中发现,即使学生的汉语水平已经达到了准中级,但是绝大部分学生在学习汉语的过程中并没有接受过系统汉字知识的培训。他们中有一些学生只知道汉字的一些常用部首,但是仍有相当一部分学生甚至不知道"竹字头"、"虫字旁"、"绞丝旁"等等的意思;没有基本汉字知识的概念,不清楚汉字的结构和笔画等等。这无疑成为他们汉字学习的障碍,为汉语学习带来困难。本人认为成人学习第二语言时,教师应该按照成人的认知规律来教授语言,因此在对外汉语教学中应该强调听说读写的一致性。本人认为对初级阶段的留学生进行汉字基础知识的培训是非常重要的,良好的汉字基础对其汉语的学习至关重要。针对本班汉字薄弱的问题,本人在汉语综合课中适当地补充了汉字的知识与文化。(通过问卷调查,学生对这些补充给予了极大的肯定。)

通过"温故知新"的方式,启发学生找到已学汉字和新字的联系。比如:第一课中的第一个词"疑问"中的"疑"就难住了学生,这个字怎么写?怎么记?本人先板书了这四个字,北、知、预、蛋,并分别用红、黄、绿、蓝写出"匕"、"矢"、"乛"、"疋"这四个部件,在它们旁边写出"疑",让学生观察它们的联系,学生很快就找到了答案,

---

① 彭聃龄.语言心理学.北京师范大学出版社,1991,25
② 雷永生等.皮亚杰发生认识论述评.人民出版社,1987

接着再展示图片,"疑"这个汉字甲骨文的字形是一个人张大了嘴,扶着拐杖,站在路口左顾右盼,似乎迷路的样子。学生既知道了字形,又了解了字义,有助于学生记住这个汉字。本人在汉字教学中常对学生强调,遇到一个新字,先不要着急写,先仔细观察一下这个汉字,哪个部分已经学过,哪个部分没有学过,用发现式的方法"温故知新",会提高汉字学习效率,增强学习效果。

通过让学生找到相同的部件,启发学生理解汉字部件的意义。比如,给出下面的一组汉字,"采"、"爰"、"爰(援)"、"妥",学生很容易就找到了相同部件是"爫",但是绝大部分学生不知道这个部件的意思。教师展示图片,"采"的字形是一只手在采摘树上的果实;"受"的字形原是一只手把盘子交到另一个人手里,表示"给予",也表示"接受";"爰"是"援"的本字,"爰"字像一只手拿着一根棍状物,伸给下面另一个人的手,表示"救援"义。"爰"字借为虚词后,就另造了"援"字;"妥"字是一只大手按住一个跪着的女子,表示制服了她。本义是"安定、安稳"的意思。学生通过直观的图片和老师清晰地讲解,进而发现汉字蕴含的文化内涵,进一步理解了汉字的表意功能。教学中,本人发现学生对汉字学习兴趣非常浓厚,发现式教学有效地帮助学生理解和记忆汉字。

引导学生发现相同之中的不同,学生为古老而神秘的汉字文化所折服。比如,教师分两组板书下面的汉字,

热、煮、煎、熟(第一组)

熊、鱼(魚)、羔、燕(第二组)

学生很容易发现这些汉字的共同之处都有"灬",教师启发学生思考"这两组中的'灬'意思一样吗?都是'火'的意思吗?"通过思考,学生认为第一组汉字都跟"火"有关系,但是第二组都是动物,与"火"没有必然的联系。教师展示这四种动物的图片,请学生一边观察汉字一边看图片中动物的特征,有的学生说"灬"是"腿"的意思,可是鱼没有腿呀?教师继续设问"鱼在水里游的时候,什么会摆来摆去呢?"并以手势动作提醒学生,有的学生想到了,"灬"是尾巴的意思,其他学生也恍然大悟。教学实践证明,引导学生发现问题、思考问题从而解决问题的学习方法比教师直接传授知识经验、给出答案效果更好,对知识的记忆也会更加深刻和久远。发现性的学习可以刺激学生的求知欲,增强学生思考问题和解决问题的能力,培养学生克服困难的毅力,从而更加自主地学习。

二、以词汇教学为例

第9课题目是"锻炼计划",课前教师给学生布置了预习作业,即预习下面的23个生词。

1.乒乓球	2.羽毛球	3.至少
4.增长	5.极	6.忍不住
7.招手	8.电梯	9.有时
10.只得	11.楼梯	12.酸
13.不得了	14.婆婆	15.老太太
16.心慌	17.喘	18.力气
19.女子	20.健身	21.俱乐部
22.练	23.傻乎乎	

在词汇教学环节中,本人先请学生朗读生词,然后设计以下问题,请学生在生词表中找到答案。下文中划线的词语是本课生词。

教师:刚才读的这些词,哪些与运动有关系?请找出来并大声读出来。

学生:乒乓球、羽毛球、健身。

教师:你们喜欢运动吗?爱锻炼身体吗?

学生(甲):喜欢。

学生(乙):不喜欢。

针对喜欢锻炼的学生,教师继续问。

教师:你喜欢什么运动?你每个星期锻炼几次身体?

学生(甲):我喜欢打羽毛球,锻炼两次。

针对不喜欢锻炼的学生,教师给出建议"学习是比较辛苦的事情,身体对我们是最重要的,所以有空的时候,你还是应该锻炼锻炼",针对锻炼身体的话题,教师可以逐一跟学生互动,然后继续设问。

教师:这个词是一个名词,它是进行文化活动或者体育活动的地方,请大家在生词表中找一找。

学生:俱乐部。

教师:很好。我们的中文学院有电梯吗?

学生:没有。

教师:因为没有电梯,所以同学们和老师只得怎么样?

学生:楼梯。(学生可以找到第12个生词,但是还没有学习"爬楼梯"这个词,教师此时板书"爬楼梯"和"走楼梯"并解释这两个词语的不同之处)

教师:因为我们学院没有电梯,所以我们每天只得爬楼梯。你认为坐电梯和爬楼梯哪种方式更锻炼身体?

学生:爬楼梯。

教师:对,所以我们学院没有电梯,大家每天都可以锻炼身体。(师生都笑了)

教师：我的一个好朋友，她平时极不喜欢锻炼身体，她家的楼有电梯，她家住在7层，可是有一天，电梯坏了，她只得爬楼梯。她刚爬到4层就已经开始……（教师此时表演"喘"的动作，请学生在生词表中找到这个词）

学生：喘。

教师：对，她喘得厉害。（同时表演"喘得厉害"，接着教师继续做爬楼梯的动作）

教师：她爬啊爬啊，终于爬到了7层，这时她的心跳得特别快，她怎么了？

学生：心慌。

教师：对，由于我的朋友平时不爱运动，可是这次她从1层爬到7层，所以现在她心慌而且没有力气说话了。她的腿和脚会有什么感觉呢？

学生：酸。

教师：对，她的腿和脚都很酸。我朋友的身体还不如她的婆婆呢。（师生都笑了）

在这个生词教学环节中，教师启发学生自己找到生词并学习生词的用法，在这个环节中，我们学习了14个生词，其他生词中6、9、22学生以前学过，因此第一部分的生词中还有6个需要继续学习。另外，教师设计的问题跟课文有关联，这种方法减轻了学生的学习压力，最大限度地发挥了学生学习的主观能动性，培养了学生在语言交际中对词汇的正确理解和表达能力。

三、以语法教学为例

"倒是"是本书第3课的语言点，在学习这个副词以前，教师先请学生看下面5个例句。

1. 你的学历倒是没有问题，不过我们需要的是男的。
2. 抽烟在我们考虑问题的时候倒是能有点儿帮助，但是对身体不好。
3. A：住在校外不如住在学校方便吧？

   B：住在学校里倒是很方便，就是房子太小了，而且了解中国人的机会也不多。
4. A：要学好汉语的话，应该多和中国人聊天儿。

   B：我倒是很想和中国人聊天儿，可总是没有时间。
5. A：你觉得自己做饭好还是去饭馆儿吃饭好？

   B：饭馆儿里菜的味道倒是比自己做的好吃，可是油太多，而且常常要等很长时间。

根据以上例句，教师设计如下问题。

教师："倒是"一词常常用在第几个分句中？

学生：第一个分句。

教师："倒是"后面的分句，常常用的连词有什么？

学生:不过、但是、就是、可是。

教师:"倒是"这个分句表达的意思好还是不好?

学生:意思好。

教师:请同学们看看,整个句子的意思是好还是不好?

学生:意思不好。

教师根据学生的回答,一步一步完成下面的板书。

……倒是……,不过/但是/就是/可是……(消极意义)

(积极意义)

教师:同学们刚才的回答都很正确,那么"倒是"到底有什么作用呢?我们为什么要学它?

学生:要强调。

教师:强调什么呢?是要强调积极的意义还是消极的意义呢?

学生:消极意义。

这时,教师可以解释"倒是"的语用意义,即汉语中的"让步"意义。

这里要说明一点,"倒是"这个语法环节至此并没有结束,教师应该给学生提供足够的典型的例句,然后提供大量的练习,检查学生是否真正理解并掌握了这个语法,是否可以正确运用这个语法。上文从三方面列举了若干教学案例来谈"认知法"在汉语综合课教学中的应用。

结　语

认知法自提出以来,被广泛地应用于外语教学中,而且起到了良好的教学效果。本人认为在对外汉语教学中也应该发挥其应有的作用。作为一名对外汉语教师应该尊重学习者的认知规律,也就是说要尊重成人学习第二语言的认知规律,运用科学的方法和态度来教授学生;善于找到并运用激发学生学习兴趣和学习热情的方法和技巧;善于帮助学生答惑解疑;精心地准备每一课的语言材料,让学生真正学有所得、学有所乐,最大限度地发挥汉语综合课的优势。

参考文献

[1]盛炎.语言教学原理.重庆出版社,1996

[2]彭聃龄,舒华,陈烜之.汉语认知研究,山东教育出版社,1997

[3]李乐毅.汉字演变五百例(修订版).北京语言大学出版社,2002

[4]彭聃龄.语言心理学.北京师范大学出版社,1991

[5]雷永生等.皮亚杰发生认识论述评.人民出版社,1987

[6]章兼中.国外外语教学法主要流派.华东师范大学出版社,1986

[7]张杨,周朋升."发现性学习"教学模式在大学课堂教学中的构建.黑龙江教育,2014(8)

[8]潘汜津,发现式学习法在对外汉语语法教学中的运用.语文教学与研究,2011(13)

速成汉语教材编写的突破与创新

李明

[内容摘要] 随着世界范围内汉语热的升温以及多所孔子学院的相继建立,短期速成汉语教学正在海内外迅速发展。如何编写出更多更实用的短期速成汉语教材,以适应形势的发展和教与学的需要,值得探讨。本文认为,目前短期速成汉语教学已趋于多元化、地域化、类型化和多层次化,因此教材的编写也应多样化、类别化和国别化。为此笔者提出了新一代速成汉语教材的编写模式:1.综合型;2.活页型;3.主辅型;4.专题分册型;5循环分册型,分别对这5种编写模式做了分析。

[关键词] 速成汉语教学 汉语教材编写 模式 体例特点

速成汉语教学时间短,要求高,因此,有必要实行"高效强化+科学合理化"的教学方法,才能达到所谓最优化的教学。而教材则是实现此种优化教学目标的最重要的因素之一。如何使教材更适合教与学的需求?能否在旧有的教材编制模式和编写体例上有一些突破和创新?这些都是教材编写者应该思考的问题。从我们所考察的部分速成汉语教材的情况来看,这类教材的编写虽然取得了很大的成绩,但是仍然存在一些不足之处。下面就有关问题谈几点自己的看法,并对今后速成汉语教材的编写模式提出初步设想。

一、现有速成汉语教材存在的问题

1.类别和针对性问题

现有教材从总的类别上去看,针对性还不强。主要体现在两个方面:

首先是专门类短期速成教材的缺乏。大多数教材仍以"通用型"为主,我们在教材编写时对学习者在海外或国内接受短期速成汉语培训的学习目的、需求以及学习方式等的分析还比较欠缺,所以造成有些教材话题内容、词汇以及可操作性等方面针对性不强。例如,供旅游、商务、医学、警务、科技、体育等不同目的的外国人短期速成学习用的教材,目前在数量上远远不能满足教学的需要。另外,现在除了大学里接受来华留学生以外,不少企业、公司或涉外单位也陆续办起了一些短期速成汉语培训班,还有一些专门项目的短期培训班等等。然而适合这类培训所用的教材少之又少。

其次是体现国别特色教材的匮乏。尽管现在已经出版的一些教材同时有不同国家语言的注释文本,但严格说来,还不能算是真正意义上的国别教材。所谓国别教材应该是能针对操不同母语对象的语言特点和学习特点而设计编写的教材,这种教材能得到国内外师生的双向认同和具有可操作性,而不是仅仅对句子和词汇的翻译。因为不同语种的人其社会语言文化背景有所不同、接受汉语时在认知方面的心理趋向也迥然有别。因此,如果教材能突出其难点,并从语音、句法规则、语用规则等方面对母语和汉语之间的相异点作有意识的对比,那么,不仅可以使学生加深对汉语的理解,而且教学效果也会提高。例如,日本学生的语音学习比欧洲学生困难一些,而欧美学生的汉字学习是一个很大的障碍,因此教材在整个编排侧重点上都应该作相应的调整,这些都非单纯的不同语言注释本所能解决的。

可喜的是,目前人们已经注意到这一问题,不少人呼吁中外联合开发编制教材,而且也已经有国内教师与汉学家合编的国别教材陆续问世。例如,由北京外国语大学中文学院教师与汉学家共同编写的《意大利人学汉语》、《匈牙利汉语课本》等,就受到了广泛好评。如何编写更多适合不同母语背景学生需求、得到国内外双向认同的速成汉语国别教材,还有待进一步研制和发展。

2. 编写体例上的问题

短期速成汉语教学重视功能,强调言语交际能力的培养,因此语言教学法中的"听说法"无疑是适合这种强化教学的行之有效的方法之一。既然听说领先,那么口语训练就需要与听力训练有机结合起来,然而,现在绝大多数速成汉语教材只有口语对话内容,而缺少与之相配套的听力内容和练习。另外不少教材未采用"语"和"文"分开的编写体例,对汉字和拼音分合的处理比较随意,汉字识读以及汉字书写练习的比例都过大,增加了学习者尤其是非汉字圈地域学习者的学习负担。例如短期速成教材《汉语会话 301 句》(康玉华、来思平编著,北京语言文化大学出版社),因其内容丰富,分量充实,同时有多种语言翻译注释版本,一直以来作为速成汉语的精版教材而被海内外汉语短训班选用。但该教材中的汉字处理跳跃性大,练习部分的汉字未能标注拼音,因而大大影响了该教材的实际使用效果。

3. 练习设计中的问题

短期速成汉语教学的目的是培养学生的言语交际能力,因此练习是速成汉语教材中不可或缺的一项重要内容。"语言交际能力要通过练习提高,'教'和'学'的效果要通过练习实现。新一代教材应该是一部精心编排的练习集。"[①]然而,现有

---

① 杨惠元.论《速成汉语初级教程》的练习设计[J].语言教学与研究,1997,(3):30—37.

不少速成汉语教材的练习题型单一,基本沿用了普通汉语教材的练习形式。仍以书面练习和理解记忆性练习为主,例如填空、造句、组词连句、英译中、中译英等等,未能突出短期速成汉语教材的特点。还有不少教材的练习分量明显不足,尤其缺少有趣生动的实践性练习。

速成教学重视实际语境和情景中的口语操练,学生通过特定情景和场合中的对话练习,才能学到语体风格各异、真正鲜活的汉语。实践性练习的设计必须考虑到海内外语境的差异,不能简单雷同。有些教材中的课外任务型练习,例如"去邮局寄包裹或特快专递、去银行换人民币、用汉语问路、用汉语跟小商贩讲价"等等,在国内汉语教学环境下不失为有效的练习形式。然而,同样的练习到了海外教学环境中,却缺乏可操作性和实用性。因此如何根据海内外语境的不同特点,将课内练习与课外实践性练习有机结合起来,从而起到相辅相成的作用,还需要速成汉语教材编写者的精心设计和科学安排。

二、有关速成汉语教材编写的建议

1. 提高对速成汉语教学特点的认识

为了使新一代的短期速成初级汉语教材更上一个新的台阶,我们有必要提高对短期速成初级汉语教学特点的认识,从而进一步明确教材编撰的指导思想。

尽管现在对短期和速成的界定实际上并不十分清晰和明确,但总的来说,短期速成汉语教学与一般进修教学是不相同的。进修教学是一种在学校里所进行的相对正规系统的教学,进修教学的重点是汉语知识和技能的系统掌握。进修教学的教学周期一般是半年以上。

短期和速成应该说是两个既有关联又有所不同的概念。人们有时分开使用,也有时合并在一起使用。两者所强调的侧重点有所不同。短期是相对于长期而言的,从教学时间上去看,通常是在半年以内,有的只有一两个月或者几周时间。速成则除了时间也不长以外,更强调的是一种教学的优化效率。短期速成教学不是一种系统的语言教学,教学的重点并非完整的语法系统和听说读写各项技能,而是侧重听说能力的训练。短期速成汉语教学时间并不固定,教学环境也不局限于学校。有一些特殊的短期速成班要根据学生的需求、水平、背景等灵活机动地安排课程。在短期速成汉语教学中,初级水平的学生占有相当大的比重,教学的重点主要是基本日常生活会话等语言交际能力的培养。

教学环境也是速成汉语教学的基本要素之一。海外各国的短期速成汉语教学具有共性也有其特殊性,与国内的短期速成汉语教学相比,海外汉语教学在课程设置和总课时量、班级规模、学员背景与构成、学习动机和思维方式、教学方式与教育传统等方面都有较大差异。同时,各不同地域的文化差异也必然对教学具有一定的影响。相比较而言,大部分海外短期速成汉语教学的时间和课程安排相对灵活,学员构成成分也更为复杂。笔者曾在德国杜塞尔多夫孔子学院任教,所教班级中学员的年龄悬殊非常大,既有退休老人(65岁以上),也有中小学生(10岁至16岁),这种情况在国内的速成汉语培训班是比较少见的。另外,在海外接受短期速成汉语培训的学员们的学习动机及学习需求等与来中国接受汉语短期培训的学员们也有较大差别。① 所有这些,都是速成汉语教材编写者在教材的宏观总体设计和微观细节处理等方面不得不考虑的重要因素,这诸多因素直接影响到教材话题内容的选择、体例编排、字词语法处理、练习设计甚至教材的版式等等。

2. 运用新的语言教学理论指导教材编写

教材编写需要有一定的理论作指导。教学法中的听说法和功能法原则对短期速成汉语教材起着指导性作用,过去的不少教材正是依据这样的原则而编写出来的。然而,如何及时将相关新兴学科的理论与教材编写的实践有机结合起来,还有很多值得拓展和研究的空间。例如,近年来流行的任务型语言教学法(task—based language teaching TBLT),要求将话题、结构、功能和任务(操练)相结合,强调各技能间的配合训练,突出语言应用和实践能力,提高学生的整体学习和训练效果。再如,近年逐渐引入对外汉语教学界的沉浸式教学法(Immersion Model),强调在听说读写实践活动中发展学生的语言运用能力,提倡学生的主动参与和体验交流,注重语言学习的实践性与活动性。这些新的教学法理论对短期速成汉语教材的整体设计尤其是练习编写均具有启发意义。此外,以往一些教材较多地考虑教师如何教,而忽视了学生作为学习主体如何"学",因此认真研究第二语言习得理论,分析教材所提供的信息是否是常用的交际模式,何种编写体例更便于不同类型的学生理解和记忆等,也是在编写速成汉语教材时须认真思考的问题。

3. 全方位展开对速成汉语教材的调查

"温故而知新"。要使新一代速成汉语教材在现有教材的基础上有所突破,首先有必要对已出版的同类教材作一次全方位的考察。包括对海内外已经出版的教材基本类别和基本情况的调查以及教材的评估和分析等。教材评估可从话题内容、编写体例、语法项、词汇量、字词处理方式、练习设计、可操作性等方面进行。其次,有必要分别对海内外短期速成汉语教材的使用情况和需求做一些调查,尤其是对海外速成汉语教材的需求进行较为详细的归类统计与分析。在调查和分析的基础上,制定出速成汉语常用交际功能大纲和次常用交际功能大纲,从而提出较为系

---

① 有关海外孔子学院速成汉语教学在课时、班级及学员年龄、学习需求等方面的特殊性,可参见李明.德国杜塞尔多夫孔子学院的汉语教学[J].云南师范大学学报,2009,5:34—38

统的有关此类教材研制开发和向海内外推广的总体规划。

对教材使用情况的调查可分为教师问卷和学生问卷,分别对教师在教材使用过程中遇到的具体问题,以及不同类型的学习者在学习过程中对教材的反馈情况作深入了解和分析。通过调研来发现问题,进而解决问题。以便在今后的教材编写中借鉴以往教材的长处,改进其不足,使新出版的速成汉语教材更有针对性,更具特色和新意。

三、速成汉语教材编写模式的设想

目前短期速成汉语教学已逐渐趋于多元化、地域化、类型化和多层次化,作为教学主要依据的教材编写也应该由过去的"通用单一型"而逐渐转向多样化、类别化和国别化。下面对新一代速成汉语教材编写模式提出自己的初步设想:

1. 综合型

短期速成汉语教学的特点决定了不宜采取普通汉语教学听说读写分课型、分别使用不同教材的方法。各语言技能的训练一般集中在综合课里进行,因此用一套综合教材代替多种课型的教材,集听说读写为一体,是比较经济和实用的教材编制模式之一。可以改变由于分课型而导致汉语、口语、听力教材不配套的情况。从我们所了解到的海内外汉语教学机构的实际情况来看,非学历汉语教学和速成汉语培训通常都以综合汉语课为主。

综合型教材对各技能应该有所选择和取舍,可具体分为三种:听说读写四项技能综合;听说读三项技能综合;听说两项技能综合。针对欧美学员汉字学习的难点,短期速成汉语教材可以舍去写汉字的技能训练要求,采取三项技能的综合,即只要求学生认读汉字。这样就会大大加快教学进度。听力和口语两者合为一体的综合型课本,有利于学生在短期内使听和说两种技能共同提高,而且更符合语言的习得规律。由于听力和口语教学起到了相辅相成的作用,因此便于课堂上教师的操作,教学效果也比分别使用单独的口语课本和听力课本好。

综合型教材每一课或每一单元的容量必须充足,主干课文和对话材料在话题上要基本一致,如果有不同场景的多段对话,对话内容也要相对集中,不宜分散。听力则必须紧紧配合课文的内容而设计,词语和语法结构应尽量有所重复和再现,练习的设计也要围绕主干课文展开,形成一环扣一环"链环式"的操练方式,以使学生在较短的时间内就某一类话题得到多方位的强化训练,这样才能达到专项技能训练与综合训练有机结合的效果。

2. 活页型

由于短期速成汉语教学的课时、对象、目的、需求及环境、方式等相对多变而灵活,尤其是海外各孔子学院和孔子课堂的汉语短训班,在很多方面具有特殊性,因此,很难选用一本或一套教材去适用于不同类型的短训班。很多出国教师和志愿者都反映,教学中不得不花费很多精力,对使用的教材进行取舍调整、删减增补、拼合改写。既然这样,是否可以有意识地设计出多组适合使用者按不同的需求重新组合的教材呢?罗守坤(1991)曾探讨过一系列"集成教材"的新策略;吴仁甫(2002)也曾提出过"活页式"教材的设想。这些对我们探讨短期速成汉语教材的编制模式开启了新的思路。

活页型教材可以依据不同的标准来进行组合。比如按照相关的功能项目来组合;按照话题类别来组合;按照一定的语言点来组合;按照常用词汇或分类词语来组合;按照不同的练习形式来组合;按照听说读写不同技能训练的侧重点来组合等等。另外,还可以按照某个教学时段内所拟达到的特定教学目标,分单元来组成一个或多个活页,从而体现出教材的阶段性和层次性。

3. 主辅型

以一本或一套教材作为主干教材,同时围绕这本主干教材配以扩展性辅助教材。辅助教材的内容可以多种多样。可以是辅助各项语言技能的分册材料,例如,辅助口语学习,可以编写配套的看图说话手册;辅助主干教材中词语的学习,配上适当的词语归类手册;辅助口语和听力学习,配上一些真情实景对话的听力补充材料。也可以是综合性的辅助材料,如补充对话、补充阅读、补充练习以及检测各单元学习情况的各类测试题等等。辅助教材的内容教师可以视具体情况,如课时量、教学进度、学生接受能力的差异等而酌情选用。主干教材和辅助教材的配套使用,既可以给教师更多的选择余地,也给一些水平稍高、学习进步较快,或想更多一些练习机会的学生以拓展的空间。在海外短期速成汉语教学中,有些学员是利用业余时间学习汉语的,他们往往是一边工作一边学习,课后学习汉语的时间不多。还有一些学员已经退休,个人支配的时间和课后学习汉语的时间则较多。这两类学员虽有所不同,但也有一个共同点,那就是对汉语学习都有着浓厚的兴趣,而且一般说来,这些成人学员的自控能力和自学能力都较强。因此,主辅型教材可以满足不同学员的需求,课上以主干教材为纲,辅助教材作为课后补充的材料,可依各学员的主体需求和具体时间安排作弹性处理。

多媒体教材和教学资料的制作和出版,是目前教材模式改革的一个新的发展方向。不少出版社推出了配合主干教材的各种"资源包",其中包括一系列的辅助课件,这些都大大方便了短期速成汉语教学的顺利开展。如何更好地利用网络资源,将这些辅助教学软件推向海内外市场,还值得进一步探讨。

4. 专题分册型

如前所述,参加短期速成汉语学习的学员,其学习目的和需求有所不同,所关注的话题也各有差异。因此速成汉语教材按照一定的专题进行归类,以不同分册出版,可以使学习者更直接、更集中、更快地学到自己最感兴趣和最实用的汉语表达方式以及词语。

例如,可以分为日常交际汉语、旅游观光汉语、经贸汉语、科技汉语、外交人员汉语、法律汉语、中医汉语、办公室汉语、体育汉语乃至家庭主妇汉语手册等等。近年汉办推出的规划教材之一《体验汉语》系列教材(刘援总策划,朱晓星、张如梅、曾晓渝等编著,高等教育出版社,2006),分为"生活篇"、"留学篇"、"旅游篇"、"商务篇"、"公务篇"、"文化篇",就是专题分册型的有益尝试。当然,这些分册还是多以国内环境下短期速成教学的视角为主,如果推广到海外使用,有些分册的场景设置、话题选择及体例处理和练习设计等还需要有所更新。

编写专题分册教材时,要努力处理好日常口语和专题汉语之间的关系,使得两者能够有机结合起来。要注意将一些日常生活对话设在特定人物之间,设在与某专题有关的特定情景之中。例如,同样是问候语的学习,如果是旅游汉语分册,对话可以设在旅游者和导游之间进行;如果是办公室汉语,则可以是秘书和经理间互致问候;如果是为外交人员编写的汉语,则可以是外交官与司机或者秘书之间的对话等等。

5.循环分册型

短期速成汉语教学的阶段性和时段性很强,所以编写教材时可以将涉及到的话题分成几个阶段和循环,每一阶段只学习某话题的一部分内容,然后再对话题逐渐深化和扩展。话题的循环式编写法是适合短期速成语言教学的便捷和科学的编写方法之一,同时也符合第二语言的习得规律。现在已有不少教材采用这样的编写方式。从实际操作和使用效果来看,如果将各话题大的循环分成几册出版,既可以适应不同教学时段和水平的教学需要,也便于教师根据课时量的多少而灵活选用。

北京大学90年代出版的《速成汉语》(何慕编著,北京大学出版社),就是以循环式编排话题的精品教材之一。这本书原来只有全一册,2004年这本书再版时,原来的全一册被改为三本分册出版。这样教师在选用时,可以视学生实际汉语水平而决定从哪一册开始。如果教学周期较短,也可只选用其中的某一分册,以便完成有限学习时段内特定的教学任务。笔者曾在不同水平的汉语短训班里,分别选用过这套教材的三本分册,由于各分册的分量与课时量基本匹配,难易程度也与学生水平相符,所以教材的可操作性比较强。学生们每学完一分册,心理上就有一种成就感,教学效果很好。可见,速成汉语教材以循环分册的形式编写,比采用全一册的形式更便于教师操作,利于学习者接受,也比较适合不同阶段的速成汉语教学选用。

结　语

　　短期速成对外汉语教材的编写和研究,是既有理论意义又有实用价值的课题,这里面还有很多值得进一步探讨的问题。只要我们不断地总结经验,分析问题,努力探寻短期速成汉语教材与学历教育汉语教材之间的共性和差异,探寻国内和海外短期速成汉语教学之间的共性和差异,并在现有教材编写的基础上展开更广泛的调查和更深入的研究,就能逐步形成一套新颖而独特的编写理念和方法,从而使新一代短期速成汉语教材真正有所突破,有所创新,以适应海内外不同环境下的汉语教学发展的需要。

参考文献

　　[1](英)S. 皮特. 科德. 应用语言学导论. 上海外语教育出版社,1983

　　[2]李明. 近20年短期速成初级汉语教材发展概览. 云南师范大学学报,2007(3)

　　[3]李明. 海外教学环境下汉语教材的取舍调整. 汉语应用语言学研究. 商务印书馆. 2012

　　[4]赵金铭. 教学环境与汉语教材. 世界汉语教学,2009(2)

　　[5]李晓亮. 对外汉语教材的几个问题. 世界汉语教学,1996(4)

　　[6]杨惠元. 论汉语速成教学的四个基本要素. 汉语速成教学研究. 华语教学出版社,1999

　　[7]杨惠元. 论《速成汉语初级教程》的练习设计. 语言教学与研究,1997(3)

　　[8]罗守坤. 集成教材新策略. 世界汉语教学,1991(3)

　　[9]佟秉正. 初级汉语教材的编写问题. 世界汉语教学,1991(1)

　　[10]吴仁甫. 汉语个别授课的教学内容探讨. 对外汉语一对一个别教授研究. 中国社会科学出版社,2002

韩国职前汉语教师语法教学信念调查研究

刘芳芳　汲传波

[内容摘要]　该研究以韩国职前汉语教师为调查对象,研究了他们的语法教学信念特点。结果表明,总体而言,他们既接受交际语法教学的原则,又肯定传统语法教学的价值;就个体差异而言,年级和教学经验对于韩国职前汉语教师的语法教学信念不存在显著影响。基于这些发现,文末讨论了该调查对海外本土汉语教师培养的启示。

[关键词]　职前汉语教师　语法教学信念　韩国　海外本土汉语教师

一、问题提出

随着汉语热持续升温,海外本土汉语教师的培养成为学界关注的焦点之一。与中国派出的汉语教师和志愿者相比,海外本土教师更了解本国学生学习的兴趣和难点,也更熟悉本国教育政策,因此海外本土教师的培养对于汉语国际传播事业能否持续发展意义重大。宛新政(2009)就认为师资本土化建设,是汉语国际传播事业发展的必然选择。它不仅有利于解决"汉语热"中普遍存在的师资短缺问题,有助于实现汉语国别化教学,也是汉语国际传播可持续发展的重要保证。

韩国一直是汉语学习最热的国家之一。韩国的汉语教学已十分普遍,略具规模的四年制大学几乎都设有汉语专业,汉语教学在高等教育当中的普及程度很高,在大学里成为名副其实的最重要的第二外语;在不少大学里汉语专业的新生录取分数线早已超越了以往保持领先地位的英语专业(孟柱亿,2008)。来华留学生中,韩国留学生近些年来也一直占据榜首。据教育部统计,2011年,全年来华外国留学生29万多人,其中韩国来华留学生排名第一(62442人),几乎是第二名的3倍(美国来华留学生共23292人)。

为满足韩国学习汉语的需求,为韩国培养本土汉语教师,中国北京大学与韩国梨花女子大学于2008年开始联合培养"汉语国际教育硕士"双学位研究生。本文作者之一于2010年赴韩国梨花女大进行了为期一年的研究生教学工作。授课过程中我们认识到，无论是讲授理论知识，还是组织教学实践，都应该考虑授课对象的认知特点。因为有研究表明，如果不考虑受训教师已有的教学信念，不触及他们的认知层面，只单方面地希望教师接受并实施新的教学理论或教学方法，那将是我们的一厢情愿，其结果往往是姑妄听之，我行我素(转引自孙德坤，2010)。

教学信念，也称教学观念，指教师对学科教学自认为可以确信的看法，包括语言观、学习观、教学观、课程观、学生观和教师观等(Borg，2001)。教学信念在师资教育中作用巨大。如果在对韩国本土汉语教师的培养中，了解他们的教学信念现状，就能有针对性地进行教学，从而可以提高汉语师资培养的质量。

因为教学信念所包含的内容非常多，本文仅选定语法教学信念进行研究。这是因为语法教学在语言教学中具有重要的地位。纵观现代外语教学历史，不难发现，无论在以教学法为主导的时代，还是在以二语习得为主导的"后方法"时代，语法教学，即形态、句法方面的教学，始终是一个激烈争论的话题(高强、刘振前，2008)。

本文拟回答以下两个问题：(1)韩国职前汉语教师持有怎样的语法教学信念？他们的个体差异是否会对其语法教学信念产生影响？(2)韩国职前汉语教师的语法教学信念特点对海外本土汉语教师培养有何启示？

二、研究设计

1. 被试选择

本研究的韩国职前汉语教师为韩国梨花女子大学38名汉语国际教育硕士研究生，全部为女性。其中一年级20人，二年级18人。按照有无汉语教学经验来统计，有教学经验者(包括个别辅导教学)24人，无教学经验者14人。因为韩国职前汉语教师本科专业大都是中文，个别学生的专业虽是贸易或经济，但还是以汉语为主，所以不再分专业统计。

2. 研究工具

本研究的主要工具为基于Andrews(2003)和高强(2007:172)的"语法教学信念"调查问卷。问卷共两部分：一是个人信息，包括年级、汉语教学时间等。二是语法教学信念五点量表，共设置六个维度，包括以语言形式准确为取向的教学信念(以下简称"形式信念")8项、以交际意义为取向的教学信念(以下简称"意义信念")7项、归纳式教学信念(以下简称"归纳信念")8项、演绎式教学信念(以下简称"演绎信念")10项、句型操练在教学中所起积极作用的信念(以下简称"句型信念")4项、语法术语在教学中所起积极作用的信念(以下简称"术语信念")3项。

3. 数据分析

因为调查对象都是我们任教的学生,为最大程度地保证调查结果的相对客观、准确,每次发放问卷前都向调查对象讲明:调查的目的、意义,不根据此结果评价学生成绩。为保证问卷回收率,调查对象回答完毕后当场回收问卷。针对韩国职前汉语教师的调查问卷是笔者2011年春在韩国教学时随堂发放,共发出问卷38份,收回38份。数据输入计算机后,我们运用SPSS13.0进行了分析。

另外,研究结果还将与汲传波、刘芳芳(2012)所研究的中国职前汉语教师的数据进行对比分析,以期能更多地发现韩国职前汉语教师的语法教学信念特点。

三、结果分析与讨论

1. 总体特点

1.1 描述性统计结果

计算韩国职前汉语教师语法教学信念各维度的平均值和标准差,结果见表1。

表1 韩国职前汉语教师语法教学信念描述统计结果

	形式信念	意义信念	归纳信念	演绎信念	句型信念	术语信念
平均分	2.63	3.53	3.49	2.98	3.89	3.30
标准差	0.37	0.37	0.32	0.23	0.53	0.60

表1显示,韩国职前汉语教师的意义信念平均分高于形式信念(3.53>2.63),归纳信念的平均分高于演绎信念(3.49>2.98)。这说明他们的语法教学信念受到了交际教学法的影响,不再偏重形式与规则。而句型信念和术语信念的平均值都高于3,这也说明韩国职前汉语教师在某种程度上肯定传统语法教学的价值,重视句型和术语在教学中的作用。

2. 相关分析

对韩国职前汉语教师语法教学信念各维度进行相关分析,结果见表2。

表2 六类语法教学信念相关分析结果

	形式信念	意义信念	归纳信念	演绎信念	句型信念	术语信念
形式信念	—	−0.49**	−0.39*	0.31	−0.10	0.01
意义信念	−0.49**	—	0.37*	0.01	0.13	−0.19
归纳信念	−0.39*	0.37*	—	−0.40*	0.07	−0.60**
演绎信念	0.31	0.01	−0.40*	—	0.06	0.17
句型信念	−0.10	0.13	0.07	0.06	—	0.09
术语信念	0.01	−0.19	−0.60**	0.17	0.09	—

注:** $p<0.01$; * $p<0.05$

表2显示,韩国职前汉语教师的意义信念与形式信念、归纳信念与术语信念之间有非常显著的负相关,说明韩国职前汉语教师在这两组信念之间互相排斥。另外,归纳信念与形式信念、归纳信念与意义信念、演绎信念与归纳信念之间也存在着显著相关。这说明韩国职前汉语教师倾向于交际教学法的信念,不太赞同传统的语法教学信念。

1.3 比较研究

汲传波、刘芳芳(2012)对中国职前汉语教师的语法教学信念现状进行了调查。我们想通过韩、中职前汉语教师的语法教学信念的对比,发现韩国职前职前汉语教师的语法教学信念特点。为比较中、韩职前汉语教师语法教学信念,我们进行了独立样本t检验,见表3。

表3　中、韩职前汉语教师语法教学信念独立样本t检验结果

		形式信念	意义信念	归纳信念	演绎信念	句型信念	术语信念
中　国	平均分	2.67	3.84	3.63	2.93	3.96	3.30
(n=53)	标准差	0.30	0.33	0.38	0.28	0.37	0.53
韩　国	平均分	2.63	3.53	3.49	3.04	3.89	3.30
(n=38)	标准差	0.37	0.37	0.32	0.29	0.53	0.60
	t	−0.43	−4.16	−1.85	1.89	−0.70	−0.03
	p	0.67	0.00	0.07	0.06	0.49	0.98

结果表明,中、韩职前汉语教师的语法教学信念在形式、归纳、演绎、句型、术语等五个维度上都不存在显著差异,而在意义信念上存在非常显著的差异($t=-4.16$, $df=89$, $p<0.01$)。相对而言,虽然韩国职前汉语教师也信奉交际语法教学理念,但是比中国的职前汉语教师更传统一些,交际语法教学的信念还不是那么坚定。原因可能与我们在授课中经常向这些职前教师灌输交际语法教学的理念有关。但是另一方面,他们的交际语法教学信念还不太坚定,可能是与韩国的语法教学传统有关。韩国的多数大学里有只重视知识传授而忽略语言技能培养的风气。教授讲课一般使用母语,包括一些汉语语言课也是用母语来进行的。他们习惯于教学生自己熟悉的领域,教授方式虽说是互动,但大部分情况下还是以灌输式为主(孟柱亿,2008)。

1.4 具体选项分析

前文从总体上分析了韩国职前汉语教师的语法教学信念,下面我们从具体选项来进行深入分析。经过对所有选项进行描述性统计分析,发现平均分高于4的有以下四项:"句型练习与记忆对成功地学习汉语语法必不可少。"(M=4.03,

SD＝0.72)(M 为平均分,SD 为标准差,下同);"应先教简单的语法结构,再教复杂的语法结构。"(M＝4.29,SD＝0.84);"应该使用句型练习帮助学生掌握新的语法结构。"(M＝4.08,SD＝0.71);"应该鼓励学生通过反复实践来学习汉语。"(M＝4.45,SD＝0.56)。前三项平均分结果表明,韩国职前汉语教师对于传统的语法教学(句型信念)的部分选项认同度较高。后一项结果说明,韩国职前汉语教师对于语言实践、语言运用持认同态度。这一结果再次说明我们所调查的韩国职前汉语教师虽然受韩国的传统教学思想影响很深,但是由于其本人学习汉语的经历(很多都有中国大陆留学背景),深知语言实践与语言运用的重要性。

表 3 结果表明中、韩职前汉语教师在意义信念上存在显著差异,下面我们析中、韩职前汉语教师在代表意义信念的各具体选项上是否存在差异。独立样本 t 检验结果表明,以下选项具有显著差异,如"即使学生没有相关的语法知识,也应鼓励他们用汉语表达自己的观点"(t＝－2.59,df＝89,p＝0.01＜0.05,MD＝－0.43);"应该允许学生犯语法错误"(t＝－3.24,df＝67.18,p＝0.00＜0.01,MD＝－0.56);"从一开始就应该鼓励学生尝试着用汉语交流"(t＝－3.46,df＝55.32,p＝0.00＜0.01,MD＝－0.67);"教课文时应该注重文章整体的理解与掌握"(t＝－3.83,df＝54.17,p＝0.00＜0.01,MD＝－0.67)。结果说明,韩国职前教师的意义信念比中国职前教师的要低很多,差异显著。这个原因可能与韩国的语法教学传统相关,更重要的可能在于韩国职前汉语教师本身的汉语能力还有待提高,对于交际教学存有一定的顾虑。因为相对于传统的语法教学,交际教学需要教师的语言能力更高。

2. 个体差异与语法教学信念

本部分运用独立样本 t 检验,考察不同的年级、有无汉语教学经验对语法教学信念的影响。

2.1 年级与语法教学信念

表 4 年级与语法教学信念的独立样本 t 检验结果

		形式信念	意义信念	归纳信念	演绎信念	句型信念	术语信念
一年级	平均分	2.70	3.47	3.43	3.03	3.79	3.40
(n＝20)	标准差	0.29	0.37	0.33	0.23	0.53	0.48
二年级	平均分	2.56	3.60	3.56	2.93	4.00	3.19
(n＝18)	标准差	0.44	0.37	0.31	0.22	0.52	0.71
1.11	t	1.16	－1.04	－1.19	1.31	－1.24	
0.28	p	0.26	0.31	0.24	0.20	0.22	

独立样本 t 检验结果表明,不同年级的韩国职前汉语教师的语法教学信念不

存在显著差异(P>0.05),但是从平均分可以看出二年级比一年级的职前教师在意义、归纳、句型信念方面得分都有所提高,在形式、演绎、术语信念上得分都有所降低。这说明随着年级的升高,韩国职前汉语教师越来越重视交际性语法教学。

如果换个角度,从每个具体选项的角度进行独立样本 t 检验,发现一年级与二年级的职前汉语教师在以下六个选项上存在显著差异(见表5)。结果表明,第9、10、15、17、29等题项,一年级比二年级的平均分高(MD 为正数)。其中,第9、10、15、17等四个题项平均分越高,说明语法教学信念越传统。第11项,一年级比二年级平均分低,这说明一年级比二年级更倾向于认同传统的语法教学信念。只有第29项,一年级比二年级平均分高,说明二年级的职前汉语教师对于句型操练的认同度更高。

表5　年级与语法教学信念具体选项的独立样本 T 检验结果

题号	题项	t	df	p	M	MD
9	从一开始就应该鼓励学生运用正确的语言形式表达	3.18	25.38	0.00	3.34	0.97
10	应该总是向学生解释语法规则	2.60	34.50	0.01	2.32	0.60
15	应该使用汉语给学生讲解语法规则	2.94	36	0.01	2.45	0.85
17	讨论语法时,学生应该能够使用常用的汉语语法术语	2.10	36	0.04	3.16	0.62
29	机械的句型操练没有价值	2.55	36	0.02	2.26	0.71
11	应该允许学生犯语法错误	−3.52	36	0.00	3.42	−0.89

以上发现说明目前针对韩国职前汉语教师的培养课程对于其语法教学信念的转变有积极作用。另外,根据录取比例和上课情况,我们发现二年级的职前教师比一年级的汉语水平整体上高一些。这也许能解释为什么二年级比一年级更倾向于认同交际语法教学信念。这与 Andrews(2003)的研究相同。Andrews 运用问卷调查了170名香港中学英语教师的语法教学观念。结果表明,教师的语法教学观念与语言运用水平和显性的语法知识关系密切,偏爱归纳法教学的教师语言水平较高,显性语法知识比较全面,偏爱演绎法教学的教师语言水平相对较低,显性语法知识相对匮乏。

2.2 经验与语法教学信念

表6　经验与语法教学信念的独立样本 t 检验结果

		形式信念	意义信念	归纳信念	演绎信念	句型信念	术语信念
有教学经验	平均分	2.66	3.52	3.48	3.00	3.83	3.33
(n=24)	标准差	0.26	0.33	0.27	0.22	0.60	0.61

续表

		形式信念	意义信念	归纳信念	演绎信念	句型信念	术语信念
无教学经验(n=14)	平均分	2.59	3.54	3.51	2.96	3.98	3.24
	标准差	0.51	0.44	0.41	0.24	0.39	0.59
t		0.49	-0.14	-0.27	0.55	-0.83	0.47
p		0.63	0.89	0.79	0.59	0.41	0.64

独立样本t检验表明,有无教学经验对韩国职前汉语教师的语法教学信念不存在显著影响($p>0.05$)。

从每个具体选项的角度进行独立样本t检验,发现有无经验者仅在一个选项上存在显著差异。"保证语言形式的准确是汉语教学的一个基本目标。"($t=2.70$, $df=36$, $p=.01<0.05$)。整体来看,职前汉语教师对此选项部分认同($M=3.11$),但比较而言,有教学经验者比无教学经验者更倾向于认同此选项($MD=.85$)。

四、该研究对海外本土汉语教师培养的启示

实践证明,使教师形成正确的信念,无论对教师的职前准备,还是对教育教学实践,都是很重要的,师资培训工作应以此作为突破口(俞国良、辛自强,2000)。也有学者指出,本土化教师由于对所在国和地区的外语教育框架更为了解,因而也易于更新教学观念,并采取适合的教学方式,从而让汉语教学更快地驶入当地外语教学标准轨道(宛新政,2009)。本土教师,尤其是职前本土教师的教学信念(观念)如何更新是我们关注的问题。海外汉语教师教育在国际汉语教育的大背景下,虽然重视受训者的实践能力,但对他们已有的教学信念重视不足,没有充分考虑他们如何吸收、运用教学理论,如何从教学实践中反思。为此,针对海外本土汉语教师的培养问题,我们提出以下三点建议。

1. 增加实践和反思在国际汉语教师课程中的比例

严明(2008)认为"教师信念是教学反思的结果"。针对韩国职前汉语教师的语法教学信念现状,我们认为应该加大实践和反思在课程中的比重。汉语教学中的反思更多意义上是指教学实践之后的反思。我们赞同国际汉语新教师教学信念的发展是以在真实的教学情境中不断解决问题的方式完成的(季晶晶,2010)。因而为了帮助国际汉语新教师更快地成长,应当为他们提供更多的实践机会,让他们真正接触到汉语教学,感受汉语教学的过程,而非停留在理论上。刘元满(2009)也认为由于教学经验对教学质量有较大影响,对培训机构来说,要为学习者(职前教师)提供良好的实习园地,加强实践性指导。

韩国职前汉语教师因受韩国传统语法教学的影响很深,在语法教学信念上相

对比较保守。这在他们的教学试讲中表现尤为明显。虽然我们已经在理论教学中反复强调,在面对中小学生时,不应该讲很多语法规则,应该用归纳法而不是演绎法进行语法教学;在教学中不要过多运用语法翻译。可是,仍有不少职前教师讲解语法时,只会用演绎法;在练习时,大量的采用语法翻译。这说明,有些职前教师虽然了解了比较正确的语法教学方法,但是并没有真正的内化和吸收,使之成为自己的语法教学信念。因此仅有理论或仅有实践都不能解决韩国职前汉语教师的语法教学信念问题,还必须加大反思在课程中的比重。这是因为反思与实践在国际汉语教师的专业发展中具有重要作用,应该努力把职前汉语教师培养成为反思性实践者(王添淼,2010)。

2. 提高海外职前教师的汉语水平,充分利用其汉语学习的经验优势

本研究也发现,韩国职前汉语教师的汉语水平也影响语法教学信念。因此,针对海外本土汉语教师的培养,我们应该重视提高其自身的汉语能力。目前国内很多高校对海外本土汉语职前教师的培养,多重视专业课程的教学,忽视汉语技能课的教学。《全日制汉语国际教育硕士专业学位外国留学生指导性培养方案》中仅有《高级汉语》2学分,其他都是专业课程。我们建议,针对汉语综合能力不高的职前汉语教师,应该开设更多的汉语技能训练选修课程。

另外,韩国职前汉语教师都有汉语作为第二语言学习的经验,培养时也应该利用他们的这一优势。Brown & McGannon(1998)就认为语言教师培训应该鼓励受训者反思他们以前作为语言学习者的经验,调整或确认他们关于语言学习的信念。因此,在对海外本土职前汉语教师培养时,最好单独给他们开设一些教育类课程、实践课程,充分利用其汉语学习的经验,引导他们反思如何才能教好汉语课,如何当一名合格的汉语教师,从而确认其正确的教学信念,调整其错误的教学信念。

3. 提高教师教育者本身的研究能力,加强与国外中小学的合作

《全日制汉语国际教育硕士专业学位外国留学生指导性培养方案》有一些新课程,比如课堂教学案例分析与实践、教学设计与管理、国别汉语教学调查分析等等。这些课程所涉及的内容以前很少有对外汉语教师关注和研究,这给教师教育者(培养教师的教师)带来了机遇和挑战。"机遇"是因为这些新的课程开辟了新的研究视角,增加了新的科研选题;"挑战"是因为教师教育者需要自身更新知识和教育观念,需要汲取教育学、心理学相关知识,需要了解英语作为第二语言教学的相关成果,了解国外汉语教学尤其是国外中小学汉语教学情况。许多教师教育者在这些方面仍有差距,比如不了解海外本土职前教师所在国的中小学汉语教学实际情况,上课时只是照本宣科或囿于大学汉语教学的经验,这样培养质量就很难保证。

要解决这一问题,需要教师教育者自身更新知识,提高教育能力。另外,需要加强与国外中小学汉语教学机构的合作。最好能为海外本土职前教师配备双导

师,一位是国内高校的汉语教学专家,另一位是国外中小学汉语教学单位的一线教学骨干。这样做的话,就能优势互补,切实提高海外本土汉语教师的培养质量。

五、结论及余论

该研究的主要结论是:

1. 韩国职前汉语教师既接受交际语法教学的原则,又肯定传统语法教学的价值。相比而言,虽然韩国职前汉语教师也信奉交际语法教学理念,但是比中国的职前汉语教师更传统一些,交际语法教学的信念还不是那么坚定。

2. 不同年级的韩国职前汉语教师的语法教学信念不存在显著差异;但随着年级的升高,韩国职前汉语教师越来越重视交际性语法教学。

3. 有无教学经验对韩国职前汉语教师的语法教学信念也不存在显著影响。

关注教师和未来教师的信念应该是教育研究的一个焦点,这会给教育实践带来目前主流研究没有也不能带来的东西(Pajares,1992)。孙德坤(2008)也认为开展教师认知研究,探讨教师观念、思想、知识结构及其对教学实践的影响的研究,对促进汉语教师的发展、推进汉语国际推广事业,有着非常重要的意义。因此,本文研究虽然比较初步、浅显,但可以权作抛砖引玉之用。我们期待着更多的学者加入到对外汉语教师认知研究的队伍中来,为国际汉语教师培养提供有价值的研究成果。

参考文献

[1]高强. 教师认知视角下的语法教学——一项对中国大学英语教师的调查. 山东大学博士学位论文,2007

[2]高强,刘振前. 教师认知视角下的二/外语语法教学——国外实证研究综述. 外语教学理论与实践,2008(2)

[3]汲传波,刘芳芳. 教师认知视角下的职前汉语教师语法教学信念研究. 语言教学与研究,2012(6)

[4]季晶晶. 新教师教学观念的发展变化研究——以 UVA 暑期汉语项目为例. 华东师范大学硕士学位论文,2010

[5]刘元满. 中日母语作为第二语言教学的师资培养比较研究. 汉语学习,2009(3)

[6]孟柱亿. 韩国汉语教育的现状与未来. 云南师范大学学报(对外汉语教学与研究版),2008(2)

[7]孙德坤. 教师认知研究与教师发展. 世界汉语教学,2008(3)。

[8]孙德坤."我会摸索出一条合适的路子"———一位中国汉语教师探索经历的叙事研究.第九届国际汉语教学研讨会论文选.高等教育出版社,2010

[9]王添淼.成为反思性实践者——由《国际汉语教师标准》引发的思考.语言教学与研究,2010(2)

[10]严明.建构主义视野下的教师信念体系—从概念建构到情境效性.西北师范大学学报(社会科学版),2008(2)

[11]宛新政.孔子学院与海外汉语师资的本土化建设.云南师范大学学报(对外汉语教学与研究版),2009(1)

[12]俞国良,辛自强.教师信念及其对教师培养的意义.教育研究,2000(5)

Andrews ,S. 'Just like instant noodles': L2 teachers and their beliefs about grammar pedagogy. Teachers and Teaching: Theory and Practice,2003(4).

Borg, M. Teachers' Beliefs. ELT Journal,2001(2).

Brown,J. ,McGannon,J. What do I know about language learning? The story of the beginning teacher. Paper presented at the 23rd ALAA Congress (Australian Linguistics Association of Australia). 1998

Pajares, F. Teacher's beliefs and educational research: Cleaning up a messy construct. Review of Educational research,1992(3)

简论江户时代前期汉语教育发展特点[①]

刘继红

[内容摘要] 中日两国的文化交流源远流长。日本江户时代（1603～1867）是中日文化交流的特殊时期，也是具有真正意义的汉语教育的开端。本文将从18世纪初日本汉语学习群体、编写出版的教材、汉语教学组织和汉语教学理念等方面分析江户时代前期日本汉语教育发展的特点。研究指出，这一时期的汉语学习群体主要包括：为贸易交流服务的唐通事及其子弟、致力于汉学研究的学习者群体以及以宗教文化交流为主要目的的学习者群体。这三类学习群体的学习目的、学习内容和方法不尽相同，但都具有较强的学习动机。他们打破了日本长期以来单纯学习古代汉籍的传统，开始关注口语交际能力。而这一时期出版的系列汉语教材、成立的教学组织、产生的教学理念在培养学习者汉语言交际能力方面无疑发挥了重要作用。

[关键词] 江户时代前期；汉语学习群体；汉语教材；教学组织；教学理念；特点

研究背景

中日两国的文化交流源远流长。日本人的汉语学习和汉语教育从东汉开始就没有停止过。据日本最早的历史文献《古事记》、《日本书纪》记载，公元285年应神天皇邀请朝鲜百济国王仁赴日本，教皇太子菟道稚郎子学习汉文，王仁把《论语》、《千字文》带到了日本。据考察，这是较早输入日本的汉籍，标志着汉字大批量传入日本（王顺洪，2008）。

日本江户时代（1603—1867），是中日文化交流的特殊时期，也是具有真正意义的汉语教育的开端。鲁宝元（2009）将江户时代之前的汉语教育的特点归纳为：

[①] 此项目获北京外国语大学世界亚洲研究信息中心资助，谨致谢忱！

1.汉语、汉文的学习与中国文化的学习紧密结合;2.学习内容和教材主要是中国古代儒家或佛教经典;3.重阅读、理解而轻听说;4.用训读法学习汉文、汉诗等。可以说,中国儒家经典及帮助读经所编写的识字教材,在日本汉语学习中一直发挥着重要的作用,因为他们学习汉语的目的也是为了读经、研究中国文化(张美兰,2005)。显然,从第二语言教学角度来说,江户时代之前的汉语教育无论在学习内容的选取上,还是学习方式上,都不符合汉语作为第二语言学习的特点和规律。

  吴丽君(2009)在梳理日本历代汉语教育文献资料的基础上也提出:"汉语教育在日本的真正开端,应该是从江户时代算起。"因为"真正的汉语教育应是以口语为主,而不是指汉文或文言文。之前的各历史时期(指江户时代以前),中日虽然也有各种往来交流,但大都是在政治、经济以及宗教层面"[①]。这些研究表明,江户时代是日本汉语教育发展的重要转折阶段。因此,立足于原始文献,研究这一历史时期在汉语教育和中日文化交流方面卓有贡献的关键人物及代表性汉语教材,发掘这一历史时期汉语教育的特点和发展原因,对了解日本汉语教育的发展具有重要意义。

  本文将从18世纪初日本汉语学习群体、编写出版的教材、汉语教学组织和汉语教学理念等方面分析江户时代前期日本汉语教育发展的特点。

一、汉语学习群体

  江户时代,德川幕府鉴于前期群雄割据造成的分裂局面,为维护统治,逐步实行锁国政策,仅与中国、荷兰两国在九州的长崎进行贸易活动。因此,这一时期的中日文化交流主要依靠来日本的中国人进行。另一方面,历代的幕府将军都比较重视与中国的关系,重视汉学研究,采取了许多有利于传播中国文化、培养汉语人才的政策。因此,这一时期,出现了不同类型的汉语学习群体,他们在学习汉语的目的、主要内容和学习方法上各具特色。

  1、为贸易交流服务的唐通事及其子弟

  由于德川幕府实行锁国政策,禁止日本人出海航行,当时的贸易活动主要在九州的长崎进行,长崎也因此占有特殊的地位——它是锁国体制下日本唯一对外开放的窗口。为适应贸易往来和文化交流的需要,长崎出现了一批专门的汉语翻译

[①] 吴丽君(2009)简要梳理了日本不同时期的汉语教育情况,包括飞鸟时代、奈良时代、平安时代、幕府时期、室町时代、江户时代、明治维新后至"二战"结束时期及日本当代汉语教育,并在此基础上提出"汉语教育在日本的真正开端,应该是从江户时代算起"。参见张西平主编.世界汉语教育史.商务印书馆,2009(211—225)。

人员——唐通事①。

　　唐通事的汉语学习具有子承父业的家传性质,为了使他们的子弟能够胜任未来的工作,他们对自己的"接班人"的汉语教育从其幼年时代就开始了。武藤长平在《镇西之支那语学研究》一书中记述了唐通事及其子弟的唐话学习:"语音阶段使用的教材是《三字经》《大学》《论语》《孟子》《诗经》等,学习者直接用'唐音'来读。当时所谓唐音,并非明清时代的北京音而是南京官话。初级阶段除了学习语音,还要学习汉语常用词和短语。如'二字话'、'三字话'、'长短话'等。此后开始学习《译家必备》《二才子》《两国通事》等,同时阅读中国古代白话文学作品,如《今古奇观》《三国志演义》《水浒传》《西厢记》等"(鲁宝元,2009)。通过这些文学作品的学习,唐通事既了解了中国古代文化知识,又提高了以汉语进行交际的能力。

　　由于唐通事的主要职责是担任口头翻译②,出于职业的需要,他们非常重视汉语言交际能力,所学内容也以实用口语为主。为了督促检查子弟们的学习,唐通事们还举办"唐韵劝学会"或"唐话会",要求子弟用汉语问答。经过长时间的训练,子弟们到了十五六岁便可以被任命为"见习通事",跟着父兄接待入港的中国商船了(王顺洪,2008)。

　　唐通事的汉语教育活动,作为江户时代一种主要的汉语教育形式,不仅培养了大批唐通事的继承人,对后世的影响也意义深远。对此六角恒广(2002)评价说"近代日本的中国语教育,因为有二百六十多年唐通事唐话教育的经验与传统,所以明治的汉语教育,从一开始就一点儿困惑也没有,并且,教师丰富的知识反映在了教学中"。可以说,江户时代日中贸易的发展是以长崎为中心进行的汉语学习和汉语教育的根本动力③。日本人的汉语学习和教育也因此出现了注重口语的一面。

2. 致力于汉学研究的学习者群体

　　除了唐通事及其子弟积极学习汉语和汉文化之外,这一时期,对汉学研究有着浓厚兴趣的学者们也是汉语学习重要群体。

　　日本的汉学研究历史悠久,不仅汉学家人数众多,翻译作品及研究书籍也非常丰富。张美兰(2005)研究指出:"日本的汉学研究大约始于相当于中国南北朝时期

---

①　所谓唐通事,是日本江户时代对从事中国汉语口语翻译的专门人员的一种职业性称谓。它是在17世纪前后首先在长崎发展起来的,随后在京都、关东地区相继出现。见严绍璗.17－19世纪日本人汉语白话习学考略,李向玉、张西平等主编.世界汉语教育史研究——第一届世界汉语教育史国际学术研讨会论文集.澳门:澳门理工学院,2005(56－62)

②　唐通事除了担任翻译外,还负责来航唐船的管理、有关买卖的账簿和报告的制作、对外交易决策权的行使、唐人唐馆秩序的维护及唐船风说书的听取报告等。见刘小珊.活跃在中日交通史上的使者——明清时代的唐通事研究.江西社会科学,2004(8)

③　关于唐通事的汉语活动,参见朱勇.唐通事与汉语言文化在日本的传播,或问,第11号,日本:日本东京白帝社 ,2006

的西元 5 世纪左右。据藤原佐世的《日本国建在书目录》统计,到 9 世纪末,传入日本的汉籍多达 1579 部、16790 卷"①。伴随着汉籍阅读者群体的不断扩大,日本汉学家创造了"训读"这种独特的翻译、解读中国各代作品的方法②。古典汉籍在日本的流传、训诂古典汉籍方法的发明和使用、与古典汉籍相关的汉语辞书的编撰,生动形象地勾勒出日本人学习汉语书面语的历史。

江户时代,以第一代幕府将军德川家康为开端的历代幕府将军,出于治理国家的需要,政治思想上都尊崇中国儒学,朱子学成为日本的官学。之后,无论是官办学校还是民间私塾一律以儒家经典作品作为必读教材。除了以训读法研究汉学典籍的学者以外,这一时期还出现了以著名儒学家荻生徂徕(1666－1728)为代表的"古文辞学派"学者,他们认为以训读法学习汉籍不足以把握圣人之道,因而主张直接用汉语的读音阅读和讨论儒家经典。而下文即将介绍的汉语教学组织——译社,就是在荻生徂徕的教育思想指导下开展教学活动的。

作为统治阶层的幕府和藩主对汉学的尊崇,成为推动日本汉语学习和教育的另一种动力。因此,江户时代出现了众多学者研读儒家经典,并用汉语讨论儒家经典的景象。而传入日本的中国书籍在文化传播上发挥了极大的作用,也推动了日本汉语教育的发展。

3. 以宗教文化交流为主要目的学习者群体

与长崎中日贸易发展的同时,中日两国的宗教交流也很繁盛,特别是黄檗宗在长崎得到了很大发展,唐话也伴随着"黄檗文化"的传播得到了广泛的关注。

公元 1654 年(顺治十一年,承应三年),应长崎唐人寺庙主持的邀请,福建黄檗宗禅僧隐元隆琦(1592－1673)率弟子数十人东渡日本,在德川幕府将军德川家纲的支持下,在京都宇治建造了万福寺,创建了黄檗宗(王顺洪,2008)。随后,黄檗宗在日本广泛流传,形成了影响深远的"黄檗文化"。由于禅僧用汉语讲经,长崎的佛教寺院形成了一个讲汉语的小天地。

楼佳如(2012)在其研究中较详细地论述了黄檗宗传播汉语的三个途径:1、通过移民弘法传播汉语;2、通过道场传播汉语;3、通过日本不同阶层的人学习并传播汉语。根据史料记载,日本黄檗宗的僧人在弘法生活中,或是直接会面,或是通过

---

① 参见张美兰.掌握汉语的金钥匙——论明清时期国外汉语教材特点,李向玉、张西平等主编.世界汉语教育史研究——第一届世界汉语教育史国际学术研讨会论文集.澳门:澳门理工学院,2005.(93－94)

② 所谓训读又称"和训",是指日本人阅读汉籍时并不像中国人那样用汉语音发音,按照汉文的先后次序从上往下阅读,而是使用日语的读音、重新调整句子的先后次序、以日本人的习惯方式阅读汉文。训读法为那些阅读汉籍而又不懂汉语语法的日本人提供了一条捷径。参见陆德阳.试析荻生徂徕关于汉语教育的理论与实践,上海交通大学学报(社科版),2002(1)

书信往来,所接触教化的对象非常广泛,既有一般社会阶层的普通民众,也有上层阶级的各阶层的人士。来这里修行、听经的不仅有来自中国的移民,也有对禅宗文化感兴趣的日本人[①]。许多日本人因信仰禅宗而对汉语和汉文化发生兴趣,他们与中国禅僧的交流促进了汉语的学习和传播,比如当时江户著名儒臣柳泽吉宝20岁就皈依了黄檗宗,师从于高僧悦峰道章,师徒间谈话均用唐话。后来在柳泽的门下聚集了一批优秀的唐话学者。

黄檗文化不仅对江户时代日本人的生活产生了诸多影响,对专门汉语教材的编写也有一定的影响,如下文将提到的冈岛冠山编写的汉语教材《唐话便用》中,专门编写了僧俗之间的问候语和对话,关于修行问题、寺庙建筑、寺庙执事等内容在教材中均有体现,这与其作者数次拜访黄檗山有关(楼佳如,2012)。可以说,东渡日本的中国禅僧不仅在宗教交流中担任了重要的角色,而且成为促进日本人学习汉语另一种动力。

以上介绍的三类学习群体,即为贸易交流服务的的唐通事及其子弟,致力于汉学研究的学者群体及以宗教文化交流为主要目的的学习者群体,尽管他们学习汉语的目的、学习方法和主要内容有所不同,但都具有较强的汉语学习动机。他们打破了日本长期以来单纯学习古代汉籍的传统,开辟了日本白话汉语教育的先河,在汉语和汉文化传播方面发挥了积极作用。

二、专门的汉语教材

江户时代之前日本人学习汉语是以研读古代汉籍为内容和主要目的,并没有编写出专门的汉语教材。1716年日本历史上第一部汉语教材《唐话纂要》问世,编写者是江户时代著名学者、翻译家冈岛冠山。

冈岛冠山(1675~1728)不仅热衷于学习汉语,他对研究中国古代文化,翻译中国古典文学作品也有着浓厚的兴趣。他曾担任唐通事一职,后来又接受荻生徂徕的邀请到译社担任汉语教师。据记载,他编写和出版《唐话纂要》的原因是"今客门弟子所求,而著华语书五卷,名曰'唐话纂要'"。研究者认为,"客门弟子"应该是跟随冈岛冠山学习唐话的人,而且主要是在译社学习汉语的人。因此也可以说《唐话纂要》是冠山在译社教学实践的基础上编纂而成。

从汉语学习和教育角度看,冈岛冠山的身份具有多重性,他既是一位汉语学习者,又是一位汉语教师;他担任过唐通事,同时又是一名学者和翻译家。刘继红(2010)曾从不同角度介绍了冈岛冠山的汉语实践活动,分析他在汉语和汉文化传

---

① 参见楼佳如.江户时代的日本黄檗宗与汉语传播,复旦大学硕士学位论文,2012.

播中做出的贡献。

首先,作为汉语第二语言学习者,冈岛冠山勤奋好学,博览群书。据记载,冈岛冠山对中国书籍涉猎广泛,阅览过的中国小说达六百部之多。这对他提高汉语水平及日后研究中国白话小说起了重要的作用;其次,作为汉语第二语言的实践者,冈岛冠山既有从事唐通事的口语翻译活动,又有翻译中国白话、解读明律的经历。六角恒广(1993)将冈岛冠山誉为"在日本介绍和倡导稗官之学即白话小说的第一人"。这种翻译和介绍中国文化的工作为其编写教材提供了大量的素材。第三,作为汉语第二语言的教学者,冈岛冠山具有丰富的教学经验。他在荻生徂徕组织的译社做汉语教师期间,始终本着学以致用的原则,注重培养学习者语言交际能力。

冈岛冠山于 1716—1726 年间编写和出版了五部汉语教材——《唐话纂要》、《唐译便览》、《唐话便用》、《唐音雅俗语类》、《经学字海便览》。可以说,这一系列教材的编写和出版,得益于他自身汉语学习的经历、唐通事的工作经验、翻译中国文学作品的经历和从事汉语教学活动各个方面。当代著名汉语教育家六角恒广(1998)编辑整理了十集《中国语教本类集成》,在《江户时代唐话篇全五卷》中收录了这五部教材,为我们的研究提供了第一手资料。系列教材出版说明如下:

1.《唐话纂要》五卷五册初版于 1716 年,再版于 1718 年,增加了《和汉奇谈》,遂为六卷六册,编写者以普通汉语学习者为对象,为方便初学者而编写,堪称日本历史上第一部真正意义上的中国语教材。

2.《唐译便览》五卷五册,初版于 1726 年,是带有工具书性质的话语翻译手册,内容为寒暄用语、日常用语等生活中常用的长短句。以日语译文的字母顺序排列。学习这些汉语句子和译文,有助于理解汉语的意思并翻译成日语。

3.《经学字海便览》七卷七册,初版于 1725 年,是从《朱子语类》中有关四书五经的俗语中挑选加译注而成。

4.《唐音雅俗语类》五卷五册,初版于 1726 年,编写者将语言分为雅语和俗语并分类加以介绍,强调既要重视俗语的学习,又要重视雅语的学习。其中的第四卷和第五卷还蕴含了丰富的中国历史、法律制度等文化知识。

5.《唐话便用》六卷六册,初版于 1726 年,再版于 1735 年,其特点在于侧重语言的交际性功能,从第四卷起设置了若干不同的会话场景,会话以一问一答为形式,分为 10 个话题,强调了语言运用的得体性原则。

冈岛冠山在教材编写过程中考虑到不同学习群体的水平和需求,五部教材各具特色,相互之间又有一定的互补性[①]。关于这些教材的出版意义,六角恒广

---

① 鲁宝元、吴丽君、朱勇、赵苗、刘继红、金满生、田秀芳等分别对五部汉语教材的内容和编写特点进行了分析。详见鲁宝元、吴丽君编.日本汉语教育史研究——江户时代唐话五种.北京:外语教学与研究出版社,2009.

(1992)指出,以《唐话纂要》为代表的教材已经不是原有意义上的唐通事的家传教本,是以当时的普通汉语学习者为编写对象,使用者并不限于唐通事及其子弟,被普通学习者所广泛接受。从这个意义上,可以说《唐话纂要》是日本历史上第一部汉语教材,具有划时代的意义。

三、汉语教学组织

这一时期还出现了专门的汉语教学组织,它的创办者即是江户时代最著名的思想家、文学家和古文辞家荻生徂徕(1666—1728)。荻生徂徕的一生不仅刻苦学习汉语,潜心研究古代汉籍,同时,他还是一位出色的汉语教育家。他招收学生,鼓励学生直接阅读中国古籍,并用古汉语写文章,解释六经。荻生徂徕分析了汉语和日语语言系统的差别,主张从汉语语音教育着手,逐渐增加词汇量,通过大量阅读汉文原文的实践,最后能够像中国人一样阅读汉文书籍(陆德阳,2002)。因此,他主张废除训读,提出要掌握汉籍原有的意义必须学习汉语。由此在日本汉学界掀起了革新的浪潮。

正德元年(1711),荻生徂徕与其弟叔达、井伯明三人成立了学习汉语的译社,宗旨是探讨如何将汉语翻译成日语,交流汉语的发音和语法等。他邀请当时汉语水平最高的学者和翻译家冈岛冠山到译社担任汉语教师。有关冈岛冠山在译社的活动,六角恒广(1992)研究指出"冠山有时也讲经史。但其授课方法主要是结合现实的例证进行讲解。与一般的儒家多以仁义道德、治乱兴废加以解说截然不同。"由此可以看出,冈岛冠山的汉语教学内容不仅涉及儒家经典学说,也讲授日常生活中使用的汉语(刘继红,2010)。选取这样的教学内容和教学方法在一定程度上促进了日本汉学研究者汉语言交际能力的提升,使汉语学习更符合第二语言学习特点和规律。

为了使译社的教学活动更加规范,荻生徂徕制订了《译社公约》,说明译社成立的意义、译社教师、开会日期、服装、饮食、会员的增减、唐话的学习内容等。六角恒广在《论唐话教本》一文中较为详细地介绍了《译社公约》。公约强调"凡会中所谈,其要点是如何将中华语言翻译成日本语言,并不允许以俗乱雅。"这句话既说明了译社的学习宗旨,也明确了译社的学习内容与唐通事及其子弟所学内容的区别。

那么,何为"雅",何为"俗"?为什么荻生徂徕特别强调"不允许以俗乱雅"这一观点呢?原来,在当时研读汉学典籍的学者们看来,唐通事所学的汉语因为不够"雅",是不能登大雅之堂的。安藤彦太郎(1991)指出"当时的唐通事在与清国进行通商事务上虽拥有权力,但地位很低。他们所掌握的明清时代的平民的教养虽称之为'崎阳之学',但并不被看作正式的学问。唐通事冈岛冠山也自嘲地说,崎阳之学不过是稗官之学(小官吏的学问)"。由此可见,当时研究儒学的人对崎阳之学(即唐话)是比较歧视的,冈岛冠山也因通事一职的地位不高而辞去。

而作为在译社担任汉语教师的冈岛冠山对雅语和俗语却有自己的独特认识。在他编写的教材《唐音雅俗语类》一书中,收录了释皓大潮为教材写的序言。序言明确阐述了雅语和俗语既对立又统一的辩证关系,并强调学习它们的重要性:
"夫语言之道二,曰雅与俗也。不知雅俗所为相素,文章不朽之大业,何在乎不朽?其实二者相须。非知俗,则雅不能就;非知雅,则俗不能去,二者之于学也,均为之用矣。……雅因俗而成,俗待雅而化,二者未尝偏倚,然亦各有所主邪?曰俗平易而近于人情,雅清高而远于人情,以近而取远,能使人不相素,苟得之而熟之,何书不可读?……俗语泥土也,雅语净也。学者不可不知焉……"

序言指出,语言从总体上可以分为雅、俗两类,雅为"古雅、高尚"之义,俗为"通俗、平易"之义,二者相互依存。从学习汉语的角度来说,雅语和俗语不可偏废,唯其如此,方可达到"何书不可读?"的境界。因此,既要重视俗语的学习,也要重视雅语的学习,这样才能与不同的交际对象进行得体的语言交际。我们认为,这也体现了冈岛冠山对汉语学习和教学的认识和理解。从当代汉语作为第二语言教学研究角度看,冈岛冠山对雅语和俗语的认识和态度是有一定科学性的。

享保9年(1724)译社解散。从建立到解散,译社延续了13年之久。但是由于目前掌握的资料有限,我们对译社的活动了解不多,仍有许多待解之谜,比如当时冈岛冠山在译社是如何使用其编写的教材的?他如何讲授汉语发音?他对雅语和俗语的认识在其教学中是如何体现的?学习者之间的交流如何进行?等等,这些问题有待我们掌握更多文献资料基础上进行研究。

四、汉语教学理念

由于不同类型汉语学习群体的出现,江户时代前期出现了将汉语作为外语教学意识的萌芽。关注学习内容的实用性和针对性反映了当时的教学理念,这一理念也体现在《唐话纂要》等系列汉语教材中。具体说明如下:

第一,在汉语语音教学方面,本着实用性原则,将所学语音定位为南京官话。有研究表明,当时长崎唐通事的汉语主要有南京话、福州话、漳州话三种。出于交际的需要,大部分唐通事所学和所说的都是南京话。关于学习南京官话的意义,有如下描述:"打起唐话来,凭你对什么人讲,也通得了,苏州、宁波、杭州、扬州、绍兴、云南、浙江、湖州这等的外江人,是不消说,对那福建人、漳州人,讲也是相通的了,他们上晓得外江说话,况且我教导你的是官话了,官话是通天下,中华十三省,都通的"(六角恒广,1993)。南京话在生活中的重要性决定了学习者的选择,这一认识在当时出版的教材中也得以体现,比如在冈岛冠山编写的系列汉语教材各卷正文前都标明"每字注官音并点四声",这里所谓的"官音"是指南京官话。

第二,在教学内容选择方面,针对学习者的不同需求,对雅语和俗语进行了区分。有研究表明,在冈岛冠山编写的五部教材中,《唐音雅俗语类》是唯一一部区分雅语和俗语并将它们分类编排的教材。这部教材中既有上层社会交际使用的雅语,也有一般社会阶层使用的俗语。教材中正式语与非正式语、口语与书面语兼而有之,可以让学习者接触和体验到不同风格的语言。这体现出编写者对语言得体性的朦胧认识。这种意识能够在近三百年前日本学者编写的教材中体现出来,确实是相当可贵的(刘继红,2009、2010)。

第三,语言教学过程体现出循序渐进的科学认识。前文我们介绍了唐通事学习汉语的过程,从简单的"二字话"、"三字话"入手到"长短话",再到文学作品的阅读等,体现出由易而难、由简而繁的教学理念。这一理念在《唐话纂要》等教材的编写中也有所体现。比如,《唐话纂要》的编排顺序是从常用词和短语开始,然后逐渐过渡到句子和短文。卷一至卷四分别是"二字话"、"三字话"、"四字话"、"五字话"、"六字话",然后是"常言"、"长短话";卷五是分类(亲族类、器用类等)的词汇和简化的《西厢记》等的"小曲"。总体而言,基本上体现出了由浅入深、循序渐进的教材编写原则(赵苗,2009;朱勇,2009)。

此外,注重交际的得体性、语言学习与文化学习并重的教学理念也体现在冈岛冠山系列汉语教材的编写之中,同时,也贯穿于各类学习群体汉语学习过程的始终。这些教学理念反映出18世纪日本人对汉语学习认识的转变,即他们逐步将汉语作为一门外语进行学习和研究。而江户时代前期的汉语教育正是在这一科学认识的基础上发展起来。

参考文献

[1]安藤彦太郎著.卞立强译.中国语与近代日本.北京大学出版社,1991年.

[2]六角恒广编.中国语教本类集成补集:江户时代唐话篇五卷.日本:不二出版社,1998年.

[3]六角恒广著.王顺洪译.日本中国语教育史研究.北京:北京语言学院出版社,1992年.

[4]李向玉,张西平等主编.世界汉语教育史研究——第一届世界汉语教育史国际学术研讨会论文集.澳门理工学院,2005年.

[5]鲁宝元,吴丽君主编.日本汉语教育史研究——江户时代唐话五种.北京:外语教学与研究出版社,2009年.

[6]刘继红.江户时代的汉语教育:冈岛冠山与《唐音雅俗语类》的编写.张西

平,柳若梅编.国际汉语教育史研究.北京:商务印书馆,2014.

[7]陆德阳.试析荻生徂徕关于汉语教育的理论与实践,上海交通大学学报(社科版),2002(1).

[8]楼佳如.江户时代的日本黄檗宗与汉语传播,复旦大学硕士学位论文,2012.

[9]王顺洪.日本人汉语学习研究.北京:北京大学出版社,2008年.

[10]张西平主编.世界汉语教育史.北京:商务印书馆,2009.

针对马来西亚学习者的汉语教材设计

——以《法伊兹在中国》为例

鲁文霞

[**内容摘要**] 北京外国语大学自2007年起承办马来西亚马来汉语师资培训项目,为马来西亚培养本土汉语教师。为此我们专门编写了一部初级综合汉语教材《法伊兹在中国》,作为预科班的主教材。这部教材的设计理念是:1)把语言学习跟日常生活和文化结合起来;2)通过交际任务使学生获得语言能力;3)使学生在学习中获得成就感和快乐。同时,在语音、汉字、语法、文化处理上充分考虑了马来西亚汉语学习者的特点。

[**关键词**] 对外汉语教材;设计;马来西亚

一、教材简介

1. 适用对象

特别为马来西亚汉语师资项目预科阶段的学生编写。2007年,马来西亚教育部与北京外国语大学签订了汉语师资培训的长期协议。根据协议,学生第一年进入预科,一年后进入本科,接受四年的高等学历教育。为保证学生经过一年的学习达到HSK三级以上的水平,具备进入本科阶段学习的资格,我们特别编写了这套教材。

本教材同时适用于汉语水平为零起点的马来西亚学生和印度尼西亚学生。

2. 教材体例

整套教材分上下两册,每一册包含课本和练习册。课本内容包括:学习目标、重点句、课文、生词、语法、小知识。练习册内容包括:语音汉字练习、词汇语法练习、课文练习、综合运用练习、汉字摹写练习。

教材还配有录音光盘,内容包括:重点句、课文、生词以及练习中的录音文本。

二、教材设计

1. 设计理念

1.1 语言教学理念

意义理解是语言教学的核心,意义的理解通过具有语境的交际活动完成。同时,语言教学要关注三种文化:目的语文化、学习者母语文化、学习者文化。

1.2 设计理念

(1)把语言学习跟日常生活和文化结合起来

学生是来中国学习、生活,因此我们的课文内容也围绕他们在中国的衣、食、住、行、学、游。既包括学校的教室、食堂、宿舍,也包括周边的饭馆、银行、邮局、商店等,除此之外,还设计了到中国人家做客、去老舍茶馆看演出、去西安旅行等内容。

课文的内容融入真实的场景,同时富于变化,将语言学习与文化沉浸相结合,让学生了解不同语言的文化和社会。

(2)通过交际任务使学生获得语言能力

课本中的体现:每一课的课文包含两个对话,每一个对话就是一个交际活动,例如问路、购物、点菜、换钱、邮寄包裹、看病、约会、做客、买票等。

练习册中的体现:每一课的综合运用练习部分采用任务式活动设计,既有单人活动,也有两人活动和小组活动;既有课堂活动也有课外活动。

例如第14课学习天气,我们给学生提供了一张中国地图,三到五个学生组成一个小组,选择一个城市,通过网上查资料,问中国朋友,了解这个城市的天气,比如说这个城市一年有几个季节,每个季节的天气怎么样。同时选择一个马来西亚的城市,将这两个城市的天气进行对比,说出更喜欢哪个城市的天气以及理由。

(3)使学生在学习中获得成就感和快乐

语言学习的趣味性来源于语言使用的成就感。我们的课文内容与学生的交际需要紧密结合,学生在实际生活中可以即学即用,每天都能体会到"我可以用汉语表达了"的成就感。这种成就感又进一步激发他们学习汉语的兴趣和热情。

内容和图片的设计上进行正面的心理暗示,建立积极、愉快和群体化的学习及生活氛围。在设计时会采用"汉语很有意思"而不是"汉语很难"。

2. 语音、语法、汉字、文化处理

本教材在语音、汉字、语法、文化等方面的教学目标是:

- 正确掌握汉语语音的特点,拼音书写规范,发音准确。
- 了解汉字的笔顺、笔画和常用部件,按汉字结构规律熟练认读和书写汉字。

- 了解汉语的语法特点,正确掌握汉语的基本语法结构。
- 初步了解中国的文化和国情。

2.1 语音

外国人学习汉语,首先是要学会用正确的语音。赵元任先生曾在《语言问题》中说过:"学习外国语的内容分成发音、语法、词汇三个重要的部分,学习次序当然也应该照这三样按步进行。发音部分最难也最要紧,因为语言的本身、语言的质地就是发音,发音不对,文法就不对,词汇就不对。"

本书专门设立了语音篇,集中学习语音,分为三个部分。

第一部分学习声母"b、p、m、f、d、t、n、l、g、k、h";韵母"a、o、e、i、u、ü、ao、ai、ei、ou、an、ang、en、eng、in、ing、ong"。

第二部分学习声母"j、q、x、z、c、s、zh、ch、sh、r";韵母"ia、iao、ian、iang、ie、iou、iong、ua、uo、uai、uei、uan、uen、uang、ueng、üe、üan、ün、-i(前)、-i(后)、er"。

第三部分学习轻声、变调("一、不"变调和"三声"变调)、卷舌韵母"er"和儿化。

单纯学习语音难免枯燥,为此,我们特意在语音篇中加入了课堂用语、日常用语,以及数字"0"到"10"的学习,让学生在用中学,即学即用,提高学习的积极性;此外还加入了儿歌和绕口令,以增强趣味性。例如绕口令:

四是四,十是十。十四是十四,四十是四十。

Sì shì sì, shí shì shí. Shísì shì shísì, sìshí shì sìshí.

语音篇的学习只有大概两至三个星期,学习重点是声母和韵母。但是外国人学汉语,语音的最大问题是"洋腔洋调"。对于"洋腔洋调"的形成,归根结蒂在于学生没有掌握汉语轻重音的规律和语调特点。比如说汉语的词重音规律性比较强。"不带轻声的词,双音节词是后一个字重读,前一个字稍轻",也就是说重音多在后一音节上,假如学生没有掌握这一规律,就会出"洋腔"。如:大学——大学 X、见面——见面 X。针对于此,我们将语音作为一个学习内容贯穿整部教材,设计了轻重音、语调等多种练习。

我们在第1—4课专门设计了双音节词的声调和轻重音练习,因为汉语词汇以双音节为主,正确掌握双音节词的声调和轻重音,对于提高汉语发音的准确性至关重要。这个练习包括:第一声+四声、轻声;第二声+四声、轻声;第三声+四声、轻声;第四声+四声、轻声。通过有针对性的反复练习,帮助学生进一步建立语感,巩固语音篇中的声调学习成果。

对比分析假设理论认为第二语言习得者在习得第二语言时,会受到母语迁移的影响,其中起阻碍作用的叫负迁移,它是由两种语言的差异造成的,会造成学习者习得的困难,导致偏误的产生。我们在设计语音练习时引入了对比分析理论。比如说马来语的语音不区分送气音和不送气音,学生的送气音容易发成不送气音,例如将"tā"(他)发成"dā"(搭),将"pǎo"(跑)发成"bǎo"(饱)。我们在设计练习时将送气不送气音的对比作为一个重点,通过朗读、辨音、选择、听写等形式反复练习。例如:

辨声母:

ba — pa　　bai — pai　　gu — ku

gou— kou　　deng—teng　　tao — dao

选择听到的音节:

dàodǐ — tàotí　　gūdān — kǔdǎn

pàobīng—báobǐng　　gǎipàn — gáibǎn

2.2 汉字

汉字不是汉语教学的主要内容。赵元任(1976)就曾说过"学讲中文是最基本、最主要的远比花大量时间用正确笔画学写汉字重要得多,因为学讲中文'是一种活生生的体验'。"(转引自赵金铭,2005)但是只教拼音不教汉字也不行,因为汉字是汉语的一个组成部分,中国人在日常生活中并不使用拼音。汉字教学是汉语作为第二语言教学不同于汉语作为母语教学或其他拼音文字语言教学的最大区别之一。(赵金铭,2005)

这套教材的课本中没有专门的汉字教学内容,因为在实际教学中,我们在第一学期专门开设4课时的汉字课,来配合这本教材。但是,在练习册中我们设计了一些配套练习,贯穿上下两册。

我们在全书每课练习中均设有汉字的摹写练习,给出汉字的笔画分解图示,请学生按照正确的笔画顺序写汉字。另外,上册每4课设有一个部首练习,请学生写出汉字的部首。下册每课设有一个部件练习,让学生用所给部件组成汉字,并写出拼音和组成词语,归纳对比形近字和形旁、声旁相同的形声字,训练学生的汉字结构意识和部件组合能力,帮助学生正确识记所学的汉字,提高汉字学习的有效性。

2.3 语法

语言的使用与语境密切相关。本教材出现的语法结构是以由话题来决定的,以话题来编排语言材料,通过话题来圈定相关的词汇和语法结构。例如第十三课的话题是爱好,交际任务之一是谈论爱好的水平,需要使用句型"V+得+adj."。第十四课的话题是天气,交际任务之一是比较各地的天气,需要使用比较句。

在语法结构的呈现方式及练习设计上,我们同样引入了对比分析理论。比如说汉语的连动句,前一个动作可以表示后一个动作的方式,例如"坐飞机来北京"。马来语和汉语正相反,动作在前方式在后。学生如果按照马来语的语序就会这个句子说成"来北京坐飞机",但这个结构的语义和他所想表达的语义对于中国人来说就完全不同了。为了避免这个偏误的产生,我们在设计课文时让这个结构反复出现：

  娜迪亚：咱们怎么去？

  李 强：走路去、骑自行车去都可以。

  娜迪亚：那我们走路去吧。

  ……

  法伊兹：我和娜迪亚想去颐和园，您觉得骑车去行吗？

  王老师：颐和园离学校比较远，骑自行车不方便。

  法伊兹：打车去呢？

  王老师：打车去比较贵，你们可以坐公共汽车去。

  法伊兹：坐公共汽车去要换车吗？

  王老师：不用。

同时，我们针对这个结构设计了多个练习形式，包括替换、连词成句、完成句子、完成交际任务等。

2.4 文化

语言教学要关注三种文化：目的语文化、学习者母语文化、学习者文化。本教材在设计时充分尊重和考虑马来西亚学习者的文化背景，利用课文和小知识等内容进行文化对比，以帮助学习者更好地了解中国的文化和社会。

（1）文化内容

  • 社会文化：包括假期、城市、交通等

例如第十九课《你买着票了吗？》话题涉及坐火车和坐飞机。学生可以了解到在中国长途旅行，如果坐火车一般要买卧铺票。如果坐飞机，遇到像春节这样的节假日，很难买到有折扣的飞机票。

  • 文化习俗：包括节日、宗教等

马来学生绝大部分是穆斯林，信仰伊斯兰教。我们在教材编写过程中，特别注意了相关的宗教习俗和宗教禁忌。例如穆斯林不能吃猪肉，不能饮酒，不能养狗，这些话题在教材中都回避掉了。再例如穆斯林每天要做五次礼拜，吃的食品必须是清真的，我们就在教材中设计了询问学校附近有没有清真饭馆，早上5点起床做晨礼的内容。

  • 文化产品：包括饮食、艺术（杂技、戏剧、音乐等）

例如第二十五课《我们把它放在哪儿？》讲的是在中国人家做客，学包饺子。再例如第二十三课《中国茶你喝得惯吗？》话题涉及中国的杂技，特别是川剧中的变脸。

（2）学习方式

本书所倡导的是体验和理解的文化学习方式，重视文化比较和融合，不单纯灌输中国文化,通过课文内容进行文化对比。

例如中国北方与马来西亚的饮食习惯不同,第十五课《你们吃点什么?》中有这样一段:

来中国以前,法伊兹和娜迪亚不会用筷子吃饭,现在他们已经会了。他们也习惯吃中国菜了,不过他们觉得有的菜比较咸,油也比较多,没有他们那儿的菜清淡。

再例如马来西亚人与中国人的饮茶习惯不太相同,第二十三课《中国茶你喝得惯吗?》中有这样一段:

李　　强:听说昨天你们去茶馆了。

法伊兹:是啊。你怎么知道的?

李　　强:娜迪亚告诉我的。中国茶你们喝得惯吗?

法伊兹:有点儿喝不惯。在马来西亚,我们喝茶的时候要放糖。

除此以外,这套教材每一课后都有一个小知识,介绍与本课课文相关的一些中国国情和中国文化。内容包括:中国人的名字、中国的属相、中国的六大古都、人民币、清真食品、"洗手间"的说法等。

三、结语

本教材在五年的试用和修改后于2013年底正式出版,填补了中国大陆针对马来西亚学习者的教材空白,为中马语言和文化交流又增加了一抹亮色。以这部教材为起点,我们也在努力尝试,希望开发出更多适合马来西亚学习者的教材来。

参考文献

[1]李泉.论对外汉语教材的针对性.世界汉语教学.2004(2),53—57.

[2]赵金铭.论对外汉语教材评估.语言教学与研究.1998(3),4—19.

[3]赵金铭.汉语作为第二语言教学:理念与模式.世界汉语教学.2008(1),93—107.

马来留学生利用汉语言环境调查研究

——以北外马来师资班为例

吕滇雯

[内容摘要] 本文对在北外学习的148名马来师资班学生进行了问卷调查,以了解他们在课堂及课外是否具有主动利用目的语环境的意识与行动,其利用语言环境的形式如何,频率高低如何,并将调查数据的分析结果与其本人的学习效果即汉语水平作对比,探讨二者之间的相互关系。另外还分析了不同年级、不同性别,不同性格的学生在利用语言环境方面是否存在差别。

根据赋值评分得分统计,经过与课程成绩的对比及对任课教师的访谈,问卷得分高的同学汉语理解沟通能力和表达能力相对胜出。通过此研究,我们能了解马来学生利用目的语环境的成功经验与受阻因素,教师应在汉语教学中更加有针对性地引导马来学生充分活化课堂所学汉语知识,促成他们更好地利用语言环境,提高汉语习得效果。

[关键词] 目的语环境 马来留学生 汉语习得

一、引言

对于语言习得来说,语言输入及语言环境的重要性不言而喻。正因为此,大量汉语学习者选择来华留学。B. Spolsky(1989)详尽阐述了目的语环境的优势,目的语环境中丰富的语境线索,适度的交际压力,明确的交际任务和广泛的交际对象能够有效促使学习者实现第二语言从学习到习得的转化。当然,在这一过程中,学习者并非被动的接受者,按照 Ellis(1999)的观点,互动假说认为,语言习得是学习者的主动构建与外部语言文化环境之间相互作用的结果,通过学习者的选择,同化,顺应,才得以完成从输入(input)、摄入(intake)到内化(internalization)输出(output)这一系列过程。

遗憾的是,关于语言环境对汉语习得的作用,对外汉语界的研究还很不足。

张崇富(1999)较早地关注到语言环境对二语习得的影响,分析了宏观语言环境及微观语言环境各自的功能,建议充分发挥课外语言环境的巨大资源作用。陈晓桦(2007)对 71 名留学生课外的语伴学习及利用目的语媒体情况进行了调查,发现留学生在这两方面具有一定的主动意识,但仍需进一步引导。仇鑫奕(2011)作为一本探讨如何利用目的语环境优势的专著,从汉语学习者的阅读、视听、会话等各方面调查了学习者的现状,并对相关影响因素和教学策略作出具体分析,倡导一种以自主学习和自由学习为主的汉语教学新理念。

以上研究或从理论或总体的角度讨论了目的语环境与汉语习得的关系,但并未呈现出多样化的调查数据,而语言环境利用效果的分析均显粗疏。本文试图在以上研究的基础上,做一个具体而微的国别研究,针对北外师资班的多名马来西亚留学生,通过调查与访谈,探讨其在课堂内外利用目的语环境的意识、表现与效果。

二、研究设计

语言输入及语言环境并不会自动促成习得,其中关键还有赖于学习者的积极处理。那么学习者的个体因素在何种程度上影响到他们对目的语环境的利用?学习者的主动意识、方法策略如何,又跟他们的学习时间长短、性别、性格有怎样的关系?最终对其汉语水平提高是否起到了明显的效果?这些是值得研究的问题。

研究对象:本研究选取的对象是在北外学习五年的马来西亚师资班学生共 148 人[①]。选取这一群体的主要原因有二,首先是群体人数较多,又来自同一国家,同质性强;其次是教师对该群体的总体评价偏高,他们学习态度积极,课堂表现良好,很大一部分学生堪称优秀。

研究对象中,男生 59 人,女生 89 人。其中一年级 39 人,二年级 40 人,四年级 69 人。年龄均在 18—23 岁之间,年龄差异可忽略不计。

研究目的:本研究试图通过调查数据勾画出马来学生在利用目的语环境方面的总体情况,并以软件处理分析其表现与年级、性别、性格、汉语水平等各因素的关系,力求发现其中的影响因素以及如何相互作用。

问卷设计:问卷中,被试的基本信息包括姓名、班级、性别、性格(内向/外向)等。问题则包括多项选择与开放问答两部分。

多项选择共 19 题。分别考察学习者在课堂(2 题)校园(2 题)社交(4 题)媒体

[①] 发放问卷 180 份,回收有效问卷 150 份。

运用(6题)课外阅读(2题)语言实践及自我评估(3题)等几方面的表现。研究者将其中的14道题根据被试的选项进行赋值评分,最后计算每位被试的总得分。满分为42分。

开放问答主要了解被试对语言环境的态度以及他们的利用语言环境的案例细节。这部分答案是对所取得的量化数据的一个有益的补充。

在进行实测前,研究者用SPSS软件对问卷信度进行了测定,得到的克伦巴赫系数为0.696,表示问卷信度可以接受。

表1 问卷信度

可靠性统计量

Cronbach's Alpha	项数
.696	14

三、调查结果

1. 整个被试组各题得分表现

在14道多项选择题中,平均得分最高的是第11题(经常使用中文网络),2.44966分;平均得分最低的是第5题(课外常跟马来西亚人在一起),0.14765分。

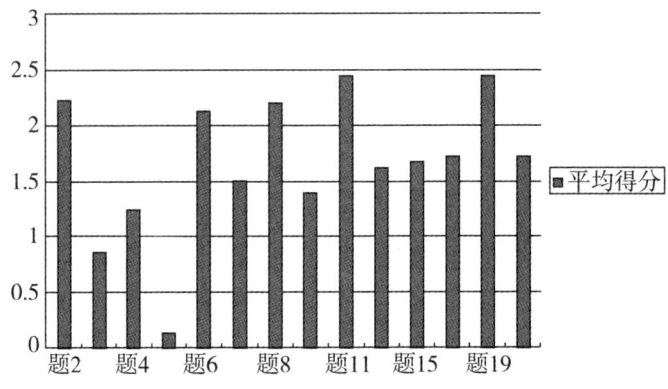

图1 所有被试各题平均得分

从图1可以看出,14道问题的得分大致分为高中低三组:

得分2分以上的依次是题11(经常使用中文网络);题19,2.44295(外出购物旅行等活动时能用汉语较好跟中国人交流);题2,2.2147(课堂主动回答问题);题8,2.1812(跟中国朋友有面对面交往);题6,2.1275(课余跟非本国人用汉语交谈)。

第二组的分数基本在1.5分上下。依次是题16(平均每周看中文电影时数),题20(对自己汉语水平进步程度是否满意),题15(喜欢阅读的中文书种类),题14

(经常看中文书),题 7(有多少中国朋友),题 10(经常参加学院组织的课外活动)。

第三组共 3 道题,得分较低,除最低的第 5 题外,另两道分别是题 3,0.85234(上课时经常使用母语),题 4,1.2416(对自己汉语交际能力的评价)。

以上数据显示,马来师资班的学生汉语学习动机较强,课堂表现较好,由于年轻人的特点,中文网络使用率高。他们学习比较认真,学习效果较好,因此课外外出时遇到实际交际任务都能够较好地达成。

在积极利用电影、书籍、社交等有利因素促进学习,融入目的语环境方面,他们有一定的主动意识,但仍不十分理想。

最弱的几方面表现在题 5 课下多与本国人在一起,题 3 课堂上过多使用母语交流,题 4 对自己的汉语交际能力评价也偏低。与本国人在一起及课堂上使用母语这两项跟客观环境因素有直接关系,原因之一是,马来民族本身集体主义观念强,社交圈联系紧密,其宗教信仰等生活礼仪及程式也对他们跟其他人群的深入交往产生一定影响。另一原因是由于 180 人集中住宿,编班时也是马来学生单独编班,在某种程度上不利于他们更好地回避母语。

马来学生对汉语交际能力的评价明显低于他们对自己汉语水平满意度的评价(表二),二者有显著差异(表四),且二者存在低相关(表三)。这意味着马来学生对自己的学业完成情况基本持肯定态度,主要依据他们的学习成绩等课堂评价;而对于实际的汉语应用水平则还不太自信,更多地表现为面对真实汉语世界仍感到诸多不足之处。

表 2 题 4 及题 20 分值

Paired Samples Statistics

		Mean	N	Std. Deviation	Std. Error Mean
Pair 1	汉语交际	1.2432	148	0.51668	0.04247
	进步满意	1.7162	148	0.58368	0.04798

表 3 题 4 与题 20 相关度

Paired Samples Correlations

		N	Correlation	Sig.
Pair 1	汉语交际 & 进步满意	148	0.366	0.000

表 4 题 4 与题 20 差异显著

Paired Samples Test

	Paired Differences					t	df	Sig. (2-tailed)
	Mean	Std. Deviation	Std. Error Mean	95% Confidence Interval of the Difference				
				Lower	Upper			
Pair 1 汉语交际－进步满意	−.47297	−.62211	−.05114	−.57403	−.37191	−9.249	147	.000

2. 组间差异情况

统计问卷的总得分,所有被试的平均值为 23.3154。

2.1 性别组差异

其中男生平均分 23.5892,女生平均分 23.1505,经独立样本 T 检验,sig 值为 0.036,差异显著。可以看出男生比女生更活跃,能更积极地利用目的语环境,这可能与马来文化中女性相对保守有一定的关系。

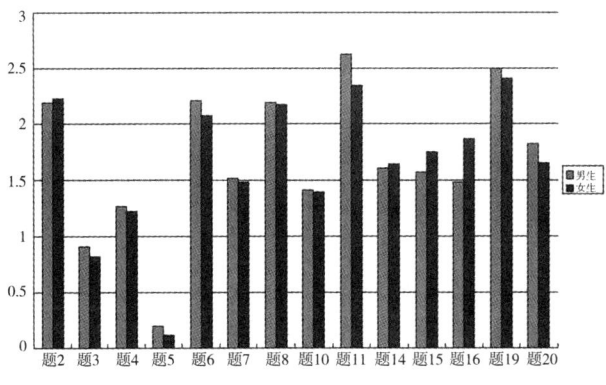

图 2 男生女生各题得分

从图 2 来看,女生在各题上得分基本都低于男生,只有题 16、题 15 和题 14 较明显地高于男生,说明女生更喜欢进行看中文电影和阅读中文书籍类安静的活动。题 2 女生略高于男生,表明女生在课堂上与教师的配合度略高。

2.2 年级组差异

四年级平均分 23.5797,二年级平均分 23.575,一年级平均分 22.6,经独立样本 T 检验,四年级和一年级之间存在显著差异,但二年级跟一年级,二年级跟四年级之间差异不显著。

此数据显示,当时间够长时,学习者主动利用目的语环境的水平相对更高。这说明学习时间及相应产生的语言水平对学习者充分利用目的语环境有积极作用。只不过时间差异较小时,利用水平的差异也不明显。

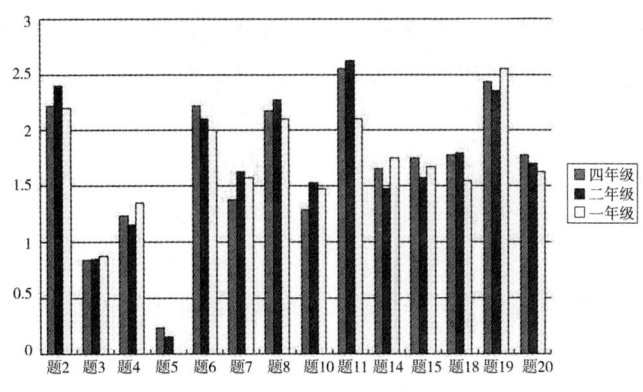

图3 不同年级各题得分

从图3来看,四年级得分最高的共四项,分别是题5,题6,题15,题20。即四年级同学课外较多与非本国人在一起,更多与非本国人用汉语交谈,阅读中文书籍较多,对自己汉语水平进步更为满意。

而二年级得分领先的有6项,分别为题2,题7,题8,题10,题11,题16。

这表明二年级同学课堂上更为积极,跟中国朋友交往更多,响应学院活动更积极,更多使用中文网络,花更多时间看中文电影。从这些表现来看,二年级同学可能出于团体学习氛围的影响,在利用目的语环境的积极性、主动性方面不逊于四年级同学。

有趣的是,一年级得分领先的也有四项,分别是题3,题4,题14,题19。

题3差距很小,可忽略,题4和题19表明一年级同学由于能够把所学内容应用到外出的简单交际中,所获满足感最强。

2.3 性格组别差异

至于性格,由于大部分同学填写的是有时外向有时内向,填写外向的仅15名,填写内向的仅22名,经检验,性格组间无显著差异(sig值为0.152)。但外向者的平均得分绝对值高于内向者。

表5 性格差异不显著

Group Statistics

	性格	N	Mean	Std. Deviation	Std. Error Mean
总得分	内向	22	21.6818	3.61724	0.77120
	外向	15	23.8000	6.29285	1.62481

2.4 高分组与低分组差异

在所有的被试当中,最高得分为 35 分,最低得分为 12 分。

由于 148 人的 25% 为 37 人,故高分组 37 人按得分排列均得分 26 分以上。其中四年级同学 24 人(占 64.8%),二年级同学 10 人(占 27.1%),一年级 3 人(占 8.1%)。全体被试中,高分组在各年级人数占比分别是四年级 46.65%,二年级 27%,一年级 26.35%,将两组百分比作个比较可以看出,四年级的高分者远远高于一年级。

低分组 37 人,按得分排列均低于 21 分。其中四年级 19 人(占 51.35%),二年级 7 人(占 18.92%),一年级 11 人(占 29.73%),跟总体人数占比相较,二年级低分者最少。

根据 SPSS 分析总得分与各分项的相关系数,按降序列表如下[①]:

表 6 总得分与各分项相关系数

题号	项目	Pearson 相关系数	sig 值
题 7	交中国朋友	0.566**	0.000
题 11	上中文网	0.561**	0.000
题 19	外出完成交流任务	0.519**	0.000
题 20	对进步满意程度	0.505**	0.000
题 3	课堂用母语交流	0.489**	0.000
题 2	课堂主动回答问题	0.460*	0.000
题 15	所阅读书籍种类	0.449*	0.000
题 6	课外用汉语交谈	0.440**	0.000
题 14	看中文书	0.431**	0.000
题 10	参与学校活动	0.431**	0.000
题 4	汉语交际能力评价	0.387**	0.000
题 16	看中文电影周均时长	0.294**	0.000
题 5	课外交往对象	0.279**	0.001
题 8	与中国人交往方式	0.249*	0.002

从表 6 数据可以看出,跟中国人交朋友以及使用中文网络相关度最高,对利用目的语环境来说最有效率。

而当分别统计高分组与低分组内部数据时,发现高分者在读中文书(0.521)和课外交往对象(0.462)的表现与得分相关度最高,这说明高分者较自觉地回避

---

① 表六中第一个数值为 peason 相关系数,第二个数值为 sig 值。

与本国人的过多交往,且有意识更多地阅读中文书籍。相应地,低分者在使用中文网络(0.546)、参与学校活动(0.429)及课外用汉语交谈(0.425)三项与得分相关度最高,因此对低分者来说,鼓励他们多使用中文网络,勇敢参与学校活动,还有课外多找机会用汉语跟非本国人交谈,对他们的汉语学习与进步有积极的促进作用。

那么问卷高分组和低分组的被试在学业及实际汉语水平方面到底表现如何呢,两者是否有正相关的关系?

研究者参照了被试最近的毕业考试(四年级)与升级考试(二年级)成绩,并访谈了了解学生情况的相关教师,结果显示,在此类水平测试中,高分组学生多数排名在前一半范围内,处于中上水平,而低分组学生排名多数在后一半范围内。当然,其中也有一些不吻合的情况。如四年级有三名女生考试成绩很靠前,但问卷得分较低。据任课教师反映,这几位同学比较注重教材内容的学习,而实际沟通表达能力不突出。至于一年级学生,由于学习时间不是很长,所学内容有限,汉语水平差距不是很大,但任课教师反映有些低分组学生确实存在个性比较害羞,基础稍弱,学习态度不够积极等各种不同程度的问题。

四、讨论

在被试对开放式问题的回答中,几乎所有人都肯定了目的语环境的重要性,肯定与母语者交流、融入目的语社会环境是语言习得不可欠缺的过程,但值得玩味的是,有好几个低分者回答时埋怨所处小环境不好,即太多马来学生聚集在一起,课上课下都处在马来语的环境当中。另外还有低分者认为,跟中国人聊天很无聊,因为话题总是重复的。由此可以看出,所有学习者在认知上都明白应该充分利用目的语环境,可是究竟能否把此意识变成行动,是决定其成败的重要因素。低分者一般处于消极被动的状态,可能既缺乏行动的决心,也缺乏适当的技巧。有的得分中等的四年级学生则表示后悔没能好好利用目的语环境,以弥补课堂学习的不足。如果这些学生能够得到教师的指导和推动,他们的表现应该会有所进步。

高分者一般会比较有意识地付诸行动,他们喜欢模仿北京人说话,喜欢认识新朋友,并且利用各种运动娱乐形式和中国学生、其他国家的留学生练习汉语,他们认为在这样的状态下语言压力小,而且感觉比在课堂学到的多。有些学生认为看电视节目对提高汉语水平很有帮助。还有一些学生在回答时举出了他们所羡慕的朋友的例子,见证到他们因为跟母语者的顺利交往,汉语水平进步很快。

使用中文网络既是马来学生得分最高的一项,也是利用目的语环境最有效率的一项,教师应当利用年轻人依赖网络的特点,多设计一些运用网络完成的学习任务,鼓励学习者广泛地涉猎中文网络信息,沉浸在真实的现代中文语言环境中。而跟中国朋友的交往也是造成得分高低差异的主要项目,低分者往往没有中国朋友,因此教师多设计一些要求与母语者交流完成的练习让学生去完成,并在学校多多组织中外学生交流活动,给他们提供接触母语者的机会。被试在回答中提到外出时没有其他办法只好自己用汉语去完成购物、砍价、问路等交际任务,对他们自己的锻炼很大。教师也可以充分利用适度的压力要求学生完成一些需要跟陌生人交流的语言任务。只要学习者有了成功的经验,就能提高他们参与的积极性。北外每学期都会组织多次在京和赴外地的游学旅行活动,深受学生们欢迎,也是他们加深对中国社会与文化深入了解的好机会。除此以外,给学生推荐适合的中文书籍以供阅读,指定电影欣赏后共同讨论,都是鼓励、推动学生的好方法。

　　本研究的148名研究对象总体上是比较优秀的学习群体,因此他们的表现基本上是令人欣慰的,但也有让人遗憾的一面,不少学习者仍然囿于小团体,未能积极地利用目的语环境,使其汉语习得达到最佳效果。作为教学者,如何通过精心安排和设计来引导学生更好地融入汉语言环境,始终是值得深入思考的问题。

参考文献

　　[1]陈晓桦.目的语环境中有效课外汉语学习研究[J].云南师范大学学报(对外汉语教学与研究版),2007(1):30—35

　　[2]孟国,论目的语环境中的汉语习得,不同环境下的汉语教学探索[C],外语教学与研究出版社,2009

　　[3]仇鑫奕,目的语环境优势与对外汉语教学的新思路[M],世界图书出版公司,2011

　　[4]沙宗元.课外语言环境对留学生汉语习得的作用和影响[J].合肥师范学院学报,2009,27(4):106—110

　　[5]张崇富.语言环境与第二语言获得[J].世界汉语教学,1999.

　　[6]Spolsky,B. Conditions for Second Language Learning, Oxford University Press. 1989.

　　[7]Ellis, R. The Study of Second Language Acquisition.［M］. Oxford: OxfordUniversity Press.上海外语教育出版社,1999:215—228

对外汉语教学中韩汉翻译课相关因素分析及教学设计

万玉波

[内容摘要] 本文首先考察了对外汉语教学中影响韩汉翻译课教学效果的几个相关因素,即学习者特点、教学者特点、教学目标设定和教材及科研现状。接着针对目前存在的问题,依托笔者在北京外国语大学对外汉语系四年级开设的韩汉翻译课教学实践,提出了韩汉翻译课的教学设想,就导入、讲解、操练、检测等几个教学步骤进行了阐述,提倡以"归化"为翻译原则,优先导入汉语思维,进行开放性教学,引导学生在自身汉语水平条件下进行翻译,从而实现顺利沟通的翻译目标。

[关键词] 韩汉翻译课　学习者　教学者　教学目标　教材　教学设想

Abstract

This essay firstly studied several elements that affects the effects of translation courses in teaching Chinese as a foreign language, including characteristic of learners, characteristic of teachers, settings of teaching goal, teaching materials, and situation of the current research. Secondly, aiming at the present problems, the author proposes the teaching design that based on the practice of senior year's Korean and Chinese translation courses of foreign language department of Beijing Foreign Studies University. And it contains teaching procedures such as introduction, explanation, practice and assessment. Setting naturalization as the translation principle, through introducing Chinese thinking to guide students to translate smoothly according to their current Chinese level

Keywords: Korean-Chinese translation courses, learners, teachers, teaching goals, teaching material, teaching design

听说读写译是外语学习必经的几个阶段,其中翻译是最后一个阶段,也是外语学习者在整个学习过中最难掌握的一个阶段。在对外汉语教学的课堂中,对于韩国留学生们来说,韩汉翻译是他们汉语学习的一个大难题。在笔者从教过程中,学生们往往反映这门课很难学,学习起来压力很大,但是学习效果却并不显著。这一结果的产生有很多因素,既有学习者的汉语水平问题,又有教材的适应性问题,也与教学模式也有着重要的关联。那么,作为翻译课的组织者,该如何上好这门课,以合理的教学模式,化繁为简,让韩国的留学生们较为容易地掌握韩汉翻译的基本原则,在现有的汉语水平基础上,应对多种类型的文体翻译呢?本文将结合笔者在北京外国语大学中文学院对外汉语系教授四年级韩汉翻译课的教学实践,在考察目前的学生、教师、学习目标、教材等因素的基础上,就对外汉语教学中的韩汉翻译课程的课堂教学模式做一个初步的探讨,希望不断改进授课方式,提升学生的学习效果。

一、对外汉语教学中的韩汉翻译课程相关因素分析

在解决授课模式之前,本文先来分析一下对外汉语教学过程中韩汉翻译课涉及的几个因素,即学习者、教学者、学习目标设定、教材等几个因素。

1. 学习者特点

(1)目的语语言能力有限

对外汉语课堂上韩汉翻译课程的学习者为韩国留学生,由于该课程一般开设在大学四年级,因此,学习者都经过了3年以上的汉语学习,具有一定的汉语基础和表达能力,但是与中国人的表达能力相比,想去甚远,不具有可比性。几乎不能将可以完全理解的韩语翻译成完全正确的汉语。他们汉语词汇和句法的表达都在一定程度上受限。因此,在指导翻译的过程中,要适当降低目的语的表达难度。

(2)存在畏难情绪

由于四年级的韩国留学生汉语水平受限,因此学生们普遍存在畏难情绪,在进入篇章翻译,甚至是短语或词汇的翻译时,都会担心译错,进而不愿尝试。因此,在课堂上给予学生适当的准备时间和以组为单位的翻译实践更易让学生接受。

(3)水平差异明显

由于学习者经过了3年以上的学习经历,因此,同伴之间的水平差异十分明显,各自能够把握的汉语句子难易度差别很大,不能以一刀切的方式进行教学。而且如果在课堂上进行非指定性的提问,那么水平低的学生将失去发言的机会。因此,从这一点来讲,教学要考虑到学生的差异,课堂操练要以小组为单位进行,这样可以让每一个进入课堂学生能够有所收获,也能实现小组内部的相互学习和交流。

2. 教学者特点

(1)教师差异

教授韩汉翻译课程的教学者有两种可能,一种是韩国教师,一种是中国教师。两者均存在一定的优势和劣势。韩国教师对韩语的理解准确,往往是专业汉语学习者,能从学习汉语的角度出发进行授课,但是输出语——汉语的表达方式有局限。中国教师分为以朝鲜语为母语的朝鲜族教师,和以汉语为母语的非朝鲜族教师。这两类中国教师对韩语的理解部分受限,表达能力强。但是如果教师不是对外汉语专业出身,则缺乏汉语的传授技能。在对外汉语的课堂上,韩汉翻译课更多地是教授学生汉语的表达,因此,中国教师在具备了对外汉语教学技能的基础上更适合讲授该课程。

但是,正因为中国教师具有得天独厚的语言表达优势,他们往往在翻译中过于粉饰译语,这是必须剔除的弊病。应以尊重原文,以教学对象的表达能力为前提进行教学,这样才能让学生听得懂,学得会。

(2)科研不足

另外,韩汉翻译领域的研究不足,在王丽娜的"国内韩语研究的历史、现状及启示"一文中提到,在1980—2011年有关韩语研究的所有论文中,只在2009—2011年研究的高峰期有过一篇关于翻译研究的论文在核心期刊上发表。[①] 由此可见,深入的高水平的研究不足,整个教师团队的韩汉翻译研究有待增强。因此也就缺乏较为成形的教学法,这一教学领域的研究亟待加强。

3.学习目标设定

翻译常常提到的三个表达层次是"信"、"达"、"雅",如果是将外语译成母语,那么译者基本具备对自己母语的评判能力,可以在这三个层次上下功夫。但是,对韩国留学生而言,目的语为外语,译者本身还是个学习者,基本不具备对汉语的评判能力。另外,学生学习汉语的目的多为应用,而非研究。学习目标一般为在实际应用中实现沟通。那么在目标导向之下,完成大于完美。鉴于此,本文将韩国留学生在韩汉翻译课上的学习目标设定为:在个人现有汉语水平基础上,用汉语基本正确、通顺地表达原文。能直译的时候,首选直译的办法,受中韩表达差异影响,或者个人能力所限,无法直译时,选择个人能够把握的意译方式。当出现文化差异时,以选择"归化"目的语文化为原则。

这里目标的界定,分为三个层次的内容。

第一,反复提到了个人表达能力的问题。本文认为,学生经过三年的汉语学

---

① 王丽娜.国内韩语研究的历史、现状及启示.中国电力教育,2014年第26期(总第321期)

习,其汉语水平差异很大,无法实现全班同一水准的表达,因此,不能拔苗助长,不能强行灌输高难词汇或表达方式。应让学生在了解文意之后,在个人的词库里选词表达,这样更具有可行性。这就与汉语课的教学存在一定差异,汉语课会面向全体学生讲授新知,而翻译课是相同的韩语原文,学生们可以各自寻找到自己力所能及的表达方式,同时也可以量力而行地学习新知。这种定位会降低学生的学习压力,给予学生一定的成就感,也会让学生拾级而上,渐进提升。

第二,在直译和意译的问题上,本文建议直译优先,意译尚可的方案。因为,在韩国留学生翻译的过程中,第一反应往往是与韩语原文对应的直译汉语,这可以让学生较为顺利地输出目的语。但是如果无法完成,则降低表达难度,鼓励学生简单意译。但前提是直译的句子必须是他本人能够把握,符合汉语句法和表达方式的。

第三,异化与归化原则的选择。异化与归化是处理翻译中源语与目的语之间的文化差异时出现的两种不同观点。归化和异化这对翻译术语是由美国著名翻译理论学家劳伦斯·韦努蒂(Lawrence Venuti)于1995年在《译者的隐身》中提出来的。归化是要把源语本土化,以目标或者译文的读者为归宿,采取目标语读者所习惯的表达方式来传达原文的内容。归化翻译要求译者向目的语的读者靠拢,译者必须像本国作者那样说话,原作者要想和读者直接对话,译作必须变成地道的本国语言。异化是译者尽可能不去打扰作者,让读者向作者靠拢。在翻译上迁就外来文化的语言特点,吸纳外语表达方式,要求译者向作者靠拢,采取相应于作者所使用的源语表达方式。[1]

作为翻译的两种策略,对于韩国学生来说,异化往往是他们在翻译中自然呈现一种翻译状态,即常常翻译出韩式的汉语,这一点正是我们在课堂上要致力于改善的问题。韩汉翻译课程属于汉语教学课程之一,目的是向学生传授正确的汉语,因此,反复强调"归化"的翻译策略十分必要。可以在课堂的导入环节,直接导入一些汉语的常见功能表达,把课堂上即将出现的译语预置在学生的头脑中,产生较为深刻的对译线索。

因此,本人认为异化适合于中国人翻译韩语,不适合韩国人翻译汉语。韩国学生做韩汉翻译时,我们的学习目标应是务实的,以能实现沟通为目标,以能够正确表达为手段。过高的要求不适合目的语为非母语者的学习,不具有操作性。

4. 韩汉翻译教材现状

针对目前的韩汉翻译教材现状,申慧淑在2013年的统计给出了很好的总结和分类。如金海月、全香兰编著的《韩汉翻译实践》和《韩汉翻译技巧》,以语篇为纲,课后练习辅以词汇、句子翻译技巧说明;张敏等编著的《韩中翻译教程》,李玉华等

---

[1] http://baike.so.com/doc/6299087.html

编著的《韩汉互译教程》,以不同文体为模块,在课后融入翻译理论和技巧,主要针对中国大学韩语系学生设计。陈宏等编著的《韩汉翻译教程》,以各种体裁的语篇为学习单位,以功能为纲,每课解决3—4个功能项目;李龙海等编著的《韩汉翻译教程》,以理论为纲,在理论知识和技巧说明铺垫后,进行例举分析巩固,针对中国大学生设计。柳英绿的《韩汉翻译基础》把重点放在了结构和语义的对应关系上,从而归纳出科学合理的翻译规律。申慧淑认为现行教材存在多种问题,如层次单一,对句子的分析和针对性练习少;理论多,实践少;没有按照循序渐进的原则编写等。①

以上这些教材编写各有侧重,给出了编写者不同的教学理念,尤其是在对外汉语教学视角下的教材编写可以说是一些非常积极的尝试。但是,翻译课程不同于从初级教起的汉语课程,课文一般并非编写者编写而成。若是为了教授翻译而编写原文则显得本末倒置了。在教材的编写中,我们不得不正视的问题是:第一,翻译他人话语,我们无法预设他人话语,也无法让一个非语言专业的人按照语言级别来讲话或者写文章。因而,如有意地按照循序渐进的方式,由易到难地安排语言点及语言功能,对译文原文进行编写,则违背了语言表达的真实性。而且,源语难不难其实并不是问题,对于韩国学生来说,他们对韩语的理解本不需要用级别来划分。第二,我们希望尽可能穷尽式地向学生展示高频度韩语表达的对译情况,进而解决常用语对译,可是仅靠一些现有的真实篇章,确实又无法囊括常见语言点。

目前的教材,或者是强调句法对应关系,或者是强调功能的定向表达,或者是从不同语篇中总结出技巧进行传授,这些都偏向于教,忽视了学生在综合能力具备情况下的自身产出。

面对这样的问题,本文认为,第一,教材不必过于简单化,或者特意循序渐进地编写。第二,为了使教材更多地覆盖常用的韩语表达法,可以尝试着将韩国的TOPIK考试②篇章作为教材的补充语料。因为这一考试作为能力测试,覆盖的语言点较为广泛,同时,是最为标准的韩语表达方式,并且与社会的全面发展息息相关,对学生来说真实全面,十分有益。

---

① 申慧淑. 对外汉语教学中韩汉翻译教材的编写原则. 首都师范大学学报(社会科学版),2013年增刊

② 韩国语能力考试是韩国教育部主办的旨在测评外国学生韩国语学习水平、为外国人在韩国学习就业提供语言能力评估的考试。http://baike.baidu.com/link?url=Zsj13tQqnqMHcKyduVqtdqCsadLr GdHE2VcLvqT4qKdfmOSc71v7UAUcNwmRDgGyAlNYovoTgzaktVZKhqRv_

二、对外汉语教学中韩汉翻译课教学流程构建

前文对影响韩汉翻译课的几个相关因素进行了分析,那么如何能够在现有的条件下,做好韩国学生韩汉翻译课的教学呢?本文结合近几年笔者在北京外国语大学教授四年级韩汉课的一些教学实践,针对韩汉翻译课的课堂教学流程构建提出以下的设想。

(1)汉语导入

在每节课的导入环节,如果从看韩语原文开始,学生会马上进入韩语的思维状态,句子会倾向为韩式表达。因此,可以根据每课的学习内容先行导入一些相关的汉语语篇或者是相关的句子,同时,这些句子应为使用频度高的汉语表达方式。这可以让学生首先进入汉语的思维状态,同时建立起一个相关表达的汉语小语库。如自我介绍、邀请函、致辞的开头和结尾、邮件的开头和结尾、评论常用的句子等等,这些语言比较自然生动,会避免接下来出现的因直译韩语而导致汉语句子晦涩的情况。导入所占的时间应控制在5—10分钟。

(2)篇章讲解

导入之后向学生讲解某个功能或者类型的文章时,教师讲解涵盖该篇的一半,或者是两篇同类文章中的一篇,剩余部分则留作学生课堂操练使用。

讲解的第一步为默译。教师要求学生阅读全篇,然后试着默译,在默译过程中遇到障碍时,要求学生进行标记。这会减小学生的心理压力,即教师容忍学生不会,同时也会关注学生遇到的问题,在接下来的讲解中,会有所侧重。教师也会要求学生特别关注自己标记部分教师所给出来的解决方案,增加学生对课堂的关注度。

第二步为详细讲解。讲解中会涵盖词语搭配、句法对比、文化背景对比等相关内容。并且将一些重点的韩汉双语差异及对译方法作为小结性内容凸显出来。

第三步为试译。在每一个整句讲解完成之后,教师与学生一起试译。此时的试译,对学生而言,难度已经大大降低。因为句子中所有的词汇和句法使用,乃至涉及的文化差异,教师已经讲解完毕,句子的状态就如一颗颗散落的珍珠,学生将其穿起即可。

第四步为展示。教师在与学生共同试译之后,将较为完整的句子在PPT上进行展示,让学生们再次确认完整的表达,彻底解决对译问题。

第五步为拓展。在一个句子对译完成后,教师会再次启发学生寻找其他译法。这种做法的效果在授课初期反应并不明显,学生的思维往往会固化在源语或者唯一对译的可能之中。但是,随着教师的不断启发,以及一个句子三四种翻译方案的

展示,学生的思维会逐渐活跃起来。这种训练,对于接下来即将进行的分组操练是一个良好的铺垫,只有学生的思维处在开放的状态,消除了畏难情绪,才能在自身的语库中不断进行选择整合,做出自身能够掌握的译文,从而提升韩汉对译的能力。经过一至两个学期的训练之后,学生们对多种译文的鉴赏能力也会增强。

这一环节是精讲环节,主要完成基础对译的展示和讲解,并辅以翻译技巧的传授。教师需认真备课,了解学生的汉语水平,为学生提供简单易懂的翻译方法,逐渐普及常用的词语搭配,或者常用语句,为学生创建一个由短语及常用句子构成的语料库。

(3)集体任务——课堂分组操练

在向学生展示了部分课文讲解之后,教师开始向学生布置课堂上的集体任务,即分组完成教师分配的句子。一组由 2—4 位同学组成,根据课堂参与人数,将有 4—5 组同学在课堂上同时完成句子。在完成任务之前,教师将向学生明确指出,不要求句子表达完美,只需在各自能力范围内,实现有效沟通即可。学生们可以查词典,可以互相讨论,可以向教师请教。而教师此刻则在各组之间反复查看完成情况,并根据学生的翻译加以调整完善。一般一个操练任务,教师会给出 10—15 分钟时间,规定时间完成后,每组需派代表发言,陈述本组的翻译。然后,教师进行二次整理,并给出参考译文。这样的操练,一个课时可以完成两轮,大约与教师一个课时讲解的课文长度相当。但是与教师本人直接讲解的效果却差别很大,学生的翻译能力提升较快。

这种教学方法受到了任务型教学法的启发,旨在鼓励学生在多人合作的基础上,互相取长补短,共同完成任务。一般传统的提问方式是由单人完成句子翻译,往往学生压力大,课堂气氛压抑,甚至导致一部分学生的注意力脱离课堂。当采用合作完成的方式时,任务难度大大降低,即便是水平低的学生,也可以借助集体的力量完成任务,进而获得代表本组发言的机会。这不仅有助于全体学生关注课堂活动,还能激发学生学习的积极性,让他们的思维更加活跃,即便自己语言水平不高,也能用现有水平完成句子,并获得翻译课的成就感。

(4)个人任务——课后翻译作业

学生个人翻译实践和能力的提升由于受到课堂时间的限定,本文建议尽量体现在课后作业的完成和修改方面。因此,教师要求学生必须独立完成作业,以体现个人的水平,让教师了解学生目前存在汉语能力问题和学习方法方面的问题。如有的同学往往盲目查词典,不考虑词汇在特定句子中的具体含义,随意从词典中摘抄使用;有的学生对韩汉语序差异掌握不牢,无法完成语序合理的汉语句子。有的同学在词语搭配方面需要提升等等。教师可以通过个人作业批改给予个性化的修正和辅导,帮助学生实现个性化的提升。

(5)自我检测

学生在学习了一篇文章的翻译之后,往往不知道如何判断自己是否已经掌握了所学的内容,有时候笔记上和书上记录了很多新知识,在韩语课文的上下缝隙里认认真真地写下了很多对译内容。翻开书本时,内容繁多,工工整整,貌似掌握,但是从中拿出一段来测试,又觉得无从下手。

因此,良好的自我检测环节是十分必要的。教师应教会学生自我检测的方法,即要求学生做笔记,但不得在韩语课文中记录任何汉语对译内容。复习时,应以对照纯韩文文本,可以翻译出汉语句子为准。让韩汉对译在学生的大脑中生根,让他们学会用眼睛切分、组合句子。如果只是要求学生背诵教师给出的参考译文,则翻译课的讲授将失去意义。

另外,随着信息技术的发展,自我检测时可以利用手机录音、微信发送信息等方式辅助学习。如可以鼓励学生在复习时,进行翻译录音实践,即对照韩文文本,直接口译成汉语,并用手机录音。然后对照参考译文,播放自己的录音,查找问题,并进行改正。遇到困难时,也可以通过微信,将录音发送给教师,教师帮助学生进一步改正。这样的反复训练和检测可以让学生敢于面对韩文文本,也能在头脑中不断深化基础对译知识,最终实现翻译水平的提升。

结　论

简言之,韩汉翻译课作为对外汉语教学科目之一,其目的是让学生产出正确的汉语表达。学生在理解韩国语原文时一般不存在问题,也不存在对源语级别的有意识划分。但是学生自身的能力存在一定的差异,也都或多或少地存在汉语语言体系各个层面的表达缺陷。因此,引导各个水平阶段的学生学会掌握适合自身能力的表达方法更具有实际意义。即,韩汉翻译课无需在源语的语言级别上过多探讨,但却要在产出的目的语上做文章。教师应在课堂上多引入汉语思维,并进行放性指导。应通过分组合作的方式,降低课堂操练难度。同时应给出不同级别的多种对译句子,让汉语水平差异明显的学生也能有所适从。最后,通过作业和自我检测,不断提升学生的翻译水平。

由于能力有限,本文仅探讨了影响翻译课中教学效果的几个相关的因素,并不全面。授课流程的设想也仅仅源自笔者的授课实践和资料查阅,仍需进一步研究和打磨。希望能有越来越多的学者关注对外汉语教学中韩汉翻译课的教学,研发出更加有效的授课模式,提升翻译课的教学效果。

参考文献

[1]王丽娜.国内韩语研究的历史、现状及启示.中国电力教育,2014年第26期(总第321期)

[2]申慧淑.对外汉语教学中韩汉翻译教材的编写原则.首都师范大学学报(社会科学版),2013年增刊

[3]http://baike.so.com/doc/6299087.html

[4]http://baike.baidu.com/link?url=Zsj13tQqnqMHcKyduVqtdqCsadLr_GdHE2VcLvqT4qKdfmOSc71v7UAUcNwmRDgGyAlNYovoTgzaktVZKhqRv_

新旧 HSK 大纲相对程度副词比较①
——兼谈《博雅汉语》教材中相对程度副词的编排

王波

[内容摘要]《汉语水平词汇与汉字等级大纲》(简称"旧大纲")出版于1992年,修订于2001年,它为我国汉语水平考试的开发和教材编写提供了依据和规范。自2009年开始,《新汉语水平考试大纲一级》到《新汉语水平考试大纲六级》(简称"新大纲")由商务印书馆陆续出版。新 HSK 增加了考试等级,扩大了考试的覆盖面,确定了具体的词汇量。本研究以旧大纲和新大纲中的相对程度副词为考察对象,结合程度副词在《博雅汉语》教材中的编排进行比较,以期为留学生程度副词的教学提供参考。

[关键词] HSK 大纲 程度副词 教材

一、程度副词的研究现状及其分类

程度副词主要的句法功能是位于中心语前面充当状语,表示某种性质或状态所达到的程度,有些程度副词比如"很、极了、死了"也可以在谓语中心词后面充当补语。虽然程度副词相对封闭,在基本语义和语法功能上有相似之处,但这些词所表示的程度量不同,组合功能和用法也有所差异,因此不同学者有不同分类。

汉语本体研究方面,王力先生从意义入手,兼顾功能,从比较的角度将程度副词分为相对和绝对两类。马真(1988)在此分类基础上,又将程度副词分为程度深和程度浅两类。在后来的研究著述中,也多将程度副词分为绝对和相对两类。张桂宾(1997)设计了五种句式对程度副词的归属进行判断,总结出两大类四个量级

---

① 本文为北京外国语大学校级自选课题项目"基于中介语料库的程度范畴表达方式研究"(项目编号:2013JJ015)的阶段性成果

共八小类：相对程度副词包括最高级、更高级、比较级、较低级；绝对程度副词包括超高级、极高级、次高级、较低级。张斌、张谊生(2000)将程度副词分为客观程度副词和主观程度副词。客观程度副词客观、单纯地表示程度义，比如：很、更、极、最、稍、极其、非常、特别、更加、十分、相当、比较、稍微、略微等。主观程度副词在表示程度义的同时，还带有或强或弱的主观感情色彩，包括：太、愈、好、多、越发、愈加、多么等。

在程度副词的教学方面，周小兵(2002)提出应分为绝对程度副词和相对程度副词两大类进行。前者不用于比较，后者如"最、顶、更、稍微"等用于比较，其中"最、顶"用于多项比较，"更、稍微"用于双向比较。张亚军(2003)依据能否用于"比"字结构及能否用于特指问句两条标准，将程度副词分为三小类：(1)"更"类，带有强烈的差比意味，能出现于"X比Y[ ]Z"结构中，主要包括"更(更加)、越发、稍、稍微"等。(2)"最"类，不能出现于"比"字结构中，但能出现于含特指疑问代词的问句，主要包括"最、顶、比较、较为"等。(3)"很"类，不能出现于上述两种格式中的程度副词，主要包括"太、过、过于、极(极其、极为、极度)、非常、很、相当、十分、格外、分外、特别、尤其、有点儿、有些、挺、怪、颇、死"等。

肖奚强(2003)按语义差别将程度副词分为绝对和相对两类，并且认为相对程度副词在表示的程度上也存在一个等级系列："稍(微)、略(微)、稍稍、略略"表示的程度最低，"比(较)"比之稍高，"更(加)、还(要)、越发、愈加"更高，"顶、最"最高。相对程度副可以为分为两类：能用于比字句的，比如：稍、稍微、略微、更、更加、愈；不能用于比字句的比如：较、比较、最、顶。张谊生(2014)又从句法功能出发，辅以意义标准，将副词的分类修订为描摹型副词、限定性副词和评注性副词三大类，其中限定性副词又分为八小类。

近些年汉语教学方面关于程度副词的研究大多是基于语料库的，以"太"、"很"的研究居多。肖奚强(2008)系统分析了程度副词偏误的几种类型，对使用频率较高的几个主要程度副词进行了个案考察。也有国别化研究，比如对日本(吴思娜)、韩国(金宗镐)、美国(张洁琳)留学生程度副词偏误的分析。

二、新旧大纲中的相对程度副词

2.1 新旧HSK大纲中的程度副词

新HSK大纲1—6册中一共有5000个词，我们从中提取副词230个，再对这些副词进行筛选，确定了27个程度副词，按照级别列为下表

表1　新大纲副词表

序号	副词	新大纲级别	序号	副词	新大纲级别	序号	副词	新大纲级别
1	很	1	10	多么	3	19	好	5
2	太	1	11	更	3	20	相当	5
3	最	2	12	比较	3	21	格外	5
4	非常	2	13	极其	4	22	过于	6
5	极	3	14	稍微	4	23	略微	6
6	几乎	3	15	十分	4	24	颇	6
7	特别	3	16	挺	4	25	万分	6
8	越	3	17	尤其	4	26	顶	6
9	多	3	18	更加	5	27	愈	6

由于旧大纲对程度副词的次类没有进一步标注,因此研究者对副词的分类不尽相同。吴娟娟(2007)统计出程度副词32个(表2A)。杨德峰(2008)根据《汉语水平词汇与汉字等级大纲》(修订本)将337个副词逐个归类,统计出程度副词31个(表2B)。

表2　旧大纲程度副词表A

等级	程度副词	数量
甲	比较、多、多么、非常、还、更、很、十分、好、太、挺、最	12
乙	不大、更加、极、极其、较、稍、稍微、有点儿	8
丙	顶、怪、格外、万分、有一些	5
丁	分外、过于、何等、极度、略微、颇、愈	7

表3　旧大纲程度副词表B

等级	程度副词	数量
甲	比较、非常、更、很、十分、太、挺、最、尤其	9
乙	不大、更加、好、极、极其、较、稍、稍微、特别、有点儿	10
丙	顶、怪、过、格外、万分、有一些	6
丁	分外、过于、极度、略微、颇、愈	6

比较后发现,上述统计在数量和归类上有细微的差别:

(1)吴将"多、多么、还"归为程度副词,而杨都归纳为语气副词。本文认为"还"的主要语义虽然不是表示程度,但是在中高级阶段因"程度义"引起的偏误较多,前者的观点似乎更为妥当。但是新旧HSK大纲都没有对"还"的各个义项进行具体标注和分级,无法定位其等级,故暂不做考虑。

(2)吴文认为"过"在现代汉语中基本不被用作程度副词,因此被剔除掉,而杨文将"过"统计在内,本文暂未列入。

(3)《汉语水平词汇与汉字等级大纲》(修订本)中增加了"尤其"和"特别",删减了"何等",从常用性考虑,本文将"尤其"和"特别"考虑在内。

我们重新确认了旧大纲中的程度副词,并将其与新大纲进行了比较:

表4 新旧HSK大纲程度副词对照表

序号	副词	新大纲级别	旧大纲级别	序号	副词	新大纲级别	旧大纲级别	序号	副词	新大纲级别	旧大纲级别
1	很	1	甲	13	更加	5	乙	26	顶	6	丙
2	太	1	甲	14	好	5	乙	27	怪	/	丙
3	最	2	甲	15	极	3	乙	28	过	/	丙
4	非常	2	甲	16	极其	4	乙	29	格外	5	丙
5	十分	4	甲	17	较	/	乙	30	万分	6	丙
6	更	3	甲	18	稍	/	乙	31	有些	/	丙
7	挺	4	甲	19	稍微	4	乙	32	分外	/	丁
8	尤其	4	甲	20	特别	3	乙	33	过于	6	丁
9	比较	3	甲	21	相当	5	乙	34	极度	/	丁
10	多	3	甲	22	有点儿	/	乙	35	略微	6	丁
11	多么	3	甲	23	越	3	乙	36	颇	/	丁
12	不大	/	乙	24	几乎	3	乙	37	愈	6	丁
				25	略	/	乙				

在对新旧大纲中的程度副词进行对照之后,我们发现这样的情况:

(1)新大纲只对1—3级进行了语法点标注,所有的词都没有标注意思,同音词也无法区分。新大纲将"几乎"、"相当"和"越"明确归为程度副词,而吴、杨两人对程度副词的选取均未包括这三个词。

(2)旧大纲中的"不大、较、稍、有点儿、怪、过、有(一)些、分外、极度"9个程度副词在新大纲中均未收纳。

(3)在级别划分上,新旧大纲也有不同之处。新大纲中"十分、挺、尤其"属于4级词汇(基础),而在旧大纲中是甲级词(入门);"顶、怪、格外、万分"旧大纲属于丙级,新大纲属于6级词汇。

新旧大纲的研发背景不同,考试理念也有一些差异,在词语的选取标准上存在差异。比如在词/非词的判定上,"不大、有点儿、有(一)些"是否入选存在分歧;语体方面,"极度、分外、较、稍、略"偏书面语,"怪、不大"偏口语,新旧大纲对这些词的取舍也不一样。我们在下面的分析中将结合汉语教材作具体分析。

2.2 新旧大纲中的相对程度副词

本文在确定研究对象时主要从留学生汉语教学和语言习得的实际出发,结合各家标准,抛繁就简,参照张桂宾、张亚军、肖奚强等学者对程度副词的分类方法来考察新旧 HSK 大纲中的程度副词的使用情况。对于新旧大纲重合的程度副词,我们不再加以甄别;"不大"、"有点儿"、"有(一)些"这些词,虽然是形式上大于词的单位,但教学时经常将其作为一个整体,本文也将其纳入研究对象;"多、多么、几乎"在新大纲中明确归为三个程度副词①,旧大纲中对副词没有做明确的再分类,综合各家说法,我们将"几乎"归为语气副词,由此确定我们的研究对象为 35 个程度副词,其中相对程度副词 13 个。相对程度副词各个等级之间的界限比较明显,教学中看似容易掌握,因此没有得到充分重视,很少见到对其进行全面研究的论著。鉴此,我们对这 13 个词进行研究,它们分别是:最、更、更加、格外、较、比较、稍、稍微、略、略微、愈、分外、顶。按照程度量幅的等级,分为四等:

表 5 相对程度副词表

类别	等级	词	旧大纲级别	新大纲级别
相对程度副词（13个）	最高级	最	甲	2
		顶	丙	6
	更高级	更	甲	3
		更加	乙	5
		格外	丙	5
		分外	丁	/
		愈	丁	6
	比较级	较	乙	/
		比较	甲	3
	较低级	稍	乙	/
		稍微	乙	4
		略	乙	/
		略微	丁	6

从以上表格可以看出,相对程度副词大多分布在 HSK 大纲的中高级;新大纲中相对程度副词的数量比较少,只有 9 个,其中"最"、"更"、"比较"是初级词汇,"稍微"是 4 级词汇,"更加、格外"是 5 级词汇,"顶、愈、略微"是 6 级词汇,"较""稍""略"和"分外"新大纲没有收录。除了数量之外,新旧大纲在相对程度副词的级别的划定方面比较统一。

---

① 《新汉语水平考试大纲　HSK 三级》

三、教材中相对程度副词的编排

以上我们分析了新旧 HSK 大纲中相对程度副词数量和等级情况。HSK 是一项国际汉语能力标准化考试,其成绩对来华留学生来说有重要作用。教材的编写以及与 HSK 大纲的结合程度会对汉语教学的开展和学生的习得起重要的作用,因此教材和大纲是否一致是教师和学生都很关注的问题。虽然每部教材和大纲并不直接挂钩,但是教材是否能体现大纲的意图需要得到进一步的验证。对外汉语副词研究大多集中在教学研究、偏误分析和习得研究,针对专门教材的副词研究很少。教材是实施教学的保障,教材中副词的数量、出现频率、整体编排对留学生汉语副词的习得有着重要的影响,对外汉语副词研究应该更好的结合教材编写才会有的放矢。本文考察了北京外国语大学中文学院汉语培训中心所使用的汉语综合课系列教材《博雅汉语》(部分修订版),共九册,这套教材使用范围比较广泛。我们梳理了教材中的程度副词和相关语法项目,对其数量以及编排进行考察,以期对 HSK 大纲在对外汉语教材编写中的落实情况进行分析,进而思考大纲中程度副词及其语法项目的设置是否完善。

3.1 教材中生词的设置

生词表对于学生的学习起着重要的指导意义,生词表中列出的词语有相应的释义和例句,能起到直接的提示作用。我们对照 HKS 新旧大纲,提取出《博雅汉语》教材全九册课文中的所有相对程度副词,这些相对程度副词一部分在生词表中有所体现,另外一部分在生词表中没有体现,两者比例为 1∶2,也就是生词表中未列出的相对程度副词比列出的多一倍。课文中首次出现的生词在该课生词表中未列出,也没有加注释,比如:非常、更、更加、多么、有些等等。此外,全九册教材中没有出现"分外、略微"两词。我们检索了 2000 万字的汉语母语者语料库,也没有"略微"一词,但新 HSK 大纲中却选入了这个词,其必要性值得考虑。我们将所有相对程度副词在《博雅汉语》全九册生词表和课文中出现的位置列为下表。

表 6 《博雅汉语》生词表中的相对程度副词

《博雅汉语》生词表中列出的相对程度副词				
序号	相对程度副词	旧大纲级别	新大纲级别	教材
1	比较	甲	4	初级Ⅰ(第11课)
2	最	甲	2	初级Ⅰ(第11课)
3	顶	丙	6	中级Ⅱ(第7课)
4	稍微	乙	4	中级Ⅱ(第12课)

续表

		《博雅汉语》生词表中未列出的相对程度副词		
1	较	乙	/	初级Ⅰ,第25课
2	更	甲	3	初级Ⅰ,第54课
3	更加	乙	5	准中级Ⅱ,第12课
4	格外	丙	5	高级Ⅱ,第8课
5	稍	乙	/	高级Ⅲ,第5课
6	愈	丁	6	高级Ⅲ,第6课
7	分外	丁	/	未出现
8	略微	丁	6	未出现

相对程度副词是重要的教学内容之一,但多数教材并没有将其作为主要语法项目进行系统安排,只是出现一个讲一个,相对零散。最值得注意的是很多相对程度副词并没有出现在生词表中,列出的只有4个,占1/3,未列出的却占到2/3,学生出现偏误或者回避的情况在所难免。

3.2 教材中涉及程度副词的语法项目

我们也对《博雅汉语》系列教材中的程度副词和相关语法项目做了考察,发现涉及程度副词的语法点和注释共20处(表7),其中涉及相对程度副词只有"比较"1个,出现在准中级教材中,其他均未涉及。

表7 《博雅汉语》系列教材中涉及程度副词的语法项目

级别	课文	序号	语法项目	旧大纲级别	新大纲级别
初级起步篇Ⅰ	6课	1	太……了	甲	1
		2	挺+adj.	甲	4
	20课	3	adj+死了	/	/
	27课	4	adj+极了	乙	3
初级起步Ⅱ	23课	5	adj得很	/	/
	30课	6	多……啊	甲	3
准中级加速Ⅰ	2课	7	尤其	甲	4
	6课	8	比较*	甲	3
	7课	9	相当	乙	5
	16课	10	adj得要命	/	/

续表

级别	课文	序号	语法项目	旧大纲级别	新大纲级别
准中级加速Ⅱ	9课	11	~不得了	/	/
	10课	12	越A,越B	乙	3
中级冲刺Ⅰ	5课	13	尤其	甲	4
高级飞翔Ⅰ	2课	14	好不	/	/
	5课	15	毫不	/	/
	10课	16	大大	/	/
高级飞翔Ⅱ	1课	17	略	乙	/
	2课	18	日渐	/	/
	3课	19	颇	丁	6
	8课	20	甚	/	/

《博雅汉语》中与相对程度副词相关的语法项目中,只有一个"比较"与HSK大纲重合,其他相对程度副词在教材中都没有体现。从上表中还反映出就整个程度副词而言,教材中存在的超纲词比较多:20个语法项目中,有9个超纲,占到45%,其中初级超纲项目2个,中级超纲项目2个,高级超纲项目5个。

3.3 教材中相对程度副词的顺序

我们以《博雅汉语》系列教材课文中首次出现的相对程度副词为准,与新旧大纲对了一些对比:

表8 新旧大纲相对程度副词对比

相对程度副词	教材	旧大纲级别	新大纲级别
比较	初级Ⅰ(第11课)	甲	4
最	初级Ⅰ(第11课)	甲	2
较	初级Ⅰ(第25课)	乙	/
更	初级Ⅰ(第54课)	甲	3
更加	准中级Ⅱ(第12课)	乙	5
顶	中级Ⅱ(第7课)	丙	6
稍微	中级Ⅱ(第12课)	乙	4
略	高级Ⅱ(第1课)	乙	/
格外	高级Ⅱ(第8课)	丙	5
稍	高级Ⅲ(第5课)	乙	/
愈	高级Ⅲ(第6课)	丁	6
分外	未出现	丁	/
略微	未出现	丁	6

从表8可以看出教材中相对程度副词的编排与旧大纲级别并不完全吻合，"顶"出现略早，"略"、"稍"出现略晚；从表7中也可以看出教材中整个与程度副词相关的语法项目编排与大纲顺序也不完全一致，"尤其"和"略"出现得也比较晚。

通过考察，我们发现《博雅汉语》系列教材中的相对程度副词与HSK大纲存在一定的差异：首先是数量不一致，教材生词表中明确列出的生词数量少于大纲的要求，而语法项目的数量又大大超出大纲的数量。其次级别不一致。教材没有严格按照大纲难度等级进行编写，超纲情况较严重。最后是顺序不一致，教材中生词以及语法项目出现的顺序都与大纲存在着差异。

四、总结

大纲是编写教材的依据，两者应该具较高程度的一致性。对《博雅汉语》中的相对程度副词进行考察之后，我们发现教材的生词和语法项目与HSK大纲存在一定的差异：语法项目的设置在数量上超过了大纲的要求，但在内容上比较零散，系统性不强，没有对程度副词这一副词小类的功能与特点成体系的介绍，也没有明确各语法功能的分级排序。这样一来老师只能凭自己的经验去理解，随意性较强，这在一定程度上会影响学生的学习效果。中高级阶段的教学中比较注重近义词的辨析，比如："比"和"比较"、"更"和"更加"、"略"、"略微"和"稍微"、"分外"和"格外"等，但是教材在近义副词的辨析上并没有进行必要的提示，这容易给学生带来困惑，进而采取回避的策略。学生仅满足于初级阶段学习的词语，不再去尝试新词和新的语法项目，其结果就是高级词汇的使用率偏低，比如"顶、愈、略微、分外"等词的用例极少，使用率大大低于汉语母语者。

除了数量之外，教材和大纲中相对程度副词的教学安排不太一致，教材中程度副词语法项目的设置需要改进，尤其是中级阶段，应对常用的程度副词的多种义项和用法进行总结概括，有系统地进行程度副词训练。教材中语法项目的设置会在很大程度上强化学生的习得，提高使用率，因此在教材的编写中应适当加入一些语法说明，在程度副词规则、限制、语体等方面加以细化。此外，在练习的编排上，也要配合语法说明增加一些练习，减少意义或用法相近的副词使用的盲目性和随意性。总之，虽然不能苛求教材完全遵循大纲，面面俱到，但在教材编写中还是应当尽量考虑与大纲的结合。

通过对比，我们发现新旧大纲的取词和级别划定差异不大，但新HSK大纲的生词没有标注词性及释义，也缺少多义词义项的区分和排序，这会给教材编写带来诸多不便，也会给教学带来一定的困扰。新大纲只在1—3级列出了语法项目，其余的级别都没有列出，这是亟待补充的。总而言之，大纲在指导教材编写方面应该起到很好的规范作用,只有本身不断完善,才能对教材具有更好的指导意义。

参考书目

[1]徐晶凝.关于程度副词的对外汉语教学,1998

[2]肖奚强.汉语中介语语法问题研究,商务印书馆,2008

[3]郑艳群.中介语中程度副词的使用情况分析,汉语学习,2006(第6期)

[4]吴娟娟.外国学生程度副词偏误分析与习得研究,南京师范大学硕士学位论文,2007

[5]张桂宾.相对程度副词与绝对程度副词,华东师范大学学报,1997,2

[6]周小兵.赵新.对外汉语教学中的副词研究,中国社会科学出版社,2002

[7]张斌,张谊生.现代汉语虚词,华东师范大学出版社,2002(1)

[8]张亚军.程度副词与比较结构,扬州大学学报,2003(3)

[9]张谊生.现代汉语副词研究(修订本),商务印书馆,2014(5)

奥地利非成人汉语课堂问题行为案例研究
——以奥地利维也纳大学孔子学院为例

王晓鸥　张红

[内容摘要]　不同于成人汉语教学,非成人汉语教学易受学生生理、心理等因素影响,教师往往需要将更多的精力和体力投入到对课堂全方位的管理上,本文选择奥地利非成人汉语课堂问题行为作为研究对象,以案例研究为主要研究方法,真实还原具有国别化特征的课堂问题行为,分类整理典型课堂问题行为表现、分析归纳成因并总结出一套切实可行的课堂问题行为预防、管理、矫正对策。

[关键词]　课堂问题行为,非成人汉语教学,案例研究,奥地利

一、奥地利非成人汉语课堂问题行为及其分类

1.1 奥地利非成人汉语课堂主要问题行为

奥地利非成人汉语课堂问题行为主要表现为:迟到、缺勤,害怕回答问题,不专心听讲,无精打采,乱写乱画,破坏他人课堂用品,擅自离开座位,追跑打闹,随便说话,大声喧哗,搞怪,开低级玩笑,挑战老师权威,忘记带书,不写作业,两面派,告状,玩手机等电子产品,吃东西、喝水、嚼口香糖,骂人,暴力倾向等。

这些课堂问题行为的产生引发了生生冲突、师生冲突甚至是师师冲突,对学生自身、教师管理以及整个非成人汉语教学的开展造成了不同程度的影响。上述课堂问题行为可以按照常规分类方法进行归纳;但由于所在国别、学生情况、课程定位等特殊因素作用,这些行为又具有自身特殊性,需要进一步根据国别化特色加以总结。因此,本文通过常规分类和特殊分类两种方法分析奥地利非成人汉语课堂问题行为,旨在对奥地利非成人汉语课堂问题行为的共性表现与个性特点进行全面、深入的探讨。

1.2 问题行为常规分类

对课堂问题行为的分类国内外学者提出了多种分类方法,本文采用较为常见的一种方法,即从问题行为的指向入手,将其分为外向性和内向性两类。外向性问题行为容易察觉,内向性问题行为一般不会影响他人学习,不易被觉察。

大部分的内向性和外向性行为情节较轻,在课堂上的出现频率较高,对个体和他人产生了一定干扰[1]。而另外一些个别问题行为如骂人、暴力倾向等较为极端,主要以外向性问题行为的形式呈现,涉及道德和品性问题,出现频率低,但对整个课堂的干扰程度较强,影响较恶劣。

1.3 问题行为特殊分类

课堂问题行为的产生不是由单一因素造成的,它既有课堂教学中的主体即学生和老师方面的原因,也有环境、家庭方面的影响,是各种问题的综合反映[2]。虽然奥地利非成人汉语课堂问题行为的主要表现在国内外其他非成人课堂上也会经常出现,但是这些课堂问题行为受到各方面特殊因素的制约又具有自身的特点。

因此,奥地利非成人汉语课堂问题行为是具有国别化特点的,对它们的分类可以从师生文化背景、非成人汉语课程设置、教师自身角色定位、具体环境因素四方面进行,进而从外部表现和内部原因中提取归纳出奥地利非成人汉语课堂问题行为的特殊性。

二、奥地利非成人汉语课堂问题行为案例分析

2.1 常规分类案例分析

2.1.1 外向性问题行为

案例一:Ebenezer[3](男,8岁,非洲裔奥地利人)能歌善舞,是汉语课上的"音乐舞蹈小老师"。但是他经常打断老师上课,未经允许便邀请周围同学一起学唱新歌,还自行跑到讲台上乱按CD播放机,试图播放歌曲。

学生自身因素是导致课堂问题行为最为直接的内因,也是最根本的原因[4]。Ebenezer性格活泼好动,但自我控制能力相对较低,老师的初衷是想充分发挥每个孩子的优势与特长,但并没有事先说明"学生老师"这一角色的具体要求和任职规则,在实际执行过程中没有强化职责,导致学生过度投入角色扮演,产生干扰课堂

---

[1] 李莹、彭秀芳(2005),课堂问题行为研究述评,中小学管理(10):33-36。
[2] 雷爱华(2001),论课堂问题行为,硕士学位论文。桂林:广西师范大学。
[3] 为保护学生个人隐私,以下学生姓名均为化名。
[4] 彭丽(2008),对外汉语课堂问题行为考察,硕士学位论文。北京:北京语言大学。

的问题行为。

案例二:Christoph(男,13岁,华裔)是班上年龄最大的学生,汉语水平高于其他同学,老师提问时经常抢答,完全不给其他同学说出答案的机会;听写测验时常常直接说出答案或者用德语提醒其他同学。

本案例中的学生已经步入初级中等教育阶段,该阶段的学生不再取悦老师或者同伴,而是检验并挑战权威。他把汉语水平高于所在班级的整体水平作为炫耀的资本,挑战老师的容忍度,提高自己在班内的关注度,多数情况下以轻度的自我展示为主影响课堂。

案例三:学习数字时,老师领读到20,平时学习状态一般的Fabio(男,12岁,奥地利人)突然接话道:"Arsch!"引得全班大笑。老师没有反应过来学生们大笑的原因,只好装作并不在意,并提醒Fabio不许在汉语课上说德语。

"Arsch"在德语中是屁股的意思,它的读音与"二十"非常相似,属于非常口语化且不文雅的词汇。平时状态一般的Fabio利用了发音相似、意思特别的德语词汇吸引了老师和其他同学的注意力,引发全班范围内的课堂问题行为,让当时仍在学习标准初级德语的任课老师不知所措。

2.1.2 内向性问题行为

案例四:学校规定每名学生的书包和外衣都要锁在自己的柜子里,进入课堂时只允许携带文具和相关书本,但Colin(男,16岁,瑞士人)却经常背着书包进入汉语课课堂,不但忘记带汉语课本,还会在教室最后一排玩手机等电子产品。

校级管理和班级管理是相辅相成的[1],学生方面应当严格遵守相关规定,案例中的学生出现多次携带书包进入课堂违反校规的现象,上课不带课本、不专心听讲、摆弄电子产品等课堂问题行为虽然没有影响课堂整体进度,也没有干扰其他学生的课堂学习,但却对学生学习、习惯养成、自我管理产生了负面影响。而教师方面也需要将校规和班规良好地结合起来,并在规定的执行过程中起到良好的监督作用。

案例五:Lal(女,7岁,奥地利人)是班上年龄最小、最害羞的女孩子。平时喜欢阅读和写汉字,但参与课堂活动方面不积极,从不主动举手发言,回答问题时表现出犹豫、紧张、害怕等情绪。

学生的学习方式各不相同,依据霍华德·加德纳提出的多元智能理论,本案例中的学生更具备独立完成阅读、书写任务的学习能力。相比男生,女生的情感易受周围环境的影响,更容易出现隐蔽性问题行为,该学生对课堂发言、集体课堂活动

---

[1] 罗伯特·J.马扎诺(2005),有效课堂管理:教师科学管理策略:103。北京:中国轻工业出版社。

以及老师提问产生畏惧心理,甚至有故意逃避的倾向,某种程度上出现了自卑、自弃等退缩性的行为问题。

案例六:为了提高学生学习汉字积极性,老师实行了"中国护照[①]盖章换礼物的奖励制度。Jasmina(女,9岁,奥地利人)为了得到更多印章和礼物,经常利用老师讲课或者进行课堂活动的时间练习汉字,班上其他女生也开始纷纷效仿,并以"为什么Jasmina写的时候老师没有管"为理由不服从教师管理。

在课堂上使用适当的奖励机制可以起到很好的激励作用,但是如果在没有说清原则和制度的基础上实行奖励机制,势必会引起不必要的课堂问题行为。案例中教师没有提出全面具体的积分方式和要求,导致个别学生不专心上课。另外,课堂问题行为一经产生又非常容易蔓延,诱发许多类似或其他的问题行为[②],Jasmina的行为还引起了部分学生跟风效仿。

2.2 特殊分类案例分析

2.2.1 中奥师生文化背景

不同于中国传统师道尊严、做事讲究谦虚委婉的民族文化特点,奥地利由于自身复杂的历史沿革形成了民族感较强、待人处事平等客观直接、注重规则制定与执行的行事风格。两种不同的文化在非成人汉语课堂上相遇时,必然会产生摩擦和碰撞。在无法预料非成人汉语学习者处理跨文化冲突的方法以及无法要求学生在产生跨文化交际冲突时做出让步的情况下,任课教师能否采取积极有效的方式应对,便成为课堂问题行为是否产生、产生后是否蔓延的决定性因素。当然,教师在有意识尝试使用跨文化交际策略融洽师生关系、改善课堂氛围时也会发生过犹不及或者误判的情况。

案例七:奥地利是德语国家,在汉语课堂上德语的使用比例经常困扰着任课教师。教师希望在汉语课上只说汉语,但学生却随便使用德语交流。老师警告批评反遭学生集体抗议。理由有三:第一,老师并没有和大家一起制定不许说德语的规则;第二,我们的母语是德语,为什么在汉语课上不能说;第三,老师自己在教学过程中也会用德语辅助教学,为什么我们不可以用德语参与教学。

每位教师心中都有一把自己的规则尺,但是如何让这把尺子发挥其最大的衡量作用并不简单,其中最关键的就是规则尺的"客观性"和"公开性"问题。中国教师往往理所应当地默认所有学生都了解教师心中这把规则尺的具体内容并且会无

[①] 即护照大小的笔记本,首页有学生个人信息,如外文姓名、中文姓名、年龄等。作为学生出入汉语课堂的象征性凭证,也是学生的积分手册。

[②] 施良方、崔允漷(1999),教学理论:课堂教学原理、策略与研究:290。上海:华东师范大学出版社。

条件服从,这无形中为课堂问题行为埋下伏笔。

本案例中的学生对规则不公开透明产生不满情绪,捍卫母语地位的同时还对师生在规则面前不平等表示不解。教师在学生出现课堂问题行为后才拿出自己的标准来判断学生行为的对错并加以管制,没有明确汉语课"教学目的"一味强调不能使用德语,而自己却又使用德语授课,导致学生误会教师用意。

案例八:教师认为课堂上坚持民主就是让学生自己做主、每个学生提出的要求都应当尽量满足。但在实际教学开展后却发现自己的"民主"并没有达到预期效果,学生们经常随便说话,忽视老师存在,不断挑战老师的忍耐程度。

认真了解奥地利国情后,教师在教学之初决定建立民主型的非成人汉语课堂,但是对于民主的理解却出现了跨文化交际中的"刻板印象"[1],这种现象的产生可能源于课前教师对中奥文化差异过于概括[2],这些概括性的总结非常容易让人做出过于主观的判断,造成理解偏差,并沉浸于此,忽视其他问题。其实,建立民主的课堂与保持教师权威这两件事并不冲突,通过建立合理的课堂规范和原则并坚持使用的方法来实现课堂的公平与民主,而非一味地迎合学生。

2.2.2 非成人汉语课程设置

汉语在2005年才入选奥地利中学选修课[3],虽然孔子学院与当地教学点积极开展合作,但是奥地利非成人汉语课程的受重视程度仍不如其他常规科目和其他传统语言项目;上课频率较低,课时较少,老师经常要花很长时间复习上周所学内容,课堂效率不高,学生容易出现厌倦情绪;一些学校把上课时间安排在放学后,学生一天学习下来早已疲惫不堪,无法集中精力,出现上课迟到、吃喝、闲聊等问题行为;还有学校将不同年级的学生分在一个汉语班级中,年龄差异使课堂问题行为复杂化、极端化。

案例九:Lisa(女,15岁,华裔)和弟弟Elias(男,11岁,华裔)在同一个汉语班级上课,而班上大部分学生年龄在10到11岁间,导致Lisa这个已经进入青春期的女孩在其他学生中间显得很不合群,她不止一次向老师抱怨自己的面容不如奥地利人好看;认为和班上的"中国小孩"一起上课有失尊严;来这里学习中文是家长逼迫的。

不同于其他非成人汉语教学点,华文学校的性质是课外补习班,主要目的在于

---

[1] 即根据自己印象中的理解为实际课堂定型,不能客观地观察课堂实际情况而是着重注意与自己刻板印象吻合的现象,屏蔽由刻板印象产生的课堂问题行为,妨碍了正常课堂秩序和课堂教学,发生了与民主型课堂不符的管理行为

[2] 胡文仲(1999),跨文化交际学概论:180。北京:外语教学与研究出版社。

[3] 曾祥喜(2008),奥地利汉语教学现状与发展——以维也纳地区为例。世界汉语教学学会第九届国际汉语教学研讨会论文选,2008年12月15日,北京。

帮助华裔青少年在长期海外生活背景下仍然熟练掌握自己的母语。Lisa 所在的华文学校虽然在学前进行分班测试,但是会因为学生人数、师资力量以及家庭成员等因素对具体分班情况进行调整。案例中的 Lisa 被分配到弟弟的班中,她的心理需求和特征与班上其他学生明显不同,而老师的教学设计又不能针对个别人而忽略班上大多数学生。这种情况在华文学校非常普遍,确实为教师课堂教学的展开与课堂秩序的维护带来了诸多不便。

案例十:Anas(男,9 岁,奥地利人)上汉语课前刚刚上完体育课,无法马上进入汉语学习状态,经常大声与其他同学讨论运动,还提出喝水、吃东西等要求。老师体谅他刚刚上完体育课,允许其去水池喝水,其他学生见状也纷纷提出要求。

本案例反映了学校课时安排的局限性问题,由于汉语课的学生来自不同年级,有些刚刚上完体育课的学生课间得不到充分休息。其次,老师出于心疼孩子的角度允许 Anas 喝水和吃东西,但没有对其他学生解释清楚为什么允许 Anas 一人喝水,没有考虑到这一举动可能引起全班范围内的违纪行为。

2.2.3 教师自身角色定位

作为孔子学院和各个非成人汉语教学点的"中间人",教师对自身的角色定位一直存在疑惑。从孔子学院角度看,老师是由孔子学院选派到各个教学点进行汉语教学的,从各个教学点角度看,老师又是教学点正式的任职教师。在完成教学任务时自身角色的拿捏对教师管理课堂问题行为时的方法策略产生了负面影响。

案例十一:Adnan(男,11 岁,奥地利人)因为生病有一个月没有来上汉语课。痊愈后的 Adnan 明显跟不上大部分学生的进度,上课参与度不如从前,还为自己的缺勤而感到懊恼。他渐渐出现了上课迟到,注意力不集中,不愿意主动发言,忘记写作业等课堂问题行为。

任何扰乱课堂教学和正常学习的行为均可以被视为课堂问题行为[①]。本案例中的学生因为跟不上学习进度出现了学习动机消退、自暴自弃的情况,进而引发一系列课堂问题行为。这其中有学生自身的问题,但与老师自我角色定位也不无关系。教师认为自己是孔子学院派来的老师,上完课后直接回到孔子学院即可,并没有为教学点每位学生建立学习档案,对缺勤的学生没有补课等措施。

案例十二:汉语课没有固定的教室,教师需要借用去上体育课的班级教室进行汉语教学。原班级的班主任不止一次向汉语教师严肃反映原班级有学生的书被折角,笔缺少零件无法使用的情况,并对任课老师为何不管好自己的学生感到吃惊和疑惑。而汉语教师却感到非常委屈,一是并没有注意到有学生乱动东西,二是作为

---

① Steve Springer, Kimberly Persiani (2011). *The Organized Teacher's Guide to Classroom Management*: 96. New York: Mc Graw Hill.

孔子学院派来教课的老师和班主任角色是不一样的,能不能管、怎么管、管多少都不好把握。

本案例中学生出现乱动他人物品,在他人书本上乱写乱画,出于好奇心破坏他人文具等的课堂问题行为,发现这些行为的不是借用教室的汉语老师,而是该教室所在班级的班主任。由于行为自身具有隐蔽性,任课教师对自己在课堂上的角色定位不准确,所以这些看似没有影响汉语课正常教学的课堂问题行为根本没有引起教师足够的重视,牵扯到了原班级的师生,引发教师之间的冲突。就汉语老师而言,面对学生的问题行为以及与合作学校教师间的合作关系,表现出了犹豫和迷茫,再次反映了孔子学院与各个教学点合作办学时作为"中间人"教师角色定位的问题。

案例十三:由于汉语课是教学点新开设的课程,所以教导主任每次上课前都会来到汉语课教室查看情况,帮助任课老师管理好学生、维持好纪律后再离开。但是学生经常在教导主任来时表现得很好,教导主任一离开就随便说话,擅自离开座位,不服从任课教师管理。

案例中的教导主任出于认真负责的态度,对新开语言和任课教师给予了足够的帮助与鼓励,在一定程度上起到了预防课堂问题行为发生的作用。但是作为课堂的真正授课教师和管理者的汉语老师来说过于依赖教导主任的帮助,过度期待其他老师对课堂管理的改善,而不注重课堂教学过程中的亲身管理,导致教师威信没有在学生中很好地树立起来,课堂问题行为难于管理。学生从中很容易找到规律,理所应当地认为只有教导主任才会管纪律管问题,而任课教师却毫无存在感,这对教师正常教学和学生专注学习都会产生一定的干扰。

2.2.4 具体环境因素

课堂中的问题行为除了与教师和学生有关外,环境因素的作用也不容小视。多数学者认为环境因素可以包括家庭方面、教学方面和社会方面。由于家庭、社会因素较为复杂,在具体教学中无法得以全面考察,故在此只对教学方面进行分析。

案例十四:由于学校教室紧张,汉语课作为新开设的语言课程被安排在一间学生活动室中进行。该活动室与教师办公室相连,所有办公室老师需要先经过活动室才可以进入办公室;活动室里没有桌椅、黑板,取而代之的是铺有地毯的空地、一张沙发、一张玩具桌和大大小小的玩具。

课堂环境是课堂管理的要素之一,规范、安静、专业的课堂环境可以为学生更专注地投入学习提供必要保障,也可以为教师进行更为优化的课堂管理提供有力支持。案例中的教室环境存在漏洞,教师无法布置教室、无法板书、需要自带大量教具,学生出于好奇心容易被其他正常教室中不允许出现的物品所吸引。作为课堂上的"导演",老师应当积极争取良好的教学环境,主动与学校和相关负责老师联系,协调教室或对不符合规则的教师进行重新布置和整改。

三、改善奥地利非成人汉语课堂问题行为有效策略

课堂问题行为有如花园中的杂草,有的较好打理,有的则非常顽固,需要园丁有计划有技巧的管理①。为了解决奥地利非成人汉语课堂问题行为,预防更多课堂问题行为的产生,本文总结归纳在课堂上行之有效的策略方法,并结合相关教师培训②的收获与体会,针对奥地利非成人汉语课堂问题行为常规和特殊分类,从以下四方面提出有针对性的改善建议。

3.1 制定民主的课堂规范和常规

3.1.1 "双面国旗"规范媒介语使用

很多奥地利非成人汉语课程都是零起点,为了解决课堂上媒介语使用方式和使用量不当问题,作者制作了"双面国旗"(一面是中国国旗,一面是奥地利国旗)并挂在黑板上,目的在于规范学生课堂目的语和媒介语使用。当老师使用德语向学生解释今日学习内容时,可以将奥地利国旗一面朝上,表示现在是"媒介语使用时间";而真正进入到语言教学环节时,将中国国旗一面翻过来,便是提醒学生说汉语的时间到了。"双面国旗"对于学生来讲直观易懂,且愿意从心里接受这项规范;对于教师本身来说也是一种约束,只要教师坚持在"中国国旗时段"一直使用汉语,不做"语言跷跷板",学生们自然也就明确了在教室里使用目的语的重要性和必要性。

当然,规范的制定不仅仅局限于媒介语使用方面,一套合理的课堂规范制度可以应用于课堂的方方面面,它不但可以预防课堂问题行为的发生,还可以帮助教师在处理课堂问题行为时有据可循。另外,制定课堂规范时要把握好新学期开学的黄金时间,遵循民主制定的原则,因为只有建立在学生共同意愿基础上的课堂规范才能确保日后学生对其的遵守和维护。

3.1.2 "海报标语"强化课堂规范

规范制定后需要不断强化巩固,执行规范时不但要从一而终,而且要讲求落实的方式方法。作者通过同学生一起制作海报和标语的方法强化课堂规范,并随时以提问和PPT展示的形式帮助学生树立正确的课堂行为意识。

---

① Dave Foley (2012). *Ultimate Classroom Management Handbook*:43. St. Paul:JIST Works.

② 本文作者参加了美国乔治梅森大学"星谈"2014教师培训项目,培训内容是课堂管理与常规,培训所学内容部分已应用到实践中,未应用部分作为建设性意见提出,以供参考。

3.1.3 巧妙设计板书

在教学过程中越来越多教师使用 PPT 等现代化教学技术手段,却渐渐忽视了黑板的重要作用。课前在黑板上要提前写好以下内容:①班级名称;②日期;③每日一词/每日一问/每日名言;④学习步骤和老师对大家的期期待;⑤今天的热身活动;⑥学习主要内容;⑦家庭作业。

学生进入教室的第一刻起就明确了今天的学习任务以及老师对他们的期待,便不会出现利用课上时间做练习或家庭作业、忽略其他课堂活动急于"跳步"做自己想做的游戏、早退等课堂问题行为。明确学习步骤和老师期待,使用"今天你将学会……"句型,作为一种鼓励可以增强学生学习动机和学习兴趣;在下课前带领孩子们再复习一遍所有的学习内容,并以"今天我们学会了……"句型增加学生成就感。

3.1.4 "鳄鱼来了"预示课堂结束

课堂常规(Classroom Routine)是在课堂规范(Classroom Discipline)基础上帮助学生建立顺利完成课堂学习活动的程序,也是协助教师顺利过渡并完成课堂教学活动的必要手段方法①。课堂常规可以用在课堂的每一个环节,比如听写就是作为该班级每节汉语课开始的第一步,学生们渐渐熟悉了一上课就要先听写的节奏,便会在教室中安静坐好等待老师发听写本,然后准备听写。结束一堂课的方法同样多种多样,布置家庭作业、回答问题、回顾所学知识等等,这有助于将课堂建设成为一个预见性的学习场所②。作者经常使用的课堂"善终"方法是与学生一起完成为"鳄鱼来了"的游戏。老师头戴经典游戏"小鳄鱼洗澡"的鳄鱼头饰,站在教室门口,学生们收拾好个人物品后排成一列依次回答老师的提问,提问的问题可以是与本节课所学内容有关,也可以是考察学生是不是记住了今天的作业,还可以复习之前学过的句型等等,回答正确即可下课离开,错误的话则要站到队尾重新等待提问。每次学生看到"小鳄鱼头饰"时就知道要安静收拾好东西在门口排队了,不会出现下课前的混乱。

3.2 注重培养教师的课堂管理能力

3.2.1 自我管理先行于课堂管理

规范和常规的制定可以帮助学生分辨正当与不良行为,学会自我管理③。其

---

① Denise Young (undated). *Classroom Routines and Procedures*. http://www.learnnc.org/lp/pages/735 (13/11/2014 downloaded).

② Robert J. Marzano (2005). *A Handbook for Classroom Management that Works*. Baltimore: Association for Supervision and Curriculum Development (ASCD).

③ Sandee Graham McClowry (2014). *Temperament-based Elementary Classroom Management*. Lanham: Rowman & Littlefield.

实,自我管理不仅仅是学生需要学习的,教师管理学生的前提也是对自我的管理,因为课堂里的不少失控行为往往起因于教师本身的控制①。只有控制好自我情绪,不以个人习惯和喜好判断学生的行为,亲切、平等、真诚、耐心地与学生沟通,不滥用教师权利才能真正树立教师威信,才能够真正维系师生关系。"我正在处理的是一个课堂问题行为,而不是针对某个学生"是教师遇到相关情况时应当时刻牢记的②。

此外,勇于认错也是搭建师生良好沟通的桥梁。教师也是人,也有不完美之处,在学生面前勇于承认错误并真诚道歉,学生们非但不会嘲笑老师,反而会将老师立为榜样③。

3.2.2 把握课堂中的"隐性课程"④

为学生创造良好的课堂环境是对学生参与课堂的盛情邀请,是教师尊重学生的一种体现,是提升教师影响力的有效方法,更是建立师生融洽关系的最佳场所⑤。其实,奥地利非成人汉语课堂没有固定教室或教室不正规等问题如果多加用心是可以通过改善教学环境来解决的。比如,教师可以携带部分有中国特色的教具利用课间迅速布置教室,营造学习氛围;同教学点积极协商对教室进行简易改造等。

3.2.3 编写非成人汉语课堂教师手册

在奥地利的教育体系中,教师上岗前必须修完职前定向师范教育课程并顺利通过考核,才能获得从业资格证。以奥地利九年义务教育阶段师范教育为例,教育科学课程和教育实习所占课程比重较大,根据所教年级和阶段不同学制年限最短3年,最长5－6年⑥。而汉语教师往往未经本土师范培训,在不了解当地学校、学区以及对教师角色的要求时便开始了相关教学工作。

因此,孔子学院非成人汉语课堂教师指导手册的编写工作非常重要。另外,各个教学点应酌情成立"国际处"和专员负责机制,从而增进孔子学院与奥地利各个

---

① 皮连生(2009),学与教的心理学(第五版):316－317。上海:华东师范大学出版社。

② Steve Springer, Kimberly Persiani (2011). The Organized Teacher's Guide to Classroom Management: 95. New York: Mc Graw Hill.

③ Eric Groves, Sr. (2009). The Everything Classroom Management Book: 146－148. Avon: F+W Media.

④ "隐性课程"(hidden curriculum)指教室布局、总体环境、卫生状况等,这些因素都可以向学生传递教师对其期望的信息。

⑤ Michael Linsin (2013). The Classroom Management Secret: 34－36. San Diego: JME Publishing.

⑥ 郑太年(1997),奥地利师范教育的现状与分析,高等师范教育研究(2):52－41。

教学点的合作关系,提高教学质量。

3.3 改善课堂教学设计

3.3.1 巧妙设计课堂教学

学生有时间说话、开玩笑、吸引他人注意力一定程度上说明了他们在课堂上还不够"忙",也就是说课堂教学活动没有足够紧凑和足够吸引人。适当增加竞争性的活动有利于激发学生们的课堂参与度,让班级内年龄偏大的学生来做小组活动的组长调动其主动性,使用计时器和打节奏①等"过渡"方法结束活动并迅速进入下一内容可以节省不少时间,让整个课堂紧凑起来。另外,准备一些"海绵活动"②可以让提早完成个人任务或是小组任务的学生有事可做。

3.3.2 "戏剧社"开启学习评价新模式

奥地利非成人汉语课堂性质决定了其"无作业""不考核"的特点,以"戏剧社"的汉语学习模式展开教学有利于激发学生学习动机,在无作业、无考试的情况下依旧抓住学生眼球,让学生学有所得,乐在其中。

3.4 将教学延伸至课堂之外

3.4.1 "家长信"带来意外惊喜

与家长的沟通不仅仅局限于开学的第一堂课或是学生出现严重课堂问题行为时,如果教师在奥地利非成人汉语教学开始前便与家长取得E－mail或是电话联系,即使汉语课是作为"兴趣班"形式出现的,家长也能体会到教师的良苦用心,并尽力协助老师。其实,非成人汉语班的许多学生都愿意选择以"老师给家长打电话表扬自己"作为课堂奖励,可见家长的鼓励对孩子更投入的学习有很大帮助。

3.4.2 现代技术制造校外虚拟课堂

还有一些现代科学技术也可以将课堂教学延伸到校外,iPad应用软件如Ed-modo、ClassDojo等,能将学生、家长和老师三者相关联。学生可以在线提交作业、与老师互动,老师可以线上授课、评分、答疑,家长用账户登录后可以看到孩子在班级里的表现,并可以随时给老师留言。有了现代应用技术的帮助与支持,学生和老师的互动不仅仅局限于课堂之上,家长和老师的沟通不仅仅局限于通过电话或电子邮件的形式,学生和家长的联系也不仅仅局限于面对面的交谈。

---

① 老师在结束一项课堂活动时可以拍手打节奏,完成该活动的小组或个人也以同样的节奏拍手回应老师,直到所有学生都跟着打节奏后,证明此时老师可以进行下一项任务了。

② "海绵活动"是指用于填满剩余的课堂时间的富有成果的活动。

四、小结

本文根据奥地利维也纳大学孔子学院非成人教学点多以兴趣班为主,课时量不够密集,学生背景多样,教师人手不够、经验不足的特点,运用案例及案例研究的方法将理论与实际结合起来,以案例形式展现课堂问题的具体表现,以课堂管理理论指导案例的分析与撰写,力图呈现出国别化的典型课堂问题行为案例及对策,希望为今后赴奥地利维也纳大学孔子学院的汉语教师、志愿者提供一套切实可行的管理方法和策略,在借鉴经验教训的基础上预防并尽量减少非成人汉语课堂上问题行为的产生。

参考文献

[1]胡文仲. 跨文化交际学概论. 外语教学与研究出版社,1999

[2]罗伯特·J. 马扎诺. 有效课堂管理:教师科学管理策略. 中国轻工业出版社,2005

[3]皮连生. 学与教的心理学(第五版). 华东师范大学出版社,2009

[4]施良方,崔允漷. 教学理论:课堂教学原理、策略与研究. 华东师范大学出版社,1999

[5] Foley Dave. *Ultimate Classroom Management Handbook*. JIST Works,2012

[6] Groves Eric. *The Everything Classroom Management Book*. F+W Media,2009

[7] Evertson Carolyn, Weinstein Carol. *Handbook of Classroom Management*. Routledge,2006

[8] Linsin Michael. *The Classroom Management Secret*. JME Publishing,2013

[9]McClowry Sandee Graham. *Temperament-based Elementary Classroom Management*. Rowman & Littlefield,2014

[10]Springer Steve, Persiani Kimberly. *The Organized Teacher's Guide to Classroom Management*. Mc Graw Hill,2011

浅谈中日两国类亲属称谓语的异同及日本留学生常见偏误

闻广益

【内容摘要】 语言与社会关系是相互影响的。一个社会的语言反映了与其相对应的文化。称呼语是言语交际中用得最广泛、最频繁的词语。它更能体现出民族文化的特征。称呼语与整个社会的文化政治背景、传统、风俗习惯密切相关。在社会交际中,人们使用称谓是一种惯常的现象。非亲属关系的人们在交际中使用亲属称谓语是其中之一。这种语言现象有人把它称为类亲属称谓或者拟亲属称谓、泛亲属称谓等。汉语和日语中类亲属称谓语有一些相同的地方。例如,两国都重视人的社会地位、等级尊卑等,对他人、长辈、上级要尊敬,对自己要采用自谦的称呼。但现代日语中的类亲属称谓无论在种类数量上、使用频率上还是使用范围、使用对象等方面,都与汉语有很大的不同。这主要是由两国的社会文化的差异所决定的。日本留学生在学习汉语或者用汉语进行交际时,时常会出现一些偏误。这主要是受母语和本国的社会文化及语言习惯影响造成的。

【关键词】 汉语　日语　类亲属称谓语　异同　偏误

　　语言与社会关系是相互影响的。语言既是信息的载体,又是文化的载体,语言既是思维的工具,又是交际的工具,语言是维系社会正常运转的纽带,语言也是一个民族或国家的主要标志。因而,语言与社会文化的关系是紧密相连、不可分割的。

　　一个社会的语言反映了与其相对应的文化。称呼语是言语交际中用得最广泛、最频繁的词语。它更能体现出民族文化的特征。称呼语与整个社会的文化政治背景、传统、风俗习惯密切相关。在社会交际中,人们使用称谓是一种惯常的现象。非亲属关系的人们在交际中使用亲属称谓语是其中之一。这种语言现象有人把它称为类亲属称谓或者拟亲属称谓、泛亲属称谓等(以下用其一种说法)。

日本历史上长期受中国文化的影响，汉语和日语也有着千丝万缕的联系和相互影响。中国传统文化中的那种"贵贱有等、长幼有序、男女有别"的意识和价值观念深深地共同地影响中国和日本在人际关系和交流方面的用语。因而，中国和日本，汉语和日语中类亲属称谓语也有不少相同和近似的地方。例如，两国都重视人的社会地位、等级尊卑等，对他人、长辈、上级要尊敬，对自己要采用自谦的称呼。且在称呼上表现为要求极为严格，常常"自卑而尊人，自贬而尊人"。很多汉语中使用的尊敬和自谦的类亲属称谓在日语书面中也经常直接使用等。

下面就对中日两国社会及语言交际中常见的类亲属称谓现象做一个简单的比较。

一、汉语中的类亲属称谓语及其用法概述

类亲属称谓或者拟亲属称谓是指用亲属称谓称呼无血缘关系的非亲属交际对象的一种语言表达形式。在汉语交际中大量和频繁使用类亲属称谓。汉语中大量的亲属称谓和复杂的方言丰富了类（拟）亲属称谓系统。

类亲属称谓是汉语语言交际中长期存在的一种现象。其种类丰富。从表示尊敬与谦逊的关系来看，经常使用的类亲属称谓就有：

敬称：大爷、大妈、大婶、大娘、伯伯、大叔、叔叔、阿姨、大哥、大嫂、大姐、仁兄、贤弟、贤侄、学弟、师父、师母、师哥（兄）、师姐、师弟、师妹 等等

谦称：愚兄、愚弟、小弟、小妹、小侄

从类亲属称谓的指称对象来看，可分为：

1. 说话人自称，即第一人称指示。当说话人使用类亲属称谓或者拟亲属称谓自称时，常直接使用亲属称谓语或"谦辞＋亲属称谓语"如弟，小弟、愚兄。多以晚辈或者自谦时使用。

2. 说话人指称听话人，即第二人称指示。第二人称指示在语言交际中使用较广，它不仅可以用于熟人之间，而且可以用于陌生人之间。

3. 说话人指称自己与听话人以外的第三者。即第三人称指示。这时，为了明确被指称人，常常使用较为具体的类（拟）亲属称谓或者较为具体的定语修饰的类（拟）亲属称谓。如：范家奶奶、李大妈等。

从构成上来看，类亲属称谓语可以分为两类：

1. 不添加任何标记性语素，纯由亲属称谓语转化而来，即直接使用亲属称谓语。如：爷爷、奶奶、伯父、伯母、叔叔、阿姨等。

2. 取亲属称谓语中的一个关键的词根语素，然后在它前后添加一个前缀或后缀构成。主要有以下几种构成情况：①"大"、"小"、"老"及"老大"等＋亲属称谓，如：大爷、老大爷、大娘、老大娘、大妈、老大妈、老爹、大伯、老伯、大叔、老叔、大婶、

老婶子、大嫂、老嫂子、大哥、老哥、老兄、大姐、老弟、小弟弟、小妹妹等。②其他敬词如"仁"、"贤"＋亲属称谓,如:世兄、仁兄、贤弟等。③谦辞像"小"、"愚"＋亲属称谓语,如:愚弟,小弟、愚兄等。④姓/名＋亲属称谓,如李姐、强哥等。⑤亲属称谓语＋后缀"子"、"们"等,如:妹子、大妹子、哥们、姐们等。还有其他一些构成形式的类亲属称谓,像"兄台"等。这类由亲属称谓语转化或者变化而来的类(拟、泛)称谓语,它们在构词法上作了一些变更和改造,增加了一些标记性语素——这些语素在某种程度上起到了减弱或消除亲属称谓特征的作用,是一种区别性标记特征。

从用法上来看,汉语类亲属称谓语在日常社会交往中用法较丰富,且社会属性较强,内涵丰富。而且跟社会文化、历史背景、时代潮流、语言载体和环境等都有密不可分的联系。如现今的网络语言等使得这类称呼语变得更加丰富和灵活、多变,寓意也更加丰富。下面对几个常用的称谓语的意义和用法进行简单的分析和说明。

1. 大叔(叔叔)、大伯(伯伯、伯父)、大大等一般是对与父亲年龄相仿的男性的礼貌或亲昵、尊敬的称呼。如:

站在那片园艺场里,马大叔转头看到我,便打着招呼走了出来。①

韩大叔一提起娶儿媳之事,便会眼泪汪汪。

开车的赵大叔得意地向我招手。

可见,"大叔"作为非亲属称谓时,常常在前面冠以被叫者的姓或名号什么的。以表示特指的对象。有时候,还会用"大叔"等来表示或象征与此称谓性情或人格近似的物体等拟人对象。如:我们经常将美国说成"山姆大叔"。

宋霭龄一共换了四艘船,被山姆大叔堵在国门之外四个星期,总算踏上了美国的陆地。

虽然这个词来自于英语的意译,但也从侧面反映了人们对美国这个"山姆大叔"诚实可靠品性的认可与喜爱。

但近年来出现和兴起的"大叔控"一词,则反映了人们对那些违背道德良心,随意霸占和玩弄年轻女性的"大叔"们的蔑视和指责。

再如,"大大"一词,本为对比自己父亲大的男性的称呼,与"伯伯、伯父"相同,但更多用于非亲属称谓。自从习近平成为党和国家最高领导人后,人们便不分男女老幼一致亲切地称呼习主席为"习大大",引申了"大大"一词的用法,赋予了"大大"一词更深的更丰富的含义。体现了人们对习主席的爱戴、尊敬,同时也略带些许敬畏。据说,"习大大"一词在翻译成日语时,就连日本人、资深翻译者都感到很为难和纠结,究竟是译成"親分"(指"老大"),还是像"习大大"的英文译名直接译

---

① 本篇文章所引用中文语料均来自北京大学现代汉语语料库网络版

成了"Uncle Xi"一样,也直接译成"おじさんシー"("习伯伯"的意思),有人说两个意思都包含确实没法翻译,干脆就像日语对付外来语的一般做法,直接用片假名注音,写作"シーダーダー"(XIDADA)。更有机灵智慧者,把"老大、伯伯"两个意思连在一起,造出一个新词,叫"習親分ジジ"(XIYABUN-JIJI),真是见仁见智,莫衷一是,也让人感到无所适从。其实,日语的译词,考虑得有些过于复杂了。从"习大大"一词的源起看,该词主要还是一个亲切、尊敬的称呼语,像英文一样的直译未尝不可。但也由此可见,"大大"这一汉语称谓词语的内涵确实异常丰富。

2. 大哥(哥哥、仁兄、老兄、兄弟、小弟)、大姐(姐姐、姐妹、小妹)等一般是对与自己兄弟、姐妹年龄相仿的男女性的礼貌或亲昵的称呼。如以下例句:

看那,这个大姐真不要命。

李冰大姐的举动,更加激发了弟妹的学习热情。

徐大姐你知道,我已经有男朋友了……"

从例句可以看出,"大姐"用于称呼不认识或者不知姓名的女性时,一般直呼或者在前面冠以特定的词语如指示代词等,如果是熟悉的人或者知道其姓名,则常常在前面加上姓氏或名字等。其作用一是区别身份,二是说明该女性非自己的直系亲属,而是"类亲属"的礼貌称呼。

但"大姐"一词,有时也有一些较特别的含义,或是特殊的称呼。如,对共和国开国元勋的夫人或杰出女性,往往敬称为"大姐",如对邓颖超、康克清等人的称呼,一直到其终老,几代国人都一律沿用这一称呼。

1977年,中央决定以康大姐为首,恢复妇联工作,筹备召开第四次全国妇代大会。

秘书想这肯定是周总理的主意,让邓大姐及时掌握叶帅等人的近况,好暗中保护。

有时,"大哥"、"大姐"两个词也含有老大、厉害、突出甚至第一这样的意思,不过,后来表示这样意思的词,往往在其后面加上"大",变成了"大姐大"、"大哥大",而"大哥大"一词,甚至还直接演变成了早期的大块头手机的代称。其用法虽脱胎于这两个词的本义,但已经演变为非人称称谓语了。如:

您觉得这几位大哥大,大姐大谁会胜出呢?

在亚洲,中国女足"大姐大"的位置也正在受到威胁。

杨澜:他就是很大哥的那种人。

北京的年轻人拿着黑色"大哥大"出入各类宾馆、饭店甚至大排档。

另外,"大哥"一词,不仅用于人之间的称呼,有时也可用于友好国家之间的称呼,尤其常见于20世纪的共产主义大家庭国家之间,经常使用。对于带头的"大哥",往往还要在前面加上"老"字,叫"老大哥",以示尊崇,象征关系不一般、很铁、很亲密。如:

若无"苏联老大哥"当初的援建,中国的基础工业根本没办法起步。

3."阿姨"作为称呼语,义项较多,使用也较频繁。作为类亲属称谓语,"阿姨"一词原本主要用于称呼跟母亲辈分相同、年纪差不多的无亲属关系的妇女。如：

初中的老同学——王阿姨家的巍巍,八楼的德胜和后街的顺子。

王阿姨昨天上街买了一把菜刀、一个火锅、一只水壶、一套酒杯等炊具。

后来,引申为对保育员、保姆、家政服务员、保洁员工等人的称呼。如：

学习数学,是从学习数学符号开始的。幼儿园阿姨教的1,2,3,4,…,9,0,就是数学中最简单,又是最常用。

见走廊里满是纸屑、果壳,问为什么会这么脏,答曰："清扫环境阿姨没来,留学生很奇怪：这是你们的国家,为什么这样不爱护？

华老歉意地说："真想请您在家吃饭,可阿姨'五一'节休息,家里没有人做菜了。"

送到儿童福利院后,那里的阿姨们悉心照料,6年来,她们建立了深厚的感情。

随着社会的发展和社会分工的变化、择业观念的改变,后来"阿姨"这种称呼进一步引申,甚至将从事上述有关工作的男性也叫做"男阿姨"。如：

"男阿姨"从大学来(《广州日报》1997001"121版)

胡老师是江西师范大学数学系的本科毕业生,在当地中学教了几年电脑后南来发展,1995年成为"男阿姨",(同上,2版)

之所以出现这种现象和称呼,是因为以前从事这一类工作的人大都是妇女,因此无论是在幼儿园工作的"保育员"、"老师",还是在别人家里从事家务劳动的"保姆"、"家政服务员"。在日常语言交际中往往都会统称为"阿姨",可能更简洁、亲切,带有人情味和慈母一样的爱。如今虽然从事这类职业的人性别改变了,但人们还是习惯于这种简单、朗朗上口而又带有亲情的称呼,于是惯性地称其为"男阿姨",也就不让人感到太多的惊奇和突兀了。因为我们在语用中提及保姆、阿姨、幼儿园老师、家政服务员的时候,我们大脑中储存的定型信息和概念自然就是像妈妈的姐妹一样的"阿姨"。这一点似乎是一个共同的特点和不变的因素。

由此可见,汉语的类亲属称谓语种类较多、结构复杂、多样,反映的人际关系或对人的尊敬程度也较复杂多变,在日常言语生活交际中使用极其频繁、广泛。常用于日常的非公务场合,向对方表示尊敬,增加与交际对象的亲近感。按中国社会的习惯,类亲属称谓常常低称自己,高称对方。如明知对方比自己年龄小,但称对方为"大哥、大姐"；称自己为"小弟、小妹"等。

二、日语中的类亲属称谓语与用法特点及其同汉语差别

日语中的类亲属称谓语,在数量种类、结构组成、使用语境和特点等方面同汉语有不小的差别。虽然,在以前的日语或者书面语中,大量使用汉语词汇,一些汉

语的类亲属称谓也会被直接使用如仁兄、贤弟等。但在现代日语,特别是在现代日语口头交际语中,这些汉语词汇是基本不会使用的。

首先,从种类和数量上来看,日语中的类亲属称谓语是无法同汉语相提并论的。日语中现在经常使用的用来称呼对方为非亲属关系的类亲属称谓语主要有以下词语,分别为:"おじいさん、おばあさん、おじさん、おばさん、おにいさん、おねえさん"等。语义上相当于汉语的"爷爷、奶奶、叔叔、阿姨、哥哥、姐姐"等,主要用来称谓非亲属关系的老年男女、中年男女、青少年男女,主要是以对方的年龄为界限,区别对待使用。日本人对于年龄比自己小的人,一般直呼其名,或直接说"你"(贵方、君)。

因此,日语中类亲属称谓语在种类和数量上远不如汉语来得丰富。这跟日本人某些亲属称呼语本身就不如汉语丰富和细分有一定关系。例如,在汉语中,称跟父亲同辈的男性的称呼就有:伯父、叔父、大伯、大叔、舅父、姨父、姑父等好多种,同样,称呼跟母亲同辈的女性,也有:伯母、叔母、婶婶、婶娘、舅妈、舅母、姨妈、姨母、姑妈、姑母等多种称呼。如果加上别称和方言的叫法,那数量更是可观,叫法多样。而在日语中,基本上都只是统称为:おじさん和おばさん,并没有汉语那么复杂和细分。例如:

おじ様どうでござんした。①(大爷,怎么样?)

それを用務員のおじいさんが集めてまわって焼却炉で焼くの。(管勤杂的老伯伯就把它收拢到一起,放进筒里烧掉。)

为了区别是对自己的亲属称谓还是非亲属、类亲属称谓,或者详细说明对方跟自己的父母的关系,即诸如究竟是伯父还是叔父,伯母还是姨母时,日语只能加一些区别词语或者特别的说明才行。如:

近所に住んでる親戚のおじさんが毎日手伝ってくれて配達もやってくれるし、私も暇があれば手伝うし。(住在附近的伯父每天都来帮忙,还去送货。我有时间也帮把手。)

其实,在上面的句子里,单从日语的"おじさん"还是看不出是"伯父"或者是"叔父",又或者是"姑父"、"姨父"、"舅父"等,只知道是自家的亲戚。也许是日本人认为不必深究,只要知道是父亲的同辈男性即可,无需弄得那么清楚。如果确实有必要交代清楚的话,那就只能直接用下面的表述来加以明确:

父の兄を頼り一家挙げて北海道小樽に移住。(全家搬至北海道小樽,投靠伯父家。)

田端へ帰宅。義兄の不祥事の後始末に奔走。(返回田端自宅,为内兄的不幸

---

① 本文所使用日语语料均为北京日本学研究中心提供"汉日对比研究语料库"。

事件处理善后而奔走。)

虽然,类亲属称谓语基本上都来源于亲属称谓语,但在汉语中,家庭成员中的基本或者说是至亲的称呼如"爸爸"、"妈妈",一般是不直接用作非亲属称谓的,要使用,一般也会加上区别成分,如:张爸、王妈等。但在日语中却不一样,所有的亲属称谓语包括爸爸、妈妈等至亲称呼,都可以直接用作非亲属称谓,这是日语的类亲属称谓语的又一特点,就是说日语中普遍存在将至亲家人或其他直系亲属称呼语直接用于非亲属关系人际交往的现象,而无需任何前缀或修饰等区别成分,跟在家中或在亲属前的称呼完全一样,甚至更尊敬,使用方便,也能轻易实现。这一方面表明日语中的称谓语特别是类亲属称谓语不够发达和丰富,于是只能直接把这些家庭称呼拿来一词多用。同时,这也是因为日语中敬语发达,日本人不厌其烦地把几乎所有的亲属称呼分成尊敬和自谦的说法。跟外人交往交流时,称呼对方的亲属使用尊敬的说法,即敬语;而称呼自己一方的亲属时,则使用完全不同的自谦语来表达。例如,对父亲的称谓:

在社会交往中或与人谈话时,称呼对方父亲一般用敬称"お父さま(さん)";称呼父亲本人或在亲属面前称呼父亲,也同样用敬称"お父さま(さん、ちゃん)"(お父ちゃん是昵称,一般是年龄较小的孩子使用);而对亲属以外的他人说到自己的父亲则用谦称"ちち"、"父親"。这样在和外人交流时就很容易区分开来是称呼别人的父亲还是自己的父亲了,因为一个是敬称,一个是谦称,用词完全不一样。

又如,对母亲的称谓:

与人谈话时,称呼对方的母亲时用敬称:"お母さま(さん)"、"おふくろさん"等;对亲属以外的人称谓自己的母亲则用谦称:"はは""母親"、"おふくろ"等。其中,"はは"最常用,"母親"较之更郑重。称呼母亲本人和对亲属称谓自己的母亲同样要用敬称:"お母さま(さん、ちゃん)"。

其他家庭中常用的称呼语也都是如此。列表如下:

家庭成员内部称呼、称呼别人家庭成员(敬称)	对外称呼自己家庭成员(谦称)	汉语意思
おじいさん	そふ	祖父
おばあさん	そぼ	祖母
おとうさん	ちち	父亲
おかあさん	はは	母亲
おじさん	おじ	叔叔
おばさん	おば	婶婶
おにいさん	あに	哥哥
おねえさん	あね	姐姐
直呼名字、おとうとさん	おとうと	弟弟
直呼名字、いもうとさん	いもうと	妹妹

从上表可以看出,当这些家庭称呼用语用于社会交往时,其形态和敬谦是完全不同的。而用于称呼别人亲属的称呼则属于类亲属称谓。例如,称呼他人的姐姐直接说:

お姉さんは毎日何をしてるの?」((你)姐姐每天做什么?")

这一点,跟汉语完全不同,汉语中是不可能直接叫别人"爸爸"、"妈妈"的;不过,日语中的敬语称呼相当于汉语的"令父"、"令母"或"你爸"、"你妈",只不过形式上跟自己在家称呼自己的父母相同,而不像汉语那样有所区别开来。

在类亲属称谓语交际使用时所面对的对象和场合上,日本的习惯和语言的选择常常和中国也有一些不同。如中国的父母会让自己的孩子称呼年轻的同事或朋友"叔叔、阿姨",称呼年长的同事或朋友"爷爷、奶奶";而同样的情况,日本的父母只会让孩子叫自己年轻的同事或朋友为"おにいさん(哥哥)"或"おねえさん(姐姐)",而对年长的同事或朋友,则只会让自己的孩子称其"おじさん(叔叔)"或"おばさん(阿姨)"。而"おじいさん(爷爷)、おばあさん(奶奶)"的称呼,在日本人看来,除了真正的亲属关系外,一般只应用在退休回家养老的人身上,所以日本一些年龄较大的人在中国遇到小孩子礼貌地称他为"爷爷"、"奶奶"时,不但不高兴,反而会感到难堪,甚至生气。前不久,有新闻报道,说在日本的地铁上,有一位学生礼貌地给两位老年夫妇让座。就是因为使用了"おじいさん"(老爷爷)这个称呼,结果反而被老年男性痛骂一顿,说小孩不懂事,看轻自己等等,小孩只能默默承受,不知所措。这在中国人看来,简直不可思议。这是因为,在中国,人们倾向于通过较高辈分的称谓表达对对方的尊敬,生怕把别人叫低了。而被叫者往往也以当别人"爷爷"为尊为傲。可在日本可能往往认为"おじいさん"是个糟老头、老态龙钟的意味更浓。如:

「ジジ」という名前がおじいさんみたいでイヤだと、誰もやりたがらなかったのだ。

("基基"的发音在日语中与"老头儿"相近,所以谁也不想扮演。)

可见,现代日语拟亲属称谓辈分观念薄弱,重视的是被称者看上去的年龄及社会地位,且有一个较确定的标准,如年龄界限、是否已婚、是否有小孩、是否退休等。而不是像中国一样,为了尊敬对方,有时还故意抬高对方的辈分和年龄,将对方"叫大一点儿"。如前所说的仁兄、兄台等。而日本人则恰恰相反,往往是将对方往"小里叫"一点儿。不过,随着西方文化和习俗的传入及影响,现代中国女性也有此种倾向,不喜欢别人把自己"叫大",而喜欢别人把自己往小里叫,以显得年轻。因而,本该叫"阿姨",却非要叫"姐姐"、"大姐"之类的。

鉴于这种情况,这类词在进行汉日语对译时,往往也要根据实际情况和各自的语言习惯加以鉴别和区别对待,准确翻译。例如:

おじ様どうでござんした。（大爷，怎么样？）

日语用的是叔伯一词，因为不能将其叫老了，让对方不悦。而汉语根据其年龄或辈分判断，还是恰如其分地将其翻译成了"大爷"。

但日本人如果不是面对面地和对方交流或称呼对方，则不必有此顾忌了。如：

日曜日の朝の都電には三人づれのおばあさんしか乗っていなかった。僕が乗るとおばあさんたちは僕の顔と僕の手にした水仙の花を見比べた。一人のおばあさんは僕の顔を見てにっこり笑った。僕もにっこりとした。

（星期天早上的电车里，只有三位坐在一起的老太婆。我一上车，老太婆们就对着我的脸和我手中的水仙横看竖看。其中一位看罢我的脸还慈祥地一笑，我也报以笑容。）

因为不是当面称呼，日语中同样用了对老年妇女的称呼"おばあさん"（老太婆、老奶奶），而不必考虑对方是否退休、是否生气等因素。

可见，汉语和日语中类亲属称谓语有不少相同的地方。两国都重视人的社会地位、等级尊卑等，对他人、长辈、上级要尊敬，对自己要采用自谦的称呼。且常常自卑、自贬而尊人，在称呼上要求极为严格。但中日两国语言中的称呼表达方式和表现形式是不尽相同的。日本人在语言表达上对社会地位的重视或受社会等级尊卑的影响，同汉语相比，有过之而无不及，或者说发挥得淋漓尽致，特别是在中国，这种现象已经渐渐弱化的情况下，日语中的敬谦尊卑表达，传承久远，保留至今，弥久不衰。

社会地位在日本人的交往中的重要性，充分地表现在类亲属称呼语中。例如：

なぜ、おれ一人にくれて、兄さんには遣らないのかと清に聞く事がある。

すると清は澄したもので御兄様は御父様が買って御上げなさるから構いませんと云う。

（我也问过阿清婆："为什么只给我一个人，不给哥哥呢？"阿清婆却不在意地说："（您）哥哥有您父亲给他买，没有关系的。"）

虽然是老人，但称呼地位高的家庭中的哥哥、父亲时也一定要用最尊敬的语言。

正如以上所述，现代日语中的类亲属称谓无论在种类数量上、使用频率上还是使用范围、使用对象等方面，都与汉语有很大的不同。前者数量要小得多，使用频率要低得多，其适用的对象和范围也不一样。这跟日本民族特有的民族文化和风俗习惯及日本民族语言的特点是密切相关的。中国和日本的文化和民族心理毕竟不相同。日语作为日本民族使用的语言，在其发展过程中，虽然早期一直受到了以汉语为中心的汉文化的巨大影响，但日本和日语却仍然保存了自己鲜明的民族特色。在日常生活的基本交际词汇，特别是在亲属称呼语及类亲属称谓语方面，仍然是以日本固有的和语为主体的。另外,到了近代,日本文化和日语又受到了以英语为中心的西方文化的影响和冲击。西方社会文化和语言对日本人的思维方式、价值观念及语言文化的影响也十分突出。正如前文所述,像现代日语中亲属及类亲属称谓的"おじさん"、"おばさん"基本上是和英语的"uncle"、"aunty"相对应和接近的。

总之,一种语言的称呼语代表了一个民族的精神、道德修养、文化素质和心理素质;类(拟、泛)亲属称呼的使用也与一个民族的传统文化、风俗习惯有关。它不仅是一个语言结构和语言现象,而且具有鲜明的社会性和文化特征。从它的运用中,我们可以看出人的社会属性、人际关系、社会价值等。

人类文化特别是长期受中国文化影响的同属于东方文化、汉字文化圈的日本文化同中国文化之间在许多方面有相似之处,但不同民族文化又有许多不同的价值取向,在社会格局、人际关系、道德观念等方面都有很大差异,因而,中日两国、汉语和日语之间在类(拟、泛)亲属称谓语方面,便表现为既有相同的地方,又有不同的一面了。

三、日本留学生在使用汉语的类亲属称呼时的常见偏误

从以上分析和概述中,可以看出,汉语和日语类亲属称谓语及其用法存在一定的差别。学习汉语的日本留学生在使用汉语的拟亲称呼时,往往会受到日语的类亲属称呼的影响常常造成一些语用上的偏误。即使是已经进入中、高级阶段汉语学习的日本留学生,已经掌握了汉语的基本语法和词汇后,基本能够用汉语进行较为流利的表达和交际了,但在实际交往中,碰到使用类亲属称呼的场合,有时也会出现使用不当或者发生偏误的情况。

日本留学生或者其他使用汉语、同中国人进行交流时,常见的偏误和不当用法,归纳起来主要表现为以下几个方面:

1.亲属称谓的过度泛化使用,特别以家庭至亲称呼直接称呼别人的父母等亲属。

如前所述,汉语中的亲属称谓语基本形态和音义使用上,是没有敬谦两套词汇或两种叫法的。因此,当叫别人的亲人亲属时,基本上要加上区别词您、你、令、尊等。不能直接使用自己面对亲人或亲属的叫法。特别是爸爸妈妈这样的至亲叫法。而日语中却是使用在亲人或亲属面前的尊敬称呼,直接称呼外人或交往对象的亲人或亲属的。有不少日本留学生在同同学或者中国朋友交往时,有时也直接称呼同学或朋友的父母为:"爸爸、妈妈",称别人的哥哥姐姐也是直呼"哥哥"、"姐姐"。听起来有时候觉得过于亲切,有时候还是觉得别扭甚至出现误解或闹出

笑话。

2.角色定位不准确。如上所述,日本人对非亲属的称呼即类亲属称呼的选择主要是根据对方的年龄和社会角色、地位等来进行判断,有大致的规定和标准,如年龄界限、是否已婚、是否有小孩、是否退休等。而很少考虑说话人和听话人之间的辈分、关系。而中国人则不同,主要是看说话双方的年龄差距、辈分关系等进行判定。汉语中的称呼却没有一个明确的年龄界限。我们曾经发现,一些年龄较大的日本留学生,他们在中国游玩或购物时,也时常模仿中国人及较年轻的留学生一样,叫那些中年的中国人小商贩、售货员、服务员等为"叔叔"、"阿姨",叫那些年轻一些的为"大哥"、"大姐"。有的留学生自己的年龄跟对方相差无几甚至都超过了对方的年龄,也同样这么叫,听起来让人感到有些别扭。对日本人来说,他只根据对方的年龄来决定其在社会中的固定角色,是理所当然地可以这么称呼的。但在中国,如果不顾自己的年龄和对方年龄的差距,看到中年男性就称叔叔,看到中年女性就称阿姨,看到年轻男女就叫"大哥、大姐",而双方之间实际年龄差距却不是那种关系,不适合那种称呼时,有可能会使对方很尴尬,有时甚至会发生误解,从而导致交际无法进行。

3.文化习俗不同而产生的理解差异和语用偏误。如前所述,基于社会文化和习俗等原因,日本人的类亲属称呼相对于中国汉语的称呼来说,似乎要把人叫得年轻一点,例如,"おじさん"(叔叔)一直可以用到60岁左右的男性。只要对方还没有退休都可以使用。但在中国,特别是未成年、刚成年的年轻人,如果还把跟自己爷爷年龄相仿甚至比自己爷爷年龄还大的人叫成"叔叔",那显然是很不礼貌,很不合适的,这叫"充老相"。老人听了可能会生气。同样,将本该叫"叔叔"的人叫成了"哥哥",也是不符合中国的习惯的。但日本留学生,他们往往按照日本的习惯,受母语的影响,在同中国人交往或用汉语进行交流时也就会"理所当然"地那样称呼对方,将对方叫年轻了。这是很不符合中国的文化和汉语的习惯的。因为在中国这样称呼对方,就会认为你搞错了辈分,是大不敬的。除了某些追求年轻虚荣的女人喜欢外,恐怕大部分中国人是不爱听的,甚至很生气的。

由此可见,虽然中日两国为一衣带水的邻邦,中日两国语言也有很深的渊源关系,语言中的类亲属称谓语也有不少相似或相同之处;但是,由于两国的社会文化、风俗习惯及语言环境等差异,其语言中用于普通人之间交际的类亲属称谓及其用法也有较大的差异和不同。日本留学生在学习和使用汉语及同中国人进行交际时,出现一些偏误和差错也是难以避免、情有可原的正常表现和现象。日本留学生使用汉语类亲属称呼出现偏误的原因,除了汉语水平的差距之外,主要还是在于母语文化的干扰。文化上的差异会对跨文化交际产生负迁移的作用和影响,以致造成交际困难和问题。这类困难和问题轻者会造成"交际失败",即听话者没有理解或误解了说话者的意图;重者还可能会造成"交际冲突",即不理解或误解而导致双方的不睦、摩擦甚至冲突。因此,要解决语言偏误这样的困难和问题,正确而恰当地运用语言去进行交际,人们不仅要努力习得对方的语言和表达方法、语言的形式规则;更需要在语言习得的同时,了解和掌握语言对象国的社会文化和风俗习惯等文化因素,认可、接受和遵守交际的文化规约。

参考文献

[1]郭风岚,松原恭子. 日本留学生对汉语部分称谓的适应与认同[J]. 语言教学与研究,2000,(4).

[2]祝大鸣. 日语语言文化特点初探[J]. 解放军外语学院学报,1995,(1).

[3]鲁宝元.日汉敬语的对比及汉语敬语的教学 汉日语言研究文集(七)北京出版社 2005

[4]潘之欣,张迈曾.汉语亲属语扩展用法调查.语言教学与研究,2001,(2):10—15.

[5]长谷川静子.日本人の呼び方について[M]. 东京:学研社,1992.

浅议经贸汉语综合课中经贸知识的编排

岳薇

【内容摘要】 经贸汉语综合课在汉语言经贸方向课程体系中居于核心地位,其内容包括普通汉语知识、经贸专业汉语知识和经贸专业知识,而经贸专业汉语和经贸专业知识为经贸汉语综合课的经贸知识,它是经贸汉语综合课价值和特色的体现,它决定着经贸汉语综合课教学成败与否。本文在探讨经贸汉语综合课教学对象、课程目标的基础上,对经贸汉语综合课教材编写及教学过程中经贸知识的选取提出了几项原则,以保证经贸汉语综合课的教学得以有效开展。

【关键词】 经贸汉语　综合课　经贸知识　语体

1996年,北京语言大学顺应当时中外经贸交流迅猛发展的趋势在全国首先设立了汉语言专业经贸方向,到目前全国开设汉语言专业的院校大部分都设立经贸方向,有些大学的汉语言专业甚至实际只开设了经贸方向。汉语言专业经贸方向是大学本科教育阶段的一个组成部分,基本都是从三年级开始,学习时间为两年。从目前各个学校经贸汉语课程设置来看,课程结构体系基本由经贸汉语、经贸专业知识、跨文化交际三个模块组成。其中经贸汉语类课程包括经贸汉语综合课、经贸口语、经贸阅读、经贸写作等之类的语言技能课程。经贸汉语方向的教学主要是培养学生用汉语从事经贸活动以及相关交际的表达和交流能力,所以经贸汉语类课程是整个经贸汉语方向教学的主要内容,经贸专业知识和跨文化交际类课程教学目标是辅助经贸汉语类课程教学目标的实现。而经贸汉语综合课在经贸汉语类课程中是一门核心课、主干课,是一门对其他专项技能课程具有辐射和支撑作用的课程,经贸汉语综合课在经贸方向的整个课程结构体系中处于基础和核心地位,又为各门课程的相互联系起到了中介作用。(沈庶英,2006)可以说,经贸汉语综合课的教学效果直接影响到整个经贸方向教学的成败。

经贸汉语综合课是汉语言专业经贸方向教学的一门基础课程,是汉语和经贸的有机结合,二者相辅相成,语言知识不足就失去了语言教学的意义,经贸知识缺失就体现不出经贸汉语的价值。本文主要探讨经贸汉语综合课中经贸知识所包含的主要内容、在教学中的比重以及在编写教材和实际教学中选取经贸知识的原则。

一、经贸汉语综合课的教学对象

经贸汉语综合课的学习者一般为在校的汉语言专业经贸方向的本科留学生,这些学生通过一二年级的课程已经基本完成了基础汉语的学习,掌握了汉语听说读写的基本技能及一定的交际能力,为学习经贸汉语及经贸专业知识打下了良好的语言基础。但这些学生绝大部分没有商务工作经验,没有经贸专业知识,因此还不具备专业经贸汉语的表达和交流能力,无法用汉语从事国际经济、贸易等方面的工作。然而这些学生之所以选择汉语言专业经贸方向就是希望完成学习后进入到国际经贸领域,用汉语完成工作任务、进行商务交往。但与在职商务人士或已有商务工作经验的人员学习汉语相比,他们一般没有专门的、明确的、具体的学习目标。经贸汉语方向的学生通过经贸汉语综合课的学习一方面进一步掌握汉语知识,提高汉语综合技能,另一方面学习经贸专业知识,提高在经贸领域从事实际工作、进行商务交流的汉语运用能力。

二、经贸汉语综合课的内容

经贸汉语综合课是经贸汉语方向教学的一门基础性课程,是语言和经贸的有机结合体,以传授语言知识和经贸知识为基本任务。经贸汉语综合课仍以言语技能的训练为核心任务,所以其核心仍然是语言教学,但它与普通汉语综合课最大的不同就突出在"经贸"二字上。学生在学习经贸汉语综合课的过程中,会涉及大量的经贸专业的内容,不理解和掌握其中的基本知识,也会对学习语言形成障碍。用汉语学习经贸知识和技能是经贸汉语方向专业学习的一个重要组成部分,也是其根本特色之一。关于经贸汉语综合课所包含的内容,以及不同内容的比例,有学者已经进行了研究。沈庶英(2013)认为,经贸汉语综合课的课程内容可以分为三个部分:汉语通用知识、商务通用知识、商务文化知识,并对三个部分的比例进行了划分:"我们可以把商务汉语综合课中的汉语通用知识、商务语言知识和商务文化知识三项内容的比例大致定位在 7∶2∶1。";邵彤(2011)同样把经贸汉语课的课程内容分为:普通汉语语言知识、经贸专业语言知识和经贸文化知识,并对常用商务汉语教材进行统计,认为普通汉语语言知识、经贸专业语言知识和经贸文化知识在经贸汉语课中内容所占平均比例为 6∶3∶1。

可以看出对经贸汉语综合课由普通汉语知识、经贸专业汉语知识和经贸专业知识三部分组成,而经贸专业汉语和经贸专业知识这两个方面的内容我们可以合称为经贸汉语综合课的经贸知识,它在经贸汉语综合课整个课程中所占比例为30%—40%。经贸知识虽然在经贸汉语综合课中所占比例低于普通汉语知识,但它是经贸汉语综合课价值和特色的体现,它决定着经贸汉语综合课教学成败与否。所以我们认为在编写经贸汉语综合课教材以及在经贸汉语综合课实施教学过程中,有关经贸知识的选择、安排都应处于首要地位。

三、编排经贸知识时要处理好以下几对关系

汉语综合课的教学质量和效率直接影响到整个对外汉语教学的效果,综合课所具有的"核心性"、"主干性"、"辐射性"等特性已成为对外汉语教学普遍认可,经贸汉语综合课同样具备这些特性。经贸汉语综合课的"综合性"体现在它的教学内容上,即普通汉语知识和经贸知识融合在一起。虽然经贸汉语综合课中的经贸知识在整个课程的内容量中所占比重不足50%,但是它对经贸汉语综合课教材的编写和教学的实施却起到了非常关键的作用。在编排经贸知识的时候应该重点把握好以下几对关系。

1. 兼顾社会需求与学习需求

首先经贸汉语综合课的开设是为了满足社会发展的需求和来华本科留学生的学习需求,所以在编写教材以及教学过程中应该首先对这两个方面进行调查分析:一是中外经济交往领域业务内容的调查,重点分析外籍员工使用汉语的情况和要求;二是对学生进行学习需求调查与分析,了解他们想学习什么。(张黎2007)张黎认为从中外经济交往的实际领域上看,海外需要的相关人才主要从事两大类工作:交易性工作和管理性工作。交易性工作就是与购买、销售商品或服务有关的活动,主要是进出口业务和融资等,其特点是与交往的对象之间是外部交易关系。管理性工作主要是企业等机构的内部管理工作,包括生产作业、市场营销、财务、行政与人力资源管理等,其特点是与交往的对象之间是内部合作关系。马奕在其硕士论文《面向东南亚留学生的中级商务汉语综合课教学研究》(广西大学,2013年5月)中,经过对学生的调查统计,作者认为中级对外商务汉语综合课要统计的十个经济学话题定位:经济全球化、区域合作、国际贸易基础理论、新兴产业、中华商务文化和中华商务礼仪、商务谈判、跨国公司和机构、品牌意识、商务交往和市场营销。目前这两个方面的调查都有待于进一步完善和深入。学习者的学习需求间接地反映社会的需求,而社会的需求也成了他们学习经贸汉语的强烈动力。学生对经贸汉语课程的兴趣很大程度上取决于课程的内容,经贸汉语综合课作为经贸汉语方向的核心课程,在选取经贸知识的时候,只有充分体现学习者的目标需求,让

学习者的需求得到满足,才能调动学生的积极性;只有充分考虑到在经贸领域中各种工作与交际对汉语人才的各种具体要求,才能实现经贸汉语综合课教学的最大价值,才能使学生在将来的商务工作中学以致用。所以在经贸知识的选取中,应充分考虑社会需求和学生个人的实际需求,使经贸汉语综合课中最大程度满足这两种需求。

2. 兼顾学习者的语言水平和经贸知识的难易度

综合课虽然可分为初、中、高不同层级,但是包括为四年制本科生开设的各级综合课在内,广义上说其性质都属于基础汉语教学,培养学习者综合语言能力是综合课的核心要务。① 虽然经贸汉语综合课的学习者已经掌握了一定的汉语基础,但他们处于语言水平不断提高和发展阶段,特别是他们用汉语从事经贸领域的工作和交际的水平还远远不能满足实际工作的需要,所以经贸综合课的根本目标是要培养学生用汉语进行经贸工作和交际的能力。

经贸知识有自身的学科结构层次,具有比较强的专业性,而且在内容上涵盖范围非常广,但经贸汉语综合课作为一门语言课,就不能完全按照经贸知识的学科结构进行编排,在教材编写和教学中一般不选择与经贸有关的纵向历史和经济知识研究,一般情况下也不过多地教授某一领域的专业术语和行话,而是以经贸领域中各个行业通用的,而且是常用的语言。在经贸汉语综合课教材和教学中的经贸知识的选用应该首先要满足语言教学的目标,必须把系统的、专业的、内容丰富的经贸知识零散化、简单化、概括化,把零散的、比较通俗易懂的、具有概括性的经贸知识按照汉语言难度从低到高有机地融入到汉语课程。经贸知识的选择不能偏离经贸综合课提高学生汉语综合能力这一根本目标。

3. 兼顾经贸知识的普遍性和中国特色

汉语言专业经贸方向的学生毕业以后大部分会选择回国进入商务领域工作,一方面要适应本国的公司工作,另一方面有可能与中国进行经贸往来。另外,中国在经济领域中的各种惯例逐渐与国际接轨。经贸汉语综合课应该帮助学生掌握基本的国际通用经贸知识,熟悉公司的业务运作模式。比如,在经贸汉语综合课应该让学生了解生产经营活动的组织顺序:计划——开发商品——生产——销售——赢利——扩大生产;了解贷款申请流程:开户——贷款申请——客户经理贷前调查——审批——签订借款合同。同样重要的是,由于文化背景不同,在经贸交际过程中经常会发生由于文化差异所导致的现实冲突,经贸汉语综合课还要通过经贸知识的学习,让学生了解在中国从事经贸交流活动的特点,主要包括与中国文化、惯例、习俗、政策法律有关的经贸知识,让他们掌握具有中国特色的经贸活动。在

---

① 李泉. 汉语综合课的性质和特点. 海外华文教育,2010(3)

经贸汉语综合课的经贸知识教学中应该兼顾经贸知识的国际通用性和中国特色，培养学生掌握用汉语从事各种经贸工作的能力，使他们成为复合型的、国际化的人才，让他们既可以适应他们本国商务领域的工作，同时也可以开展与中国企业的经贸交流工作。

4. 兼顾经贸专业汉语的正式语体和非正式语体、口语体和书面语体

经贸汉语综合课教学的目的是综合提高学生听说读写等语言技能，在经贸沟通和交际中，应该根据不同的商务场合选择与之相应的语言表达形式。这就需要培养学生语体意识和语体能力。在经贸汉语综合课教材编写和教学实施过程中进行经贸知识选择时，一定要对承载经贸知识的语料进行语体分化。语体分化的角度需要从口语语体和书面语体进行，也需要从正式语体和非正式语体进行。

经贸汉语中的正式语体一般是承载着具有法律效力的语言形式，它一般产生于公开、正式、正规的经贸活动，表现为庄重、严肃、精炼、得体、规范等特征，它既有书面语形式，如合同书、计划书、经济报表、财产公证书等，也有口语形式，如谈判、口头协议、经济活动新闻发布等等。非正式语体的经贸汉语则表现为非正规性、草拟性、随意性，如调研谈话、讨论稿等。在经贸活动中，有些形式的活动是通过口语的形式组织的，如商品导购、业务洽谈、商务谈判、商品推销。有些经贸活动是以书面语言形式进行组织和记载的，如产品说明书、产品销售合同、产品加工委托书、经贸活动分析报告等。有的场合则是两者配合使用的，如商务谈判，一般双方先进行口头的谈判，之后形成书面的文本。①

经贸汉语综合课的目标是综合提高学生用汉语在经贸领域的工作和交流活动，汉语表达得体性尤为重要。我们在选择经贸专业汉语知识时一定要注意选择在典型商务场合中带有典型语体特点的经贸专业汉语知识，最大程度地体现经贸汉语的语体特色。所谓典型，是指能够体现语体差异的语言特征。让学生在学习过程中模仿、体会、掌握那些带有语体特征的词语、句式和篇章结构，从而达到进行"得体"的交际的目的。作为一门综合课，经贸汉语综合课一定要兼顾经贸专业汉语知识的口语体和书面语体、正式语体和非正式语体。

四、小结

经贸汉语综合课是为汉语言专业经贸方向留学生开设的一门定位于全面提升学生用汉语从事经贸交往和工作的综合能力的课程。为了更好地体现该课程的价值和特色，应该突出经贸知识在该课程中的地位，在进行经贸汉语综合课教材编写

---

① 盛光希. 论经贸汉语的语体特征. 当代经理人，2006(15)

及教学过程中,应该处理好经贸知识各个方面的关系,以有效提升经贸汉语综合课的教学效果,并促进经贸汉语方向其他课程的顺利开展。

参看文献

[1]张黎. 经贸汉语课程研究、商务印书馆,2007年

[2]沈庶英. 商务汉语教学理论研究与方法创新、北京语言大学出版社,2013年

[3]邵彤. 经贸汉语课教学目标与内容定位研究. 理论界,2011(2)

[4]勾丽红. 商务汉语本科课程设置需求分析研究——以新疆师范大学为例. 语文学刊,2011(7)

[5]盛光希. 论经贸汉语的语体特征. 当代经理人,2006(15)

[6]张向荣. 经贸汉语本科课程建设刍议. 黑龙江高教研究,2010(7)

[7]马奕. 面向东南亚留学生的中级商务汉语综合课教学研究. 广西大学硕士论文,2013年

[8]沈庶英. 经贸汉语综合课的定位. 语言教学与研究,2006(5)

[9]李泉. 汉语综合课的性质和特点. 海外华文教育,2010(3)

马来西亚非华裔汉语学习者态度与动机研究

朱旻文

【内容摘要】 本文通过问卷调查对来华马来西亚非华裔汉语学习者汉语学习态度和动机的现状进行了研究。调查结果发现,马来西亚非华裔学习者对汉语社团的态度和汉语学习动机受汉语水平的影响,高级汉语学习者的态度比初级学习者更积极,动机更强烈;高级和初级学习者对中国的态度和对汉语学习的态度都要明显好于对中国人的态度;两种水平的学习者的融合型动机和工具型动机都处于并存的状态,且没有明显偏向。根据调查结果,本文总结了马来西亚非华裔汉语学习者在汉语学习态度和动机上存在的问题,并对汉语国际推广策略提出了一些建议。

【关键词】 马来西亚 非华裔学习者 汉语国际推广 态度 动机

中国的崛起,以及随之而来的"汉语热"对世界产生了重大的影响,在这一背景下,汉语国际传播也同样引起世界各国的极大关注。在某种程度上,汉语作为第二语言的学习者对待中国所持的积极态度是中国软实力的体现,也是汉语国际传播带来潜在"收益"的体现。重视汉语学习者对汉语社团的态度,激发学习者学习汉语的动机,对汉语国际传播有重要的意义。根据王建勤的研究[①],欧美和东南亚国家由于与中国处于不同的地缘关系,对中国的态度和评价也各不相同。另外,不同族群背景(华裔和非华裔)和不同汉语水平的学习者,其汉语学习的态度和动机也有很大差异。

从 2007 年开始,马来西亚政府开始派送非华裔马来西亚学生来中国学习汉语本科专业,学生毕业后需回马来西亚教授汉语。因此,这一批"汉语师资班"的学生对中国社团的态度,以及他们学习汉语的动机必将对汉语在马来西亚的传播有重

---

① 王建勤. 全球文化竞争背景下的汉语国际传播研究. 商务印书馆,即将出版.

要的影响。马来西亚非华裔汉语学习者作为一个特定的群体,在汉语国际传播的新形势下,对中国、对中国人以及对汉语学习的态度如何呢?在地缘上与中国邻近的马来西亚,对该国学习者学习汉语的动机又会产生哪些影响呢?这些问题是本研究关注的主要问题。

为了了解马来西亚非华裔汉语学习者对待汉语社团的态度和汉语学习动机的现状,本研究通过问卷就上述问题进行了调查。目的是在调查分析的基础上,发现马来西亚非华裔汉语学习者在汉语学习态度和动机上存在的问题,在此基础上提出解决问题的对策。

一、问卷调查

1. 调查目的和对象

本调查旨在考察马来西亚非华裔汉语学习者对汉语社团的态度以及汉语学习的动机。问卷调查对象包括 48 名马来西亚留学生,他们就读于北京外国语大学中国语言文学学院,到北京后开始零起点学习汉语,先进入预科班学习 1 年汉语,然后进入汉语本科专业学习 4 年毕业。其中 24 名为初级汉语学习者,马来西亚"汉语师资班"一年级(上)的学生,已学习汉语 1 年;另 24 名为高级汉语学习者,马来西亚"汉语师资班"三年级上(上)的学生,已经学习汉语 3 年。初级学习者和高级学习者的男女比例基本一致。

2. 问卷编制

基于上述调查目的,对马来西亚非华裔汉语学习者对汉语社团的态度以及汉语学习动机的现状进行问卷调查。借鉴 Gardner 等(1985)AMTB(Attitude/Motivation Test Battery)量表的设计,问卷主要包括三个方面:

2.1 马来西亚非华裔汉语学习者对汉语社团的态度量表,从三个方面考察,包括对中国的态度、对中国人的态度以及对汉语学习的态度。每个方面各 8 题,共 24 题。问卷采用 6 点量表方式,1 到 6 从"完全不同意"到"完全同意",程度依次递增。每一句陈述被调查者根据自己的第一反应选择唯一答案,陈述方式统一为积极的表述方式。

2.2 马来西亚非华裔汉语学习者的汉语学习动机量表,从两个方面考察,包括融合型动机和工具型动机。融合型动机是指学习者对目标语社团有所了解或有特殊兴趣,希望与之交往或亲近,或期望参与、融入该社团的社会生活。工具型动机是指学习者的目的在于获得经济实惠或其他好处,如提高知识水平、改善社会地位等。[1] 每个方面各 8 题,共 16 题。测量方法和"态度"量表的测量一致。

---

[1] 王建勤. 第二语言习得研究. 商务印书馆,2009.

2.3 被调查者的基本信息。如性别、国籍、年级、学习汉语的时间等。

该问卷在"全球文化竞争背景下的汉语国际传播研究"项目[①]中已有大规模的使用和调查。本研究对问卷的信度进行检验，Cronbach's alpha 值为 0.815，信度较好，表明问卷可信。效度方面，由于借鉴了 Gardner 等(1985)AMTB 量表的设计和题目，将其翻译成汉语，另外根据中国的实际情况和马来西亚学生的背景修改了一些词汇表达，意义基本一致，因此问卷的效度有一定保证，但未做检验。

3. 调查步骤

采用纸笔调查的方式，请被调查者在课间填写问卷，并当场回收。发放问卷 48 份，回收问卷 48 份，全部为有效问卷。

二、马来西亚非华裔汉语学习者对汉语社团态度的现状分析

为了了解马来西亚非华裔汉语学习者对汉语社团态度的现状，问卷主要从汉语水平和态度两方面进行调查，为 2×3 设计。不同汉语水平的学习者对中国、对中国人和对汉语学习的态度平均值见表 1。

表 1　马来西亚非华裔学习者对汉语社团的态度平均值

汉语水平	对中国的态度	对中国人的态度	对汉语学习的态度
初级	3.19	3.29	3.06
高级	4.30	3.60	4.13

1. 马来西亚非华裔汉语学习者态度现状的方差分析结果

使用多因素方差分析，结果如下：

1.1 汉语水平的主效应显著（$F_{(1,46)}=12.708, p=0.001$），说明不同水平学习者的态度有明显差异，即高级学习者对汉语社团的整体态度好于初级学习者。

1.2 态度的主效应显著（$F_{(2,46)}=15.670, p<0.001$），说明学习者的三种态度的程度存在差异。事后多重比较显示，对中国的态度和对中国人的态度差异显著（$p<0.001$），即对中国的态度好于对中国人的态度；对中国人的态度和对汉语学习的态度差异也显著（$p<0.001$），即对汉语学习的态度好于对中国人的态度；对中国的态度和对汉语学习的态度差异不显著（$p=0.926$）。

1.3 汉语水平和态度的交互作用显著（$F_{(2,46)}=13.587, p<0.001$）。简单效应分析显示，在对中国、对汉语学习的态度上，高级学习者和初级学习者的差异显著（$F_{(1,46)}=18.90, p<0.001; F_{(1,46)}=44.21, p<0.001$），表现为高级学习者对中国和对汉语学习的态度都明显好于初级学习者；但在对中国人的态度上，高级学习者和初级学习者的差异不显著（$F_{(1,46)}=1.287, p=0.255$）。

---

① 该项目为教育部人文社科重点研究基地重大项目(06JJD740004)。

2.对马来西亚非华裔汉语学习者态度现状的讨论

从统计结果可知,马来西亚非华裔汉语学习者在对汉语社团的态度上表现出以下特点。

(1)在本研究考察的三种态度中,汉语学习者对中国以及对汉语学习的态度较好,但对中国人的态度明显不如对前两者的态度。我们可以这样理解,汉语学习人数的增加主要是因为中国的崛起为各国带来了直接的经济利益,而与中国地缘邻近的东南亚国家则受到了更为直接和巨大的利益。在经济需求的刺激下,越来越多的人加入了汉语学习的大潮中。因此,东南亚国家,包括马来西亚的汉语学习者普遍都对中国以及汉语学习报以积极的态度。但是汉语学习者对中国人的态度则是一个更为复杂的问题。汉语学习者认可中国的强大地位和汉语的重要性并不意味着他们对中国人也会给予积极的评价。对人的态度和评价一般是建立在接触和了解的基础上,而汉语学习者,像我们所调查的来京的马来西亚学生,即使他们在目的语国家学习,但与中国人的接触和了解显然并不多,因此他们对中国人的态度很难达到对中国以及汉语学习那样的积极程度。

(2)马来西亚非华裔汉语学习者的态度受汉语水平的影响。调查结果显示,高级汉语学习者的态度要明显好于初级学习者的态度。汉语水平高意味着有更多的途径和机会了解中国,语言学习是他们了解和认识中国的窗口,充分的了解为形成积极的态度提供了前提条件。对本研究调查的马来西亚非华裔学习者来说,他们从学习汉语开始就在中国生活,学习时间越长,表明在中国的生活越久,长时间与中国社会的接触,使得高级水平学习者对中国和汉语有更多的了解。根据我们对这批调查者的了解,马来政府对这批"汉语师资班"社会实践活动有很高的要求,社会实践活动较一般汉语学习者更为丰富,使得他们有更多的机会了解中国,显然,这一安排收到了非常好的成效。

三、马来西亚非华裔汉语学习者汉语学习动机的现状

本研究对东南亚汉语学习者动机的研究方法与上述对态度的考察相同,主要从汉语水平和动机两个方面探讨学习者的汉语学习动机,为 2×2 设计。不同汉语水平的学习者的融合型动机和工具型动机的平均值见表2。

表2 马来西亚非华裔学习者的汉语学习动机平均值

汉语水平	融合型动机	工具型动机
初级	3.41	3.31
高级	4.21	4.18

1.马来西亚非华裔汉语学习者动机现状的方差分析结果

使用多因素方差分析,结果显示如下。

(1)汉语水平的主效应显著($F_{(1,46)}=8.035, p=.007$),说明不同水平学习者的汉语学习动机有明显的差异,即高级学习者的学习动机强于初级学习者。

(2)动机的主效应不显著($F_{(1,46)}=0.408, p=.607$),说明马来西亚学习者在汉语学习上没有表现出不同的动机倾向,没有明显偏向融合型动机,也没有明显偏向工具型动机。

(3)动机与汉语水平的交互作用不显著($F_{(1,46)}=0.005, p=.920$)。

2. 对马来西亚非汉语学习者学习动机的讨论

根据统计结果,归纳马来西亚非华裔学习者的学习动机有如下特点:

(1)学习者的动机受到汉语水平的影响,高级汉语学习者的学习动机明显强于初级学习者。动机是否能够促进学习者的第二语言学习成效是以往较多研究的关注点,而本文的调查则从另一个视角为动机和语言学习的关系提出了新的证据,即二语水平较高的学习者确实具备更强的学习动机。从学习者的角度来看,随着语言水平的提高,学习者在学习上往往具备更多的自信,学习的动机也会进一步加强,从而形成一个良性循环的过程。另外,随着学习的深入,语言水平的提高,学习者对目的语社团的文化等方面也会有更深的了解,他们与目的语社团接近的愿望会加强,这也会进一步促进他们学习目的语的动机。

(2)研究还发现,不管学习者的汉语水平如何,他们的融合型动机和工具型动机处于并存的状态。融合型动机指第二语言习得者对目的语社团文化充满兴趣,希望与目的语社团有更多接触,理解目的语社团文化,甚至想进一步融合到第二语言社团中成为其一员的愿望。而工具型动机指第二语言习得者把第二语言用作工具的实用目的,如提高知识水平、改善社会地位等。从马来西亚学习者的实际情况来看,马来人学习汉语既有出于实用目的,也有出于对中国的喜欢和向往之情。从本研究的结果来看,学习者的动机是一个复杂的问题,往往包含了多种因素,很难将其截然划分为某一种类别。这也进一步证明了融合型动机和工具型动机并非对立或非此即彼,而很可能存在统一的关系。[1]

四、马来西亚非华裔汉语学习者在态度动机上存在的问题

上述分析表明,马来西亚非华裔学习者在对汉语社团的态度以及学习汉语的动机上存在如下一些问题。

---

[1] 闻亭. 不同文化距离下的习得水平与态度动机研究. 北京语言大学硕士学位论文,2005。

1. 学习者的"文化适应"问题

调查结果表明,马来西亚非华裔学习者对中国人的态度都明显不如对中国和对汉语学习的态度积极。Schumann(1978)提出的"文化适应模式"认为,第二语言学习者的文化适应的好坏主要受到两个因素的影响,一是"社会距离",即学习者群体和目的语群体的关系(如封闭程度、群体大小、文化相似性、居住时间等),二是"心理距离",即学习者个体和目的语群体的关系(如语言休克、文化休克、语言疆界等)。本文调查发现的这一现象实际上反映了马来西亚非华裔汉语学习者与汉语社团之间仍存在较大的社会距离和心理距离,虽然他们在中国生活和学习汉语。从这一结论推想出去,在马来西亚学习汉语的非华裔学习者,他们对汉语社团态度的分数可能会更低,社会距离和心理距离会更远。

2. 汉语水平与学习动机的循环问题

汉语水平与汉语学习动机是一对相互影响的因素。一方面,汉语水平越高,汉语学习的动机越高;另一方面,汉语学习的动机越高,越有助于汉语水平的提高。根据本研究的统计分析结果,马来西亚初级学习者在学习汉语的动机上普遍不如高级学习者,也就是说,汉语水平低的学习者,其动机反而低。根据上述语言水平和学习动机的相互关系,这种低动机显然不利于汉语水平的提高,这可能导致初级学习者不能继续汉语学习的道路,或者不能成为合格的毕业生。汉语国际传播必须寻求破解这一非良性循环的途径和方法,以提高初级水平学生的学习动机。

五、针对马来西亚非华裔汉语学习者的汉语传播策略

重视汉语学习者对汉语社团的态度,激发汉语学习者学习汉语的动机是汉语国际传播的重要任务之一。然而,通过上述分析和探讨,我们发现马来西亚非华裔汉语学习者对汉语社团的态度以及汉语学习的动机还存在一些值得注意和研究的问题。针对这些问题,我们提出以下几点建议和对策。

1. 汉语国际传播应该注重国家和国人形象的提升。

中国的和平崛起使中国在国际舞台上的形象得到大幅提升,国家形象的提升使世界各国汉语学习者对中国的态度产生了积极的影响,与此同时也促使学习者对汉语学习采取积极的态度。但是,从调查分析的结果可以看出,马来西亚非华裔汉语学习者对中国人的态度远不及对中国和汉语学习的态度。按照 Schumann(1978)的理论,第二语言学习者与目的语社团的社会距离越大,越不利于第二语言习得;同样第二语言学习者与目的语社团的心理距离越大也不利于第二语言习

得。[①] 汉语国际传播一方面要注重中国人形象的提升,中国人的形象提升了,学习者对中国人的态度也随之上升。与此同时,还应通过各种途径加强中国人与汉语学习者之间的交流与合作,尤其是来华的汉语学习者,他们有与中国人进一步交流的优势,应当好好加以利用。我们在马来西亚师资班的教学中就发现马来西亚学生很少有中国朋友,但他们想结交中国朋友的意愿却非常强烈,只是苦于没有机会。因此,如学院方能多提供留学生和中国人接触的机会,如进入中国家庭、汉语角、语伴等方法让汉语学习者结识中国朋友,那必定对汉语学习者对中国人态度的提升有很大帮助。只有深入的与人交流,才能改变学习者对中国人的态度,形成积极的评价。

2. 改变教学方法,激发学生学习汉语的兴趣。

汉语学习动机的形成,有赖于满足学习者的需求。也就是说学习者能够从汉语学习本身满足个体内在的需求,这种需求无论是精神的还是物质的。此外,外在因素也是促进汉语学习动机提高的动力。破解汉语学习者汉语水平和汉语学习动机非良性循环的方法之一,可以通过改变教学方法,激发学习者学习汉语的兴趣,满足学习者的需求,这是提高学习者汉语学习动机的前提。来华学习汉语的马来西亚学生已有一定的学习动机,因为他们需要回国教授汉语,但由于他们毕业后已有工作的安排,因此他们的学习动机又会有所降低。因此,让学习汉语变得有趣、有用,是激发这些汉语学习者学习动机的重要途径,也是形成汉语水平和汉语学习动机良性循环的有效方式。

参考文献

[1]Gardner, R. C. & Smythe, P. C.. On the development of the Attitude/Motivation Test Battery. Canadian Modern Language Review, 37. 1981.

[2]Gardner, R. C. Social Psychology and Second Language Learning: The role of attitudes and motivation. London: Edward Arnold. 1985

[3]Schumann J. The acculturation model for second language acquisition. In Gingras (ed.), Second Language Acquisition and Foreign Language Teaching. Washington, D.C. Center for Applied Linguistics. 1978

[4]王建勤. 第二语言习得研究. 商务印书馆,2009

[5]王建勤. 全球文化竞争背景下的汉语国际传播研究. 商务印书馆,即将出版。

[6]闻亭. 不同文化距离下的习得水平与态度动机研究. 北京语言大学硕士学位论文,2005。

---

① 王建勤主编(2009)《第二语言习得研究》,商务印书馆。

文学文化

集体记忆的生成及效应：新时期初期文学如何书写历史

白亮

【内容摘要】 新时期初期，作者如何看待、理解和处理"文革"记忆，是这一时期文学的重要内容。这种理解和处理的方式，又与新时期的意识形态、社会体制，以及作者的个人经验和身份意识密切相关，因而具有某种共同性，当然也存在着差异和分裂。本文以"集体记忆的生成及效应"为视角，通过"记忆的生成"、"记忆的建构"、"记忆的效应"以及"记忆的延伸"四个方面来探讨新时期初期文学理解和处理"文革"历史的方式，以求凸显出新时期复杂多样的文化历史内容，这也是试图发掘新时期文学"起源性"的一种尝试。

【关键词】 记忆、遗忘、新时期、"文革"、历史

新时期初期[①]，在人们面前所呈现的，是一幅"历史上下文"的图景：一方面，作为一个近期发生过的公众历史事件，"文革"以一种"集体性历史记忆"的方式潜存了下来，对历史当事人的日常生活、个人生存、社会关系等产生重大的影响；另一方面，虽然作为历史事件的"文革"在时空上已经结束，但是，"文革"思维所规训的思维方式却依然延续，整个国家还处在一种"文革"后的"文革"思维方式之中，其中，集体记忆总是和个人记忆叠加到一起，建构着历史当事人的主体，重塑着他们的形象。在这一情势下，作者如何看待、理解和处理"文革"记忆，是这一时期文学的重要内容。这种理解和处理包含着两个最为关键的问题：一是对待"文革"以及"新时期"（新秩序）的态度；一是寻求个人与时代、社会之间的关系，因而具有某种共同性，当然也存在着差异和分裂。

---

① 本文"新时期初期"所指涉的时间范围为20世纪70年代后期至80年代中期。

以历史记忆及书写方式来探讨新时期初期的文学，主要来自这样的问题意识：集体记忆①在新时期初期的文学中是怎么"生成"的？人们为什么会选择这样一种方式来理解和处理"文革"，而不选择甚至取消另一种方式？那些"逸出"集体经验的个人经验，在新时期初期的场域中有什么样的命运？与此有关的文学立场、批评方式与文化气候及其环境呈现出怎样的关系？这种"关系"又怎样确定了文学成规，而成规又怎样构建了这一时期的文学生态？对这些问题的探讨，也是试图发掘新时期文学"起源性"的一种尝试。

一、记忆的生成：《决议》②的出台

"新时期"这一概念最早出自于《实践是检验真理的唯一标准》③，随后，在1978年12月24日《人民日报》刊载的《中国共产党十一届三中全会第三次全体会议公报》中又明确重申了这一提法。这一"命名"非常鲜明地将"文革"与"文革"后区别为"旧"和"新"，并且与一系列意义相反、情感色彩相悖的概念相关联，比如封建与现代、愚昧与文明、落后与先进、守旧与开放等，这些典型的二元对立的思维模式形象地表达了"新"的历史时期与"旧"的"文革"年代在社会阶段、政治秩序和生活方式上的"断裂"。在此意义上，"新时期"这一提法具有了浓厚的政治色彩，成为一个与国家意识形态相关的政治性概念。不过，由于历史观念的惯性作用以及高层政治角力所带来的强劲阻力，官方在"文革"刚结束时并没有对"文革"作出清晰和权威的结论，普通民众对"文革"产生的抵触情绪和怨忿在"乍暖还寒"之时也只能涌动在"地表"之下。随着"十一大"、"十一届三中全会"的召开，以及在全社会逐步开展的反对"两个凡是"、拨乱反正，关于"真理标准"大讨论等一系列"公共事件"中，国家意识形态对"文革"的态度与评价也逐渐明朗起来。1981年十一届六中全会通过的《关于建国以来若干历史问题的决议》以对"文革"的定性，宣告了一段历史的彻底终结以及一个崭新的时代的到来：

一九六六年五月至一九七六年十月的"文化大革命"，使党、国家和人民遭到建国以来最严重的挫折和损失。

"文化大革命"的历史，证明毛泽东同志发动"文化大革命"的主要论点既不符

---

① 本文"集体记忆"是指新时期作家在想象和讲述"文革"故事时呈现出一种较为统一的思维模式。

② 1981年6月27日，中国共产党第十一届中央委员会第六次全体会议上一致通过《关于建国以来党的若干历史问题的决议》，在本文中简称《决议》。

③ "党的十一大和五届人大，确定了全党和全国人民在社会主义革命和社会主义建设新的发展时期的总任务。"见实践是检验真理的唯一标准. 光明日报，1978年5月11日。

合马克思列宁主义,也不符合中国实际。这些论点对当时我国阶级形势以及党和国家政治状况的估计,是完全错误的。……历史已经判明,"文化大革命"是一场由领导者错误发动,被反革命集团利用,给党、国家和各族人民带来严重灾难的内乱。①

以上文字是《决议》中的经典表述,它对"文革"的评价因其权威性和正确性成为认识和叙述"文革"的政治原则,并且为此后的记忆和书写提供了一个必须遵循的文学成规。如今我们重新解读这份《决议》会发现,它体现了新时期初期整个社会的期待与利益,契合了社会、时代精神的需要,目的就是要在全社会取得统一的"思想认识",从而对社会转折期的社会公众进行规范,这种同意/压制相统一的形式构成了唯一、合法的历史记忆,确保了社会集体性记忆的形成。② 当然,为达到这一社会效果,过去的"事件"中那些已不合时宜的"因子"则是必须"舍弃"或"忘却"的,这一"记忆"和"遗忘"的方式更加强化了"新时期""命名"的重要意义。不过,正如一些外国学者注意到的,《决议》看起来还没能够满足人们所谓的"共识"要求,这是因为:1、《决议》只涉及上层权力斗争的问题;2、《决议》对"文革"作为群众运动的说法甚不明确;3、《决议》也不能深入评判"文革"的是与否、有理与无理的问题。③

罗兰·巴特在《写作的零度》中指出,"毋容置疑,每一制度都有它的写作传统","写作作为言语的公开介入形式,可以通过精心制作的含糊,既包容一种存在,又具有权力的显现,既表明它是什么,又表示它让人相信什么",因而,这种写作"变成了一种价值语言"和真理的化身。④ 在此意义上,我们还可以这样理解,《决议》从文体形式和风格上就是一种"既表明它是什么,又表示它让人相信什么"的写作,而其中的"是什么"和"相信什么"又可以理解为应该"记住和忘却什么",因此,在这种被强迫"记忆和遗忘"的情境下,正如甘卜斯(I. Gambles)所说,"忘记近期历史和忘记遥远的过去是不一样的。……忘记(近期历史事件)意味着扭曲用以察看现今的视镜。这是一种有意无意的逃避或排拒。它把发生过的事想象为未发生过,

---

① 关于建国以来党的若干历史问题的决议.见中共中央文献研究室编.关于建国以来党的若干历史问题的决议注释本.人民出版社,1983
② 我们的确不能否认,《决议》的制定与出台,以及新时期初期的大规模的"平反"活动的历史意义是积极的,这毕竟是为寻求历史新的合法性作的各种努力,不过,新时期对"文革"的记忆和表述,都是从"为今所用"出发,对此,我不由想到,在经历了"拨乱反正"之后,官方对"文革"的阐释成为"正统"的记忆,一些更鲜活和真实的记忆便在人们大脑中储藏了起来,这样,人们也许就极易忽略历史本身的复杂和个人记忆的丰富。
③ 魏格林.如何面对文化革命历史.二十一世纪,2006(2)
④ 罗兰·巴特.写作的零度.引自伍蠡甫,胡经之.西方文艺理论名著选编(下卷).北京大学出版社,1987.446、447

把未发生过的事想象为发生过。这种遗忘其实是拒不记忆。"①在我看来,"它把发生过的事想象为未发生过,把未发生过的事想象为发生过"可以置换为如何"理解"历史记忆和怎样"处理"它的具体的问题,而这种理解和处理的方式的最大特征就是记忆的同一性,而记忆的同一性是对历史简单抽象化的表现,消解了历史的复杂多样性,这必然导致对历史真相的片面解读。更进一步讲,记忆不仅关乎历史的真实记录,也体现了一个时代的文学特征,新时期初期文学的集体记忆所彰显的正是作家们创作思维模式的统一化。也正因如此,需要我们进一步反思的是,以牺牲历史进程的丰富性而突出当下社会需求的必要性和合法性,只记述一面真实性而削减、掩盖了另一面真实性的记忆方式,难道是一种"真正"直面历史的态度?

记忆尤其是对记忆的书写是有社会文化功能的,所以在特定的历史语境中,某些记忆会被弱化,而某些会被强化,这里既有个人心理的原因,同时也有文化政治权力的介入,因此,新时期初期文学的历史记忆其实有着不同的呈现方式,它们共同构成了这一时期的文学生态,由此出发,就会理解为什么那一时代的不少作者以"众口一词"的表达和潮流式的写作方式去从事文学生产,也理解了为什么那种粗糙的文学表达方式竟也赢得了民众狂热的喜爱和追捧,同样,我们也应理解到作者们的创作心态毕竟具有复杂性,他们的个性、品格又总是表现出特立独行的一面,独特的"个人经验"有时也会逸出集体经验,造成写作突破成规的结果,于是,不可避免地会遭到国家意识形态的规训,甚至惩戒,即便作者的写作是关于个人遭遇的记忆,仍不免被文学史所遮蔽。

二、记忆的建构:谁在记忆? 如何记忆?

新时期初期,怎样在"文革"叙述的"模式"破产之后,找到一种合理的话语方式对此前的政治实践、思维模式和生活方式进行置换,怎样对刚被认定的"历史错误"进行合理化的解释同时又不触犯政治禁忌,怎样在社会民众中建立更为有效因而更能产生凝聚力的"新时期"叙述,这些都是主流意识形态必须切实解决的难题。正如我在上文中所阐述的,《决议》的起草和通过,很大程度上是响应、配合着"新时期"叙述的历史策略而问世的。在这种策略中,国家意识形态旗帜鲜明地批判"文革","新时期"则被认为是对"十七年"和"文革"的清算和反拨、矫正和超越,具有不容置疑的"历史进步性",它充分表明了集体记忆的性质、任务和选择,即人民大众撕心裂肺的情感控诉与作家们对"文革"记忆的建构所达到的高度的一致。于是,

---

① Ian Gambles, "Lost Time: The Forgetting of the Cold War." National Interest (Fall 1995):26—35, p. 26. 转引自徐贲. 文化批评的记忆和遗忘. 陶东风,金元浦,高丙中主编. 文化研究第 1 辑. 天津社会科学院出版社,2000

置身在这一时代语境下,我们试图将新时期初期的文学理解为如何记忆和书写"文革"以及当代史的文学,不过,从众多作品中看到的却是一个集体记忆而无差别的"文革"。

一位海外研究者对历史记忆作过这样的论述,"记忆都必须依赖某种集体处所和公众论坛,通过人与人之间的相互接触才能得以保存"①,由此看来,与新时期初期政治形势密不可分的"伤痕文学"显然就充当了"公众论坛"和"集体处所"的角色,讨论"伤痕文学"中关于"文革"记忆的问题,已不单单属于一个文化、审美的范畴,其实也是在凸显有关"文革"记忆的建构过程。在这一过程的具体解析中,集体记忆、个人记忆和公众领域三者之间的张力关系是必须要阐释清楚的,因为它说明了一个重要问题,就是"谁"在记忆,他们以怎样的"身份"或通过怎样的"途径"来记忆。

首先,新时期初期,记忆所产生的社会作用要影响和规范社会群体的思想生活,在此基础上,"伤痕文学"记忆的"文革"灾难以及个人在"文革"中的悲剧性遭遇共同构成了一种"认识性的装置"。在这一"装置"中,革命的高昂叙述使得原本属于个人性的创伤记忆,显现成了整个民族的集体性的创伤记忆,作者们以文学的形式记忆"文革"劫难、诉说历史创伤,这已不仅仅是为了缓解个人承受的苦难,也不仅仅要满足读者宣泄怨恨、愤懑之情的需要,而是试图最大限度地将主题最终升华到国家命运相关的历史批判高度,从而将个人悲欢框定于政治话语之下,并且,人们渴望通过这些历史记忆,重新建构自己的经验记忆,从而完成生存于这一时代的"自我"想象。这一想象其实也体现着作者对"文革"的理解与"现实"的态度,以及他们作为独立的个体对自身在社会中的"位置"和"合法性"的判断和期待。尽管这种理解和处理的方式有着颇多类似的表现,诸如对于社会群体共同创伤记忆的表达,但是我们都知道,不同人的遭际和个体记忆并非完全相同,因而,如果试图对此时期作家们的历史记忆进行单一的整体论述显然是过于简单化了的。② 即使这

---

① 徐贲.知识分子:我的思想和我们的行为.华东师范大学出版社,2005.282

② 王蒙在回忆新时期初期的文学环境时讲述了这样一件事,1979年,他看望刚刚回到北京的丁玲,此时的丁玲并不像文艺界众多的"受难者"一样记忆着创伤、讲述着苦难,她"并不怎么跟着风骂'四人帮'",反而"显得冷静谨慎,不想说太多的话。"至于原因,王蒙揣测说"痛钜则思深,她似乎仍在观望。"另一个原因他认为是丁玲"更想骂,更较劲的可能另有其人",她"以为她的不幸完全是某几个人或某一个人所造成的。"于是,她有意与伤痕文学划清界限,虽然也"赶时髦"写了《牛棚小品》,但仍然奚落伤痕文学是"时鲜货"。参见王蒙.王蒙自传·第二部:大块文章.花城出版社,2007.66。王蒙时隔多年后对新时期初期文艺界一些作家、事件等的补充性叙述,丰富了我们对那个年代的看法。同时,我们也应该意识到,80年代以来的文学史表述,一般都把记忆和结论确定在"承担苦难"或是"拨乱反正"的历史结果上,却不知道对于具体的个人来说,其理解和处理历史记忆的方式却是千差万别的,尤其是当很多个人的记忆和讲述都未列入历史叙述之中的时候。

样,仍然要强调的是,新时期初期的历史记忆首先是在主流意识形态所划定的范围和意义内展开的,即使叙述最具"私人精神"意味的创伤记忆也处于这种话语规约之中,也就是说,不是所有的"创伤"都可以讲述,也不是所有的经验都可以传达,在"可以讲"之外,还有"谁在讲"和"怎么讲"的问题。

其次,需要进一步探究的是,作为"公众论坛"和"集体处所"的"伤痕文学"为什么会在新时期初期产生强大的社会修辞效果?在我看来,主要有以下两个原因:第一,"主题"、"题材"、"内容"和"思想立场"是50—70年代中国当代文学的首要原则。一篇文学作品的思想和立场是否"正确",是否具有重大"社会意义",能否"教育"广大人民群众,往往居于核心地位。由于这种极深的历史积淀,新时期初期的作家们对主题、题材的迷恋,对思想立场的敏感,对文学作品重大的社会意义的追求与坚守,对人物形象的塑造等,都与当时的政治态势、社会走向、民众意向保持一定的契合,因而,"伤痕文学"遵循的文学观念、审美原则、艺术构思仍在"十七年文学"的轨道上自然地滑行。① 第二,"伤痕文学"集中体现了新时期国家的现代性想象和文化意志,有意无意地遵循着"揭露'四人帮'"这条艺术的"成规",②它们的"叙述"承载的主要是政治批判、情感倾诉与道德谴责的实用功能,也正是要为新时期国家的社会政治实践进行合法性论证,并为这种实践进行广泛的社会动员,从而达到一种新的历史书写的目的。然而,从这些记忆和书写方式中,我们发现,作家在"伤痕文学"这一公众论坛中往往处于有利态势,他们有意或者无意地构建了记忆历史的等级体制和成规,一方面仅仅停留于对"四人帮"的揭批,宣泄悲痛和伤感情绪,普遍表现出尽力回避作为历史"共谋者"的事实;另一方面又不愿意过分扩大

---

① 刘心武1977年9月在给《人民文学》原副主编崔道怡的信中满怀深情地说道:"这回寄上我上月写成的短篇小说《班主任》,写的是我所熟悉的生活和我所熟悉的人物","我写它时,自己是颇激动的。我希望这篇小说能使读者感奋起来,实事求是地对待面前的困难和问题,扎扎实实地响应党中央抓纲治国的伟大号召,在自己的岗位上大胆工作、做出贡献……"崔道怡.《班主任》何以引发巨大反响.光明日报,2008年10月13日。我们可以看出,信中的"我"、"熟悉的生活和人物"、"读者"、"响应号召"等清晰地反映了新时期初期作者们怎样理解"文革"记忆以及如何处理它的真实心态。

② 胡乔木1981年8月8日在思想战线问题座谈会上指出:"这些作品('文革'后的文艺作品,作者注)总的说来,是有益的,对于认识过去的历史,批判'左'倾错误,揭露林彪、江青反革命集团的罪行,表现站在正确立场上的党员和群众的英勇斗争,产生了积极的作用。"中共中央文献研究室编.三中全会以来重要文献选编.人民出版社,1982.947.中国作协党组书记张光年也给予"伤痕文学"肯定性地评价,他说:"所谓'伤痕文学',依我看,就是在新时期文学发展进程中,率先以勇敢的、不妥协的姿态彻底地否定'文化大革命'的文学;是遵奉党和人民之命,积极地投身思想解放运动,实现拨乱反正的时代任务的文学。"张光年.新时期社会主义文学在阔步前进——在中国作家协会第四次会员代表大会上的报告.张光年文集(第三卷).人民文学出版社,2002.419

和渲染这种批判和创伤记忆,为的是过滤或者弱化其中的政治抗议因素,有着将"伤痕文学"中过多的政治诉求转化为文化控诉和对经济重建的展望。

再次,既然考量作品的社会效果依然在新时期文学中占有非常重要的地位,那么这个时代文学成规的确立,首要目标就是靠"真实"和"道义"吸引、征服社会民众。这一"真实性"的体现首先就是作者对自己在"文革"中"真实"的个人创伤进行回忆和讲述,因为社会公众都相信,个人的历史记忆才是历史的第一见证人,只有这一个"第一见证人"在场的文学创作,才能够产生震撼和感人的力量。在此意义上,第一见证人其实也是一个"讲述历史故事的人",而"讲故事者能够吸取、提炼和重新塑造植根于群体共同遗产中的记忆氛围。通过'讲古'的叙说行为,讲故事者诉诸一个围炉夜话的听众集体。听众们融合、投入到讲故事人文化积淀形成的、富于魅力的人格和气息中去,聆听有关集体的故事怎样延展的教诲,拟想个人和群体生活的往事和前程"。[①] 于是,在"伤痕文学"的许多作品中,我们都会发现有一个"第一见证人"的影子,承载着为社会民众讲述"十七年"和"文革"历史故事的巨大功能。[②] 在小说《伤痕》中,作者卢新华以"见证"的形式来书写历史故事,主人公王晓华以受害者的身份向读者提供了一份"真实"的证词,通过个人的悔恨之情使人们记忆起在灾难浩劫中有人曾经是非正义和暴力的牺牲品。于是,王晓华成为了"历史记忆"的代言人,也正是由于第一见证人王晓华的在场,没有人认为小说中的"故事"只是"文学虚构",而相信这是对他们刚过去不久的人生经历的"叙述"和"反思",读者与"见证人"之间就这样建立了认同和信赖,从而相信见证者故事的真实性。在这些历史故事的讲述中,虽然两个人的经历不会完全相同,同一情形的故事在听众和读者那里也会产生各不相同的感受,但是他们都被"伤痕"所感染,个人的创伤记忆与小说的故事情节和主人公的命运交织在一起,于是都会接受这些故事,并且倾入了自身全部情感。这样,个人记忆和体验契合了特定社会的需要,个人"感伤"情调的宣泄又唤起了许多读者的苦痛回忆。

新时期初期的不少文学作品似乎都可以被看作是作者个体的"自传记忆",在

[①] 王斑.全球化阴影下的历史与记忆.南京大学出版社,2006.71。既然第一见证人是个"讲故事的人",那么他们记忆历史就会包含"文学想象"的成分,而且,某种程度上,这种"文学想象"会把"历史事实"充分地增大、扩展。正如海登·怀特所提醒的:"历史,无论是描写一个环境,分析一个历史进程,还是讲一个故事,它都是一种话语形式,都具有叙事性。作为叙事,历史与文学和神话一样都具有'虚构性'。"他指出:"为了赋予对'过去发生的事件'的叙事以可理解的发展进程的属性,就仿佛戏剧或小说的表达一样,情节结构就成了历史学家'阐释'过去的一个必要成分。"海登·怀特.后现代历史叙事学.陈永国,张万娟译.中国社会科学出版社,2003.10、82

[②] 例如卢新华《伤痕》中的王晓华,刘心武《班主任》中的张俊石,孔捷生《在小河那边》中的姐弟,张弦《记忆》中的放映员,王蒙《夜的眼》中的我,北岛《回答》、《宣告》中的抒情主人公等等。

"伤痕文学"这个"公众论坛"中,他们以历史第一见证人的身份与人们"互诉衷肠",代替"我们"记忆和讲述着"我们的历史",才成为那个时代整个民族的大多数人所共有的"集体记忆"。而且,"几乎在每一个引起我们关注的故事中,我们都会成为故事中的一员并以我们自己的方式充当其中的角色"。虽然这些方式有不同,有相似,但是"却包含了那些由于接受角色而引发的情感。于是,最初的主题在传播中被人们强调、改变或润饰。"①在我看来,这种"记忆"的建构和书写方式的目的就在于修复和建构历史,它通过排斥其他异质性记忆的地位,重新规范人们的历史记忆,使人们建立起对于当代历史的新的认知,因此,这种记忆和书写的意义不仅在于体现了新时期初期的文学规划,还在于它与现实和历史本身的某种"合谋"。然而,这种"记忆"成规的确立,也会产生某些负面的效应。比如,一些具有私密性的个人体验,以及在记忆历史中与意识形态话语相抵触的成分在这一过程中被有意忽视和压制,乃至被剔除。在这个意义上,"集体记忆"以宏大、正统的名义对刚刚逝去的历史进行了有目的的选择。对此,笔者不由地想到,在经历了"继往开来"的历史"选择"和"遗忘"之后,人们最容易忽略的,也许正是历史本身错综庞杂的"性格"。②

三、记忆的效应:强化性记忆与选择性遗忘

在新时期初期文学中,集体记忆的形成并逐步强化也伴随着有选择的"遗忘"。在发表于1980年《人啊,人!》中,作者戴厚英浓墨重彩地渲染了主人公何荆夫在"文革"中所经历的种种磨难,虽然"文革"结束后何荆夫仍然未能完全获得"平反",但作者多次借助主人公慷慨激昂的陈词来传达作者对待民族和历史的态度:"历史这两个字是十分抽象的。可是组成历史、推动历史前进的各种因素,特别是人,却是具体的、复杂的,多种多样、千奇百怪的。对于和我们一起担负着时代重任的人,

---

① 沃尔特·李普曼.公众舆论.阎克文,江红译.上海世纪出版集团,2007.129
② 在这里,我并非要讨论集体记忆或群体经验是否可靠,意义是否清晰,也并非要将个人记忆和集体记忆、个人经验和群体经验设置为非此即彼的对立状态,而是想要说明新时期初期,公众性的"文革记忆"在创伤的层面上带有个体记忆的印记,正如研究者所指出的:"再特殊的感性材料,再隐秘的私人记忆,在文革书写中又总是要以历史'大叙述'的面目出现,总是伴随着对灾难前因起源后果教训的解释与总结。换言之,有关文革的私人记忆必须要以公众记忆的语法才能被书写被阅读。"许子东.叙述文革.读书,1999(9)。不过,仍然值得辨析的是,"公众、群体对政治灾难的记忆,往往绕过个体的身体创痛和精神折磨",而且,"公众记忆常常僵化,物化,成为人们可以接受的话语,冠以历史知识的美名。"但是,个体记忆并不能轻易套进什么话语公式里去,由于它嵌进繁多、零散的印象,使它至少能真切对待无法言说的震惊体验。参见王斑.全球化阴影下的历史与记忆.南京大学出版社,2006.116

我们为什么不应该等待呢?一个民族的历史,一个时代的历史,是由千千万万个人的历史汇集而成的。在这个汇集的过程中,每个人都要走完自己的历史道路,你不允许他们走吗?你一个人把历史的车子扛在肩上吗?"因此,"总有一天,你会看到,它(历史,本文作者注)是公正的。"①这段对"个人"和"历史"的评价代表了众多新时期初期文学理解和处理历史记忆的方式,我们可以看出作者对"文革"的认识最终被处理成"在历史黑夜里耐心地等待光明"的记忆和书写,具体的呈现方式是将历史当事人"简单化为纯粹受害者,甚至纯洁化为受难良知的化身",这"反倒造就了对这些政治运动的遗忘。从根本上说,这种记忆和把文革责任全然推给'四人帮'式的记忆并无二致",因而,"强制遗忘所主导的'坏人害好人'式的记忆成了它疏导记忆和遗忘冲突压力的有效管道。这种记忆不仅强迫人们忘却专制制度的责任,而且还诱使人们忘记社会的集体罪恶感。"②因此,与其说以何荆夫为代表的"历史受难者"对那些曾对自己犯下过错的人毫不犹豫地一律表示宽恕和谅解,不如说他们是在以"未发生过的事"来宽容进而反抗"发生过的事",他们是要通过个人与个人、他人与他人之间"历史的撕裂"而"拒不记忆",最终将近期的历史事件彻底"遗忘"。

"对近期历史事件的强制遗忘"当然会造成"官方历史和个人记忆的差别",不过,"在不能公开记忆的情况下,无论能否发表,个体记忆写作都可以成为一种抗争行为。但是,这种抗争性的记忆只有在成为公众记忆的一部分时才会真正起到社会作用。'文革'中所保存的个人记忆只是到了'文革'以后,因有条件进入公众领域才起到重新记忆'文革'的社会作用的。"③在小说《一个冬天的童话》中,作者遇罗锦塑造了与"四人帮"坚决斗争的"英雄"——遇罗克,他实际上已成为作者有意识的"遗忘"和主动加工过的"艺术想象"。这一形象和众多"十七年文学"作品一样,丧失了人物性格的复杂性和多面性,当然,作者似乎也从来没有想到过深入历史人物性格的内部去捕捉那些动人的、纠结的、矛盾的生存状态。正如我在另一篇文章中所述,遇罗锦将遇罗克塑造为一个十全十美的极端理想化的革命和道德英雄,目的就是要证明历史胜利者在"非常态性"社会语境中历史道路选择的正确性,④因此,我们就会理解遇罗锦通过有意识的"遗忘"把"人"加工成带有浓厚政治意味的道德"榜样",从而达到规范社会民众集体记忆的目的。

---

① 戴厚英.人啊,人!.广东人民出版社,1980
② 徐贲.文化批评的记忆和遗忘.陶东风,金元浦,高丙中主编.文化研究第1辑.天津社会科学院出版社,2000
③ 徐贲.知识分子:我的思想和我们的行为.华东师范大学出版社,2005.290
④ 白亮.自我形象的生成与个人经验的建构——论遇罗锦记忆和讲述"文革"的方式.中国现代、当代文学研究(人大复印报刊资料),2011(1)

通过上文所述,我们分析了新时期初期文学记忆和书写历史的方式,以及遗忘对形成、塑造和强化历史记忆所起的作用。同样,在问题的提出和辨析中,我们也逐步明确了这样的事实:新时期文学从一开始就毫不犹疑地接受了高层政治对"文革"的解释,在此基础上,对于历史伤痛的个人性倾诉被进一步上升为整个民族和国家的伤痛,原本从个人立场出发的历史之痛的叙述,变成了对公共性痛苦的慨叹和抚摸,其不幸遭遇的呈现形式在彼此之间几乎没有什么不同,于是,个人的历史记忆随之显现成为集体的记忆。当然,我们也应该明白,历史记忆中所指涉的"集体记忆"和"个人记忆"等关键概念传达出来的信息远比我们今天把握到的要多样和复杂,而且,当众多的文学作品都用同一种思维方式和创作模式反映相同的主题时,便意味着文学主体性的缺失,意味着凸显文学的社会性功能而忽略文学自身内在的文学性与审美创造性。

四、结语:记忆的延伸

从某种程度上说,新时期初期文学的"文革"记忆书写在 80 年代中后期即已陷入困境,既不能提供新的感性记忆,也不能提供新的思想角度。作家们也逐步地意识到,在完成了自己的政治历史使命之后已经面临话语困境的集体记忆书写需要引入新的元素才能成为兴奋点,或者说才能延续下去,这一新的元素产生的前提在于两个:一个是时代文化语境和作家个人语境与新时期初期相比,发生了很大变化。"文革"逐渐失去其革命神圣性和宏大化的苦难叙事,蜕变为一段去政治的日常历史,一种可资写作甚或娱乐消费的文化资源,一个作家个人言说的场域。另一个是作家在思维模式上走出"文革"小说政治批判和情感倾诉这一时代宏大主题的小说模式,更关注生命个体的生存写照,更希望各种各样经历过那个时代的人历史主体都能出来说话,从各自不同的角度记忆他们经验的历史,从而丰满历史的面目,获得文化意义的增殖。

问世于 1990 年冬天的中篇小说《叔叔的故事》是作家王安忆站在个人立场上对时代的反省,她则以小说的形式,提出了对新时期初期文学的集体记忆的谨慎。在这篇小说中,最突出的特征是新时期初期文学中的"苦难"通过叔叔的故事的讲述而先被质疑,再得以重新诠释。通过小说,我们了解到,苦难是"叔叔"一代后来得以发达的光荣资本,也是这一代精神史的出发点。正因为它无比重要,所以在记忆历史时被夸大和扭曲,从而导致叔叔一代既不能靠近真实的自己,也不能靠近真实的生活。因此,王安忆认为"叔叔"们改写和遗忘了自己的部分历史,打造了受难者的光辉形象,为个人和时代的现实利益服务。以此为代表的一批记忆"文革"历史的小说大都从个人的成长经验和日常生活入手,找到了打开新的"文革"记忆空间及思考"文革"的新视角,也许,它更加有效地容纳了生命记忆、历史文化记忆和政治记忆,克服了以往"文革"记忆叙述中的某种单面性、过滤性,某种程度上恢复了历史的复杂性、原生性和混沌性,重新引发了人们阅读了解这个时代的兴趣。

由于权力意志的作用,任何一个时代、任何一个民族的集体记忆,当它成为一种历史记录时,往往都会被特定的价值系统所处理,某些东西可能被夸大了,而有些东西则被削弱了,甚至屏蔽了。而文学,恰恰可以凭借其对现实秩序以及人的存在状态的叙述,既打上现实生存的烙印,又承载了作家个体的真实体验与思考。在此意义上,我们以"集体记忆的生成及效应"为视角考察新时期初期的文学理解和处理、想象和建构历史的方式,是试图说明"文革"的记忆是如何通过个人性的记忆转化为集体性的记忆,这种转化的目的又是为了什么。当然,在我们的研究中探讨的不是是否存在符合集体记忆规范的文学,也不是是否存在处于集体/群体之外的个人叙述,而是这一时期的文学主要从哪些层面、哪些角度、哪些方式来理解和处理历史记忆,从而显现出新时期复杂多样的文化历史内涵,这同样有助于我们进一步认知新时期文学的"起源性"问题。

参考文献

[1] 莫里斯·哈布瓦赫. 论集体记忆. 毕然,郭金华译. 上海人民出版社,2002

[2] 保罗·康纳顿. 社会如何记忆. 纳日碧力戈译. 上海人民出版社,2000

[3] 哈拉尔德·韦尔策编. 社会记忆:历史、回忆、传承. 季斌,王立君,白锡堃译. 北京大学出版社,2007

[4] 王斑. 全球化阴影下的历史与记忆. 南京大学出版社,2006

[5] 徐贲. 知识分子:我的思想和我们的行为. 华东师范大学出版社,2005

[6] 程光炜. 伤痕文学的历史记忆. 天涯,2008(3)

英国汉学家阿瑟·韦利的袁枚研究①

蒋文燕

【内容摘要】 阿瑟·韦利(Arthur Waley)是20世纪英国最伟大的汉学家之一,为中西文化的交流做出了巨大贡献。他曾先后为白居易、李白和袁枚撰写传记,表现出他研究中国诗歌史的独特视角。本文从阿瑟·韦利的袁枚传记研究入手,梳理他对袁枚其人其诗的看法,通过描述阿瑟·韦利诗学观念与袁枚"性灵论"思想的相似性,及其隐士情怀与袁枚归隐随园的异曲同工之处,尝试探寻在跨文化语境中一个西方译者与东方诗人产生思想共鸣的原因。

【关键词】 阿瑟·韦利,袁枚,中国诗人传记,诗学观念

阿瑟·韦利(Arthur Waley,1889—1966)是20世纪英国最伟大的汉学家之一,他一生从未来过中国,却翻译了大量中国古代典籍,不仅译作数量相当可观,而且种类极其丰富,在西方产生了深远的影响。为表彰他对译介东方文学与文化所做出的贡献,1953年阿瑟·韦利获得了"女王诗歌金质勋章"(The Queen's Gold Medal for Poetry),这是英国顶级诗人才可能赢得的殊荣。但阿瑟·韦利本人一直过着隐士般的学者生活,他1910年毕业于剑桥大学国王学院,1913年获得大英博物馆的职位,负责整理、编目中国与日本的绘画。由于工作需要,他开始自学中文和日文,由此奠定了汉学研究的基础。1929年阿瑟·韦利以身体欠佳为由,从大英博物馆退休,专心从事著述与研究。

阿瑟·韦利中国文学翻译与研究的一个重要特色是撰写诗人传记,这表现出他对梳理史实的重视。他先后撰写过《白居易的生平与时代》(*The Life and Times of Po Chu-I*,1949)②、《李白的生平与诗歌》(*The Poetry and Career of Li*

---

① 本文为北京外国语大学校级自选课题"英国汉学家阿瑟·韦利的中国诗人传记研究"(项目编号2015JJ011)的阶段性成果

② *The Life and Times of Po Chu-J.*, London: George Allen & Unwin Ltd., 1949.

Po,1950)①和《袁枚:一个十八世纪的中国诗人》(Yuan Mei: A 18ᵗʰ Century Chinese Poet,1956)②三本诗人传记。而白居易是阿瑟·韦利最钟爱的诗人,他曾翻译过一百多首白诗,并对其创作给予了高度评价,认为"(他的诗歌)确实没有严格的理念和微妙的哲学,但其中有强烈、坦诚的反思和自我剖析,而这是西方所无法比拟的。"③在阿瑟·韦利看来,袁枚也是处于白居易的影响体系之中,"对我们而言,宋以后的诗歌不必过多关注。18世纪喜欢闲谈的袁枚创作了《随园诗话》,该书妙趣横生……他自己的诗歌主要师承白居易和宋代诗人苏东坡。"④目前国内学界讨论阿瑟·韦利的白居易研究较为充分,对其李白研究亦有所涉及,但对其袁枚研究尚不多见。本文拟以阿瑟·韦利所撰《袁枚:一个十八世纪的中国诗人》(以下简称《袁枚传》)为主要研究文本,并与其译诗集《汉诗一百七十首》(A Hundred and Seventy Chinese Poems,1918)⑤及其他诗人传记相互参照,探讨他对袁枚其人其诗的认识与评价。

一、阿瑟·韦利所撰《袁枚传》的基本情况

阿瑟·韦利的《袁枚:一个十八世纪的中国诗人》出版于1956年,是其三本中国诗人传记中出版最晚的著作,但其中的文学技艺和格调却很高。事实上,在这三本中国诗人传记中也只有《袁枚传》采用了纪年体体例,全书分为七章,按年次为先后顺序,分别记述了袁枚"在杭州"(1716—1736)、"在北京"(1736—1743)、"任知县"(1743—1749)、"在随园及西北之行"(1749—1752)、"随笔与《子不语》"(1752—1782)、"旅行"(1782—1786)、"《随园诗话》与《随园食单》"(1787—1797)。其中每一部分介绍也是以时间为序,而诗文翻译则间杂其中。

全书还附了两幅图,一是序言前的"袁简斋五十小像",二是目录后的"十八世纪中国省份图",以便读者了解袁枚一生的游历范围。

在传记正文之后是"附录"四种,其一是《安逊提督和广州华人的交涉》,这是当

---

① *The Poetry and Career of Li Po*,701-762 A.D.,London: George Allen & Unwin Ltd.,1950.
② *Yuan Mei: A 18ᵗʰ Century Chinese Poet*,London: George Allen & Unwin Ltd.,1956.
③ *A Hundred and Seventy Chinese Poems*,London: Constable & Company Ltd.,1918,"Introduction",p17.
④ *A Hundred and Seventy Chinese Poems*,London: Constable & Company Ltd.,1918,"Introduction",p18.
⑤ *A Hundred and Seventy Chinese Poems*,London: Constable & Company Ltd.,1918. 这本译诗选集收录了先秦至明代的一百七十首诗歌,全书正文分为两个部分,第一部分是先秦至明代的诗选,第二部分则全部是白居易的诗歌,共计五十九首。

年中英外交史上的一桩历史掌故,是指1742年英国和西班牙战争期间,英国舰只"百总号"装运500名西班牙俘虏行至广州附近,舰长安逊要求中方提供补给,后被迫献出全部西班牙俘虏。安逊后来返回英国后于1748年出版了《安逊环球航海记》①。这一事件与袁枚传文没有直接关联。其二是《袁枚身后》,简述了袁枚身后所获的批评,并引用了梁启超在《清代学术概论》对袁枚作品的评语:"臭腐殆不可向迩"②。阿瑟·韦利对此反驳道:"这位中国传统哲学家的论调只是人云亦云,并不是新鲜独到的识见。"③这一附录能够帮助读者评判袁枚的价值,并了解阿瑟·韦利对袁枚的认识。其三是《马戈尔尼使团和袁枚的作品》,这一附录推测1793年英国马戈尔尼访华使团成员之一的乔治·托马斯·斯当东(G. T. Staunton)可能是最早购买袁枚诗文集的西方人④。这是指1793年为祝贺乾隆皇帝八十寿辰,英国政府派出以马戈尔尼为首的使团访华,这是英国政府派出的第一个正式访华使团。后据当时使团成员之一的乔治·托马斯·斯当东(G. T. Staunton)所述,他将访华购买的3000册中文图书捐赠给皇家亚洲学会(Royal Asiatic Society),阿瑟·韦利据此推测袁枚的著作亦在其中。其四是阿瑟·韦利撰写《袁枚传》的"写作原则",包括以西历纪年;不写人物的字与号;尽可能少提及人名;不录传统的墓志铭⑤;不记述袁枚偶然的游踪;古人名字以翟理斯(Herbert Allen Giles)的《古今姓氏族谱》(A Chinese Biographical Dictionary)为据;清人名字以恒慕义(Arthur W. Hummel)主编的《清代名人传略》(Eminent Chinese of the Ch'ing Period)为据;只描述官职的大致品阶;使用威氏拼音法(Wade-Giles Romanization)等。这些写作原则使得《袁枚传》的表述方式清晰、集中和统一。

"附录"之后是"书",列出《袁枚传》的主要资料来源和前人的袁枚研究。阿瑟·韦利主要的中文资料来源是《随园全集》,他所用的版本是由上海文明书局1918出版。至于时代背景和政治人物的描述则多取材于英文文献,例如1932年哈佛燕京学社出版的《清代三十三种传记引得》、1935年富路特(L. C. Goodrich)撰写的《乾隆文字狱》(The Literary Inquisition of Ch'ien-lung)和1944年恒慕义主编的《清代名人传略》被阿瑟·韦利大量引用,其中尤以参考《清代名人传略》最多。

---

① 参见赵欣《〈安逊环球航海记〉与英国人的中国观》,《外国问题研究》,2011年第3期。
② 梁启超《清代学术概论》:"乾隆盛时,所谓袁(枚)、蒋(士铨)、赵(执信)三大家者,臭腐殆不可向迩。"上海古籍出版社,2000年,第101页。
③ Yuan Mei: A 18th Century Chinese Poet, London: George Allen & Unwin Ltd., 1956, p189.
④ 参见孙庆《中英关系史话》,社会科学文献出版社,2011年。
⑤ 因为这一原则,孙星衍《故江宁知县前翰林庶吉士袁君枚传》和姚鼐《袁随园君墓志铭》都未被列入参考资料。

"书"之后是"参考"和"引得","参考"详细注明所引资料的出处,"引得"则按英文字母的次序,列出传文中提过的作品、人物、地方、事项和特殊词汇等。

以上是阿瑟·韦利所撰《袁枚传》的基本体例。在传记正文中,《随园全集》是最主要的材料,全集包罗范围广,每种著作亦卷帙繁复,剪裁组织应该是颇费阿瑟·韦利的一番苦心。《随园全集》由九种作品合编而成①,其中《小仓山房诗集》是阿瑟·韦利《袁枚传》前四章的基本材料。由于它完整有序,有明确的编年,使用起来不像白居易诗集那样费事。因为白居易诗集以题材分类,所以传记作者需要先考定作品的年次,再从同一年次的作品中选出最富有传记价值的。或许正是由于取材的便利,《袁枚传》大量翻译了诗人的作品,特别是诗歌,以斜体字标出的诗歌原文一百多页,有的是引译全诗,有的是摘译几句,占了全书一半的篇幅(全书共二百零四页)。此外,《袁枚传》还主要翻译了《子不语》、《随园诗话》和《随园食单》中的部分内容。总之,阿瑟·韦利从袁枚卷帙浩繁的作品中甄选出材料,合并成集年谱、轶事、著作、评论于一体的小说式传记,成为其三本中国诗人传记中可读性最强的一本。

二、阿瑟·韦利对袁枚其人其诗的认识

为袁枚作传其实是一件颇有难度的事情,他一生事迹丰富、交游广泛,又有大量的诗文传世,仅诗歌就有7000多首,还是清代"性灵派"的诗坛领袖,传记线索可谓千头万绪,因此可以说《袁枚传》是阿瑟·韦利四十多年汉学研究学术深度和写作功力的集中体现。

说到作传的目的,《袁枚传》秉承了阿瑟·韦利一贯的汉学翻译思想,即考虑普通读者的需求和兴趣。早在1918年出版的译诗集《汉诗一百七十首》(A Hundred and Seventy Chinese Poems)"导言"中阿瑟·韦利就明确提出,"这个导言是专为普通读者而写的"②,它包括中国文学的局限性、中国诗歌的技巧、中国诗歌史和翻译方法的介绍。1962年阿瑟·韦利在《汉诗一百七十首》再版导言中写道:"这本书出版四十年以来,销售一直很平稳,我觉得其中的一个原因就是它受到了那些通常不看诗的人们的喜欢。"③他接着讲了自己经历的一个小故事,"二战"爆发时,由

---

① 阿瑟·韦利依据的《随园全集》是由上海文明书局1918年出版,这一版本不易寻得,故参考了王英志校点的《袁枚全集》,江苏古籍出版社,1993年。

② *A Hundred and Seventy Chinese Poems*,London:Constable & Company Ltd.,1918,"Introduction",p9.

③ *A Hundred and Seventy Chinese Poems*,London:Constable & Company Ltd.,1962,"Introduction",p11.

于阿瑟·韦利精通日文,曾在英国情报部日文组当了六年(1939—1945)的检审员(censor)。有一次一群年轻的女打字员和职员拿着《汉诗一百七十首》来找他签名,其中几个女孩子说,在阿瑟·韦利的书出版之前,她们并不看诗,因为诗歌在她们看来"很特别,也很难"①。从这个故事可见他的译作引起了普通读者的兴趣,他达成了自己的翻译目的。

由于传记预设的阅读人群是大众,所以在《袁枚传》序言中阿瑟·韦利一开始就谈到只翻译那些有趣的,不需要累赘就能加以说明的诗作。作传的目的是希望读者和作者一样,认为袁枚是一个"可爱、睿智、慷慨、重感情却脾气暴躁、偏执的人。即使是微不足道的小事,也蕴含深厚的感情,悲伤时也不乏几丝风趣。"②重情重义、睿智慷慨,这可以说准确地把握住袁枚性格的主要方面,但也有中国学者对其脾气暴躁、性格偏执却做出了完全不同的描述,例如王英志《袁枚评传》云③:

由于父亲的长期飘泊在外,袁枚少年时期基本上是生活在一个女性家庭环境中,是祖母、母亲、姑母对他言传身教,他所受到的教育熏陶、影响多来自女性长辈。这三位长辈都是温文尔雅、善良慈和、思想通达之人,对袁枚性格的塑造非常有益。在同胞手足四人中袁枚是惟一男孩,故备受长辈宠爱,很少受到封建礼教的束缚,但长辈又并不放纵之,这使他得以健康、正常地发展,养成了淡定从容的性格特征。

应该说青年时的恃才狂傲是袁枚少年气盛的表现,而激流勇退、遁隐随园、安居乐道是袁枚真性情的另一面。阿瑟·韦利后来在传文中也具体举出他敢于怀疑经书,不喜理学,赞成妇女受教育等不同流俗之处④,并对此赞赏有加。

关于"随园"收教女弟子,这在当时是惊世骇俗之举,被章学诚批为:"近有无耻妄人,以风流自命,蛊惑士女,大率以优伶杂剧所演才子佳人惑人。大江以南,名门大家闺阁多为所诱,征诗刻稿,标榜声名,无复男女之嫌,殆忘其身之雌矣!此等闺娃……而为邪人播弄"(《丁巳札记》)。但阿瑟·韦利却称袁枚此举为"尊重女权",这显然是带有现代主义的观念。而对于袁枚的纳妾狎妓之事,阿瑟·韦利也表示出理解,并认为是由于元配王夫人没有魅力的原因,这结论颇令中国读者哑然。

在《袁枚传》附录二《袁枚身后》一文中,阿瑟·韦利简述了世人对袁枚的评价,在阿瑟·韦利看来,袁枚其人既不是清人孙星衍《故江宁知县前翰林庶吉士袁君枚

---

① *A Hundred and Seventy Chinese Poems*, London: Constable & Company Ltd., 1962, "Introduction", p12.
② *Yuan Mei: A 18th Century Chinese Poet*, London: George Allen & Unwin Ltd., 1956, p7.
③ 王英志:《袁枚评传》,南京大学出版社,2010年,第54页。
④ *Yuan Mei: A 18th Century Chinese Poet*, London: George Allen & Unwin Ltd., 1956, p203.

传》笔下所描述的"通达政体,贾生流也"、"敏而能断"、"笃于故书"的儒者形象,也不是民国时期杨鸿烈《中国诗学大纲》中所言,袁枚"实在算是中国上下五千年对于文化有极正确的见解,最令人钦服的大诗人"①,"……中国论诗的人……推崇诗的伦理功能……千百年中,敢于反抗这种传统思想,而抬高文艺价值的,只有袁枚。"②阿瑟·韦利在传记中重在讲述一个重视享乐的中国诗人富有情趣的各种故事,借此表达自己对18世纪中国社会的理解。所以这部传记与其说关注袁枚的诗,不如说更多是关注袁枚的时代与个人生活。例如阿瑟·韦利就注意到文字狱对袁枚生活的影响,在传记中他多次提到了有关文字狱的情况,可见他是将袁枚放置在社会宏大的时代背景中来探讨其生活观和价值观,而阿瑟·韦利最欣赏的是袁枚优游林下的人生态度,并称其为"浪漫主义者"③。在传记出版之后,《泰晤士报文学副刊》(Times Literary Supplement)曾称赞《袁枚传》道:"精美的诗句、语录,绝妙的传说、故事,使整个历史时期焕发出熠熠光彩。袁枚在其中漫步、笑谈、闲聊、品茶——这是一幅满溢人间情趣的画面,真是令人难以忘怀。"④

而袁枚的创作在阿瑟·韦利看来是在白居易的影响谱系之中。白居易是阿瑟·韦利最钟爱的中国诗人,他曾翻译过一百多首白诗,并对其创作给予了高度评价,认为"(他的诗歌)确实没有严格的理念和微妙的哲学,但其中有强烈、坦诚的反思和自我剖析,而这是西方所无法比拟的。"⑤此外,白居易自然本色的诗风对于一个翻译家而言最直接的便利是可译性极高,而重视诗歌的可译性是阿瑟·韦利最重要的诗歌翻译思想,因此阿瑟·韦利对中国古代诗歌中大量运用典故的现象非常不满。在《汉诗一百七十首》1918年版"导言""中国文学的局限"中阿瑟·韦利提出,典故一直是中国诗歌的弊病(vice),并最终毁掉(destroyed)了中国诗歌⑥。这种看法到阿瑟·韦利为袁枚作传时也没有改变,他在《袁枚传》中再次明确表示,用典过多的诗之所以不可译,是因为"当读者费神读完必要的注解后,他很可能已

---

① 杨鸿烈:《中国诗学大纲》,商务印书馆,1934年,第198页。
② 杨鸿烈:《中国诗学大纲》,商务印书馆,1934年,第199页。
③ *Yuan Mei: A 18ᵗʰ Century Chinese Poet*, London: George Allen & Unwin Ltd., 1956, p7.
④ 转引自冀爱莲《翻译、传记、交游:阿瑟·韦利汉学研究策略考辨》,福建师范大学2010年博士论文,第177页。
⑤ *A Hundred and Seventy Chinese Poems*, London: Constable & Company Ltd., 1918, "Introduction", p17.
⑥ 《汉诗一百七十首》1918年版在"导言"部分在香港中文大学中国古典文学翻译委员会编译的《英美学人论中国古典文学》(*Essays on Classical Chinese Literature by British and Amercian Scholars*)一书中收有全文翻译,香港中文大学出版社,1973年,267-272页。

经失去了读诗的情绪,因而把诗看成了文献。"① 但袁枚作为一个 18 世纪的诗人,在诗文中引用典故自然是常事,所以在传文中阿瑟·韦利就曾颇费笔墨来解释诗中提到的"黄梁梦"、《子不语》中的"帝尧"等。但尽管如此,在阿瑟·韦利所译近百首袁枚的作品,其译诗体裁和题材类型都比较丰富,表现出一个汉学家相对客观的立场。当然他也表现出一定的偏好,即偏爱袁枚归隐后表现闲适之趣的诗歌,这与他大量翻译的白居易诗歌表现出一定的共通性。

关于袁枚的"性灵论"主张,《袁枚传》专辟"《随园诗话》与《随园食单》(1787—1797)"一节加以介绍。将《诗话》和《食单》相提并论,乍看这一安排似有不伦不类之嫌,但事实上这两本书是袁枚漫长享乐生活中最后十年的作品,传记是按年次描述,因此把它们合为一章作为传记的结尾亦有合理之处。在这一章中,阿瑟·韦利认为《随园诗话》内容驳杂、语言风趣,其中既有对诗歌写作技巧的思考,又收录了诗人的轶闻趣事。阿瑟·韦利将袁枚的"性灵论"思想概括为②:文学作品应该重视自身的审美功能,而不应成为政教的工具;文学创作不能局限于拟古;作家应该找到富有个性的方式来传情达意。总体而言,阿瑟·韦利对袁枚"性灵论"思想中重真性情、崇个性、尚自然的观点持赞赏的态度,这大概与英国当时时代诗学观念对阿瑟·韦利的影响有着密切的关系。1915 年美国诗人庞德出版了根据东方学者芬诺洛萨(Fenollosa)的遗稿而译成的中国古诗选本——《华夏集》(*Cathay*),引起了英美诗坛对中国古诗的关注,并产生以庞德、艾略特等人为代表的"意象派"诗歌运动。这一文学流派反对"语言上的模糊和繁缛",注重简洁、鲜明的意象,主张直抒本意,崇尚自然,选材自由③。当时庞德、艾略特等人在英国活动频繁,而阿瑟·韦利与他们交往密切,后来他曾回忆道:"那个时候周一晚上经常会有聚会,庞德和艾略特常常参加……我们进行了很多关于诗歌和诗歌技巧的讨论。"④这些观念影响了阿瑟·韦利的汉学翻译与研究,甚至直接影响了他在传记中对白居易、李白、袁枚三位中国诗人的评价。

---

① Yuan Mei: *A 18th Century Chinese Poet*, London: George Allen & Unwin Ltd., 1956, p105.
② Yuan Mei: *A 18th Century Chinese Poet*, London: George Allen & Unwin Ltd., 1956, p167.
③ 王佐良、周珏良主编:《英国二十世纪文学史》,外语教学与研究出版社,2006 年,第 161 页。
④ Fuller, Roy: "Arthur Waley in Conversation. BBC interview with Roy Fuller (1963).". In *Madly singing in the mountain: An Appreciation and Anthology of Arthur Waley*. Ed. Ivan Morris. London: George Allen & Un Win LTD, 1970, p. 140.

三、阿瑟·韦利袁枚研究之评述

在白居易、李白、袁枚三位中国诗人中,阿瑟·韦利最钟爱白居易,对袁枚的评价亦颇中肯,唯独对李白多有批评,认为他"自负(boastful)、冷酷(callous)、挥霍(dissipated)、不负责任(irresponsible)和不诚实(untruthful)。他宣称自己有一个优点,那就是慷慨。但这只是他的一家之言,而且他的慷慨看上去经常给予了那些不是很需要帮助的人。"①这一看法曾引起中国研究者的强烈不满,认为这是源自西方的民族"偏见"②。实际上阿瑟·韦利对中国诗人的价值评判与当时的时代诗学关系密切,而与他本人个人性情关系更为直接。

具体到袁枚而言,袁枚的诗歌重视平凡的日常生活素材,意象灵动新奇、情趣风趣诙谐、语言浅显易懂,正是因为这些诗歌的艺术特征,使得阿瑟·韦利将袁枚诗歌的源头上溯到白居易,认为袁枚是在白居易的影响体系之中。而且正如前文所述,这些诗艺特征与"意象派"诗歌运动的主张有着异曲同工之处,阿瑟·韦利在受到时代诗学观念影响的同时,似乎在遥远的东方发现了可以支持英国"意象派"诗歌运动的宝藏。1963年阿瑟·韦利接受英国BBC电台主持人罗伊·富勒(Roy Fuller)采访时,富勒提到,"我注意到你能在中国诗歌中发现一些你自己诗歌固有的特点,大多数诗歌中相对回避讽刺(irony)、隐喻(metaphor),以及非浪漫主义(non-romanticism)倾向,这些都明显与你气味相投。"对此阿瑟·韦利回答道:"是的,你看,我翻译的这些中国诗歌都是从数以万计的作品中挑选出来的,所以它们自然具有一些相似的特点。"③

另外在为人处世上,阿瑟·韦利和袁枚都有一种隐士情怀。阿瑟·韦利历经"一战"、"二战"这样的乱世,但大部分时间都沉浸在东方古典文学的翻译与研究中。他的学生伊凡·莫里斯(Ivan Morris)对其第一印象就是"一个极为有趣的西

---

① *The Poetry and Career of Li Po*,701—762 A. D.,London: George Allen & Unwin Ltd.,1950,p102.

② 中国学者对阿瑟·韦利李白研究的批评,分别参见如下著作:詹锳《评英人阿瑟·韦里著〈李白之生平及其诗〉》,《中日李白研究论文集》,中国展望出版社,1986年。张弘《中国文学在英国》,花城出版社,1992年。江岚《唐诗西传史论——以唐诗在英美的传播为中心》,学苑出版社,2009年。

③ Fuller,Roy:"BBC interview with Roy Fuller. Arthur Waley in Conversation". in *Madly Singing in the Mountains: An Appreciation and Anthology of Arthur Waley*, ed. Ivan Morris, London: George Allen and Unwin LTD. 1970,p151.

方隐士(recluse)",而且伊凡·莫里斯还提到很多人都将其视为"隐士"①。阿瑟·韦利"生活于熙熙攘攘的大都市伦敦,然而正如中国古语所说的,他能够做到'大隐隐于市',或如陶渊明所说的,'心远地自偏'"②。而袁枚的隐士情怀更为彻底。自乾隆十四年(1749)春节后,他就以养病为由开始入住小仓山随园,又花费大量财力与精力把随园营造成环境优美、生活舒适的休憩之所,逐步体会到归隐随园的乐趣,后虽因经济拮据被迫出山,但半年多即返回江宁,最终脱离官场,与仕途永别,真正过上了优哉游哉的隐居生活③。所以,由于时代诗学观念的影响,再加上个人性情与兴趣所致,这是一个20世纪的西方汉学家在跨文化的语境中与一个18世纪的中国诗人产生思想共鸣的前提。

阿瑟·韦利在译诗集《汉诗一百七十首》中曾提出:"对我们而言,宋以后的诗歌不必过多关注。"④这大概是他受到了宋人胡仔《苕溪渔隐丛话》引佚名《雪浪斋日记》"诗止于唐"观点的影响,其云:"予尝与能诗者论书止于晋,而诗止于唐。盖唐自大历以来,诗人无不可观者,特晚唐气象衰尔。"⑤在阿瑟·韦利的《李白的生平与诗歌》中也曾引用过胡仔《苕溪渔隐丛话》中的观点。所以在阿瑟·韦利的中国诗歌翻译与研究中,唐之后的诗人他只翻译过欧阳修、陆游、苏东坡、袁枚的作品。对欧阳修、陆游、苏东坡作品的译介主要收录在其译诗集《汉诗一百七十首》中,而《袁枚传》则是西方汉学史上第一次对袁枚的生平进行详细的介绍,对其作品进行集中的翻译⑥。按照阿瑟·韦利的话说,这部传记能使英国读者了解到18世纪中国社会的图景,除了赫赫有名的乾隆皇帝外,还有一位对中国文化产生过重大影响的诗人。这也说明在四十多年的汉学研究中,阿瑟·韦利是一个时时自省的严肃学者,他用自己的实际行动不断修正对中国文学可能的误读,例如在《汉诗一百七十首》1918年版"导言""中国文学的局限"中他曾对中国文学多有批评,而《汉诗一百七十首》1962年再版时,阿瑟·韦利删去了初版序言,并指出应该讨论的是他本人的局限,而不是中国文学的"局限",更不应该以当时有限的知识对中国文学

---

① Morris, Ivan: "The genius of Arthur Waley", in *Madly Singing in the Mountains: An Appreciation and Anthology of Arthur Waley*, ed. Ivan Morris, London: George Allen and Unwin LTD. 1970, p78—81.
② 程章灿:《魏理眼中的中国诗歌史——一个英国汉学家与他的中国诗史研究》,《鲁迅研究月刊》,2005年第3期,第40页。
③ 王英志:《袁枚评传》,南京大学出版社,2010年,第167页。
④ *A Hundred and Seventy Chinese Poems*, London: Constable & Company Ltd., 1918, "Introduction", p18.
⑤ 王大鹏、张宝坤、田树生:《中国历代诗话选》,岳麓书社,1985年,第199页。
⑥ 参见冀爱莲《翻译、传记、交游:阿瑟·韦利汉学研究策略考辨》中"英语世界的袁枚研究"一节,福建师范大学2010年博士论文。

进行"宏大的概括"(enormous generalizations)①。以此反观阿瑟·韦利的《袁枚传》,正是其学术自省精神和研究功力的又一明证。

主要参考文献

[1] Arthur Waley: *Yuan Mei: A 18th Century Chinese Poet*, London: George Allen & Unwin Ltd, 1956.

[2] Arthur Waley: *A Hundred and Seventy Chinese Poems*, London: Constable & Company Ltd, 1918.

[3]《袁枚全集》,王英志校点,江苏古籍出版社,1993年。

[4] 王英志:《袁枚评传》,南京大学出版社,2010年。

[5] 梁启超:《清代学术概论》,上海古籍出版社,2000年。

[6] 王佐良、周珏良:《英国二十世纪文学史》,外语教学与研究出版社,2006年。

[7] 王大鹏、张宝坤、田树生:《中国历代诗话选》,岳麓书社,1985年。

---

① Arthur Waley: "Introduction to A Hundred and Seventy Chinese Poems (1962 edition)", in *Madly Singing in the Mountains: An Appreciation and Anthology of Arthur Waley*, ed. Ivan Morris, London: George Allen and Unwin LTD. 1970, p131.

《山海经》的巫文化解读

罗小东

[内容摘要] 本文从巫师、巫术活动等角度对《山海经》的巫文化描写进行了梳理和分析。关于巫师,认为该书不仅具体记载了巫师之名,且较为明确描写了他们的装扮及活动方式。关于巫术,认为该书的描写主要有医术、禁咒、祝祭、预言等,与后世相比,这些巫术活动显得稚拙古朴。

[关键词] 山海经 巫文化 巫师 巫术

《山海经》旧传为夏禹、伯益作,但实非一人一时之作,而为经过漫长时代的累积,至战国后期才最终成书的作品。西汉刘歆在《上〈山海经〉表》中对《山海经》的性质作出了评价,将其视作地理书,其云:"内别五方之山,外分八方之海,纪其珍宝奇物异方之所生,水土草木禽兽昆虫麟凤之所止,祯祥之所隐,及四海之外,绝域之国,殊类之人。"此后,历代史籍目录如《隋书·经籍志》、《旧唐书·经籍志》、《新唐书·艺文志》等,都以刘歆的论述作为依据,把《山海经》归入史部地理类。明代胡应麟称《山海经》为"古今语怪之祖",将其视为志怪小说的开山之作。或许是受胡应麟的影响,清代编《四库全书》,把《山海经》列入"子部·小说家"类,理由是:"序叙山水,多参以神怪,故《道藏》收入太元部竞字号中。究其本旨,实非黄老之言。然道里山川,率难考据,案以耳目所及,百无一真,诸家并以为地理书之冠,亦为未允。核实定名,实为小说之最古者。"1923 年,鲁迅《中国小说史略》定《山海经》为"古之巫书",此说影响颇大,直至 20 世纪 80 年代才基本被否定。现在一般仍把《山海经》视为地理博物书,认为它涵盖了上古时期的自然地理和人文地理。虽然鲁迅把《山海经》定为巫书有失允当——因为其大部分内容确非巫术记述,且鲁迅也没有就其观点展开翔实的分析考察,但笔者认为,《山海经》确确实实在相当程度反映了上古巫术流行的情况,本文将以此为起点,对书中所描写的巫术内容进行梳理和阐释。

关于"巫",《说文解字》卷五上云:"巫,祝也,能事无形,以舞降神者也。象人两袖舞形,与工同义。"又云:"觋,能斋肃事神明者也。在男曰觋,在女曰巫。"在上古,巫被视作人、神的媒介,她(他)们通过舞蹈等方式,可以上达人的祈愿,下达神的意旨,调动鬼神之力为人消灾致福。巫、觋本不固定,但随着宗教活动越来越繁杂和神秘,出现了少数精通宗教仪式、谙熟宗教知识的专职巫师。他们带领宗族进行宗教活动,同时又兼为部落首领或他们的重要助手。《山海经》中关于巫的描写涉及到巫师、巫术活动等方面。巫师是巫文化存在的载体。《山海经》中的巫师有"六巫"和"十巫"之称,"六巫"为《海内西经》的巫彭、巫抵、巫阳、巫履、巫凡、巫相,"十巫"为《大荒西经》的"巫咸、巫即、巫肦、巫彭、巫姑、巫真、巫礼、巫抵、巫谢、巫罗"。在这些巫中,巫彭、巫抵为重复,另据郝懿行《尔雅义疏》考证,巫履与巫礼、巫凡与巫肦、巫相与巫谢,属于音近通假,也为重复,因此,十六巫实为十一巫。①

《山海经》不仅记载了巫师之名,同时对他们的装扮和活动方式也有较为明确的描写。《海外西经》:"巫咸国在女丑北,右手操青蛇,左手操赤蛇。在登葆山,群巫所从上下也。"《大荒西经》:"大荒之中,有山名曰丰沮玉门,日月所入。……十巫从此升降。""有互人之国,炎帝之孙名曰灵恝(契),灵恝生互人,是能上下于天。"从这几则描写可以看出,巫师首先有着与一般人不同的装扮。巫咸国里的巫师,"右手操青蛇,左手操赤蛇",这种特殊的装扮,或许正显示出了巫的特别能力。其次巫师可以升降、上下于天,而"天"在上古被视为可以主宰万物的天神,《战国策·魏策》云:"休祲降于天",天的人格化称呼是"昊天上帝",人对于天,只能敬畏顺从,如《诗经·板》云:"敬天之怒,无敢戏豫。敬天之渝,无敢驰驱。昊天曰明,及尔出王。昊天曰旦,及尔游衍。"在人间,只有巫师能升降于天,与天神进行沟通。而巫师们升降于天的场所,不能是平原之地,而必须是高山,如这里的登葆山、灵山等。在上古,山由于与天的距离最近而被赋予了"灵"的神力。《大荒西经》十巫所升降的灵山,或许是一个虚化的叫法,其实就是其之前提到的丰沮玉门山,因为此山是"日月所入"之山,因此具有了"灵"性。灵者,从巫,霝声,本义巫。《尸子》:"天神曰灵。"《风俗通》"灵者,神也。"《说文》:"灵,灵巫也。以玉事神。"从这些文献不难看出山、灵山、巫之间的关系。

从《山海经》对巫师的描写还可以看出,至少是这一时期巫师们的活动常常是以"群巫"的形式进行的。而这种形式的存在,说明了巫术活动在当时的普遍性。据《国语·楚语》记载,在少皞氏(黄帝之子)之前,民神不相杂,"有天地神民类物之官","各司其序,不相乱也",只有到了少皞氏的衰世,"九黎乱德",才出现了"夫人作享,家为巫史"、"烝享无度,民神同位"的人皆可为巫的现象,而后来颛顼兴起,"乃命南正重司天以属神,命火正黎司地以属民",才又恢复了过去的传统,"绝地通天",神事和民事有官员各司其责,于是通神降神的职责就只有少数人才能担当了。

---

① 参见李零《中国方术续考》,东方出版社,北京,2001年第2版,第49页。

《山海经》里所记载的巫师,他们的活动年代或许正是少皞氏衰世时的普遍巫术时期吧。

此外,据古代巫术研究者的研究,在上古时期的某些阶段,巫师不仅充当着神灵和人间的媒介,而且由于他们通晓人文历史,在部落中享有极高声望,所以他们又常常成为部落氏族的首领,关于这一点《山海经》也有所反映。《大荒西经》云:"大荒之中,有山名曰大荒之山,日月所入。有人焉三面,是颛顼之子,三面一臂,三面之人不死。""西南海之外,赤水之南,流沙之西,有人珥两青蛇,乘两龙,名曰夏后开。开上三嫔于天,得《九辩》与《九歌》以下,此天穆之野,高二千仞,开焉得始歌《九招》。"颛顼、夏开(启),都是传说中的帝王,一般认为就是当时某个部落的首领。颛顼的儿子面貌怪异,长着三张面孔和三只手臂,他的神力是能够长寿不死,而关于颛顼,在此章也有"死而复苏"的记载;夏开(启)是大禹之子,他有特别的装扮和能力——"珥两青蛇",可以"乘两龙"上天盗来音乐。可以看出,这些人与前面引文所写的巫师基本相同,因此可以认定,他们既是部落首领同时又担当着部落巫师的职责。

巫术是巫师企图借助超自然力量对人或事施加影响或给予控制的方术。《山海经》中的巫术描写主要有医术、禁咒、祝祭、预言等。关于医术,《海内西经》记开明东的"六巫""夹窫窳之尸,皆操不死之药以距之。"窫窳是被"贰负臣所杀"之人,巫师们掌握着"不死之药",并以此救之,"距"者,救治之意也。而《大荒西经》则记"十巫"所在的"灵山",有"百药爰在"。在这里,《山海经》没有对这种"不死之药"和"百药"展开具体描写,故我们无从知道何物为"不死之药"和"百药"。但是,在其他的条目记载中,我们不时可以见到这样的描写,如《西山经》:"小华之山,……其草有萆荔,状如乌韭,而生于石上,赤缘木而生,食之已心痛。""石脆之山,其木多棕枏,其草多条,其状如韭,而白华黑实,食之已疥。其阳多㻬琈之玉,其阴多铜。灌水出焉,而北流注于禺水。其中有流赭,以涂牛马无病。""天帝之山……有兽焉,其状如狗,名曰溪边,席其皮者不蛊。有鸟焉,其状如鹑,黑文而赤翁,名曰栎,食之已痔。有草焉,其状如葵,其臭如蘼芜,名曰杜衡,可以走马,食之已瘿。"《北山经》:"龙侯之山,无草木,多金玉。决之水出焉,而东流注于河。其中多人鱼,其状如帝鱼,四足,其音如婴儿,食之无痴疾。"《中山经》:"霍山,其木多楮。有兽其状如狸,而白尾有鬣,名曰朏朏,养之可以已忧。"这些描写虽然没有被冠以巫师施治之名,但却不能不使人联想到这些被视为具有医疗功效的草木鸟兽与巫师们的"百药"间的关系,这些所谓的"药",不仅可以治疗"心痛"、"疥"、"痔"、"瘿"、"痴"等疾患,甚至还可以治疗心理疾患"忧"。在医学发达的今天,我们尽可以对巫师们的医术持怀疑态度,但我们却不能不敬佩上古时期巫师们的这种"医"的意识。

后世托名汉人写的小说,其中的神仙方术尤其是关于医术的描写,很多正是在

《山海经》的启发下写就的。如《十洲记》云:"祖洲近在东海之中,地方五百里,去西岸七万里,上有不死之草。"这种"不死之草"在人已死三日之时,"以草覆之,皆当时活也",而且"服之令人长生。"不同于《山海经》的稚拙,托名汉人的小说,其对于"不死之药"更增加了许多具体的描摹,如《神异经》对于"三百岁作花,九百岁作实"的"如何"树的描写:"花色朱,其色正黄,高五十丈,敷张如盖,叶长一丈,广二尺余。似菅芢,色青,厚五分,可以絮,如厚朴,材理入支九子,味如饴,实有核,形如棘子,长五尺,围入长。金刀剖之,则酸;芦刀剖之,则辛。"当然,托名汉人的小说,其发展并不只限于对"不死之药"作了更为详尽具体的描写,而更在于它为了说明"不死之药"的奇异功效不假,而常虚构史实以证之,如《十洲记》在介绍了"不死之草"的功用后,即插入了秦始皇的故事:"昔秦始皇大苑中多柱死者,横道有鸟入乌状,衔此草覆死人面,当时起坐而自活也。有司闻奏,始皇遣使者赍草以问北郭鬼谷先生,鬼谷先生云:'此草是东海祖洲上,有不死之草,生琼田中,或名为养神芝,其叶似菰苗,丛生,一株可活一人。'始皇于是慨然言曰:'可采得否?'乃使使者徐福发童男童女五百人,率摄楼船入海寻祖洲,遂不返。福,道士也,字君房,后亦得道云。"这虚构的历史故事,不仅增加了小说的长度和可读性,更重要的是,它真假相掺,使"不死之药"更有迷惑性。

禁咒,是巫师施行的据称对鬼神或自然物有感应或禁令的神秘语言。《大荒北经》:"有人衣青衣,名曰黄帝女魃。蚩尤作兵伐黄帝,黄帝乃令应龙攻之冀州之野。应龙畜水。蚩尤请风伯雨师,纵大风雨。黄帝乃下天女曰魃,雨止,遂杀蚩尤。魃不得复上,所居不雨。叔均言之帝,后置之赤水之北。叔均乃为田祖。魃时亡之,所欲逐之者,令曰:'神北行!'先除水道,决通沟渎。"天女魃虽然帮助黄帝止风雨杀了蚩尤,却因为她"不得复上"且"时亡之",而造成了"所居不雨",成为地方一害,田祖叔均于是施咒语"神北行"将其驱除。这则故事或可解读为天旱时巫师祈雨的一种宗教活动,主祭者在驱逐旱神时采用的主要法术便是念咒语。秦汉以后,咒语被神仙方术与道教吸收并运用,如果将《山海经》的咒语与汉代典籍记载的咒语比较,会发现后者的变异仅是在咒文后面加上了"如律令"等字眼,这是因为汉代诏书和檄文中多有"如律令"一语,意指按法令执行,这种申述法律、政令权威的官方套语,后来逐渐被民间巫师所吸收,借以彰显其咒语的神力。

此外,《山海经》描写的巫术活动或许还有断头术。《海外西经》云:"形天与帝至此争神,帝断其首,葬之常羊之山。乃以乳为目,以脐为口,操干戚以舞。"《大荒西经》云:"有人无首,操戈盾立,名曰夏耕之尸。故成汤伐夏桀于章山,克之,斩耕厥前。耕既立,无首,走厥咎,乃降于巫山。"形天与夏耕均在与帝的征战中被帝打败并断首,但他们没有死亡,形天"以乳为目,以脐为口,操干戚以舞";夏耕"走厥咎,乃降于巫山"。这里值得注意的是"操干戚以舞"和"降于巫山"两点,它昭示出两则故事里的主角与巫的某种关系。正如前文所引,所谓巫,即"以舞降神者也","操干戚以舞"的形天,是否就是正在表演以舞降神的一个巫呢?而降于巫山的夏耕,则已经很明确表明了他的巫身份了。因此笔者推测,这两则故事乃为巫师表演的无头法术。与前面关于巫师的描写比较,不难发现《山海经》在描写巫师的法术时常常是带有某种情节性的。或许可以这样认为,巫师在展示自己的高超法术时,都伴随着一定的表演过程,而所表演的故事,则往往与神话传说人物或者历史人物有关。这正显示了巫师在远古时代对于所谓人文历史的独特把握。

巫术的兴起和存在,基于万物有灵的观念,巫师是唯一能与神灵相通之人。在巫祝不分的早期,人们相信,通过对神灵的祝祭,可以使神灵愉悦,从而达到消灾祈福的目的。《山海经》中有许多关于祭飨山神灵物的描写。《南山经》:"凡䧿山之首,自招摇之山,以至箕尾之山,凡十山,二千九百五十里。其神状皆鸟身而龙首。其祠之礼:毛用一璋玉瘗,糈用稌米,一璧,稻米,白菅为席。"《中山经》:"凡苦山之首,自休与之山至于大騩之山,凡十有九山,千一百八十四里。其十六神者,皆豕身而人面。其祠:毛牷用一羊羞,婴用一藻玉瘗。苦山、少室、太室皆冢也,其祠之,太牢之具,婴以吉玉。其神状皆人面而三首。其余属皆豕身而人面也。"这里,每座山系的神灵不尽相同,但都长着怪异的形状,笔者猜测,这些神灵应该为巫师所扮演,这与祭祀祖先时应该有尸来接受祭物是同一道理,人们在祭飨山神、祈祷祥瑞时,由能够通神的巫师来扮演神灵、接受祭物是十分自然的事情。在《中山经》的这则描写里,所祭祀的山神甚至多达十六位之多,这也正与那个时代巫师的活动常以群巫的形式来进行相吻合。

预言祸福也是巫师的主要职责之一。不同于后世用龟甲和蓍草来占问吉凶,《山海经》中的预言通常是通过某物的显现来预示的。如《南山经》:"又东五百里,曰鸡山,其上多金,其下多丹雘。黑水出焉,而南流注于海。其中有鱄鱼,其状如鲋而彘毛,其音如豚,见则天下大旱。"《西山经》:"又西四百里,曰小次之山,其上多白玉,其下多赤铜。有兽焉其状如猿,而白首赤足,名曰朱厌,见则大兵。"《东山经》:"又南三百里,曰犲山,其上无草木,其下多水……有兽焉,其状如夸父而彘毛,其音如呼,见则天下大水。"《中山经》:"又东三百五十里,曰几山,其木多楢檀杻,其草多香。有兽焉,其状如彘,黄身、白头、白尾,名曰闻獜,见则天下大风。"与用龟甲和蓍草来占问吉凶相比,某种具有灵性的物的显现即可昭示祸福,这更说明了这种巫术活动的原始性。

综上所述,《山海经》虽然不能如鲁迅所言将其定位为巫书,但通过对它所记载内容进行分析,仍不难看出它与上古巫术文化的深切关联。从作者或编辑者的主观角度,他(们)或许并不像六朝一些志怪作者那样作书是为了"辅教",为了"震耸世俗,使生敬信之心"①,但是上古社会,巫术文化深入民众的生活,而巫师又是上古文化的体现者和传承者,故作为记录上古文化之书的《山海经》,虽不能说它言必及巫术,但可以肯定的是它不可能完全绕开巫术而不言。本文对《山海经》所反映的上古巫文化仅进行了初步的梳理,仍有诸多疏漏和不足之处有待探讨和深究。

参考文献

[1]方韬注.山海经.北京.中华书局.2009

[2]J.G.弗雷泽.金枝.北京.新世界出版社.2006

[3]李零.中国方术正考.北京.中华书局.2006

[4]李零.中国方术续考.北京.中华书局.2006

[5]陶磊.从巫术到数术:上古信仰的历史嬗变.济南.山东人民出版社.2008

---

① 鲁迅《中国小说史略》,北京,人民文学出版社,1973年,第39页。

越南古代汉文小说中越使臣斗胜故事的模式化特征[①]

吕小蓬

[内容摘要] 中越使臣斗胜故事是越南古代汉文小说中独具特色的题材类型,以模式化的情节对两国使臣活动做出了丰富的文学想象与虚构,在强烈的斗胜冲突中塑造了以才智捍卫民族尊严的越南使臣与君臣形象,体现了鲜明的民族话语特征和主体意识,是以异国他者话语对中越使臣邦交进行的集体记忆和文化想象。

[关键词] 越南;汉文小说;使臣;斗胜故事

越南古代汉文小说有不少以中越使臣为叙事对象的故事,内容涉及两国使臣活动的方方面面。例如,有讲述使臣出使期间通过文化交流获得异国友情的故事,如范金镜出使清朝,寄居燕京张秀才家,与秀才饮酒畅谈。张秀才夜观天象,准确预测了越南国王去世和范金镜将遭免职。后张秀才登第南使,巧妙地使范金镜复职,两人结下深厚的友情(《南史私记》);有记述使臣因长期奉使而导致生活变故的家庭故事,如邓士瀛出使北国,当地麻罗神精幻化为邓士瀛的模样,谎称使命取消而与邓妻苟合。一年后,邓士瀛使回,却见妻子已怀孕遂闹上公堂。越南国王梦中得到神精的禀告,遂判邓妻仍归本夫,子归神精(《岭南摭怪·何乌雷传》);有讲述使臣与异国女子两情相悦的爱情故事,如元朝使臣黄裳奉命出使陈朝,与越南侍女产生恋情,黄裳归国时两人依依不舍互赠情诗(《山居杂述·北使》);有记述使臣在崇山峻岭间跋涉,经历的各种使程险阻故事,如黎公荐与蛇精结怨,后其子黎英武奉使,过洞庭湖时,因蛇精出没致使风涛大作,黎英武舟覆而殁(《桑沧偶录·黎公荐》);还有正面描摹使臣在异国执行外交任务的使命故事,如记述元使兀良前往陈朝追问铜柱旧界之事,越南将领以年久湮没为由搪塞,兀良无可奈何而归(《新订较评越甸幽灵集·长津二将军谱》)。特别是其中有一类专门记述中越使臣在出使期

[①] 此项目获北京外国语大学世界亚洲研究信息中心资助

间与异国君臣之间展开急智较量的故事,本文称之为"中越使臣斗胜故事"。这类故事虽然情节算不上曲折丰富,但具有鲜明的模式化倾向,以强烈的冲突话语传达了越南民族的主体意识及其对中越古代外交关系的集体阐释。

一、使臣斗胜故事的情节模式

越南古代汉文小说体裁多样,中越使臣斗胜故事既有单独成篇的,也有作为故事中的情节单元存在的。其基本情节模式为:北使或中国君臣设置难题、引发急智较量,越南使臣或君臣以才智破解难题,并最终获胜。如下表所示:

表1 《南天珍异集·黎如虎》

情节单元	功能单位	角色行动
一	1	中方在招待宴会上特别制作了一个十八层高的食塔,而且最后一层放着一具人头,命黎如虎登梯食尽。
	2	黎如虎识破人头实乃人鱼头,以箸穿目而食,且高喊:"大皇帝许我食北人头,最为佳品"。
二	1	中方漆黎如虎双目,牵其自宴所四处走动,最后问所在何处。
	2	黎如虎默记了路程,准确回答出仍是原处。
	2.5	北人谓公能神知。
三	1	中国干旱,皇帝命各国使臣修疏祈雨。
	2	黎如虎诈称从人能呼风唤雨,暗中观察植物发潮的迹象,设坛祈雨果然应验。
	2.5	皇帝大称赞,封黎如虎两国尚父。
四	1	中国皇帝滞留黎如虎,命其教授皇子。
	2	黎如虎严格管教皇子,凡有过失则施体罚。
	3	太后心疼皇子,另请教官,黎如虎得以归国。

表2 《老窗粗录·黎记附莫登庸》

情节单元	功能单位	角色行动
一	1	因风雨愆期,中国监关不肯放行,出对句"过关迟,关关闭,愿过客过关"。
	2	莫挺之对句:"出对易,对对难,请先生先对"。
	2.5	北人服其敏,予以放行。

续表

情节单元	功能单位	角色行动	
二	1	误以为薄帐所绣黄雀为真,受中国宰相嘲笑。	
	2	莫挺之撕裂薄帐,以君子小人之喻批评宰相府绣品不当。	
	2.5	众服其能。	
三	1	中国皇帝命各国使臣题咏扇诗。	
	2	朝鲜使臣先下笔,莫挺之望他笔管知其内容,依体而制率先完成。	
	2.5	皇帝赞赏,封两国状元。	
四	1	途中乘驴触北人马,北人出对较量。	触我驴马,东夷之人也?西夷之人也?
			杞己木,梧吾木,如何以杞为梧?
			安去女,以豖为家。
			日火云烟,白日烧残玉儿。
			魑魅魍魉四小鬼。
			鵒鸟墙头谈鲁论,知之为知之,不知为不知,是知。
			洛水神龟单应兆,天数九,地数九,九九八十一数,数数混成三大道,道合元始天尊,一诚所感。
	2	莫挺之应对出口成章。	遏予乘驴,南方之强欤,北方之强欤!
			僧曾人,佛弗人,云胡以僧事佛?
			因出人,入王成国。
			月弓星弹,黄昏射落金乌。
			瑟琴琵琶八大王。
			蜗鸣池上读邹书,独乐与众乐,彼乐与众乐,孰乐?
			岐山灵凤两呈祥,雌鸣六,雄鸣六,六六三十六声,声声透入九重天,天赐靖康皇帝,万寿无疆。
五	1	中国后妃葬礼上命莫挺之读祝文,却给他一张白纸。	
	2	莫挺之即兴创作"青天一朵云,烘炉一点雪。上苑一枝花,广寒一片月。噫!云散雪消,花残月缺。"	
	3	北人惊服。	

表 3　《越南开国志传》卷之一

情节单元	功能单位	角色行动
一	1	明帝见冯克宽面貌丑陋,便以何谓甚易、何谓最难和何为美味三个问题相难。
一	2	冯克宽回答三教九流百工技艺甚易、声色最难、素盐美味。
一	2.5	明朝文武称赞不已。
二	1	明帝命人制作假雀置殿前竹丛上,称为自己豢养,问冯克宽可识此雀。
二	2	冯克宽掷裂假雀,以君子小人之喻,指其暗喻上国臣慢君,说罢仰天大笑。
二	2.5	明帝面有惭色,默然不语。朝廷百官宰相,各自骇然,皆褒称不已。
三	1	明帝寻牝马两匹,命冯克宽鉴别子母。
三	2	冯克宽利用母马爱子天性,顺利识别。
三	2.5	明人骇然,皆称:"真状元也。"皇帝奇之,封两国状元。
三	3	赐金银锦帛,许回南国。冯克宽归国汇报奉使经历,南国上下称赞冯克宽重君命、壮国威,真状元也。

表 4　北使与越南群臣斗胜故事

序号	情节单元	功能单位1	功能单位2	功能单位3
1	《南天珍异集·阮世仪》	北使途经南门,不肯从题有越南名臣姓名的门下走过,要求架梯从上经过。	武惟断刺逸象,大象受惊大吼奔跑,北使慌乱中从门下走过。	北使自知中计,不胜惭愤。
2	《南天珍异集·阮登明》	清使诏告越南薙发。	阮登明作《解诸俗惑文》。	劝止。
2	《南天珍异集·阮登明》	出对:"老犬落毛,犹向庭前吠月。"	阮登明对:"小蛙短颈,漫居井底窥天"。	北使称叹。
3	《神怪显灵录·怀抱探花记》	清使诏告越南薙发。清人命写《大学》。	一如刻本。	阮登镐做《解诸侯惑文》乃止。清人奇之。
3	《神怪显灵录·怀抱探花记》	出对:"老犬落毛,犹向庭前吠月。"	阮登镐对:"小蜗短颈,漫居井底窥天"。	北人称叹。
4	《南天珍异集·阮氏点记》	册封使嘲讽:"安南一寸土,不知几人耕?"	阮氏点对:"北国两大夫,皆由此途出。"	正使满面羞愧。
5	《公余捷记·棋状元》	北使与越南国王较量棋艺,扬言连胜三局则动兵端。	棋状元武暄暗助国王连胜。	北使叹服。

续表

序号	情节单元	功能单位1	功能单位2	功能单位3
6	《掇拾杂记·故黎时北使南来》	北使滞留不走,且在门外题"不"字。	阮琼在门上题"之",意在凑成"还"字。	北使见南国有人,即日北还。
7	《掇拾杂记·北使二员同住公馆》""	北使在公馆门外题写"月到天心处,风来水面时。"	越南士人在门楣批"二虫"	北使恼怒,待明白为"风月无边",愧而谢之。
8	《敏轩说类·人物》	北使令手下与阮琼比试在时限内画动物,数量多为胜。	北使手下仅画一禽,阮琼以十指染墨画十蚯蚓。	北使愕然,拱揖叹服。
9	《科榜标奇·阳阿阮公》	北使出字谜"两日双头,四山颠倒,四口同心,两王争斗。"	在越南君臣莫辨时,阮贤答出"田"字。	北使褒称国中有人。
10	《历代名臣事状·郑跌长》	清人命郑跌长骑三足马,否则不得归国。	郑跌长给马足安上木片支撑,策马奔跑。	清人嘉其应变机略,准许解马足归国。

在上述表格中,功能单位(1)为设置难题、挑起智慧较量,(2)以急智破解难题,(2.5)为斗胜的阶段性结果,(3)为斗胜结局。由表格可见,使臣斗胜故事以一系列中越使臣出使过程中的戏剧性冲突,将中越邦交置于二元对立关系框架内,建构出了一套中越外交情境下的关系系统,即生成了小说话语中的中越外交场域。

值得关注的是,在外交场域中使臣行动的基本动力应是使命型的,即在执行朝贡、册封等外交任务的特定叙事时间和空间与外交对象发生联系。而使臣斗胜故事却往往淡化了这一动力,要么对使臣的出使目的未置一词,要么并不将其纳入情节结构的功能单位,反而集中记述出使期间的急智较量。例如表3所示冯克宽使华的故事,冯克宽奉命出任朝贡使,但是关于他的朝贡行为小说仅以"明朝望拜奉进贡礼"一句加以概述,也就是仅仅起到标注叙事时间的作用。冯克宽进献了哪些贡品、如何履行进献仪式等都未述及。冯克宽归国后受到越南举国赞誉,虽是标志其外交使命完成的功能单位,但按照情节的叙事逻辑追溯,其"重君命、壮国威"的荣誉实则并非源于奉命履行的朝贡活动,而是他巧妙地破解难题,赢得了与明朝君臣之间的急智较量。由此可见,使臣斗胜故事虽然在外交活动的时间与空间下运行,但事实上却对外交场域进行了视角移位,以设置难题—解题斗胜——决高下的斗胜情节模式取代了接受使命—履行使命—完成使命的外交使命叙事,从而达到以模式化的文学虚构强化场域内对抗意味的效果。

二、使臣斗胜故事的人物模式

使臣斗胜故事中,北使、南使、越南君臣和中国君臣构成了外交场域中四组具有特定身份的角色,其行动直接构成情节的功能序列。俄国结构主义学者普罗普曾根据神奇故事的结构形态,提出人物在功能序列中的作用,"角色的名称和标志是故事的可变因素。我们所说的标志指的是人物所有外部特点的总和:他们的年龄、性别、状况、外貌、外貌的特征等等。这些标志赋予故事鲜明的色彩、美和魅力"。[①] 然而在使臣斗胜故事中,年龄、性别、外貌等并没有成为人物的标志,南使和越南君臣虽然是特指的,有具体的姓名指向,但也仅有莫挺之、冯克宽写到过身材矮小、貌不惊人的外貌特征;北使和中国君臣则往往是泛指的,既无姓名也无外貌描述。可以说,斗胜故事并不以个性化的外部特征实现人物的审美功能,而是以类型化的身份特征生成特定符号意义,并以此作为突出的内在标志,推动人物行动和情节走向定式。故事中北使、南使、越南君臣和中国君臣的名称往往是可以在组别内转换的,例如表2情节单元二与表3情节单元二相同,而人物名称则在莫挺之与冯克宽、元朝宰相与明帝之间转换;表4中序号2与序号3相同,只是人物名称由阮登明转换为阮登镐。这种人物名称的转换现象在使臣斗胜故事中多有出现,它并不改变情节模式和话语意义,也未必是作者有意为之,很可能与越南汉文小说旁求广采、抄撮辑录的成书方式有关,而它所揭示的恰恰是使臣斗胜故事模式化人物在符号功能上的趋同性,即组别内人物虽可以有不同的具体所指,但其能指是一致的。如果"根据参与某一范围内的情节来定义人物"[②],那么南使、越南君臣与北使、中国君臣之间二元对立的符号关系构成了推动情节发展的动力,北使和中国君臣具有宗主国的政治符号意义,因为居于区域政治中的权力核心,因而其行动也带有权力活动的特点,主动以斗胜挑衅、制造难题。南使和越南君臣则是象征藩属国的政治符号,在危机中以急智化解困境,以赢得斗胜的方式宣告自身的权力主张。

当然,越南汉文小说属于东亚汉文化语境,越南儒士笔下的模式化人物既是越南民族文学中的典型形象,又受到中国古代小说创作传统的影响,它不同于西方学者视野下的神奇故事,而是以自身特有的文学形态体现角色的功能与审美价值。使臣斗胜故事并不追求人物外部特点所蕴含的"鲜明的色彩、美和魅力",而是以人物的符号意义为突出标志,在模式化的人物冲突中设置斗胜悬念,在对比中彰显南使与越南君臣化解困境的高度智慧,体现了注重机趣的审美倾向。为了强化人物的内在特征,故事还大量利用汉文化中精巧的字谜、诗谜,使读者在文字、音律和意境的品味与鉴赏中获得智力游戏般的精神愉悦。冯克宽巧妙对答、阮琼以十指画蚯蚓式的急智不仅成功化解了悬念,使情节达到高潮,还有出人意料的喜剧效果,与北使费尽心机,却最终失败叹服的滑稽形成鲜明对比。这种模式化的人物塑造方式赋予故事讽刺喜剧的审美风格,也体现了越南汉文小说在审美取向上与中国

---

① 弗·雅·普罗普著. 贾放译. 故事形态学. 中华书局,2006.82
② 罗兰·巴尔特著. 赵毅衡选编. 叙述结构分析导言. 符号学文学论文集. 百花文艺出版社,2004.423

传统文化之间的相关性。

三、使臣斗胜故事的话语模式

使臣斗胜故事大都采取第三人称全知视角,是作者在广搜遗逸、博采百家基础上的历史追忆式叙事。不过,故事一方面大多不对北使做具体所指,故而无从稽考,另一方面虽然写明南使姓名,南使使华活动也大都作为邦交事件在中越两国史料中有所记载,但小说中的斗胜情节却大都不见于正史。再结合黎如虎吃十八层高的食塔、莫挺之路遇北人连斗七句诗联、冯克宽在明帝面前掷裂假雀等情节来看,斗胜故事显然有鲜明的想象与虚构色彩,属于越南民族的文学话语。话语类型"建立在典型的重复出现的情景的修辞活动基础上"①,而急智较量情节正是斗胜故事中重复出现的情景,因此可以说,模式化情节不断复现的现象本身便是一种话语,它传递出在越南小说作者的集体文化想象中,北使和中国君臣给越南设置难题、制造困境不是偶然性事件,而是中越对抗式外交语境下的必然。越南汉文小说大多有强烈的写作目的性,即"诱我以爱国之热诚,启我以忧时之义务"②,使臣斗胜故事无疑就是以张扬这种爱国精神为目的,具有传达越南民族强烈的主体意识和民族自尊的话语意义。为了强化话语目的性,使臣斗胜故事还采用了套语式的修辞手法,北人叹服、称南国有人等套语既是情节单元结束或过渡的标志,又有强烈的表达功能,即以北人为参照,建构出独立平等的自我形象,借处于汉文化圈核心地位的他者之口,实现他者对自我的认同,彰显出越南民族强烈的主体意识和爱国精神。

无可否认的是,使臣斗胜故事在这一话语意义的建构中存在明显的逻辑漏洞,这突出表现在彰显越南智慧的功能单位上。例如,故事里越南士人以"虫二"难倒北使,但其实这是中国几乎家喻户晓的拆字谜;而南使令北人折服的精巧对联,如"十口心思,思国思家思父母;寸身言谢,谢天谢地谢君王"、"魑魅魍魉四小鬼;瑟琴琵琶八大王"、"洛水神龟单应兆,天数九,地数九,九九八十一数,数数混成三大道,道合元始天尊,一诚所感。岐山灵凤两呈祥,雌鸣六,雄鸣六,六六三十六声,声声透入九重天,天赐靖康皇帝,万寿无疆"等,都是引用中国古代的著名诗联。可见,越南汉文小说借用中国传统文化经典话语的同时,转换了其中部分话语的归属,以之作为彰显越南智慧的自我话语,在中越外交对话中起到制胜作用。这固然体现了越南小说家的话语技巧,但对熟悉中国文化的读者而言,却并不符合话语的一般

---

① 米勒语,转引自李美霞《话语类型理论的延展与实践》.光明日报出版社,2010.16
② 无名氏序.南国伟人传.孙逊,郑克孟,陈益源主编.越南汉文小说集成(13).上海古籍出版社,2010.273

逻辑。这一现象也从某种角度印证了越南汉文小说使臣斗胜故事的虚构性及其强烈的本土化色彩——不仅话语意义是民族意识觉醒下的本土话语,而且话语传播也主要是本土传播,唯有如此其中的逻辑漏洞才能不为察觉或被忽视。

综上所述,越南汉文小说中越使臣斗胜故事虽然文学形态比较简单,但却以模式化的情节、人物和话语集中对中越外交关系加以文学虚构,以异国他者的话语对两国使臣邦交进行了整体文化想象。这种文学虚构和文化想象是在越南民族主体意识和本土语境下生成的,并非对现实中越外交关系观察的直接再现,而是以小说文本为媒介记录的越南民族对古代中越外交关系的集体阐释。

主要参考文献

[1]孙逊,郑克孟,陈益源主编.越南汉文小说集成.上海古籍出版社,2010

中国人处理交际冲突的原则初探

冉利华

[内容摘要] 中国人讲究人际关系的和谐,然而面对冲突,并非一味的逃避与退让,而是强调在礼的基础之上,根据交际对象、冲突内容与性质等的不同而采取不同的处理方式。概而言之,中国人处理交际冲突的方式主要依据以下几大原则:区别对待原则、理性原则、人情原则与节制原则。以区别对待原则为主导,综合运用理性原则、人情原则与节制原则,在不失社会公平正义的前提下尽量兼顾人情、着眼未来,这可以说是中国人在处理交际冲突时一贯的努力方向。

[关键词] 区别对待 理性 人情 节制

在全球一体化的今天,来自不同文化背景的人们之间的交往日趋频繁与深入,种种交际冲突亦随之而层出不穷。如何妥善对待与处理交际冲突以保持交际的延续性并获得交际的成功,成了我们很多人需要认真思考的问题。在此语境下探讨中国人对待交际冲突的传统方式,对于我们正确处理当下的现实问题会不无启迪意义。

所谓"冲突",按照《现代汉语词典》的解释,一是指"矛盾表面化,发生激烈争斗",二是指"互相矛盾;不协调"。人们在日常的社会生活之中,无论在行为方式、观念见解、情感愿望还是经济利益各个方面都存在着或大或小的差异,"互相矛盾;不协调"之处比比皆是。若不小心对待、妥善处理,这些"互相矛盾"之处就有可能发展至"激烈争斗"的情形。本文所谈的中国人处理交际冲突的方式中之"冲突"主要取第二义,兼取第一义。另外,本文所谓"中国人",主要指的是引领中国人传统主流价值取向的"儒者"。而所谓"儒者",本文取贺麟先生的定义,即又有学问技能又有道德修养的人或者虽无才能知识而品德高尚的人[①]。又因为中国儒者从思想观念到行为方式一般受儒家思想影响至深,而又常兼受释道等思想影响,所以本文

---

① 参见黄河选编.儒家二十讲.华夏出版社,2007. 179-180.

谈中国人处理交际冲突的原则,主要以儒家思想为依据,同时略及其他。

受儒家影响,中国人重礼,讲究人际关系的和谐,将"恕"道奉为"一言而可行之终生者"①。确如李泽厚所言,"恕"是儒家也是中国人维持社会群体处理人际关系的基本准则②。不过,我们不能将这一基本准则理解得过于狭隘。事实上,面对冲突,儒家也并非只是一味地主张逃避与退让,以维持表面的和气,而是强调在礼与恕的基础之上,根据交际对象、冲突内容与性质等的不同而采取不同的处理方式。概而言之,中国人处理交际冲突的方式主要依据以下几大原则:区别对待原则、理性原则、人情原则与节制原则。

一、区别对待原则

区别对待原则可谓决定对待与处理冲突的方式的首要原则,其精神实质为儒家所倡导的因"名位不同"而"异数"的"序尊卑、贵贱、大小之位,而差外内、远近、新故之级"③的"礼"。所需区别者,既包括交际双方的社会关系与地位、年龄甚至性别差异等,更包括冲突的内容与性质等。

首先,中国人根据冲突对象的不同来决定是采取直接面对还是逃避的策略。中国人认为,对于与某些特定对象的冲突,是应该采取逃避的态度,而不屑或不宜与之较论的,比如心术不正、行为不端的"小人",比如亲亦不是、疏亦不是的"女子",比如不懂道理、没有教养的莽夫。明人洪应明在其"集中国人生智慧之大成"的《菜根谭》里明确指出,"休与小人仇雠,小人自有对头"④。中国人认为,与小人计较,不仅会降低自己的道德水准,而且可能陷自己于无穷无尽的现实烦恼之中。因此,与其与小人一般见识,毋宁唾面自干,用道德的优越感来抚慰自己。《论语·阳货》记下了孔子的千古慨叹:"唯女子与小人为难养也,近之则不孙,远之则怨"⑤,相应的,"好男不跟女斗"也成了中国(男)人逃避与女性冲突的普遍共识。而在"秀才遇到兵,有理讲不清"的现实困境之中,中国人同样倾向于选择用智识的优越感来证明自己的逃避的合理性。

其次,中国人根据冲突的内容与性质来决定面对冲突是否应该采取退让的策略。中国人认为,有些冲突是不必计较的,比如名利的得失。孔子毫不含糊地承

---

① 《论语·卫灵公》中有这样的对话:子贡问曰:"有一言而可以终身行之者乎?"子曰:"其恕乎!己所不欲,勿施于人。"见(清)刘宝楠.论语正义(下册).中华书局,1990.631
② 参见李泽厚.论语新解.安徽文艺出版社,1998.114
③ 参见董仲舒撰,凌曙注.春秋繁露.中华书局,1991.155
④ (明)洪应明.菜根谭.中华书局,2008.220
⑤ (清)刘宝楠.论语正义(下册).中华书局,1990.709

认:"富与贵,是人之所欲也",但他接着声明,"不以其道得之,不处也……君子去仁,恶乎成名?君子无终食之间违仁……"①。也就是说,双脚实实在在地踩在现实的土壤之上的中国儒者并不是绝对否定对财富与地位的需要和追求,而是绝对强调仁德与道义的追求优先于对名利的追求,不然"不义而富且贵,于我如浮云"②。自处尚且如此,与他人发生涉及名利得失的冲突时,儒者自然更是仁德居先而名利退后,甚或取仁德而舍名利了。中国多地流传的多个不同版本的"让他三尺又何妨"与"六尺巷"的佳话,正是中国人淡泊名利、在此类得失冲突面前主动退让、不予计较的明证。

不过,对于中国人而言,有些性质的冲突是必须正视而不容回避的,比如关乎"礼义"与"天命"的立身处世、治国安邦的原则之类的冲突。面对这样的冲突,崇尚"忠恕"如孔子,也会毅然决然地做出违背君命、斩断师恩的选择。在《礼记》中我们看到孔子毫不含糊地主张:君主的命令如果顺应天命,臣下就顺从君命;君主的命令如果背逆天命,臣下就背逆君命③。从《论语》里我们发现:看到弟子冉有违背自己爱民如子、宽徭薄税的主张,卖力地为比周公还富有的季氏搜刮民脂民膏,孔子勃然大怒地宣布与其断绝师生关系,并鼓励其他弟子大张旗鼓地去反对他。④ 夫子垂范在先,后世儒者自然仿效纷纷。管宁之所以与华歆割席分坐,是因为从后者两个行为细节中察觉出了他与自己价值观的差异⑤;嵇康之所以致书好友山涛与之绝交,是因为后者违背其意愿举荐他出仕晋廷⑥;毛泽东之所以热衷于与人进行"主义之争",是因为尽管"私人之争"大都可以相让,而"主义之争,处于不得不争"⑦。

再次,中国人根据冲突双方的关系与地位等来决定如何处理那些不能回避、必须正视的冲突。

对于行为上有过失、与自己的道德观念形成冲突的父母,儒家主张委婉规劝,

---

① (清)刘宝楠. 论语正义(上册). 中华书局,1990. 142
② (清)刘宝楠. 论语正义(上册). 中华书局,1990. 267
③ 《礼记·表记》中有这样的文字:"子曰:唯天子受命于天,士受命于君。故君命顺则臣有顺命;君命逆则臣有逆命。"见(清)阮元. 十三经注疏·礼记正义(清嘉庆刊本). 中华书局,2009. 3567
④ "子曰:'非吾徒也。小子鸣鼓而攻之,可也。'"见(清)刘宝楠. 论语正义(下册). 中华书局,1990. 455
⑤ 《世说新语·德行第一》"割席分坐"篇记载:管宁、华歆共园中锄菜,见地有片金,管挥锄与瓦石不异,华捉而掷去之。又尝同席读书,有乘轩冕过门者,宁读如故,歆废书出看。宁割席分坐,曰"子非吾友也"。参见姚宝元,刘福琪译著. 世说新语(文白对照全本). 天津人民出版社,1997. 6—7
⑥ 参见戴明扬. 嵇康集校注. 人民文学出版社,1962. 112—131
⑦ 参见中央文献研究室编. 毛泽东书信选集. 中央文献出版社,2003. 14

"有隐而无犯"①。《论语·里仁篇》谓"事父母几谏,见志不从,又敬不违,劳而不怨"②,《礼记·内则》谓"父母有过,下气怡色柔声以谏,谏若不入,起敬起孝,说则复谏,不说,与其得罪于乡党州闾,宁孰谏。父母怒不说,而挞之流血,不敢疾怨,起敬起孝"③,《礼记·曲礼》谓"子之事亲也,三谏而不听,则号泣而随之"④,无一不在强调,对待犯了过失的父母,做子女的固然既不能在心里暗暗埋怨,也不能言语直率、脸色难看地进行批评与指责,伤害至爱亲情,但是也决不能听之任之,置社会公德于不顾,而应积极、委婉而执着地规劝,即使被父母打得流血也不能放弃,以免在社会上陷父母于不义。

对于在行为或决策上有过失、与自己的道德观念与原则形成冲突的君主,儒家主张直言进谏,"有犯而无隐"⑤。《礼记·曲礼》谓"为人臣之礼,不显谏。三谏而不听,则逃之。"⑥《礼记·少仪篇》谓"为人臣下者,有谏而无讪,有亡而无疾。"⑦之所以反复强调对君主不能心怀不满或者背后诋毁,而必须犯颜直谏,屡劝不听则以离职作为抗议,主要是因为"事君以义为制"⑧,非如此不足以维持公共事务的正义与正气。

对于行为上有过失、与自己的道德观念或行为准则形成冲突的师长,儒家则主张"无犯无隐",既要正视其过失,主动加以规劝,也不能面色难看、言语顶撞,因为"事师以恩义之间为制"⑨,既要维护社会公义,又不能伤害师生私恩。

对于行为"未孝未敬"的子孙,儒家主张既不心怀怨恨,也不轻易放弃。"子妇未孝未敬,勿庸疾怨,姑教之;若不可教,而后怒之;不可怒,子放妇出,而不表礼焉。"⑩也就是说,对待不孝子孙,首先得耐心地教导他们;如果他们不听教导,再严厉批评他们;如果批评仍不见效,才能将其逐出家门。然而无论子孙如何不孝不敬,无论教导的过程如何艰难、教导的结果如何不堪,做长辈的却始终不能将子孙的不孝行径公之于众,使家丑得以外扬。

《韩诗外传》的一段记载可以帮助我们更全面地了解孔子的人际冲突区别对待原则:

---

① (清)阮元. 十三经注疏·礼记正义(清嘉庆刊本). 中华书局,2009. 2758
② (清)刘宝楠. 论语正义(上册). 中华书局,1990. 155
③ (清)阮元. 十三经注疏·礼记正义(清嘉庆刊本). 中华书局,2009. 3169
④ (清)阮元. 十三经注疏·礼记正义(清嘉庆刊本). 中华书局,2009. 2744
⑤ (清)阮元. 十三经注疏·礼记正义(清嘉庆刊本). 中华书局,2009. 2758
⑥ (清)阮元. 十三经注疏·礼记正义(清嘉庆刊本). 中华书局,2009. 2744
⑦ (清)阮元. 十三经注疏·礼记正义(清嘉庆刊本). 中华书局,2009. 3278
⑧ (清)阮元. 十三经注疏·礼记正义(清嘉庆刊本). 中华书局,2009. 2759
⑨ 同上。
⑩ (清)阮元. 十三经注疏·礼记正义(清嘉庆刊本). 中华书局,2009. 3169

子路曰:"人善我,我亦善之。人不善我,我不善之。"子贡曰:"人善我,我亦善之。人不善我,我则引之进退而已耳。"颜回曰:"人善我,我亦善之,人不善我,我亦善之。"三人所持各异,问于夫子,夫子曰:"由之所持,蛮貊之言也。赐之所持,朋友之言也。回之所持,亲属之言也。"①

在孔子看来,面临与边鄙荒漠地区的蛮横无理之人、与朋友或者与亲属的冲突,所应抱持的态度与所应采取的措施是有所不同的。对待素无交情、今后也不会交往的"蛮陌",大概可以他若不善待我则我不善待他;但对待朋友,即使他不善待我,我也应该或进或退地与他周旋;而对待亲属,则是即使他不善待我,我也应该善待他。具体问题具体分析,不同对象不同对待,区别对待原则于此表现得可谓淋漓尽致。

二、理性原则

所谓理性原则,既指从社会基本的公平正义出发,也指保持清明的头脑与判断力。

如前所述,就儒家而言,即便恩深如父母与老师,威重如君主,只要他们犯了过失,与自己所认同的道德原则或行为规范相冲突,都要对其或怡色婉言或正色直言加以指出与规劝,以维护社会基本的公平正义。这是中国人对待交际冲突的理性原则的体现之一。

理性原则的体现之二在于儒家的"以直报怨"观。《论语·宪问》有这样一段对话:

或曰:"以德报怨,何如?"子曰:"何以报德? 以直报怨,以德报德。"②

孔子的回答很干脆:该用公正来回报怨恨,用恩德回报恩德。显然,与道家的"报怨以德"、佛教的"舍身饲虎"或者基督教的"有人打你的右脸,连左脸也转过来由他打"等"不过一二人能行之",而非人人能共行"甚或"实不可行"③的纯宗教教义相比,孔子"以直报怨"的主张既近乎人情,又符合社会公理,"是实用理性的充分表现"④,也因此而人人可行,成为一般中国人所共同奉行的处理交际冲突的原则。

理性原则的体现之三在于中国人忍辱以负重的主张。孔子说:"小不忍,则乱大谋。"⑤其实面临的冲突与刺激无论大小,中国人都主张保持清明的头脑及判断力,把反应放慢放缓。用苏轼的话说,就是"猝然临之而不惊,无故加之而不怒"。

---

① 参见周廷寀. 韩诗外传附补逸校注拾遗. 中华书局,1985. 115
② (清)刘宝楠. 论语正义(下册). 中华书局,1990. 591
③ 参见李泽厚《论语今读》第 346 页之康有为注,安徽文艺出版社,1998 年。
④ 李泽厚. 论语今读. 安徽文艺出版社,1998. 346
⑤ (清)刘宝楠. 论语正义(下册). 中华书局,1990. 634

中国人认为,越要很好地达到"以直报怨"的目的,便越不能逞匹夫之勇,一旦见辱,即"拔剑而起,挺身而斗",而越应该暂时隐忍不发,以图高远之志,以成就天下之大勇。"甘受人欺,定非懦弱"①——越王勾践忍受吴王夫差种种羞辱、卧薪尝胆多年而终于复国的故事,韩信甘受胯下之辱而终成大事的故事,范雎隐忍十年而终于报仇雪恨的故事等等,可以说都是中国人这一理性原则的完美阐释。

三、人情原则

所谓人情原则,主要指面对冲突,推己及人,换位思考。换位思考的结果,便是无论在对待人的态度上还是在对于人的要求里都充分灌注着体谅之情。

在对人的态度上,中国人讲究一个"恕"字。何为"恕"?孔子的解释是——"己所不欲,勿施于人"。《礼记·大学》对孔子"恕"道进一步申述道:"所恶于上毋以使下,所恶于下毋以事上,所恶于前毋以先后,所恶于后毋以从前,所恶于右毋以交于左,所恶于左毋以交于右。"②一言以蔽之,无论与交往的对象是上下级关系、前后辈关系还是平等关系,都需谨记与执守恕道,做到"己所不欲,勿施于人"。这是由自身有所喜恶出发而体谅到的他人亦有所喜恶。

而在对于人的要求上,中国人深知不能求全责备。"无忿疾于顽。无求备于一夫"③、"人谁无过,过而能改,善莫大焉"④、"知过能改,便是圣人之徒;恶恶太严,终为君子之病"⑤等等,这些都是由对于自身有限性的认识出发达到的对于他人有限性的体谅——己所不能,则勿苛求于他人。

人情原则贯彻到人际交往之中,一方面,中国人不将自己所不愿承受的事情强加在对方身上,也就不会引起或加剧与对方的冲突;另一方面还会对对方多一分宽容之心——我所不能做到的,也不应该要求别人做到——这样一来,因冲突而形成的对抗之势就会和缓许多。

四、节制原则

所谓节制原则,则主要指在处理冲突的过程中注意把握尺度,保留余地。而之所以如此,则是为了中国人的社会理想——"和"。

---

① (清)王永彬. 围炉夜话. 中华书局,2008. 108
② (清)阮元. 十三经注疏·礼记正义(清嘉庆刊本). 中华书局,2009.3635
③ (清)阮元. 十三经注疏·尚书正义(清嘉庆刊本). 中华书局,2009. 504
④ (清)阮元. 十三经注疏·春秋左传正义(清嘉庆刊本). 中华书局,2009.4053
⑤ (明)洪应明. 菜根谭. 中华书局,2008. 139

所谓"和",并不等于同一。事实上,对于世界的差异性以及差异之存在的重要性,中国人早就有深刻的认识。史伯说:"夫和实生物,同则不继。"①多样性的平衡协调、对立统一才能使万物生成并持续发展,而单调同一、完全一致则难以为继。正如五味相济方成美味之羹肴,八音协畅方成动听之乐曲,"若以水济水,谁能食之? 若琴瑟之专一,谁能听之?"②中国人深深懂得,取消多样性,不仅意味着丰富性与趣味性的丧失,而且意味着生命力的阻断。因此在追求和的过程中中国人并不以消除差异为目标,而是力求把握尺度,为多样性的存在保留余地。

　　以冲突的第二义论,中国人在面对观点、意见等的不一致时,既不会轻易地放弃己见以迎合他人,也不会强硬地要求对方迎合自己。孔子说:"君子和而不同,小人同而不和。"③君子所追求的应该是一种和谐友善的人际关系,而不是意见的完全一致。在君子看来,"不恤乎公道之达义,偷合苟同,以持禄养者,是谓国贼也"④

　　以冲突的第一义论,中国人在激烈争斗的情境中,也不以必胜为勇、完爆为强。孔子说:"宽柔以教,不报无道,南方之强也,君子居之。……故君子和而不流,强哉矫!"⑤能做到与人和睦相处而不同流合污,这才是中国人所追求的坚强,才是中国人所认定的坚强的佼佼者。"必胜非勇,能胜能不胜之谓勇"。⑥在明明能够战胜别人的情况下也能输给别人,为别人留一点儿回转的余地,这才是中国人所认为的真正的勇敢。

　　随着时代的变迁,在今天全球化的大背景下,中国人一些传统的道德礼仪已经失去了其生存的土壤。不过,本文所谈及的这些贯穿在中国人对待与处理交际冲突的方式中的原则在今天并没有完全过时。相反,区别对待、充满理性、体谅人情与保持节制等这些原则,无论对当代的人与人之间的交际还是国与国之间的往来都还不乏借鉴意义。在世界越来越小,而文化差异永远存在、利益冲突永远激烈的地球村里,要想谋求双方的共荣与发展,也许我们应该更深入地研究这些原则,更好地学习这些原则。

---

① (清)文津阁四库全书(第一四零册)(影印本). 商务印书馆,2005. 352
② (清)阮元. 十三经注疏·春秋左传正义(清嘉庆刊本). 中华书局,2009.4549
③ (清)刘宝楠. 论语正义(下册). 中华书局,1990. 545
④ 周廷寀校注. 韩诗外传附补逸校注拾遗(1—2册). 中华书局,1985. 47.
⑤ (清)阮元. 十三经注疏·礼记正义(清嘉庆刊本). 中华书局,2009.3529
⑥ (明)洪应明. 菜根谭. 中华书局,2008;33.

主要参考文献

[1](明)洪应明. 菜根谭. 中华书局,2008
[2](清)王永彬. 围炉夜话. 中华书局,2008
[3](清)阮元. 十三经注疏(清嘉庆刊本). 中华书局,2009
[4]李泽厚. 论语新解. 合肥:安徽文艺出版社,1998

唐方镇及文职僚佐考补正

石云涛

[内容摘要]　清代吴廷燮《唐方镇年表》是研究唐代藩镇的重要工具书,有不少遗误,曾有人做过订补,亦不完善。戴伟华先生著《唐方镇文职僚佐考》详考在唐藩镇幕府中任职的文士,对研究唐史颇具参考价值。但因相关材料非常零乱,遗漏之处在所难免。本文在遍检唐史文献基础上对二书遗误之处略做补正。

[关键词]　唐代藩镇　文职僚佐　唐方镇年表　唐方镇文职僚佐考

戴伟华先生著《唐方镇文职僚佐考》一书①,是研究唐代藩镇使府制度方面重要的工具书,对研究唐史颇具重要价值。但正如傅璇琮先生所指出的:"考方镇僚佐,确有一定难处,这方面的史料较为零散,不易考见某一方镇在其任期内究竟集中多少文士,现在所列出的僚佐也不一定即能确切反映当时的实际人数。且有不少材料所记较为浮泛,不易考定其任何职,在何年;因此一不小心,就容易搞错。"②与戴先生进行此项考证的同时,我正在做唐代幕府制度的研究,及至戴先生书出,检索手中资料,发现戴考有某些遗漏和失误,我在拙著《唐代幕府制度研究》一书前言中,曾指出戴考"存在某些错漏"。例如唐代的碑志材料,戴先生没有充分利用。我曾检索唐代墓志材料,多所利用。后来刘诗平先生为戴书写的书评中,指出了戴先生著作这一不足③。戴先生依据刘先生提示又作了《〈唐方镇文职僚佐考〉订补》一文④,但主要补充了周绍良先生主编《唐代墓志汇编》中的材料,实际上戴书遗漏之处并非碑志一项,甚至戴先生利用过的书中亦有遗漏。故拟在戴先生考证的基础上做点补充。戴先生书中个别失误,也想借此加以纠正。在我的研究中,还发现

---

① 戴伟华.唐方镇文职僚佐考.天津古籍出版社,1994.
② 傅璇琮.唐方镇文职僚佐考·序.天津古籍出版社,1994.
③ 刘诗平.唐方镇文职僚佐考·书评.唐研究.第一卷.北京大学出版社,1995.
④ 戴伟华.唐代文学研究丛稿.台湾学生书局,1999.

吴廷燮《唐方镇年表》关于唐代方镇考证亦有疏误或遗漏①，因此本文中也顺便加以补正。

本文依《唐方镇文职僚佐考》体例，以方镇为单位，时限始以该方镇设立，终于唐哀帝天祐四年（907年）；其文职僚佐范围一般按照两《唐书》和严耕望《唐代方镇使府僚佐考》；方镇排列顺序依吴廷燮《唐方镇年表》，各方镇替代亦依吴表；每一方镇名前用"●"出示，名后为该方镇任期，亦为其僚佐在幕活动的大致时间。名后加＊号者，为《唐方镇年表》失考之方镇。每一僚佐入幕与出幕时间可考者，在注文中加以说明，有方镇名称可考而无府主可考者系于某方镇之末，无方镇名称可考者，编于文末"待考"类。僚佐名前加※号者，为戴考误系某镇者。原始文献中缺字或漏字作□。

凤翔

●李抱玉 永泰元年（765年）——大历十二年（777年）

杨□ 《全唐文》卷四二七于邵《送前凤翔杨司马赴节度序》："御史大夫李公拥旌旄，领凤翔尹，西控数州之地，将戡定叛乱，纠逖僚吏，未及下车而思其人，故司马之才膺此骏选。幕中之画，居然有待。公顷佐是藩，天跸在雍，戎马巨计，注之有司，大东小东，无不仰给；日承顾问，休声四闻。人到于今，咸受其赐，交辟之下，得无光乎？况宏略泉深，硕谋云蓄，材气自逸，礼容必循。鸿鹄之举，烟霄可仰，在此行也。"②按：于邵天宝末年进士，授崇文馆校书郎，累迁兵部郎中，拜谏议大夫、知制诰。贞元初除太子宾客，出为杭州刺史。故作此文应在肃代之际。又，肃代间任凤翔节度使之李姓者有李鼎、李抱玉、李忠臣三人。《旧唐书》卷一三二《李抱玉传》："代宗即位，擢为泽潞节度使、潞州大都督府长史，兼御史大夫。"③《旧唐书》卷十一《代宗纪》：永泰元年正月"戊申，泽潞李抱玉兼凤翔陇右节度使"。故杨某所赴方镇当为李抱玉幕。

●郑注 大和八年（834年）

魏弘节 《新唐书》卷一七九《郑注传》："注闻训败，乃还。其属魏弘节劝注杀监军张仲清及大将贾克中等十余人，注惊挠不暇听。"④

鄜坊

•王栖耀 贞元四年（788年）——贞元十八年（802年）

裴武 《因话录》卷一："德宗躬亲庶政，中外除授，无不留神。余伯父自监察里

---

① 吴廷燮.唐方镇年表.中华书局，1980.
② 董诰等编.全唐文.上海古籍出版社，1990.1927.
③ 刘昫等撰.旧唐书.中华书局，1975.3646.
④ 欧阳修、宋祁.新唐书.中华书局，1975.5316.

行浙东观察判官,特授高陵县令。裴尚书武,亦自鄜坊监察宰栎阳。二人同制。"①
《因话录》的作者赵璘,其伯父赵修贞元三年(787年)进士及第,当年制策登科。其入浙东幕应在贞元三年或其后。赵修和裴武同制出幕任地方官,其在幕时间大致相近。鄜坊观察使自贞元三年至贞元十八年为王栖耀,因此裴武在鄜坊镇王栖耀幕为僚佐,其宪衔为监察御史。

夏绥

- 韩全义　贞元十四年(798年)——永贞元年(805年)

崔放(行军司马)　《旧唐书》卷一六二《韩全义传》:"贞元十三年,为神策行营节度、长武城使,代韩潭为夏绥银宥节度,诏以长武兵赴镇。……十七年,全义自陈州班师,而中人掩其败迹,上待之如初。全义武臣,不达朝仪,托以足疾,不任谒见。全义司马崔放入对,德宗劳问,放引过,言招抚无功。"

朔方

- 王晙　开元九年(721年)

李楷洛(节度副使)　《旧唐书》卷一百一十《李光弼传》:"其先,契丹之酋长。父楷洛,开元初,左羽林将军同正、朔方节度副使"。据《新唐书·藩镇表》,开元九年,置朔方军节度使。李楷洛当在此时任节度副使。

- 牛仙客　开元二十四年(736年)——开元二十八年(740年)

杨行审(六城水运使)　《全唐文》卷三百十孙逖《授杨行审灵州长史仍充六城水运使制》。按:六城水运使为朔方镇僚属,孙逖任中书舍人在开元二十四年以后,朝廷任命杨行审为朔方镇六城水运使当在其时。

- 张怀钦*　天宝六载(747年)

※萧直(掌书记)　《全唐文》卷三九二独孤及《唐故给事中赠吏部侍郎萧公墓志铭》:"公讳直,字正仲,梁长沙王懿七代孙。有唐御史中丞、临汝郡守谅之孟子。……十岁能属文,工书,十三游上庠,十七举明经上第,名冠太学;二十余以书记参朔方军事。中丞府君之遇谗谪居也,公亦播迁汉东。……所从之主则朔方元帅张怀钦……"按:朔方节度使当有张怀钦,吴廷燮《唐方镇年表》漏考。本书于朔方镇记载:"(天宝)五载,王忠嗣。旧传:四月,固让朔方、河东节度使,许之。……天宝五载十二月除张齐邱,又加管内采访使。"而天宝五载四月与十二月之间则缺考。张怀钦任朔方节度使当在其时。《唐方镇文职僚佐考》以《唐方镇年表》朔方无张怀钦,推测张怀钦即张齐邱,萧直当为张齐邱节度掌书记,误。

※尹□(节度参谋)　《宝刻类编》卷八《朔方节度张怀钦碑》:"尹(缺字),节别

---

① 赵璘.因话录.上海古籍出版社,1979.71.

使参谋撰并书,天宝六年立。"①此碑确证张怀钦曾任朔方节度使,可补吴《年表》之不足。而且,碑立于天宝六载,也让我们知道了张怀钦任朔方节度使时间如此短暂的原因,从第二年已亡故这一情况看,大概张怀钦赴任不久,便病重不能理事,朝廷又以张齐邱接替他的职务。"节别使"当为"节度使"之误。尹某在其幕府任参谋之职。《唐方镇文职僚佐考》系尹某为张齐邱幕府,与系萧直为张齐邱之幕同误。

• 安思顺　天宝十一载（752年）——天宝十四载（755年）

李光弼（节度副使）　《旧唐书》卷一百一十《李光弼传》:"十三载,朔方节度安思顺奏为副使、知留后事。"

敬羽　《新唐书》卷二〇九《酷吏传·敬羽》:"朔方安思顺表为节度府属。"《唐方镇文职僚佐考》系于朔方李林甫幕下,误。按:据《资治通鉴》卷二百一十六,天宝十一载四月,"会李献忠叛,林甫乃请解朔方节制,且荐河西节度使安思顺自代;庚子,以思顺为朔方节度使。""十一月,丁卯,林甫薨。"安思顺为朔方节度使之前,为河西节度使;担任朔方节度使时,李林甫已卸任。

※杜鸿渐（节度判官）　《新唐书》卷一二六《杜鸿渐传》:"鸿渐第进士,解褐延王府参军,安思顺表为朔方判官。"《唐方镇文职僚佐考》系于李林甫幕下,误。

宣武

• 董晋　贞元十二年（796年）——贞元十五年（799年）

董溪　《全唐文》卷五六四韩愈《朝散大夫商州刺史除名徙封州董府君墓志铭》:"公讳溪,字惟深,丞相赠太师陇西恭惠公第二子。十九岁明两经获第,……太师贤而爱之,父子间自为知己,诸子虽贤,莫敢望之。太师累践大官,臻宰相,致平治,终始以礼,号称名臣,晨昏之助,盖有赖云。太师之平汴州,年考益高,挈持维纲,锄削荒类,纳之太和而已。其囊箧细碎,无所遗漏,繄公之功。"按:丞相赠太师陇西恭惠公即宣武节度使董晋,唐时节帅与宾佐互称"知己",所谓"父子间自为知己",即董晋以子董溪为宾佐。

• 王铎　咸通十四年（873年）——乾符二年（875年）

卢渥　《全唐文》卷八百九司空图《故太子太师致仕卢公神道碑》:"公讳渥,字子章,范阳人。……时宣宗锐意文治,白衣稍出流类,亦往往上门,故公中选甲科,籍则待制,名臣亦以得人为贺,皆为儒风隆替,当系于公。累辟诸侯府,亦以公去就为轻重。……时宰所忌,出倅宣武军以缓之,未更岁,入为某曹郎。"据《旧唐书》卷一七九《萧构传》,光启初,卢渥已为御史中丞。据司空图此碑,卢渥佐宣武幕后,入为某曹郎,迁拜万年令,拜某官知制诰六年,丁忧三年,而后拜陕虢观察使、御史中丞。据此上推约十年有余,卢渥在宣武军幕,乃僖宗乾符初,其时宣武军节度使为

---

① 佚名.宝刻类编.丛书集成初编本.上海商务印书馆,1936.274-275.

王铎。

- **朱全忠** 中和三年(883年)——天祐四年(907年)

徐厚(节度参谋) 孙光宪《北梦琐言》卷十六:"朱瑾之据兖州,梁祖攻之未克。……须臾,城上鼓噪,掷琼首于埤也。我军失色,梁祖哀恸久之,斩军谋徐厚。"①汴军克兖,事在乾宁四年(897年)。

义成

- **李勉** 大历八年(773年)——兴元元年(784年)

崔元翰 《新唐书》卷二〇三《崔元翰传》:"崔元翰名鹏,以字行。……义成李勉表在幕府,马燧更表为太原掌书记,召拜礼部员外郎。"《唐方镇文职僚佐考》谓"两唐书皆失其名",误。

- **贾耽** 贞元二年(786年)——贞元九年(793年)

贾餗 《太平广记》卷二二三引《杜阳编》:"贾餗布衣时,谒滑台节度使贾耽。以餗宗党分,更喜其文甚宏赡,由是益所延纳。忽一日,宾客大会,有善相者在耽座下,及餗退而相者曰:'向来贾公子神气俊逸,当位极人臣。然惜哉,是执政之时,朝廷微变。若当此际,诸公宜早避焉。'耽颔之,以至动容。及大和末,餗秉钧衡,有知者潜于山谷间,十有三四矣。"知贾餗曾列贾耽宾席。

- **王铎** 中和二年(882年)——中和四年(884年)

李毅 《旧五代史》卷二四《梁书·李珽传》:"李珽字公度,陇西敦煌人。……父毅,仕懿、僖朝,官至右谏议大夫。珽聪悟有才学,尤工词赋。僖宗朝晋公王铎提兵柄,镇滑台,毅居宾席。"②

感化(武宁)

- **张建封** 贞元四年(788年)——贞元十六年(800年)

裴均(团练判官) 《新唐书》卷一〇八《裴均传》:"均字君齐,以明经为诸暨尉。数从使府辟,硁硁以才显。张建封镇濠、寿,表团练判官。时李希烈以淮、蔡叛,建封捍贼,均参赞之。以劳加上柱国,袭正平县男。

河阳

郑又 《因话录》卷六:"郑又自说:早承相国武都公知奖。当时为大理司直,常叹淹滞。……既而以侍御史历作河阳、浙西、淮南,累至检校郎中,方除比部员外郎。"侍御史与检校郎中皆方镇僚佐所带宪衔和朝衔。郑又曾入河阳等三镇幕府。

河东

- **张说** 开元八年(720年)——开元九年(721年)

---

① 孙光宪.北梦琐言.第十六卷.上海古籍出版社,1981.116.
② 薛居正等撰.旧五代史.第二十四卷.二十五史.上海古籍出版社、上海书店,1986.40.

李憕　《新唐书》卷一九一《李憕传》："说在并州，引憕置幕府。及执政，为长安尉。"《新唐书》卷一二五《张说传》："俄以右羽林将军检校幽州都督，入朝以戎服见。帝大喜，授检校并州长使，兼天兵军大使，修国史，敕赉稿即军中论撰。"据《唐会要》卷七八"节度使"条，河东节度使，开元十一年前称天兵军节度，其年三月四日改为太原已北诸军节度，至十八年十二月，宋之悌除河东节度，已后遂为定额。

• 张孝嵩　开元十二年（724年）——开元十四年（726年）

郭震　《全唐文》卷四百二十常衮《咸阳县丞郭君墓志铭》："公讳某，字某。……父济州刺史崇礼，……公即济州府君之长子也。……寻以明经擢第，历洺州平恩县尉，左金吾卫兵曹参军。明恕贞恪，清廉仁爱，克施于政，政有经矣。故幕府三辟，时称得俊。御史中丞李处古、侍御史崔希逸、节度使张嵩，爰以将命之务咨焉。……开元十八年四月十八日寝疾，终于长安里第。"按：林宝《元和姓纂》卷十"诸郡郭氏"："崇礼，济州刺史，生震、观、豫。"①郭某为郭崇礼之长子，当为郭震。《唐方镇文职僚佐考》作郭豫，误。

• 裴度　开成二年（837年）——开成三年（838年）

※孙简　《隋唐五代墓志汇编》洛阳卷第十三册《孙简墓志》："裴中令度镇北都，辟为留守推官，以殿中侍御史供奉充职。又转节度掌书记，又改判官，奏加上柱国赐绯鱼袋。"②据《新唐书》卷一七三《裴度传》，裴度两次节度河东，然元和十四年（819年）首任，未有中书令之官职。文宗大和八年（834年），"徙东都留守，俄加中书令"。"开成二年，复以本官节度河东"。故孙简入裴度河东幕当在裴度第二次出镇河东时。《唐方镇文职僚佐考》推测"当在裴首镇河东时入幕"，误。

• 李拭　大中四年（850年）——大中五年（851年）

※马戴（掌书记）　《金华子杂编》卷下："以恩地为恩府，始于唐马戴。戴大中初为掌书记于太原李司空幕，以正言被斥，贬朗州龙阳尉。戴著书自痛不得尽忠于恩府，而动天下之浮议。"③据《新唐书》卷六十《艺文志》四，马戴"字虞臣，会昌进士第"。《唐才子传》卷七云：马戴"会昌四年左仆射王起下进士，与项斯、赵嘏同榜，俱有盛名"。马戴会昌年间进士，按照当时制度，其入幕充职应在进士及第之后。所以这里所谓"大中初"入太原李司空幕，在时间上是合理的。大中年间为河东节度使之李姓者有二人，即李拭、李业。李拭最早，乃大中四年，故当在其幕中。《唐方镇文职僚佐考》推测"大中"为"大和"之误，马戴入幕在大和年间，入李程幕，不当。那时马戴进士未及第，为"无出身人"，不得为节度使府所辟，并担任掌书记之职。

---

① 林宝.元和姓纂.第十卷.中华书局，1994.1560.
② 陈长安主编.隋唐五代墓志汇编.洛阳卷.第十三册.天津古籍出版社，1991.83.
③ 刘崇远.金华子杂编.下卷.丛书集成初编.上海商务印书馆，1936.19.

河中

- 郭子仪　广德二年(764年)——永泰元年(765年)

张昙(节度判官)　《因话录》卷二:"郭汾阳在汾州,尝奏一州县官,而敕不下。判官张昙言于同列,以令公勋德,而请一吏致阻,是宰相之不知体甚也。"据《旧唐书》卷一百二十《郭子仪传》,仆固怀恩作乱汾州,朝廷"以子仪兼关内河东副元帅、河中节度观察使,出镇河中"。其事在代宗广德二年。"明年九月,以子仪守太尉,充北道邠宁、泾原、河西已东和蕃及朔方招抚观察使,其关内河副元帅、中书令如故"。可知郭子仪任河中节度使镇汾州在此期间。其时张昙在郭子仪幕中为判官。根据我们研究,方镇幕府僚佐有尊卑之别,并有由低到高的升迁。一些僚佐常随节帅转镇,其幕职时有变动。《资治通鉴》卷二二五记载:"郭子仪以朔方节度副使张昙性刚率,谓其以武人轻己,衔之。"[①]知张昙十多年来一直在郭子仪幕中,并由判官升为副使。

- 赵宗儒　元和九年(814年)——元和十一年(816年)

按:《唐方镇文职僚佐考》将赵宗儒误作二人,镇河中者为赵崇儒。唐无赵崇儒。此亦非字误,本书索引有"赵崇儒"、"赵宗儒"两人,而实为一人。《旧唐书》卷一六七《赵宗儒传》记载,赵宗儒先后任荆南节度使,河中尹、兼御史大夫、晋慈隰节度观察等使。

- 杜审权*　大中十一年(857年)——大中十三年(859年)

郑仁表(掌书记)　《旧唐书》卷一七六《郑肃传》:"仁表擢第后,从杜审权、赵骘为华州、河中掌书记,入为起居郎。"杜审权不曾镇华州,因此郑仁表当入杜审权河中幕。据《旧唐书》卷一七七《杜审权传》记载:大中十一年(857年)"其年冬,出为陕州大都督府长史,陕虢都团练观察使,加检校户部尚书、河中尹、河中晋绛节度使。懿宗即位,召拜吏部尚书"。杜审权自大中十一年至大中十三年为河中节度使,吴廷燮《唐方镇年表》失考,而据《文苑英华》、《玉堂遗范》所载之《授徐商崔玙节度使制》,误以崔玙为此期间河中节度使。大中十年虽有《授徐商崔玙节度使制》之任命,但未言崔玙任职截止时间,大约崔玙仅任一年左右,朝廷便有了新的任命,由杜审权接替崔玙,并一直任至懿宗即位,由令狐绹接任。《新唐书》卷六三《宰相表》:大中十三年"十二月丁酉,……(令狐)陶检校司徒、同平章事、河中节度使。"然而,据《旧唐书》本传,杜审权于咸通十一年再度出任河中晋绛节度使。郑仁表何时入杜审权河中幕,待考。

- 李都　乾符五年(876年)——广明元年(880年)

王重荣(节度副使)　《北梦琐言》卷十三:"河中节度使王重荣,始为牙将,黄巢

---

① 司马光等.资治通鉴.第二百二十五卷.中华书局,1956,7254.

犯阙,元戎李都奉伪,畏重荣党附者多,因荐为副使。"

义成(郑滑)

• 李融　贞元九年(793年)——贞元十年(794年)

赵隐(节度副使)　《旧唐书》卷一七八《赵隐传》:"贞元初,迁郑州刺史。郑滑节度使李融奏兼副使。十年,融病,军府之政委于植。"

昭义

• 卢从史　贞元二十年(804年)——元和五年(810年)

马卢符(节度参谋)　《全唐文》卷六三九李翱《秘书少监史馆修撰马君墓志》:"公讳某,字卢符,宣州刺史元庆之曾孙,著作郎赠少府监恬之子。公九岁贯涉经史,鲁山令元德秀行高一时,公往师焉。鲁山令奇之,号公为马孺子,为之著《神聪赞》,由是名闻。中书令郭公子仪奏为怀州参军,充四镇伊西庭节度巡官,从事河阳三城、河东三府,累转试大府丞。因得太原府仓曹。黜陟使裴伯言谓公堪为谏官,荐之于朝,拜殿中侍御史,充昭义军节度参谋。召为太子左赞善大夫,迁主客员外郎,使于海东。复命授兴元少尹,入为将作少监,改国子司业,迁秘书少监,又加史馆修撰。元和十三年十一月己酉寝疾卒。"据其任职时间,马卢符很可能在卢从史幕任节度参谋。

幽州

• 张说　开元六年(718年)——开元八年(720年)

※任□　《全唐诗》卷八七张说有《送任侍御史江南发粮以赈河北百姓》一诗。《唐方镇文职僚佐考》"疑即张说送幕僚监察御史任某江南发发以赈管下河北百姓"。此判断有误。自张守珪为御史大夫,幕府僚佐始带宪衔,其事在开元二十年(732年)之后①。

※王尚一、严巍　《全唐诗》卷八七张说有《送王尚一严巍侍御赴司马都督军》一诗。《唐方镇文职僚佐考》"疑王尚一、严巍皆为张说幽州幕僚"。此判断与上述任某的结论同误。

• 赵含章　开元十八年(730年)——开元二十年(732年)

孙构　《全唐诗》卷一九七张谓《同孙构免官后登蓟楼》:"昔在五陵时,年少心亦壮。尝矜有奇骨,必是封侯相。东走到营州,投身似边将。一朝去乡国,十载履亭障。部曲皆武夫,功成不相让。犹希虏尘动,更取林胡帐。去年大将军,忽负乐生谤。北别伤士卒,南迁死炎瘴。濩落悲无成,行登蓟丘上。长安三千里,日夕西南望。寒沙榆塞没,秋水滦河涨。策马从此辞,云山保闲放。"此诗咏赵含章坐赃遭

---

① 参拙著《唐代幕府制度研究》,中国社会科学出版社2003年版,第125页。

贬，孙构受株连事。孙构当为幽州节度使僚佐①。

- 薛楚玉　开元二十年（732年）——开元二十一年（733年）

王审礼　《全唐文》卷三五二樊衡《为幽州长史薛楚玉破契丹露布》有云："臣又与侍御史王审礼、节度副使乌知义及将士等佥议，咸以为然。"按：开元二十年以前，幕府僚佐无带宪衔者，王审礼以侍御史监军，不是幕府僚佐之职。《唐方镇文职僚佐考》以为王审礼为幕府僚佐，误。书中"薛楚玉"作"薛楚王"，字误。

- 张守珪　开元二十一年（733年）——开元二十七年（739年）

萧诚（节度驱使）　《全唐文》卷三百九孙逖《授萧诚太子左赞善大夫仍前幽州节度驱使制》："敕：朝议郎、恒州司马、随军副使、幽州节度驱使、上柱国、借绯鱼袋萧诚，……可守太子左赞善大夫，依前幽州节度驱使，仍专检校管内诸军新召长远往来健儿事。"按：孙逖任中书舍人在开元二十四年（736年）以后，萧诚可能在张守珪幽州幕中。

马元庆（节度副使）　《全唐文》卷三百十孙逖《授马元庆河西节度副使制》："敕：云麾将军、右骁卫将军员外置同正员、幽州节度副使、上柱国马元庆，名重武臣，才优将略，有刚勇以制敌，能廉干以成务。河湟作镇，戎狄是虞，既资攻守之术，恒佐军州之任，可充河西节度副使，判凉州长史，兼赤水军副使，仍都知兵马使，余如故。"按：孙逖任中书舍人在开元二十四年（736年）以后。马元庆的调任在其时，因此马元庆可能在张守珪幽州幕中。

- 朱滔　大历九年（774年）——贞元元年（785年）

马实（要籍）　《全唐文》卷五九八欧阳詹《大唐故辅国大将军兼左骁卫将军御史中丞马公墓志铭》："公讳实，字某，其先扶风人，生于幽州。……起家为范阳军要籍，本军疑政，画多自出。……贞元初，本军之事有大者合议于天子，自管内二千石已下择贤能，以公当其选。天子异其议，奇其词，决所议，答于本军，而留近侍，拜左骁卫将军宿卫。"马实在幽州幕为要籍，贞元初入朝。在此之前，朱滔长期担任幽州节度使，马实在其幕中无疑。

- 李匡威　光启元年（885年）——景福二年（893年）

李贞抱　《北梦琐言》卷十三："景福中，幽州帅李匡威率兵救镇州，军次博水。会军乱，推其弟匡俦充留后，诸军皆散。乃以书报弟，付之军政，南欲赴阙。泊于陆泽，镇州赵王王镕以匡威救难失国，因请税驾于常山府郭，以中离变（原注：此四字各本无，语亦不可解。按："中离"二字，当为"观"字之误）。会匡威有幕客李贞抱自阙回，与匡威相遇，同登寺楼，观镇州山川之美，有爱恋之意。"

※张建章　《北梦琐言》卷十三："张建章为幽州行军司马，后历郡守。……曾

---

① 参傅璇琮主编《唐才子传校笺》第四卷"张谓"条，中华书局1989年版，第139页。

赍府戎命往渤海,……回至西岸,经太宗《征辽碑》,半在水中。"《南部新书》卷三:"张建章,四镇之行军司马也。"张建章在幽州幕时间不可考,但在晚唐无疑。其时已无所谓"四镇"。而且出使渤海,其在幽州幕为可信。《唐方镇文职僚佐考》系于安西四镇,误。

成德

- 王武俊　建中三年(782年)——贞元十七年(801年)

卢泚　《全唐文》卷七六一褚藏言《窦常传》:"贞元十四年秋,成德军节度使太尉王公命从事御史卢泚赆五百金,辟为掌记,不就。"《唐方镇文职僚佐考》据《全唐文》卷六九〇符载《送卢侍御史赴王令公幕序》、《送卢端公归恒州序》,于王武俊幕府列有"卢某",不知其名,当即卢泚。

山南东道

- 李蔚*　咸通十四年(873年)——乾符元年(874年)

柳玭(掌书记)　《旧唐书》卷一六五《柳玭传》:"玭应两经举,释褐秘书正字。又书判拔萃,高湜辟为度支推官。逾年,拜右补阙。湜出镇泽潞,奏为节度副使。入为殿中侍御史。李蔚镇襄阳,辟为掌书记。湜再镇泽潞,复为副使。入为刑部员外。湜为乱将所逐,贬高要尉,玭三上疏申理。……寻出广州节度副使。明年,黄巢陷广州,郡人邓承勋以小舟载玭脱祸。"按:李蔚镇襄阳,《唐方镇年表》失考。其事在高湜两度镇泽潞之间,高湜第一次出镇泽潞在咸通十三年(872年)至十四年(873年),第二次在乾符元年(874年)至乾符二年(875年)。中间曾有张彦远短期任职。故李蔚任襄阳节度使在咸通十四年与乾符元年间。其前任当为杨知温,接任者当为于琮。

荆南

- 李峘　至德元载(756年)——至德二载(757年)

向蕈　《全唐文》卷三六七贾至《授向蕈光禄少卿制》:"荆南奏事官、守太子仆同正向蕈等,咸膺推擢,俾在兹任,可守光禄少卿同正。"据《新唐书》方镇表,至德二载,置荆南节度。贾至于安史乱起,拜起居舍人、知制诰,历中书舍人。疑向蕈作为荆南奏事官入朝,接受任命当在此际,故系于李峘幕府。

- 裴胄　贞元八年(792年)——贞元十九年(803年)

裴均(行军司马)　《新唐书》卷一〇八《裴均传》:"均字君齐,以明经为诸暨尉。数从使府辟,硁硁以才显。张建封镇濠、寿,表团练判官。时李希烈以淮、蔡叛,建封捍贼,均参赞之。以劳加上柱国,袭正平县男。迁累膳部郎中,擢荆南节度行军司马,就拜荆南节度使。按:据《唐方镇年表》卷五,裴胄于贞元八年至贞元十九年为荆南节度使,裴均于贞元十九年接替裴胄为荆南节度使,可知在此之前,裴均为荆南节度行军司马,在裴胄幕中。

※梁易从(掌书记) 《旧唐书》卷一二二《裴胄传》:"胄以书生始,奏贬书记梁易从,君子薄其进退宾客不以礼,物议薄之。"按:裴胄曾先后领宣歙、湖南、江西、荆南诸镇,梁易从在其幕任掌书记,当在荆南幕中。宣歙、湖南、江西皆为观察使,观察使下无掌书记之职。只有荆南为节度使,其府中有掌书记之职。又各藩镇待幕府僚佐不以礼,成为风气,在德宗贞元年间,时称"贞元故事"①。故梁易从在裴胄幕为掌书记,并遭裴胄奏贬,必在荆南。《唐方镇文职僚佐考》系于湖南,误。

• 成汭　龙纪元年(889年)——天复三年(903年)

李珽(掌书记) 《旧五代史》卷二四《梁书·李珽传》:"李珽字公度,陇西敦煌人。……成汭之镇荆州,辟为掌书记,逾时乃就。"《唐方镇文职僚佐考》以为与李班似为一人,但引《册府元龟》上记载,材料晚出,不如《旧五代史》本传直接。

• 朱全忠　天祐二年(905年)——天祐四年(907年)

贺瓌(留后) 据《资治通鉴》卷二六五,天祐二年九月乙丑,杨师厚入襄阳。丁卯,荆南节度使赵匡明奔成都。戊辰,朱全忠引兵击江陵,荆南牙将王建武迎降,朱全忠以贺瓌为荆南留后。

高季昌(行军司马、留后) 据《资治通鉴》卷二六五,天祐三年十月,"武贞节度使雷彦威屡寇荆南,留后贺瓌闭城自守。朱全忠以为怯,以颍州防御使高季昌代之。"《北梦琐言》逸文卷三:"江陵高季昌,唐末为荆州留后。时宰相韦说、郑珏,舅甥姻娅也,朱梁太祖时,皆得制方面。高氏以贵公子任行军司马,常以歌筵酒馔款待数公。"

淮南

• 杜佑　贞元六年(790年)——贞元十九年(803年)

卢泚(节度参谋) 《全唐文》卷七六一褚藏言《窦常传》:"贞元十四年秋,成德军节度使太尉王公命从事御史卢泚贶五百金,辟为掌记,不就。其年,淮南节度左仆射濒陵杜公奏为参谋,授秘书省校书郎。"

• 崔铉　大中九年(855年)——咸通三年(862年)

杨牧(判官) 《因话录》卷六:"相国崔公慎由廉察浙西。左目皆生赘,如息肉,欲蔽瞳人,视物极碍,诸医方无验。一日,淮南判官杨员外牧,自吴中越职,馔召于中堂。因话扬州有穆中善医眼,来为白府主,请遗书崔相国铉,令致之。崔公许诺。"崔慎由任浙西观察使在大中九年(855年)至大中十年(856年)。其事必在此二年间。

郑又　《因话录》卷六:"郑又自说:早承相国武都公知奖。当时为大理司直,常

---

① 参拙著《唐代幕府制度研究》第七章(三)"藩镇擅权与宾主交恶",中国社会科学出版社2003年版。

叹淹滞。……既而以侍御史历作河阳、浙西、淮南,累至检校郎中,方除比部员外郎。"侍御史与检校郎中皆方镇僚佐所带宪衔和朝衔。郑又曾入淮南幕府。

浙西

郑又 《因话录》卷六:"郑又自说:早承相国武都公知奖。当时为大理司直,常叹淹滞。……既而以侍御史历作河阳、浙西、淮南,累至检校郎中,方除比部员外郎。"侍御史与检校郎中皆方镇僚佐所带宪衔和朝衔。郑又曾入浙西幕府。

福建

• 李承昭 上元二年(761年)——大历七年(772年)

王晃(行军司马) 《全唐文》卷六百八刘禹锡《唐兴元节度使王公先庙碑》:"太尉府君生于治平时,在文学自奋。年十有五贲然从秋赋,明年春升名于司徒。……天宝中历右拾遗,左补阙,礼部、司驾二员外郎。属幽陵乱华,遣兵南服,因佐闽、粤,改检校比部郎中、行军司马。时中原甫宁,江南为吉地,二千石多用名德,乃以府君牧温州。"按:据本碑文记述,王晃即王涯之父,其在闽、粤任行军司马,一定是在节度使府。而据《新唐书》卷六八《方镇表》五:"上元元年(760年),升福建都防御使为节度使。"《唐方镇年表》卷五引《淳熙三山志》:"上元二年(761年),李承昭为福建泉汀漳潮六州节度使。"此后至大历七年(772年),福建节度使一直是李承昭。王晃当在其幕。

赵晔(判官) 《旧唐书》卷一八七下《赵晔传》:"赵晔,字云卿,邓州穰人。……乾元初,三司议罪,贬晋江尉。数年,改录事参军。征拜左补阙,未至,福建观察使李承昭奏为判官,授试大理司直,兼监察御史。试司议郎,兼殿中侍御史。入为膳部、比部二员外。"

• 柳冕 贞元十三年(797年)——永贞元年(805年)

卢汧(节度参谋) 《全唐文》卷七六一褚藏言《窦常传》:"贞元十四年秋,成德军节度使太尉王公命从事御史卢汧赆五百金,辟为掌记,不就。其年,淮南节度左仆射灞陵杜公奏为参谋,授秘书省校书郎。厥后历泉府从事,由协律郎迁监察御史里行。居无何,湘东倅戎,转殿中侍御史,赐绯鱼袋。元和六年,由侍御史入为水部员外郎。"所谓"泉府从事",即福建观察使僚佐。卢汧于贞元十四年入淮南杜佑幕府。杜佑于贞元十九年罢幕,于是转福建镇。其时柳冕任福建观察使。

• 兀锡 元和十年(816年)——元和十四年(819年)

卢陲 《全唐文》卷七百十七长孙巨源《卢陲妻传》:"汾州刺史崔恭幼女曰少元,事范阳卢陲。陲为福建从事。……元和丁酉岁巨泽聆于王君,乃疏本末。"元和丁酉即元和十二年(817年)。

湖南

• 薛苹 永贞元年(805年)——元和三年(808年)

卢泚（观察副使） 《全唐文》卷七六一褚藏言《窦常传》："贞元十四年秋，成德军节度使太尉王公命从事御史卢泚赆五百金，辟为掌记，不就。其年，淮南节度左仆射灞陵杜公奏为参谋，授秘书省校书郎。厥后历泉府从事，由协律郎迁监察御史里行。居无何，湘东倅戎，转殿中侍御史，赐绯鱼袋。元和六年，由侍御史入为水部员外郎。"所谓"湘东倅戎"即担任湖南观察使副职。卢泚于贞元十九年离杜佑幕，入柳冕福建幕。柳冕于永贞元年罢幕，卢泚使入湖南观察使幕。这一年薛苹接替杨凭为湖南观察使，组织幕府，卢泚入其幕。

剑南西川

• 裴观* 开元十二年（724年）——开元十五年（727年）

蔡希周 据《隋唐五代墓誌汇编》（洛阳卷）第十一册《蔡希周墓志》：蔡希周"改蜀郡新繁尉，而西南之使臣曰前张公守洁、后张公敬忠，间以裴公观相踵诣部，虚心（一字漫漶）能，皆以公职事修理，命公为采访支使，或兼节度判官"①。按，张守洁当即张嘉贞，《旧唐书·张嘉贞传》不言"嘉贞"是其名抑或其字，《新唐书》本传云："张嘉贞字嘉贞"。其人当名守洁，字嘉贞，而以字行。在张守洁与张敬忠之间，当还有裴观出镇，史籍未载，此墓志补史之不足。张守洁等三人先后出镇剑南在开元十二年（724年）和十五年（727年）之间。《唐方镇文职僚佐考》将裴观系于张敬忠之后，误。

• 武元衡 元和二年（807年）——元和八年（813年）

张汾（安抚巡官） 《太平广记》卷四九六引《乾馔子》："武元衡镇西川，哀其龙钟，奏充安抚巡官，仍摄广都县令，一年而殂。"此言张汾事，《唐方镇文职僚佐考》误作邢君牙。

• 杜元颖 长庆三年（823年）——大和三年（829年）

※孙景商 《隋唐五代墓志汇编》（洛阳卷）第十四册《孙景商墓志》："大和二年，清河崔公郾下擢进士甲科，赴诸侯之辟于蜀西川，于荆，于越，凡所从悉当时名公，公亦以国士之道居于其府。御史丞得其名奏为监察，历殿中侍御史，益有名。入尚书省为度支员外郎。丁继母裴夫人忧，毁逾于礼。卒丧，除刑部员外郎，转度支郎中。时宰相李德裕专国柄，忿公不依己，黜为温州刺史，移滁州刺史。"②孙景商于大和二年（828年）进士及第，他没有担任其他官职便入幕充职了。他首次入剑南西川幕，府主应当是杜元颖，因为杜元颖于长庆三年（823年）至大和三年（829年）为剑南西川节度使。大和四年至六年剑南西川节度使为李德裕。而从后来李德裕怒景商不附己来看，他不可能为李德裕所辟。《唐方镇文职僚佐考》系于李德

---

① 陈长安主编.隋唐五代墓志汇编·洛阳卷.第十一册.天津古籍出版社,1991.90.
② 陈长安主编.隋唐五代墓志汇编·洛阳卷.第十四册.66.

裕幕,当误。杜元颖罢幕后他应当转入荆南幕,此时荆南节帅为段文昌。段文昌在荆南镇至大和六年。孙景商出荆南幕后当入浙江东道幕。李绅于大和七年至大和九年镇浙东,故其府主当为李绅。如果孙景商在李绅罢幕前后入朝为尚书郎官,此时李德裕已于大和八年出为兴元节度使,朝廷政局发生了变化,牛党势力正在抬头。孙景商的入朝和得意应当与牛党引拔有关。开成五年(840年)李德裕再次入相,便"忿公不依己",将孙景商外放。孙景商先后入杜元颖、段文昌、李绅之幕,其中段文昌曾为宰相李逢吉所引拔,李逢吉与牛党令狐楚相善,说明段文昌在政治立场上是倾向于牛党的。因此孙景商为牛党重用而与李党结怨,也是当年他在荆南幕中埋下的伏笔。他的一生沉伏迁升与牛李党争的大势相合。

• 夏侯孜 咸通元年(860年)——咸通三年(862年)

李敬 《唐摭言》卷十五:"李敬者,本夏侯谯公之僮也。……凡十余岁,公自中书出镇成都,临行有以邸吏托者,一无所诺;至镇,用敬知进奏,既而鞅掌极矣。"①李敬凡夏侯仆忠诚老仆,被用作知进奏官,反映晚唐时藩镇用人违反朝廷规定的现象。

• 韦昭度* 龙纪元年(889年)——大顺二年(891年)

吴融 《北梦琐言》卷四:"唐吴融侍郎策名后,曾依相国太尉韦公昭度,以文笔求知。每起草先呈,皆不称旨。吴乃祈掌武亲密,俾达其诚。且曰:'某幸得齿在宾次,唯以文字受眷。虽愧荒拙,敢不著力,未闻惬当,反甚忧惧。'掌武笑曰:'吴校书诚是艺士,每有见请,自是吴家文字,非干老夫。'由是改之,果惬上公之意也。"所谓"齿在宾次",即为幕府僚佐。据《旧唐书》卷一七九《韦昭度传》,"昭宗即位,阆州刺史王建攻陈敬瑄于成都,隔绝贡奉,乃以昭度检校司空、同平章事、成都尹、剑南西川节度招抚宣慰等使。昭度赴镇,敬瑄不受代。诏东川顾彦朗与王建合势讨之。昭度为行营招讨。卒岁只拔汉州。……昭度然之,奏请还都。昭度未及京师,建以重兵守剑门,急攻成都下之,杀敬瑄,自称留后。"韦昭度为藩镇,只此一事,则吴融当为韦昭度剑南西川节度使府僚佐。

夏侯籍 《北梦琐言》卷十一:"唐相国夏侯公孜,富贵后得彭、素之术,其有所益。……有夏侯长官者,本反初僧也,曾依相国门庭,乱离后,挈家寄于凤州山谷,寻亦物故,惟寡妻幼子而已。……其子名籍,学吟诗,入西川依托勋臣,为幕下从事。"

崔□ 《全唐文》卷三八八独孤及《送崔詹事中丞赴上都序》:"初,公由尚书郎出佐蜀郡。无何,熊轼畅毂,专席而坐,休绩布于巴汉。天子器之,时人谓公逸足骎骎,视公卿如步武耳。"

---

① 王定保.唐摭言.第十五卷.上海古籍出版社,1978.165－166.

岭南东道

• 何履光　至德二载（756年）

崔国辅　《全唐文》卷四〇二崔国辅《上何都督履光书》："崔国辅谨上书于都督何公节下，昨有自府廷而退者云，君公垂责，以为怠于奉上之礼，死罪死罪。窃闻礼不妄说，人为近佞媚也；不好狎，自全仁义也。故教训正俗，非礼不备；君臣上下，非礼勿定；宦学事师，非礼勿亲。所以君子恭敬，撙节退让以明礼修身，践言合道以成礼。今人无礼，多涉于佞媚，不全于仁义。故以难进而易退，孜孜善行者为失礼，悲夫！古之有礼者则贵，今之有礼者则贱。虽然，君子修身，终不弃礼为苟容。诗云："风雨如晦，鸡鸣不已"，言善人不拘俗也。国辅常见君公有谋赞之能，明恤之量，敢以大雅之道而事君公，殊不知君公以凡徒见待。君公闻叔向乎？闻张良乎？夫叔向者，不能言退，然不胜衣，为晋国之望；张良，妇人也，而懦夫下辈，宜君公不礼。萧曹为刀笔吏，碌碌无奇节。百里奚在虞而虞亡，在秦而秦霸；屈原之忠贞逐于楚，张仪之利口鞭于梁，皆士之屯蒙，莫能自异。仆今日何复言哉！"

• 杜佑　贞元元年（785年）——贞元三年（787年）

权德舆　关于权德舆与杜佑的关系，《唐语林》卷四"企羡"条自注云："杜佑佐权德舆幕，李珏佐牛僧儒幕，后与使主同为相。"①其言有误。《旧唐书》卷一四八《权德舆传》云："贞元初，复为江西观察使李兼判官，再迁监察御史。府罢，杜佑、裴胄皆奏请，二表同日至京。"据此可知，当权德舆尚在节镇为僚佐时，杜佑已为节度使，更不当佐权德舆之幕。权德舆应有短期在杜佑幕中之经历。在权德舆入朝之前，可能曾入杜佑幕，时杜佑为岭南节度使，与江西为邻镇。贞元十九年（803年）杜佑入朝为相，直到元和七年（812年）因病致仕。在此期间，元和五年，权德舆拜礼部尚书、平章事。则权德舆与杜佑曾同朝为相。

• 韦丹*　贞元八年（792年）

王叔雅　《全唐文》卷七一三许志雍《唐故江南西道观察判官监察御史里行太原王公墓志铭》："公讳叔雅，字元宏，太原祁人也。……郡举进士，……为礼部侍郎刘太真深见知遇，再举而登甲科。浃辰之间，名振寰宇。俄为山南东道嗣曹王皋辟为从事。丁太夫人忧，服阕，调补右卫率府兵曹参军。环卫望高，以优贤也。未几为岭南连帅韦公丹举列上介，表迁左金吾卫兵曹参军。连府才雄，军门瞻重，每下徐孺之榻，独夺陈琳之笔。属本使制东川，府幕遂散，邀公独行，奏迁廷尉评兼监察御史。府公再迁慈晋，俄领江西，复随镇，拜监察御史里行，以南康□牧假行刺史事。……无何寝疾，经时沉痼，以元和四年正月七日告终于洪州南昌县之官舍。"按：韦丹曾任岭南东道节度使，《唐方镇年表》失考。据王叔雅仕历，韦丹节度岭南

---

① 王谠撰，周勋初校证.唐语林校证.第四卷.中华书局，1987.381.

当在贞元八年(792年),在李复与薛珏之间。王叔雅先入嗣曹王李皋山南东道幕,李皋于贞元三年(787年)出镇山南,王叔雅当于此时或稍后入其幕,但不久丁母忧离职。按礼制丁忧期满应在贞元六年前后。丁忧期满他又担任右卫率府兵曹参军之职。任期时间不久,便入岭南节度使韦丹幕,其时应在贞元七、八、九数年间。岭南东道节度使自贞元三年至贞元八年为李复,贞元八年至十一年为薛珏,所以韦丹为岭南东道节度使只能在贞元八年。据本志记载,韦丹调任剑南东川节度使,独邀王叔雅赴任,但实际上并未成行,因为自贞元二年至十八年,剑南东川节度使一直是王叔邕担任,没有变动。朝廷有以韦丹接替王叔雍之命,但未能落实,韦丹只是名义上东川节度使。后来韦丹改镇慈晋,不久又改镇江西。王叔雅则一直在其幕中。韦丹任江西观察使在元和二年至五年,王叔雅便是在其幕任职期间去世。

桂管

• 李某　元和五年(810年)——元和八年(813年)

卢遵　《全唐文》卷五七八柳宗元《送内弟卢遵游桂州序》:"遵,予弟也。……以予弃于南服,来从予居五年矣。……则予之弃也,适累斯人焉,以爱予而慰其忧思,故不为京师游以取名当世。以桂之迩也,而中丞之道光大,多容贤者,故洋洋焉乐附而趋,以出其中之有夫如是,则宜奋翼鳞,乘内波以游乎无倪。往哉,其渐乎是行也。"柳宗元贬永州之第五年乃元和五年(810年),据《唐方镇年表》,其时桂管观察使为李某,卢遵从永州赴幕。

华州

• 赵骘*　约咸通七年(866年)——中和二年(882年)

郑仁表(掌书记)　《旧唐书》卷一七六《郑肃传》:"仁表擢第后,从杜审权、赵骘为华州、河中掌书记,入为起居郎。"按:赵骘镇华州,《唐方镇年表》失考。据《旧唐书》卷一七八《赵隐传》附:"弟骘,亦以进士登第。大中末,与兄隐并践省阁。咸通初,以兵部员外郎知制诰,转郎中,正拜中书舍人。六年,权知贡举。七年,选士,多得名流,拜礼部侍郎、御史中丞,累迁华州刺史、潼关防御、镇国军使,卒。"《唐方镇年表》以骆元光(李元谅)镇华州自德宗建中四年(783年)至中和二年(882年),其中有误。

晋慈

• 姚齐梧　贞元十一年(795年)——贞元十二年(796年)

柳公绰(观察判官)　《旧唐书》卷一六五《柳公绰传》:"公绰性谨重,动循礼法。……慈隰观察使姚齐梧奏为判官,得殿中侍御史。冬荐授开州刺史,入为侍御史,再迁吏部员外郎。"按本传"冬荐授开州刺史"一句,断为"冬,荐授开州刺史",误。如此断句,意谓其年冬,柳公绰便被荐授开州刺史。传中未云何年,怎么突然出现一个"冬"字呢?是哪一年的冬天呢?其实"冬荐"乃唐朝后期一种选官、任官制度,这里是说柳公绰通过"冬荐"的途径获开州刺史的任命。

• 韦丹　元和元年（806年）

王叔雅　《全唐文》卷七一三许志雍《唐故江南西道观察判官监察御史里行太原王公墓志铭》："公讳叔雅,字元宏,太原祁人也。……未几为岭南连帅韦公丹举列上介,表迁左金吾卫兵曹参军。……属本使节制东川,府幕遂散,邀公独行,奏迁廷尉评,兼监察御史。府公再迁慈晋,俄领江西,复随镇,拜监察御史里行。"据《旧唐书》卷十四《宪宗纪》上,元和元年三月"己亥,以前剑南东川节度使韦丹为晋绛观察使"。

河西

• 萧嵩　开元十五年（727年）——开元十七年（729年）

裴宽　《新唐书》卷一〇一《萧嵩传》："十四年,以兵部尚书领朔方节度使。……回纥又杀凉州守将王君㚟,河陇大震。帝择堪任边者,徙嵩河西节度使,判凉州事,封兰陵县子。嵩表裴宽、郭虚己、牛仙客置幕府,以建康军使张守珪为瓜州刺史,完树陴坞,怀保边人。"知裴宽等人入萧嵩幕在河西。《唐方镇文职僚佐考》系于朔方镇,误。

郭虚己　同上。

牛仙客　同上。

• 安思顺　天宝六载（747年）——天宝十一载（752年）

李光弼（节度副使）　《旧唐书》卷一百一十《李光弼传》："（天宝）五载,河西节度使王忠嗣补为兵马使,充赤水军使。……八载,充节度副使、知留后事。"

• 崔希逸　开元二十五年（737年）——开元二十六年（738年）

马元庆（节度副使）　《全唐文》卷三百十孙逖《授马元庆河西节度副使制》："敕:云麾将军右骁卫将军员外置同正员幽州节度副使上柱国马元庆,名重武臣,才优将略,有刚勇以制敌,能廉干以成务。河湟作镇,戎狄是虞,既资攻守之术,恒佐军州之任,可充河西节度副使,判凉州长史,兼赤水军副使,仍都知兵马使,余如故。"按:孙逖任中书舍人在开元二十四年（736年）以后。马元庆的调任在其时,因此马元庆可能从张守珪幽州幕调至河西,大约在崔希逸任节度使时。《唐方镇文职僚佐考》据《册府元龟》卷三五八《将帅部·立功》条记载,系于王君㚟幕中。据《旧唐书》卷一〇三《王君㚟传》,马元庆曾在王君㚟手下任积石军副使,不是节度副使。可能的情况是:马元庆曾在河西任积石军副使,后入幽州任节度副使。当河西战事吃紧时,朝廷又把他调至河西任节度副使。其事当在崔希逸时。

陇右

• 哥舒翰　天宝十二载（753年）——天宝十四载（754年）

※严武　《旧唐书》卷一一七《严武传》："陇右节度使哥舒翰奏充判官,迁侍御

史。"《唐方镇文职僚佐考》系于哥舒翰河西幕,误。

安西四镇

• 夫蒙灵詧　开元二十九年(741年)——天宝六载(747年)

王滔(行官)　《旧唐书》卷一百四《高仙芝传》:"将军程千里时为副都护,大将军毕思琛为灵詧押衙,并行官王滔、康怀顺、陈奉忠等,尝构譖仙芝于灵詧。"

康怀顺　同上。

陈奉忠　同上。

毕思琛(押衙)　同上。

刘单　《旧唐书》卷一百四《高仙芝传》:"天宝六载八月,仙芝虏勃律王及公主趣赤佛堂路班师。九月,复至婆勒川连云堡,与边令诚等相见。其月末,还播密川,令刘单草告捷书,遣中使判官王廷芳告捷。"其时安西四镇节度使为夫蒙灵詧,高仙芝为四镇兵马使。刘单为夫蒙灵詧幕中文士。

• 高仙芝　天宝六载(747年)——天宝十载(751年)

刘单　《旧唐书》卷一百四《高仙芝传》:"天宝六载八月,仙芝虏勃律王及公主趣赤佛堂路班师。九月,复至婆勒川连云堡,与边令诚等相见。其月末,还播密川,令刘单草告捷书,遣中使判官王廷芳告捷。……(夫蒙灵詧)又谓刘单曰:'闻尔能作捷书。'单恐惧请罪。"高仙芝为四镇兵马使,刘单为夫蒙灵詧幕中文士,却为高仙芝效力。夫蒙灵詧罢职,高仙芝接替他的四镇节度使的职务,刘单应被高仙芝留用。

附:安西行营节度使及其僚佐

• 李嗣业*　至德二载(757年)——乾元二年(759年)

段秀实(节度判官)　《旧唐书》卷一二八《段秀实传》:"嗣业既受节制,思秀实如失左右手,表请起复,为义王友,充节度判官。安庆绪奔邺,嗣业与诸军围之,安西辎重委于河内。乃奏秀实为怀州长史,知军州,加节度留后。"按:其时李嗣业统安西行营兵马,任镇西、北庭支度行营节度使,参加中原地区平叛,寓军怀州。

• 荔非元礼*　乾元二年(759年)——上元二年(761年)

段秀实(节度判官)　《旧唐书》卷一二八《段秀实传》:"诸军进战于愁思冈,嗣业为流矢所中,卒于军,众推安西兵马使荔非元礼代之。秀实闻嗣业之丧,乃遗先锋将白孝德书,令发卒护嗣业丧送河内。秀实率将吏例器待于境,倾私财以奉丧事。元礼多其义,奏试光禄少卿,依前节度判官。"

• 白孝德　上元二年(761年)——广德元年(763年)

段秀实(节度判官)　《旧唐书》卷一二八《段秀实传》:"邙山之败,军徙翼城,元礼为麾下所杀,将佐亦多遇害,而秀实独以智全。众推白孝德为节度使,人心稍定。

又迁光禄卿,为孝德判官。"按:白孝德初继荔非元礼之任,为安西行营节度使。《唐方镇文职僚佐考》系其事于邠宁镇,误。白孝德后"改镇邠宁,奏秀实试太常卿、支度营田二副使"。

威戎军

刘命昌(副使) 《全唐文》卷六百二十元友谅《汶川县唐威戎军制造天王殿记》:"副使彭城刘公命昌,辅佐戎军,恒持妙略,昔闻飞将,而见轻车。判官西河蔺公弇,风流倩倩,文质彬彬,阮元瑜书记之能,王仲宣从军之乐。……州守摄判官李建俌等,风情廓少,文武纵横,俱怀奉主之心,共守安边之术。"

蔺弇(判官) 同上。

李建俌(摄判官) 同上。

邕州

• 陈昙* 贞元中

刘绶 《南部新书》甲:"贞元中,邕州经略使陈昙怒判官刘绶,杖之二十五而卒。"

另外,唐代幕府有各种形式,如元帅府幕府,性质与方镇使府有别,但僚佐名称有的相同,因此容易混淆。《唐方镇文职僚佐考》将一些元帅府僚佐系于方镇使府,未加区别,不妥。

信安王李祎元帅府

王某等 高适《信安王幕府诗序》:"开元二十年,国家有事林胡,诏礼部尚书信安王总戎大举,时考功郎中王公、司勋郎中刘公、主客郎中魏公、侍御史李公、监察御史崔公,咸在幕府,诗以颂美数公,见于词凡三十韵。"[①]按:《新唐书·玄宗纪》云:"开元二十年正月乙卯,信安郡王祎为河东、河北道行军副元帅以伐奚、契丹。三月,战于蓟州,败之。"故王某以下等人在信安王元帅幕,乃行军统帅幕府,与方镇幕府不同。《唐方镇文职僚佐考》系于河东道,不妥。此河东、河北道之"道"与藩镇之"道",不是同一概念。

郭子仪元帅府

张镒(元帅府判官) 《旧唐书》卷一二五《张镒传》:"张镒,苏州人,朔方节度使齐丘之子也。以门荫授左卫兵曹参军。郭子仪为关内副元帅,以尝伏事齐丘,辟镒为判官。授大理评事,迁殿中侍御史。"

畅璀 《旧唐书》卷——《畅璀传》:"畅璀,河东人也。乡举进士。天宝末,安禄山奏为河北海运判官。三迁大理评事,副元帅郭子仪辟为从事。"

王寅(随军要籍) 《全唐文》卷四一二常衮《授王寅太子左谕德制》:"敕:关内

---

① 高适著,刘开扬注.高适诗集编年笺注.中华书局,1981.39.

河东副元帅随军要籍朝议郎试秘书省著作郎赐绯鱼袋王寅,业继儒门,才通吏术,尝践清秩,不渝素检。自参戎府,更展文韬,进职宫僚,用嘉勤绩,可试太子左谕德,余如故。"常衮于宝应、永泰年间知制诰,此制当草于此时。其时任关内、河东副元帅者,为郭子仪。《旧唐书》卷一百二十《郭子仪传》:"是时,河北副元帅仆固怀恩方顿军汾州,掠并、汾诸县以为己邑,乃以子仪兼关内河东副元帅、河中节度观察使,出镇河中。此宝应元年事,在此之前,郭子仪已任关内副元帅。《唐方镇文职僚佐考》系于河东镇,又系于王缙幕,皆误。

虞当(判官) 《金石萃编》卷七九《第五公等题名》:"前相国京兆第五公自户部侍郎出牧括州,子婿关内河东副元帅判官、礼部郎中兼侍御史虞当自中都济河,于华阴拜见从谒灵祠,因纪贞石,时大唐大[历](庙讳)五年六月四日。"①同谒者有司勋郎中兼侍御史李国清、仓部员外兼侍御史张昙、大理正兼监察御史王翙、右卫录事参军第五准。据《旧唐书·郭子仪传》,郭子仪从宝应元年起任关内河东副元帅,"德宗即位,诏还朝,摄冢宰,充山陵使,赐号'尚父',进位太尉、中书令,增实封通计二千户,给一千五百人粮,二百匹马草料,所领诸使、副元帅并罢"。可知直到德宗即位,关内河东副元帅一直由郭子仪担任。《唐方镇文职僚佐考》将虞当系于河东镇,又系于王缙幕,皆误。张昙一直是郭子仪幕府僚佐,亦可作为佐证。柳宗元《先君石表阴先友记》:"虞当,会稽人,为郭尚父从事。终沔州刺史,以信闻。"第五公即第五琦,《旧唐书》卷一二三《第五琦传》:"鱼朝恩伏诛,琦坐与款狎,出为处州刺史,历饶、湖二州。"据此碑,第五琦贬所当为括州。又据此碑或可为郭子仪杀张昙找到另一理由。《资治通鉴》卷二二五大历十三年十二月:"郭子仪以朔方节度副使张昙性刚率,谓其以武人轻己,衔之。孔目官吴曜为子仪所任,因而构之。子仪怒,诬奏昙煽动军众,诛之。"第五琦坐与鱼朝恩友善而遭贬,鱼朝恩一直与郭子仪为敌。在郭子仪幕中的虞当为第五琦之"子婿",当第五琦被贬括州路经华阴时,虞当特意"济河"前来送行,而同在郭子仪幕府中的张昙等人亦随虞当同谒,说明他们关系非同一般。郭子仪恨鱼朝恩专权跋扈,迁怒于张昙。因此在鱼朝恩、第五琦等人倒台后,便诛张昙以泄愤。

※柳并(掌书记) 《新唐书》卷二〇二《文艺传·柳并传》:"柳并者,字伯存。大历中,辟河东府掌书记,迁殿中侍御史。丧明,终于家。初,并与刘太真、尹征、阎士和,受业于颖士,而并好黄老。"按:所谓"河东府",当指关内、河东副元帅府。大历中,郭子仪一直担任关内河东副元帅,柳并乃郭子仪元帅府僚佐。《全唐文》卷三七二柳并《代汾阳王祭贞懿皇后文》:"维某年月日驸马都尉郭暧父、关内河东副元帅、司徒兼中书令、汾阳王、臣子仪谨遣上都进奏院官傅涛,敢昭告于贞懿皇后行

---

① 王昶.金石萃编.第七十九卷.北京中国书店,1985.

宫。"正是柳并在郭子仪河东副元帅府为郭子仪起草的祭文。《唐方镇文职僚佐考》系于河东镇,又系于薛兼训幕,皆误。

待考

王璠　《旧唐书》卷一六九《王璠传》："王璠字鲁玉,父础,进士,文辞知名。元和五年,擢进士第,登宏词科。风仪修饰,操履甚坚,累辟诸侯府。"

尹悦　《全唐文》卷七一三尹悦《瀛州使府公宴记》："元和六年秋,悦奉方伯常山公命,致问于瀛州使府。"

卢渥　《全唐文》卷八百九司空图《故太子太师致仕卢公神道碑》："公讳渥,字子章,范阳人。……时宣宗锐意文治,白衣稍出流类,亦往往上门,故公中选甲科,籍则待制名臣,亦以得臣为贺,皆为儒风隆替,当系于公。累辟诸侯府,亦以公去就为轻重。"

李筌　《云溪友议》卷上："李筌郎中为荆南节度判官,集《阃外春秋》十卷。"①

张镐　《全唐文》卷三六六贾至《授张镐谏议大夫制》："门下侍御史南汝节度判官张镐,……可谏议大夫。"

张继　《唐才子传》卷三："尝佐镇戎军幕府。"

庞□　《因话录》卷四："京兆庞尹及第后,从事寿春。有江淮举人,姓严,是登科记误本,倒书庞、严姓名,遂赁舟丐食。就谒时,郡中止有一判官,亦更不问其氏,使诣门投刺,称从侄。"所谓"从事寿春"即在寿州任幕府僚佐。

独孤宁、独孤实　《柳宗元集》卷二二《送邠宁独孤书记赴辟命序》："仆间岁骤游邠疆,今戎帅杨大夫时为侯奄,尽护群校。……今又能旁贵文雅,以符召文士之秀者河南独孤宁署为记室,俾职文翰。……独孤生与仲兄实连举进士,并时管记于汉中、新平二连帅府,俱以笔砚承荷旧恩,位未达而荣如贵仕,其难乎哉!"按:《唐方镇文职僚佐考》已考定独孤宁入邠宁杨朝晟之幕,而其入汉中、其仲兄独孤实入新平二镇则无考。

唐扶　《旧唐书》卷一百九十下《唐扶传》："扶字云翔,元和五年进士,累佐使府。……扶佐幕立事,登朝有名,及廉问瓯、闽,政事不治。"

郭彦　《全唐文》卷五二三杨于陵《为判官郭彦郎中谢手诏表》："臣某言:监军使判官马某至,伏奉敕书,奉宣口敕,慰抚臣及将士等。……叨佐戎旃,无借筋之谋。"

萧立南　《全唐文》卷三八八独孤及《唐故殿中侍御史赠考功郎中萧府君文章集录序》："侍御讳立南,兰陵人也。……天宝元年,诏征贤良方正,以备多士。公时年十七,射策甲科,盛名翕然震喧京邑,论者知远大之迹自此始也。既而茌苒宦途,

---

① 范摅.云溪友议.上卷.古典文学出版社,1957.2.

遭遇世故,历佐戎幕,周旋江海,攸徂之邦,必闻其政;嘉谋成绩,藏在诸侯之策。既言中彝伦,亦动与吉会,由是自廷尉评拜监察御史,转殿中侍御史。"

崔□　《全唐文》卷三八八独孤及《送崔詹事中丞赴上都序》:"初,公由尚书郎出佐蜀郡。无何,熊轼畅毂,专席而坐,休绩布于巴汉。天子器之,时人谓公逸足骎骎,视公卿如步武耳。既而剖符驱传,出入吴楚,专五城,佐三府,府罢身退,复藏于密,出处之道,历二十载而未光,知公者不堪其叹,公未始屑于胸臆。"按:崔某可能与同书同卷独孤及《送崔员外还鄂州序》中之"崔员外"为同一人,所谓"出入吴楚"者也。

崔密、崔绘　《旧唐书》卷一一七《崔宁传》:"宁弟密,密子绘,父子皆以文雅称,历使府从事。"

窦叔向　《全唐诗》卷二四二有张继《送窦十九判官使江南》,又有《酬张二十员外前国子博士窦叔向》,后者乃窦叔向答诗,自署"前国子博士窦叔向"。可知窦叔向就任某使府判官[①]。

裴休　《旧唐书》卷一七七《裴休传》:"裴休字公美,河内济源人也。……大和初,历诸藩辟召,入为监察御史、右补阙、史馆修撰。"

崔琪　《旧唐书》卷一七七《崔琪传》:"琪,琯之母弟也。以书判拔萃高等,累佐使府。性威重,尤精吏术。"

薛九　《全唐文》卷三百十五李华《送薛九远游序》:"薛都卿以夷澹养素,以文章导志。……惠然访予,告以行迈,将棹吴越,濡札江峤。东南胜事,落尔胸中,况为诸侯上宾。知大夫之官族古所贵,勉之哉!"

---

① 唐才子传校笺.第四卷.中华书局,1989.84.

从丁玲的晚期创作看"何谓左翼"

唐利群

[内容摘要] 对于"左翼"、"左翼文学"所指为何,在目前的左翼评论和研究中存在着巨大的分歧。本文选择丁玲晚期创作的主要作品,作为一窥其左翼思想的范本,以期对相关问题有所梳理。丁玲在70年代末、80年代初的创作与当时正在推进的"思想解放"运动形成了某种程度上的悖离,《牛棚》小品《风雪人间》不将自己被打倒的苦难历史作为"伤痕"来展览;《在严寒的日子里》继续书写阶级斗争;《杜晚香》执着于塑造"社会主义新人"的形象……丁玲晚期作品所体现的创作理念和价值判断,构成了对于一种当时正在发生,而今日益明显的意识形态的反动,而恰好在这里,显示了"何谓左翼"的基本依据和作为左翼的批判力量。

[关键词] 丁玲 晚期创作 左翼

一

洪子诚老师在他的《问题与方法——中国当代文学史研究讲稿》中,举了一个很有趣的例子,用以说明人们会非常自觉地与"一种被宣布、被公认为非法、反动、有毒素的事物"划清界限:诗人陈梦家在50年代抱怨有人老把"新月派"的招牌挂在他身上,其实他跟新月派没有什么太深的关系。① 当然,现在的情形已经发生了完全的翻转:几乎无人乐意被贴上"左派"的标签,而"革命作家"或"左翼作家"的身份可能意味着某种缺陷甚至耻辱。

这当然跟20世纪70年代末以来对"极左"路线的清算,进而将1949年以来中国的社会主义实践视为"极权政治",甚至将自近代以来包括资产阶级革命在内的

---

① 洪子诚:《问题与方法》北京大学出版社 2010 年

激进革命统统视为应当"告别"的对象……密切相关。而即便在现实变动更为清晰地呈现其脉络的当下,如陈映真所揭示的现象仍然是主流:"大陆文学研究界——包括广泛的思想界,对于'左翼'、对于和马克思主义有关的东西,似乎普遍表现出明显又强烈的、病理意义上的过敏症(allergy)"。① 这种"过敏症"不仅见于那些对"左翼"做出全盘性否定的趋向中——"左翼"和"左翼文学"被当作与极权体制相联系的事物而受到极度贬低;也见于那些为保留"左翼"和"左翼文学"的合法性而将其与政党政治不断进行剥离的方式中——无论是1949年之前或之后的与共产党政治有关的组织、活动、体制、话语……均被视为具有高度的强制性和压迫性,只有与之相对抗,才能拯救出"左翼"的独立性和批判性。

由此产生诸多关于"左翼"、"左翼文学"内涵上的含混与歧义,使得"何谓左翼"暧昧不清。从中也可以看出,政党政治的性质、方向和变化,知识分子、工农群众与它的复杂关系,对于"何谓左翼"的判断举足轻重。本文之所以选择丁玲作为分析对象,以期对"左翼"的所指有所辨明,是因为丁玲称得上是具有典型特征的个案,她的文学活动和政治活动从20世纪20年代一直延续至80年代,她的创作经历过数次转型,她曾经被当作"大右派"打倒,又被视为"老来左"深受诟病……然而丁玲个案的典型意义,恰恰体现为在如此复杂、冲突的历史中一直保持着某种一致性,这种一致性对于我们理解何为"左翼"的基本原则和底线提供了可能。

二

总的来说,对于70年代末复出以后的丁玲和她的晚期创作,相关的评论表现出了某种阐释上的困难。彼时的丁玲,可以算得上是革命的受害者,改革的受益人:50年代被打成反党集团、右派,在北大荒农场劳动十余年,"文革"中被投进监狱,直到改革后才平反、回京,恢复作家身份。如此经历,当然可以,也应该成为展露"伤痕"、反思"极左"、应和"思想解放"的创作素材,然而丁玲却辜负了当时这一普遍的阅读期待。她发表的诸多言说,令寄望她对旧体制做出深度反思的人大失所望——"仔细查看丁玲在被'解放'后的所有言说,其实从来没有超出过毛泽东的词语系统,包括这些言说中的修辞技巧和表达方式也都没有超出毛泽东所规定的文风。简言之,丁玲的'心里话'无论怎样诚恳和大胆,都是某种毛文体的再生产。这种再生产其实正是官方所需要的。"② 早在80年代丁玲还活着的时候,就被视为文学界僵化保守的"左"的代表人物,至今仍有大量评论将其作为启蒙"主体"受到

---

① 陈映真《从台湾看〈那儿〉》转引自贺绍俊《理论动态》《南方文坛》2006年第3期
② 李陀《丁玲不简单——毛体制下知识分子在话语生产中的复杂角色》《今天》1993年第3期

官方意识形态彻底"驯化"的例证。

然而不容易说清的是,人们在丁玲的晚期作品中仍然能感受到一种不同于教条"左翼"的、强烈到强悍的批判意识,如王蒙所言:"那么丁玲是真的'左'吗?我认为不是。我至今难忘的是《人民文学》的一次编委会。那时全国短篇小说评奖,中国作协是委托《人民文学》杂志社操作的,在讨论具体作品以前,编委会先务一务虚。一位老大姐作家根据当时的形势特别强调要严格要求作品的思想性。话没等她说完,丁玲就接了过去,以不容置疑的口气说:'什么思想性,当然是首先考虑艺术性,小说是艺术品,当然先要看艺术性!'"。①

对于此类现象,一般评论会归因为丁玲经常在"自由"与"革命",个性主义与政治宣传,知识分子与"体制中人"之间来回徘徊的矛盾和复杂性②(秦林芳),认为"丁玲总是处于一种二元的分裂状态,两种声音,两个面孔,两种价值观,两种文学观。"③(李美皆)

不过,在笔者看来,丁玲尽管复杂、丰富,却并不见得"分裂",自现代以来中国社会文化的变动异常剧烈,现当代作家有始终如一的信仰的人屈指可数,丁玲可以算一个。另外,将丁玲其人其文中凡是跟"自由"、"个性"、"反体制"、"批判性"有关的都归为她的"自由主义"思想,与之相反的则归为"左",其实也反映出批评者自身的意识形态立场的偏颇。

三

复出后的丁玲对于自我历史,尤其是北大荒经历的回忆和描述,构成她晚期创作的一个重要方面。完成于1979年的散文《"牛棚"小品》三章,断断续续写了六年、去世前不久才完成的自传性纪实文学《风雪人间》,均可称作一种"类伤痕文学",但却区别于同时代的"伤痕文学"的潮流。比较明显的不同,在于作品透露出的主体意识。如作者所谓的"我的经历可以使人哭哭啼啼,但我不哭哭啼啼"。

50年代的变故,尤其是"自首变节"的判定,对于丁玲来说,无异于一次主体的重创甚至死亡,是对她多年追求革命的历程的完全否定,以至于她产生过这样的怀疑:"我曾经说过,我相信历史,相信现实生活,相信党,也相信我自己。但是这个党究竟是怎样的党,如今我能相信谁?党在谁手上,谁在党里面起作用?"④犹疑、痛苦、破碎的主体如何重构自我?丁玲最终找到的途径是:"一个共产党员,既然连死

---

① 王蒙《我心目中的丁玲》《读书》1997年第2期
② 秦林芳《丁玲的最后37年》中国文史出版社2006年
③ 李美皆《"晚年丁玲"研究总论》《南方文坛》2014年第4期
④ 丁玲《党给了我新的生命》《丁玲全集》第6卷283页

都不怕,为什么不能忍受这点屈辱?……到底层去!到人民中间去!"①

在丁玲的晚期作品里,这是一个被反复书写的抉择时刻:

"一个共产党员随时随地都是真正的战士,能上能下,能与人民共患难,同安乐。"②

"要像战争时期那样,相信群众,依靠群众。人民群众有什么可怕的呢?在北大荒创业的劳动人民有什么可怕的呢?"③

"我是一个作家,不能离开社会,不能离开人,不能孤独地把自己关在屋子里写作,那样我精神上会感到苦闷。我必须重新到群众里面去。"④

在这里,丁玲的思路对于我们理解"何谓左翼"提供了一个相当关键的环节:此时她已经被开除出党,也被取消了创作的权利,无论是党员,还是作家的资格都没有了,她甚至怀疑党是不是错了……看起来整个世界都坍塌了,但是,最后有一个支点使得她一点一点撑起来,是什么呢?是到群众当中去,这个群众,指的是基层的农民、工人。跟工农在一起,成为工农中的一员,改变自己的社会存在,改变自己与社会的关系,进而改变自己的社会意识,重新获得一个崭新的世界。

在这样一个结构里,我们看到,"左翼"并非一个固定的身份,而是一种生成,是在面向社会变革,尤其是在面向以工农群众为主体的社会变革中生成的;只有与工农群众取得血肉联系的政党,才具有左翼政党的先锋属性,也只有在这样的社会变革中获得了新的意识的知识分子,才是左翼知识分子。

四

按照卢卡奇的理论,只有作为一个实践的劳动者,才有可能对无产阶级意识有所敏锐。

对于丁玲而言,50年代初已身为国家重要的文艺官员,却因政治运动的打击,以一种特殊的方式,告别了官僚体制和知识分子生涯,进入到最基层的民众之中。而与民众建立联系的桥梁,就是"劳动"。

如果基于另一种立场、另一种价值观,这样的途径几乎是不可思议的。丁玲复出后不久曾经接受美籍华裔作家於梨华的采访,於梨华完全无法理解丁玲作为一个作家,在北大荒农场养鸡,切饲料,做最初级、最困难的扫盲工作并且保持一种精神上的乐观,面对丁玲回答的"写作只是我生活里的一部分",於梨华问道:"一个作

---

① 丁玲《党给了我新的生命》《丁玲全集》第6卷285页
② 丁玲《风雪人间》《丁玲全集》第10卷125页
③ 丁玲《风雪人间》《丁玲全集》第10卷129页
④ 丁玲《解答三个问题》《丁玲全集》第8卷54页

家,写作不是全部是什么?"①而在80年代初反思"极左"的思潮中,这样的劳动如果不是类似于"充军"、"苦役"的政治迫害又是什么呢?

丁玲在自己的晚期作品里,却给出了相当不同的解释:"劳动是累人的,是苦的,但在劳动中我是可以得到乐趣的……我以为人与人在共同劳动中是可以产生共同感情的,这可以打通人为的隔阂而沟通彼此的心曲。"②

这里"人为的隔阂",应该是指来自现存秩序中身份、地位、文化……甚至阶级的差异——作为知识分子的丁玲,30年代"左联"时期下过工厂,接近工人,40年代在解放区下过农村,当过农民,这些都可以视为非书斋的、注重实践的左翼传统对社会中"人为的隔阂"的破除,而50年代去北大荒劳动,既是此前的实践的延续,却也有所不同,因为这一次,她自己成了一个被排斥的异类。于是,"共同劳动"再次成为打破"隔阂"、建立平等的基本方式。晚年丁玲在《风雪人间》中描述了大量由于自己的身份而招致的歧视、折磨和苦难,然而由于在共同的劳动中建立起的信任,使之也不断收获来自身边普通劳动者的接纳、保护、关心和慰藉;所以,虽然有"风雪",仍然是"人间"。③那些在患难岁月中由最基层的人们所给予的友爱与温暖,成为丁玲建构自我与世界,知识分子与群众关系的重要依据。因此,在丁玲那里,我们会发现这样的现象:"反右"以后自上而下走向北大荒的经历,才是她"关于个人/个性和群体/集体关系的思想真正确立的时刻"。④个人融于群体,知识分子走向群众,这是对于主体的改造,却也是新的意识的生成。

在这里,丁玲的道路同样显露了界定"何谓左翼"的一个关键点:阶级意识的自觉。对于现存秩序中不平等的阶级分立的认识,以及对改变这一秩序的诉求,是左翼之为左翼的基点。

五

在丁玲的晚期作品中,对于工农阶级的书写同样是一个重要的方面。《杜晚香》是一篇书写"社会主义新人"的小说,丁玲以自己在北大荒共同劳动和生活的农场劳模邓婉荣为原型,塑造了一个在艰巨的社会主义建设中成长、承担,坚忍不拔,温厚博大的女性形象。在复出前,丁玲即已完成此篇小说,当丁玲回到北京,多家报纸杂志向她约稿时,她将《杜晚香》定为自己复出后希望发表的第一篇作品。可

---

① 《与美籍女作家於梨华的谈话》《丁玲全集》第8卷32页
② 《风雪人间》《丁玲全集》第10卷第169页
③ 与此形成对照的,是丁玲将回忆自己30年代被软禁于南京的经历的书,命名为《魍魉世界》
④ 王中忱《重读晚年丁玲》 中国作家网 2011年03月11日

是这篇作品明显属于已经过时了的"工农兵文艺",当时流行的是知识分子的"伤痕文学",然而丁玲对于《杜晚香》的评价却要远高于写自我经历的《"牛棚"小品》。

而《在严寒的日子里》,则是一篇描写土地改革的小说,丁玲在50年代曾经写出八章发表,下放至北大荒期间继续书写,然而文稿却在"文革"中遗失,遭此重挫,仍念念不忘,后再经重写,1979年发表了20万字,但仍旧是一部未完成稿。这篇小说与《太阳照在桑干河上》有所不同,因为它直接描写了尖锐的阶级斗争,地主还乡团与农民护地队之间激烈的对抗。

如果将这些作品放在70年代末,80年代初的环境中,可以看到它们是多么的不合时宜,丁玲完全知道自己的陈旧和当时文学界的新锐是什么,但是她坚持这样写。很多评论认为这是因为丁玲当时虽已经平反,但"变节自首"的历史问题一直没有解决,所以她不得不迎合官方意识形态,保持"左"倾的姿态和立场。然而这样的解释是很片面的,因为历史问题虽然一直是丁玲的拖累,丁玲复出后的言说有些也确实为官方所利用,但是如果我们比较一下丁玲在1984年夏平反之后和这之前的言论,会发现并没有多大的区别。而丁玲对于内在自我的坚执是有清晰的意识的,她写给友人书信中的这段话应当视为她真实心声的流露:"现在只就文艺来说局势复杂的迷人,简直叫人摸不清。因此,只有不管它,自己按自己的认识写文章。我就坚持不入伙,免得学别人倒来倒去,演笑剧。"①

更为重要的是,丁玲晚期作品所坚持的某些重要的思想意识和价值判断,恰好与当时的官方意识形态构成了一种对立。这从《在严寒的日子里》的最终命运可以看得很清楚,丁玲一心想写完这部作品,但在1982年左右受到来自官方的直接干预,让她不要再继续写下去。很清楚,一个凭借着土地改革、阶级斗争建立起自己政权合法性的政党,已经改变了自己的方向。"文革"后的官方意识形态已经转换,去阶级化,去革命化的历史进程已经展开,可以说,丁玲的不合时宜,不仅仅是相对于"文革"后的新锐知识文化界的,也是相对于官方意识形态的。

正是丁玲一生中所坚持的不"倒来倒去",使得她成为我们辨识"何谓左翼"的一个标本;对于工农立场的坚守,对于阶级意识的自觉,使得我们从丁玲的晚期作品中看到左翼真正的先锋性和批判力量究竟为何。

---

① 丁玲:1981年6月4日致友人信《丁玲全集》第12卷 第176页

明代文学史叙述的新视野

——《剑桥中国文学史》明代部分评述

魏崇新

[内容摘要] 本文是关于孙康宜、宇文所安《剑桥中国文学史》明代部分的评论。从分析《剑桥文学史》的文学史观入手,评述了其中明代文学史的写作框架、具体内容及其对作家作品的处理方式,并指出其所存在的缺失。

[关键词] 剑桥中国文学史　明代文学　文学文化史　去经典化

自 1901 年翟理斯(H. A. Giles)的英文本《中国文学史》(*A History of Chinese Literature*)出版以来,用英文书写面向西方读者的中国文学史著述已有百余年的历史。2010 年 5 月,耶鲁大学孙康宜教授(Prof. Kang-i Sun Chang)、哈佛大学宇文所安教授(Prof. Stephen Owen)主编的两卷本《剑桥中国文学史》(*The Cambridge History of Chinese Literature*)由剑桥大学出版社(Cambridge University Press)出版,展现了当今英语世界中国文学史著述的最新成果。《剑桥中国文学史》问世前后即引起学术界的关注[①],2013 年 6 月,中文版《剑桥中国文学史》由北京三联出版社出版,为中国读者与研究者带来研读的方便。《剑桥中国文学史》的作者皆为欧美著名汉学家与杰出的华裔学者,大多受到东西方思想文化的双重影响,他们以"旁观者"或曰他者的视角重新解读中国文学史,具有自己鲜明的风格、特点。孙康宜教授称"本书的观点和角度与目前国内学者对文学史写作的主流思考与方法有所不同。"[②]用宇文所安教授的话来说即是:"我们唯一能够奉献给中国

---

① 就笔者所见,关于《剑桥中国文学史》及宇文所安、孙康宜文学史观念的评述文章主要有:徐志啸,别具一格——《剑桥中国文学史》特色简介. 书屋,2010(4);邵燕、刘毅青,中国文学的跨文化理解——孙康宜文学史观念简析. 杭州师范大学学报(社会科学版),2010(4);李佳、曲景毅,试论宇文所安《剑桥中国文学史》的理念与呈现. 文化与诗学,2011(1);王敏,《剑桥中国文学史》与新文学史学. 上海交通大学学报(社会科学版),2012(5)

② 剑桥中国文学史(中文版序言). 生活·读书·新知三联书店,2013

同事的是:我们处在学术传统之外的位置,以及我们从不同的角度观察文学的能力。①"这种观察、叙述中国文学史的新视野,对于我们了解西方汉学界对中国文学史的认识,拓展中国文学史研究的视域以及重写中国文学史,皆具有不容忽视的借鉴意义。

《剑桥中国文学史》全书分为两卷,第一卷为1375年之前的文学,由宇文所安教授主编,第二卷为1375—1949年的文学,由孙康宜教授主编,本文主要讨论孙康宜教授主编的《剑桥中国文学史》第二卷中的明代文学部分②,包括孙康宜教授撰写的明代初期到明代中期的文学,以及耶鲁大学吕立亭(Tina Lu)教授撰写的晚明文学部分,探讨其明代文学部分的叙述内容与特点,进而梳理《剑桥中国文学史》的文学史观尤其是孙康宜教授的中国文学史观。在英文版《剑桥中国文学史》的章节布局中,大多数朝代的文学只有一章的篇幅,占两章的朝代只有明代与清代,连一向被视为重要的唐代文学也仅占一章的篇幅,唐代文学占全书正文1364页的94页,占全书比重的6.8%,明代文学部分占151页,占全书比重的11.1%,清代文学占190页,占全书比重的13.9%,这从一个方面说明《剑桥中国文学史》对明清文学的关注程度。

自20世纪80年代以来,大陆学界关于明代文学的研究渐趋兴盛,呈现多元化逐步深入的景象③,一些具有代表性的中国文学史如章培恒、骆玉明主编的《中国文学史(新著)》(1998)、袁行霈主编的《中国文学史》(1999、2005)中关于明代文学部分的论述,徐朔方、孙秋克撰写的《明代文学史》(2006)与传统中国文学史中相关的论述有所不同而各出新意。《剑桥中国文学史》第二卷中关于明代文学的叙述,以跨文化的视野与新的文学史观念对明代文学进行论述与阐释,与上述文学史著作对明代文学的叙述形成了文学史叙述的中西呼应。

孙康宜教授是《剑桥中国文学史》全书的主编之一兼下卷主编,同时又是明代文学部分的主要撰写者,我们讨论"明代部分"的文学史观念,主要依据孙康宜教授关于《剑桥中国文学史》的编写理念及其文学史观。孙康宜教授编写《剑桥中国文学史》的理念及文学史观主要见于其《新的文学史可能吗?》一文以及她为中文版《剑桥中国文学史》所写的《序言》。在《新的文学史可能吗?》这篇文章中,孙康宜教授说明《剑桥文学史》的读者定位是面向英语世界的具有一定知识的普通读者,并

---

① 转引自蒋寅,在宇文所安之后,如何写唐诗史.读书,2005(4)

② 本文以三联版《剑桥中国文学史》为主,参照剑桥大学出版社英文版 Kang-I-Sun Chang and Stephen Owen *The Cambridge History of Chinese Literature*, Cambridge University Press,2010.

③ 关于二十世纪明代文学的研究,参看黄仁生,二十世纪的明代文学研究.复旦学报(社会科版),2001(1)

"希望这本书能够像这个系列中的其他文学史所起的功能一样,成为本科生有关东亚历史和文学课程方面的教科书。"①""我们的首要目标是对中国文学史做出包罗万象的综述,在当今日益全球化的年代,为具有文化教养的普通读者提供对口的读物。"②关于《剑桥中国文学史》的表述方式,孙康宜教授称"我们希望以一种叙述性(naarative)的,也即是一种说故事的方法来处理。"希望读者像阅读小说一样能够从头到尾地阅读《剑桥中国文学史》,亦如孙康宜、宇文所安在《剑桥中国文学史》英文版序言中所说"力求提供一个首尾连贯可读性强的文学史叙述。"这说明《剑桥中国文学史》的叙述方式是用深入浅出通俗易懂的叙述语言为西方普通读者提供关于中国文学史的基本背景和系统专业知识,将中国文学的特点与文化历史同时展现给西方读者。这样的编写理念也决定了《剑桥中国文学史》的叙述内容、视点与中国本土文学史撰写有所不同,它不是一部学术化的文学史,也不是以文学文本尤其是文学经典文本为中心的专业化的文学史。正如孙康宜教授所说:"我们的主要目的是给普通读者看,又由于自身的局限性,可能就不会那么注重作家个体,而会更注重一种倾向(tendency)或者一种潮流(trend)。"这种文学史编写理念或曰文学史观,孙康宜教授称之为"文学文化史"。在谈到《剑桥中国文学史》与众不同的特点时,孙康宜教授说:"首先,它尽量脱离那种将该领域机械地分为文类(genres)的做法,而采取更具整体性的文化史方法:即一种文学文化史(history of literary culture)。"③宇文所安教授则称之为"史中有史",认为"文学史是对以往文学文化(literary culture)的叙述。"④

关于"文学文化史"的概念,孙康宜教授这样解释:"我们提出文学文化史的内在含义是什么呢? 第一,我们很注重接受史。……另外,印刷文化(printing culture)的因素也很重要。……这对于文学史是很重要的因素。还有就是选集的选定(anthology making)也很重要,某个作家为什么在当时被人忽视? 原因可能就是选集里没有他。……再就是性别问题。到目前为止,好像中国文学史的著作中,女作家基本上被忽略,即使收入也是放在最后一个部分。"⑤由此看来,"文学文化史"的内涵应包括文学史上作家作品的接受史,印刷文化书籍出版与文学史发展之间的关系,文学选集对作家在文学史上地位的影响与后世生命之间的关系,女性作家在文学史上的地位以及文学与外在权力之关系等问题。"文学文化史"将文学史看作一个有机的整体,不仅包括作家与作品,而且还包括文学批评、文学研究和文

---

① 孙康宜,新的文学史可能吗.清华大学学报(哲学社会科学版),2005(4)。
② 孙康宜,剑桥中国文学史(下卷导言).生活·读书·新知三联书店,2013
③ 孙康宜,剑桥中国文学史(卷首《中文版序言》).生活·读书·新知三联书店,2013
④ 宇文所安,史中有史——从编辑剑桥中国文学史谈起(上).读书,2008(5)
⑤ 孙康宜,新的文学史可能吗.清华大学学报(哲学社会科学版),2005(4)

学社团、文学选集的编纂性别写作等内容,其中的一些内容常常为以往的文学史所忽视或忽略。正如一些学者所说:"《剑桥中国文学史》提出将文学史放置于整个文化史的大格局中进行理解的观念,突出了文学的文化意义,也彰显了文学作为文化核心的价值,使文学作为文化核心的地位得到确认。而文化也为理解支持文学史提供了一个更为合理的坐标系,让我们更能深入到文学发生的活生生场景,理解文学作为文学家和文化的心灵世界之意义。"① 以文学文化史的理念撰写中国文学史,实际上不再把文学史看作是孤立而静止的文学发展的历史,而是将文学的发展放置于中国文化发展的整体之中,将文学史看作是一个对文学传统不断建构的历史过程,揭示出文学发展的多元性,凸显文学史发展中的内在动力与外在原因,描述文学发展的整体趋势。换言之,文学文化史更重视的是对不断建构的文学史的文化生态描述。这不仅在很大程度上拓展了文学史叙述的疆域,而且使文学史本身成为文化传统的一部分,增加了文学史厚重的文化历史内涵。

  《剑桥中国文学史》明代部分充分实践了这种文学文化史观。明代部分共分两章,第一章为"明代前中期文学(1375—1572),第二章为"晚明文学文化(1573—1644)。为了便于说明《剑桥中国文学史》所体现的"文学文化史"特色,我们可以将其与袁行霈主编的《中国文学史》(高教社 1999 版)第七编"明代文学"的章节标题相比较。袁行霈主编的《中国文学史》"明代文学"除"绪论"外共分十二章,其中以作品、作家单独成章的有《三国演义》、《水浒传》、《西游记》、《金瓶梅》、"三言"二拍"、汤显祖,从章节上占整个明代文学部分的半壁江山,若从篇幅上算则占有更多的叙述空间。其余的多以文体、文类分章,如杂剧、传奇、诗文等。在以文体文类为题的章节部分中,主要作家如李梦阳、王世贞、归有光、徐渭、李贽、袁宏道、钟惺和谭元春皆单独作为每节的标题,说明袁行霈主编的《中国文学史》"明代文学"部分是以作家、作品为中心的"文学史"。《剑桥中国文学史》明代部分的章节安排则不同,两章共分为六节,没有一个章节是以作家作品为标题的,其每节的标题为:明初至 1450 年的文学、1450—1520:永乐朝之后的文学新变、1520—1527:中晚明之际的文学、精英形式、小说与商业精英、戏曲。每节之下设有数量不等的小标题为细目,在其所设的 26 个细目中,只有李贽、《金瓶梅》、冯梦龙与凌蒙初、《牡丹亭》与情教 4 个细目以作家作品为标目,其余皆是社会文化、文学流派、文体、思潮为名,如政治迫害和文字审查、宫廷戏曲、永乐朝的台阁体文学、八股文、复古运动、苏州的复兴、贬谪文学、女性形象之重建、小说中英雄主义之改造、戏曲的改写与创新、晚明与书籍史、诗歌与职业文人、小说评注、叙事生态、作伪与崇尚真实等。说明这是

---

① 邵燕、刘毅青,中国文学的跨文化理解——孙康宜文学史观念简析.杭州师范大学学报(社会科学版),2010(4)

一部"文学文化史",彰显出其"更注重一种倾向(tendency)或者一种潮流(trend)"的宗旨。这正如孙康宜教授所宣称的:"与上卷的原则一样,本卷的着重点不以个别作家或人物为主,而是偏于讨论当时写作形式和风格的产生和发展,特别是多文学多样性的追求。"①

《剑桥中国文学史》明代部分第一章主要叙述明代专制政治、宫廷文化、科举制度、政治事件等外在权力与文学之间的关系及其对文学的影响制约作用。例如朱元璋、朱棣父子对文人残酷的政治迫害、在文学上严厉的文字审查,以及由此造成的明初文化场景的恐怖氛围对文人的杀戮、对文学创作的摧残。比较典型的个案是高启被朱元璋腰斩对明代文学产生的负面影响;瞿佑遭受的政治迫害与《剪灯新话》叙事的当代背景。与此相比照的是在封建专制制度下产生的以歌功颂德、歌舞升平为特点的宫廷戏曲与台阁体文学,以及新科举制度所催生的八股文。作者孙康宜在叙述中重视的不是文学、文体本身的特点与审美效应,而是更加关注这些文学现象背后的历史文化动因。另一个有趣的现象是关于《西厢记》的论述,《西厢记》在元代文学部分"缺席",而在明代文学部分的第一章加以论述,在第二章谈金圣叹时也有所提及,但论述的重点不是《西厢记》的文本与人物,而是其在明代的刊刻与影响。因为在作者看来,《西厢记》虽然产生在元代,但元刊本已经不存,现存最早的刊本是明初的本子,这些本子已经过明人的改写,是否体现元代《西厢记》的原貌则令人怀疑。而《西厢记》在明代影响很大,有众多的刊本,明代人文参与了《西厢记》的改造与创作,典型的例子是金圣叹对《西厢记》的评改。这与第二章谈李开先对元杂剧的改造有同样的性质,可以看出先前的文学作品在后代被赋予新解和加以创新的情况。这种情况体现了文学文本的不确定性及其动态的历史建构性,也即宇文所安教授所说的文学史叙述要做到"史中有史"。在谈到如何对文学史做一个"比较好"的叙述时,宇文所安教授说:"这样一个叙述应该讲述我们现在拥有的文本是怎么来的;应该包括那些我们知道曾经重要但已经流失的文本;应该告诉我们某些文本在什么时候、怎样以及为什么被认为是重要的;应该告诉我们文本和文学记载是如何被后人的口味与利益所塑造的。换言之,文学史应该总是'史中有史'的。"②第二章题为"晚明文学文化",从标题即可看出本章讨论的重点是晚明文学的文化特征或曰晚明文学与晚明文化之关系。作者吕立亭比较关注的是文学发展与书籍印刷、商业消费之关系;文学创作与文人身份之变化;文学文类的流行与文学传播、印刷及读者群之关系等,简言之,在描述晚明文学产生、发展、繁荣的文学场景时,更加关注晚明文学发生的多样性文化生态环境问题。作者认

---

① 孙康宜.剑桥中国文学史(下卷导言).生活·读书·新知三联书店,2013
② 宇文所安.史中有史——从编辑剑桥中国文学史谈起(上).读书,2008(5)、(6)。

为"出版迅速发展、庞大的多样化的读者群的出现,既影响了诗歌等传统文学形式,也影响了白话短篇小说、南方戏曲等新兴文学样式。商品化不仅改变了书籍工业的轮廓面貌,而且对文学内容产生了深刻影响。"①晚明文学与印刷出版、传播、读者之间的关系,多年来也受到大陆学者的关注,出版了一批成果②,但这些成果尚未被转化为新的明代文学史著述。第二章讨论"晚明文学文化",其思路、内容、写法与国内的文学史有很大的差异,此章分为三部分,虽然依据的是以文类为主的方法,三部分分别谈诗文、小说、戏曲,但重点不是描述文类的文体特征、代表作家、作品及创作成就,而是从文类与作家的社会身份及文化环境之关系的角度展开叙述,比如传统诗文创作与精英文人、职业作家之关系,小说与"士商"这类"新精英阶层"之关系,戏曲与文人、演员等社会地位高低不同的成员之关系等。进而总结出晚明文学文化精英与边缘相互交集、高雅与低俗相混合的特征。

　　中国本土的文学史写作非常重视文学史上经典作家与作品的地位与作用,大多文学史是以经典作家与作品为主体建构起来的。《剑桥中国文学史》明代部分的撰写则体现出"去经典化"与"去个体化"的倾向,在文学史中并没有给经典作家与作品更多的位置与篇幅,甚至有意淡化经典的地位与作用。孙康宜教授说:"相比于一般的文学史,我们还不一定会把经典化(cannonizationg)看得那么重,像 Harold Bloom 那样,他是把个别作家看的特别重要的,所以,他说的那种经典化(cannon formationg),其实是把一个文学史变成了一个文学英雄的集锦(collectiong of literary heroes)。"③在《剑桥中国文学史》英文版序言中,孙康宜、宇文所安这样说:"中国学术界的文学史写作通常围绕作家个体展开,其他剑桥文学史作品同样如此。这部文学史不可避免地也会讨论不同时代的伟大作家,但是我们在大多数情况下更关注历史语境和写作方式而非作家个人,除非作家的生平(不管真实与否)已经与其作品的接受融为一体。"④为了避免文学史成为"文学英雄的集锦",从而遮蔽了文学史的复杂性与多元化,在国内文学史中予以重要篇幅与地位的明代小说"四大奇书"及重要作家汤显祖、袁宏道等,在《剑桥中国文学史》中的地位则大幅下降,在明代文学部分的第一章中,《三国演义》《水浒传》《西游记》三部经典小说仅占了其中的一个细目(小节)——"小说中英雄主义之改造",简单地阐述了三部

---

① 剑桥中国文学史(下卷).生活·读书·新知三联书店,2013.91
② 这方面的著作有宋莉华,明清时期的小说传播.中国社会科学出版社,2004;方志远,明代城市与市民文学.中华书局 2004;李玉莲,中国古代白话小说戏曲传播论,山西教育出版社 2005;许振东,17 世纪白话小说的创作与传播——以苏州地区为中心的研究.中国社会科学出版社 2005;陈大康,明代小说史.人民文学出版社 2007;程国赋,明代书坊与小说研究.中华书局 2008、谢雍君,牡丹亭与明清女性情感教育.中华书局 2008
③ 孙康宜,新的文学史可能吗.清华大学学报(哲学社会科学版),2005(4)
④ 剑桥中国文学史(卷首).生活·读书·新知三联书店,2013

小说所表现的英雄主义特点。《金瓶梅》虽然也占了一个细目(小节),给予了一定的篇幅,但重点讨论的是其成书、传播及其儒家"反乌托邦"的文化内涵,全然不同于国内文学史对这几部经典的思想性、文学性的详细分析与高度评价。在"《牡丹亭》与情教"一节,重点讨论的是《牡丹亭》所反映的女性在社会中所扮演的角色与情感在社会中的位置问题,以及《牡丹亭》在晚明的传播与影响。至于袁宏道,则在"诗歌与诗歌理论"一节中仅以两页英文的篇幅给予介绍。在文学经典被淡化的同时,经典的文学性也被不同程度地有意忽略。

相伴"去经典化"而来的是《剑桥中国文学史》明代部分关于传统抒情文学与叙事文学、明代前中期文学与晚明文学的轻重权衡与评价问题。自从王国维在《宋元戏曲考》中明确提出"凡一代有一代之文学"的观点以来,同时由于现代学术界对小说戏曲这类叙事文体日趋高涨的肯定性评价,现代的中国文学史叙述似乎形成了一种比较固定的思维模式,即认为在宋代之后以诗文为代表的传统抒情文学衰落了,代之而起的是以戏曲、小说为代表的叙事文学,因之在元明清文学史部分的书写中,将重要的位置与篇幅给予叙事文学,抒情文学的地位则因受到严重的挤压而相形见绌。反映到明代文学的写作中经常是重小说戏曲,轻传统诗文,重晚明文学而轻明前中期文学。孙康宜教授对此则持有不同的见解,她指出"中国学者常认为,文学上,诗兴盛于唐朝,宋朝的主要成就是词,然后是明清小说,整个文学史的发展,似乎在走下坡路,越来越弱了。闻一多就曾经说过,诗的发展到了北宋,实际上就已经完了。由于受这种文学退化论的影响,明清文学常常被忽视,所以,我们这一次也要解除这种偏见。"谈到明代前中期文学,她说:"这个时期无论在政治上还是在文学上都是很重要的,被忽略的原因是中国人对抒情文学的偏见。譬如西方对抒情文学就没有这种偏见。西方有抒情、叙事、戏剧等,但抒情不是最重要的。从希腊文学来看,戏剧可以说是最重要的文体。因此,很少有人批评说,某个文学作品不够抒情。因为抒情文学对于希腊文学来说只是其中的文学模式(mode)之一,并不是文类(genre)。但对中国人来说就不一样了,中国人拔高它,把它看得非常重要。而且对中国人来说,抒情还不仅只是一个文体(genre)而已,抒情文学成了裁定文学水平高低的一个水准。我认为这一偏见使人们忽略了明初与明中叶文学,但从文学史的观念出发,应当去弄清楚为什么会这样。因为明初和明中叶出现了很多很多作品,它不一定是我们所说的狭义的抒情,但也都是非常重要的,譬如八股文。"①基于这种认识,孙康宜教授在撰写明代前中期文学时,就用大部分篇幅叙述传统诗文以及明代的新文体八股文,并重点书写了台阁体、复古派、杨慎的贬谪文学,以沈周、祝允明、文征明、唐寅为代表的苏州文学,以及女性(才女)文学。

---

① 孙康宜,新的文学史可能吗.清华大学学报(哲学社会科学版),2005(4)

特别是以"旧地点、新视野"为题,专门介绍了明代前中期文人写作的地域赋,如黄佐的《北京赋》、邱浚的《南溟奇甸赋》,以及董越出使朝鲜写的《朝鲜赋》、湛若水出使安南写的《交南赋》等。与传统的中国文学史相比,孙康宜教授在明代前中期文学的写作中做了不少的"发现、纠偏、补白"的工作①。在整个明代文学部分的叙述中,无论从篇幅还是从创新性的见解方面,传统诗文都超过了小说戏曲。比如关于晚明小品文的阐释与评价,占了英文版《剑桥中国文学史》下卷整整 7 页的篇幅,不同于国内文学史对小品文的正面命名与肯定,作者通过"是其所不是"(lesser works are defined by what they are not)给"小品文"一个否定性的命名——"非正式写作"(informal writing)。之所以这样命名,是因为"很难以常规方式对之作出界定",认为"小品文"在形式上并无任何革命性(nothing revolutionary),其作为一个文类是被追认的,是在 1920 年代新文化运动中经周作人、林语堂等人的大力提倡才被确认为经典,得到广泛认同的。其次"小品文"在写作上不同于唐宋八大家为了实现政治、哲学、文体三者合一的文以载道的"古文",它们"表面上是一种自我贬损的名称,却对个人生活经历的小小欢愉津津乐道。虽然形式各异,它们却有一种否定性的姿态,安于自己'小'的地位。"②"小品文"作为一种非正式写作,实际上是一种私人写作,其描写的内容涵盖了私人生活的不同领域,表达的是作者的个性与自我,可以作为观察晚明文人生存状况与人生趣味的一扇窗口。对晚明小品文的这种个性化的定义与叙述,颇有新意。

对女性作家及女性作品集的关注是《剑桥中国文学史》明代部分的又一特色。在国内的中国文学史通史类著作中,女性作家的声音极其微弱,除了极少数女作家如蔡文姬、薛涛、李清照有幸进入文学史外,明清时期众多的女作家皆被排斥在文学史之外。这或许与我们的文学史著作注重文学经典有关,因为按通常的标准,明清时期女作家的作品皆没有资格进入经典之列。据胡文楷《历代妇女著作考》著录,明代有著作的女作家 250 余人,清代 3660 余人,这是一个数量庞大的女作家群体,遗憾的是在很多文学史中她们的声音被屏蔽了。或许是鉴于中国文学史中明清时期女作家缺席的情况,孙康宜教授特别关注《剑桥中国文学史》对女性作家的书写,她这样说:"我跟每一章的作者都交代过:'答应我,不要把她们放在最后,放在中间或者什么地方,总之是她们应该出现的地方。'我们……也不准备过分强调性别问题。如果说当时这个女作家确实没有那么重要,也不可以随便拔高她。我的意思就是希望能够重构一个比较真实的历史。③"在《改写文学史——妇女诗歌

---

① 参看宁一中、段江丽,跨越中西文学的边界——孙康宜教授访谈录(上).文艺研究,2008(9)
② 剑桥中国文学史(下卷).生活·读书·新知三联书店,2013.115
③ 孙康宜,新的文学史可能吗.清华大学学报(哲学社会科学版),2005(4)

的经典化》一文中,孙康宜教授指出:"与现代人所想象的相反,传统女诗人并没有受到当代人的忽视。即使一般女人的社会地位不高,但才女的文学地位却是很高的(这与中国文人一向重才有关)。尤其是明末以后,随着出版事业的繁荣以及妇女阅读能力的增长,不断发行的各种女性文本成为极受欢迎的热门读物。妇女诗词的大量刊印不只是当时女性文学创作繁荣的具体反映,而且成为促使其更加进步的动力。不幸的是,关于这样一个重要的文化现象,不少文学史却只字不提。这是因为它们忽视了明清两朝的诗词(认为它们再好也不如唐诗宋词高明),而中国女诗人却偏偏在明清两朝表现了空前的文学成就。既然明清诗词被整体地忽视了,大部分的女诗人也就自然地被排除于'历史'之外了。"①多年来孙康宜教授致力于明清女作家诗歌的编选与研究工作,进行明清女性诗歌经典化的努力,通过将女性诗歌经典化进而在某种程度上改写文学史。她与魏爱莲(Ellen Widmer)合作主编了《明清女作家》(Writing Women of Late Imperial China),与苏源熙(Huan Saussy)合作主编了《历代女作家选集:诗歌与评论》(Women Writers of Traditioanal China: An Anthology of Poetry and Criticism),并撰写了关于明清女性诗歌研究的系列论文。因此《剑桥中国文学史》明代部分对女性作家作品的关注也是题中应有之义。关于女性作家与作品的讨论主要集中在第一章中的"贬谪文学"与"女性形象之重建",第二章的"作伪与崇尚真实"。涉及的女作家有黄娥、张红桥、王娇鸾、李玉英、叶小鸾、冯小青、柳如是、陆卿子等。"贬谪文学"一节论述的虽然是杨慎的遭遇与创作,但实际上一半的篇幅谈的是杨慎的夫人黄娥及其诗歌。"女性形象之重建"探讨的是明代男性作家对女性文学的关注与对女性文学经典化所作的努力,如田艺蘅编辑的《诗女史》,蓬觉生编辑的《女骚》,钟惺编辑的《名媛诗归》等。"作伪与崇尚真实"谈的是青楼妓女与闺中才女们的创作,她们的身份、才华、交游、创作以及社会角色。指出在明末的特殊时代悲剧性的妓女(the tragic courtesan)、忠于王室的绅士(the gentleman loyal to the throne)、精英家庭的贞女(the virtuous daughter of the elite)三类人的彼此认同。性别视角的介入使得《剑桥中国文学史》明代部分所彰显的文学文化史的意蕴更加丰富,也弥补了国内文学史女性缺失的不足。

  《剑桥中国文学史》明代部分的特色尚有文学史的分期、对文学选集的关注等诸多方面,限于篇幅,不再赘述。综上所述,就明代文学史的撰写可以看出《剑桥中国文学史》实践了其编写一部文学文化史的理想,打破了一直由经典作家作品垄断中国文学史的局面,无论在内容方面还是写法上,皆给人以耳目一新之感。

---

① 孙康宜,改写文学史——妇女诗歌的经典化.读书,1997(2)

北宋东京街市经济考察

徐晓峰

[内容摘要] 北宋通俗文学的兴盛是以城市经济的发展为基础的。文章重点探讨北宋东京城市经济中的街市经济状况，包括其居住人员、市场（尤其是夜市）存在的时空情况，以及重要街市的经济形态，目的是透过东京街市经济的状况来反映整个北宋城市经济的一些规律和模式，从而为北宋文学的考察提供一个现实的基础。

[关键词] 北宋；东京；街坊；夜市；街市

雅俗文学的消长是中唐以后文学史考察的一个重要层面，北宋的通俗文学较之以往出现了一个兴盛的局面，很大程度上取决于城市经济的发展。城市经济的考察可以在很多层面予以展开，比如商业税的征收情况，货币的流通和形式的更换，以及内外市场的形成等等①；这里不打算对此作全面论述，而仅尝试围绕城市经济中北宋都城街市制度的一些情况考察相关经济发展，以见出北宋通俗文学之发展、兴盛的物质根基。

一

关于东京街市状况的考察，首先涉及一个居住人员问题。《周礼·地官·大司徒》记载大司徒职责时提及"掌建邦之土地之图与其人名之数"，可见对一个地域人口的统计是国家的一件大事，这逐渐形成所谓的户籍制度。

这种制度表现在北宋，一个重要的措施是将城市户口和乡村户口区分开来，前者史称坊郭户。《宋会要辑稿》食货六九记载："天禧三年（1019）十二月，命都官员

---

① 详参《宋代城市经济、商业的发展》，收入邓广铭、漆侠：《两宋政治经济问题》，知识出版社，1988年11月。

外郎苗积与知河南府薛田,同均定本府坊郭居民等"①,同时按照房地课税额和经营工商业资本,以财产为准将之分成十等。关于这个新阶层内部的具体细分,这里暂不予以考察,从整体上看,国家对它的赋税政策是轻于乡村户,这样有利于城市经济状况的发展②。

坊郭户的构成中,考察主体是市民阶层,它包括了手工业者、商贩、租赁主、工匠、劳力、自由职业者和城市贫民等。据学者统计,北宋东京户口数最高时达到十六万左右,按照每户五口人计算,则约为八十万人,这八十万人便是坊郭户人数。但是除了这些国家户籍登记人数之外,包括外来手工业经商者,生员,流民,以及东京水系开通后往来船只上的船员等等,都对东京城市经济的发展起了促进作用,如《东京梦华录》卷三"雇觅人力"提到的"干当人、酒食作匠之类"③,他们就部分来自外来人员,所以这里我们就有必要将外来人口中的一部分计入市民阶层,这样形成的市民阶层比重无疑才能真实反映一个城市的消费和生产状况④,其中消费的繁荣度又是远远超过生产度的。

二

这些人员散处在东京各处街市,从事着各种行业,进行着各种消费,街市是他们依托的场所,但这个街市制度的形成是经过了长时间的变化过程的,它来源于前代坊市制的崩溃,其中坊市制的代表是唐代城市结构。

在唐代长安设有约120坊作为居民的住宅单位,这些单位多数设有东西南北四门,连接这四门的为两条大道,交叉成十字形,各个坊内另有称为"曲"的道路。坊的四周筑有围墙,坊门是定时关闭的,每日以街鼓为号,这样在时空上与外界形成了一定的隔离。另外,作为市场交易的单位——市,唐代长安设有东西两市。日本学者加藤繁曾经推定:"自古以来,商店至少在原则上是要设在市内的,在唐代也

---

① (清)徐松辑:《宋会要辑稿》,中华书局据民国25年国立图书馆影印本重印,1957年,第6369页。

② (宋)李焘撰:《续资治通鉴长编》卷三九四记载孙升于哲宗元祐二年(1087)上疏之语,云:"城郭之民,祖宗以来,无役而有科率,科率有名而无常数。"中华书局,1995年,第9613页。按,王安石于神宗熙宁变法时,城郭户和乡村户都限交免役钱,苏辙曾上书建议裁减数目,但不赞成实行科配,可见北宋对于坊郭户的政策相对宽松,详细情况可以参看谢桃坊:《中国市民文学史》第一章有关论述,四川人民出版社,1997年,第11—12页。

③ (宋)孟元老撰,伊永文笺注:《东京梦华录笺注》卷三,中华书局,2007年第2版,第338页。

④ 吴涛《北宋都城东京》辟有专章探讨东京的人口问题,其中对各期人口有一个大致推断,可以参看。河南人民出版社,1984年8月。

是一样。"①《周礼·冬官·考工记》记载:"匠人营国,……国中九经九纬,……左祖右社,面朝后市,市朝一夫。"可见自古以来,对于市场必定要确定一定的范围,而这个空间的限制实际会对市场发展造成一定的阻碍。市场上设有一定的官署,如唐代长安的东西两市由市署和平准署主管,其中市署设有市令管辖市门的开启,每天日午时分击鼓三百以开启市门,日入前击钲三百关闭市门,这个时间是严格控制的②。当时对于入市者的身份是有限制的。《唐会要》卷八六记载贞观元年(627)十月敕令,云:"五品以上,不得入市。"③刘禹锡元和二年(807)居朗州(今湖南常德)时,曾作《观市》一文,记载当地市场开放之日,"有市籍者皆至"④。所记虽为地方市场情况,但京城长安应大致类此。可见,当时入市者必须经过国家的身份认可,登记入市,而官吏一般是不允许入市的。当然,这样一种规定,有其现实可行性,因为坊市制度下,坊和市各有围墙隔离开来作为居民的生活和消费场所,国家规定了居民不许沿街开店,这样就各自形成一个封闭的单位,有利于实施管理。

　　进入五代以后,这种制度受到了冲击,首先是来自民间的侵街现象。《资治通鉴》卷二九二"后周显德二年(955)十一月"条记载"大梁城中民侵街衢为舍"⑤,宋太宗太平兴国五年(980),开封也出现侵街现象,这样开始突破坊的限制。在宋太宗至道元年(995)和宋真宗咸平(998—1003)年间曾短期恢复了唐时的坊制⑥,不过到宋仁宗时新的街坊制还是最终取代了以往封闭的住宅单位,而这个限制的突破无疑影响了对市场的规定。以往规定了不能沿街开店,如今既然出现了侵街为舍,那么有可能利用门与街道之间的距离开设店铺。早在后周出现侵街之时,政府已经扩展了城市范围,这个在宋代形成成熟的三城制,街道也随之拓宽。显德二年周世宗诏书中已称"坊市之中,邸店有限"⑦,三年六月,周世宗下诏允许居民侵街衢,"各于五步之内,取便种树掘井,修盖凉棚"⑧,这里实际上说明了商店设置的限

---

① 《宋代都市的发展》,收入《中国经济史考证》"第一卷",商务印书馆,1959年,第263页。
② (唐)李林甫等撰,陈仲夫点校:《唐六典》卷二〇《京都诸市署》:"凡市以日午,击鼓三百声而众以会;日入前七刻,击钲三百声而众以散。"中华书局,1992年,第543—544页。
③ (宋)王溥撰:《唐会要》卷八六《市》,中华书局,1955年,第1581页。
④ 见陶敏、陶红雨校注:《刘禹锡全集编年校注》卷一四《文(元和上)》,岳麓书社,2003年,第908—909页。
⑤ (宋)司马光编著,(元)胡三省音注:《资治通鉴》卷二九二,中华书局,1956年,第9532页。
⑥ 见《宋会要辑稿》方域一"东京杂录",第7324页;《续资治通鉴长编》卷五一"咸平五年二月戊辰"条,第1114页。
⑦ (宋)王溥撰:《五代会要》卷二六《城郭》,中华书局,1998年,第320页;(宋)王钦若等编:《册府元龟》卷一四《帝王部·都邑二》,第167页。
⑧ 《五代会要》卷二六《街巷》,第317页。又见《册府元龟》卷一四《帝王部·都邑二》,第167页。

制需要加以突破了。《宋会要辑稿》"舆服四·臣庶服"记载:宋仁宗景祐三年(1036)八月三日诏曰:"天下士庶之家,凡屋宇非邸店楼阁临街市之处,毋得为四铺,作闹斗八,……"①,这句话实际证明了当时临街市处已经存在"邸店楼阁",这样从后周开始的政策在北宋得到了继承,越发说明了在宋初,坊制和市制已经得到突破,新的街坊制开始形成。

三

街市制度的一个重要表现便是出现了所谓的夜市,而夜市的存在直接突破了以往坊市制度下对市场时间的限制,另外通过对它的出现地点的考察,也能看出在空间上它已经突破了以往商店必须设置在固定区域——"市"中的限制。

《宋会要辑稿》食货六七之一"乾德三年(965)"记载:"四月十三日,诏开封府,令京城夜市至三鼓以来,不得禁止。"②这里是说市场时间可以持续到夜间三鼓。唐代闭市时间据前所引材料记载为日入之前,宋代初期,便开始突破这个限制。《东京梦华录》卷二《州桥夜市》记载说:"自州桥南去,……直至龙津桥须脑子肉止,谓之杂嚼,直至三更。"同书卷三《马行街铺席》记载:"马行北去,旧封丘门外袄庙斜街,州北瓦子。新封丘门大街,两边民户铺席……夜市直至三更尽,才五更又复开张。如要闹去处,通晓不绝。"③这里可见,马行街一带的夜市已经近乎通宵了,中间不过歇息四个小时,遇上特别时候,就可能闹通宵了。在蔡绦《铁围山丛谈》卷四记载说:"马行街者,都城之夜市,酒楼极繁盛处也……灯火照天,每至四鼓罢",④对比上面的三更(鼓)则可知夜市时间在延长,以至于最终形成全天候的市场机制,如《东京梦华录》卷二《酒楼》里说的"大抵诸酒肆瓦市,不以风雨寒暑,白昼通夜,骈阗如此"⑤。这里说的是一般情况,有些行业却是夜晚开始经营,更见出夜市存在时间的突破性。《东京梦华录》卷三《马行街铺席》记载:"至三更方有提瓶卖茶者。盖都人公私荣干,夜深方归也。"⑥城市中有夜深方做完工作的,这时出现了为他们服务的行业,这里更见出夜市的真正特点。另外,上书卷二《潘楼东街巷》记载:"潘楼东去十字街,谓之土市子,又谓之竹竿市。又东十字大街,曰从行裹角茶坊,每五

---

① 《宋会要辑稿》,第1796页。
② 同上,第6253页。
③ 分见《东京梦华录》第115—116页;第312—313页。
④ (宋)蔡绦撰:《铁围山丛谈》卷四,中华书局,1983年,第70页。
⑤ 《东京梦华录》,第176页。
⑥ 同上,第313页。

更点灯博易,买卖衣物、图画、花环、领抹之类,至晓即散,谓之'鬼市子'。"①这个集市完全在晚间开放,提供的服务也比较完备,属于夜市的特例。除去专门的夜市,每逢节庆日,东京有些街道也会通宵庆祝,形成临时的夜市。《东京梦华录》卷八"六月六日崔府君生日二十四日神保观神生日"条记载"二十四日"这天是"州西灌口二郎"生日,"庙在万盛门外一里许"②。为了在当天求得先行烧香,二十三日晚便有起程去庙里住宿的。这一条路位于宫城宣德门西南,由东往西,依次为踊路街、梁门大街、西大街。这一路有许多店铺,如踊路街有唐家大酒店,梁门里有水果店李和家,梁门大街上有州西瓦子、宜城楼、刘楼③。在二十三日至二十四日期间,这一带的服务行业存在进行夜晚营业的可能。如果说这个尚有推断的因素,文献并无确切记载,那么在七月七日这晚,史料记载了街道通宵营业的情况。《东京梦华录》卷八《七夕》记载说:"潘楼街东宋门外瓦子、州西梁门外瓦子、北门外、南朱雀门街及马行街内,皆卖磨喝乐,……七夕前三五日,车马盈市,罗绮满街,……至初六日七日晚,贵家多结彩楼于庭,谓之'乞巧楼'。铺陈磨喝乐、花瓜、酒炙、笔砚、针线,或儿童裁诗,女郎呈巧,焚香列拜,谓之'乞巧'……里巷与妓馆,往往列之门首,争以侈靡相向。"④这里所提及的街市分布在东西南北四条主要街道,可见节日夜市地域之广泛性。同时我们看到,这条材料反映的虽然是节日期间夜市的情况,但可见北宋东京的夜市已经形成了一种固定的市场制度,或者可以说正是这种短期夜市的出现带动了长期夜市的形成和发展,如在中秋节来临时,"民间争占酒楼玩月","夜市骈阗,至于通晓"⑤,这里说的"夜市"当即因为中秋节的来临而渐渐形成的。

我们前面曾提及东京新的街坊体制的出现,其中重要的一条便是居民居住的"坊"设置在两旁有住户的街道的内侧,街道两旁有"巷"作为坊的通道,以便坊内居民进出街道,当时称为"街巷"⑥,这种制度和前代相比最大的不同是住宅区和商业区错杂相连,而非以前的各自分离。除去几条主要的大街道,我们可以在文献中接触到一系列小巷名,在这些巷上设有很多商业、手工业机构。《东京梦华录》卷二《潘楼东街巷》中记载有所谓的"十字街",实即十字巷,当时称为"土市子",为坊和市的杂处区域。同条目又记载:"自土市子南去,铁屑楼酒店、皇建院街、得胜桥郑

---

① 《东京梦华录》,第163—164页。
② 同上,第758页。
③ 见《东京梦华录》卷三《大内西右掖门外街巷》,第274—275页。另外参看杨宽:《中国古代都城制度史研究》下编第三章第三节之"宫城宣德门前大街"条,上海古籍出版社,1993年,第308—309页。
④ 《东京梦华录》,第780—781页。
⑤ 《东京梦华录》卷八《中秋》,第814页。
⑥ 《五代会要》卷二六设有"街巷"条目。

家油饼店,动二十余炉。直南抵太庙街、高阳正店,夜市尤盛。"①这一段路称为榆林巷②,居住在这里的居民应该是夜市的主要消费者。前面提及的州桥夜市,从州桥南至龙津桥,其间有小巷两条,一条通往太学、国子监;这一带的饮食业极其发达,其中的顾客当包括在校生员和当地居民。《东京梦华录》卷三《马行街北诸医铺》记载:"马行北去,乃小货行,……直抵正系旧封丘门","夜市比州桥又盛百倍,车马阗拥,不可驻足,都人谓之'裹头'。"③这里的夜市的兴盛度实则是和居民人数成正比的,我们通过这个考察,方可更好地证明新的街坊制所带来的市场的繁荣。

据《宋会要辑稿》记载,宋真宗大中祥符元年(1008)十二月,"置京新城外八厢。真宗以都门之外居民颇多,旧例惟赤县尉主其事,至是,特置厢吏,命京府统之。"④杨宽据同书"天禧五年(1021)正月"条所载,统计出城外设置厢数为六厢,所属共75坊;附郭有九厢,共15坊;加上里城的四厢所属46坊,总共有十九厢,136坊。并且认为"全城的东部正是热闹的繁华地区。里城的东北部左二厢,共有十六坊,平均一坊993户,共15900户,这里正是里城最繁华之区,包括'人烟浩闹'的马行街在内。"⑤可见马行街一带处于人口密度最高处,而人口众多刺激了市场的扩大,反之,又吸引了人口的入住,这种交相作用体现了宋代城市街市经济的一个重要原则。

四

在新的街坊制下,东京出现了一些重要的街市,如东西南北四条御街⑥,其中文献上一般指称的御街即是南方向的。《东京梦华录》卷二《御街》条记载:"坊巷御街,自宣德楼一直南去",这里的御街便是特指从宫城南门宣德门到外城南门南薰门的街道。下面又说:"约阔二百余步,两边乃御廊,旧许市人买卖于其间,自政和间官司禁止,各安立黑漆杈子"⑦,这里所指的当系从宣德门到州桥的一段,按文献所说,两边御廊徽宗政和(1111—1118)以前曾允许私人在此经营商业活动,而官府例行的宫市制度或亦曾在此施行。宋仁宗至和三年(1056),曾经下诏废除宫市,可

---

① 《东京梦华录》,第163—164页。
② 参看《中国古代都城制度史研究》所附插图55"北宋东京河流和主要街巷分布图"。
③ 《东京梦华录》,第268页。
④ 《宋会要辑稿》兵三《厢巡》,第6802页。
⑤ 《中国古代都城制度史研究》下编第三章第二节之"'厢'和'坊'的行政组织系统",第296—297页。
⑥ 东面御街从州桥出发,经过汴河大街,直通新宋门。北面御街从土市子出发,经由马行街直通新封丘门。西面御街由州桥往西,经由曲院街直通新郑门。
⑦ 《东京梦华录》,第78页。

以想见在宫市制废除之日到政和年间的买卖禁令之间,这一段的商业经济将得到充分发展。据上所引州桥夜市之状况,可以得知州桥为这一街市的中心所在。上书同卷《宣德楼前省府宫宇》记载:"御街一直南去,过州桥,两边皆居民。街东车家、炭张家酒店,次则王楼山洞梅花包子、李家香铺、曹婆婆肉饼、李四分茶。"①州桥南去,便到了里城的南门朱雀门。同卷《朱雀门外街巷》记载:"出朱雀门东壁亦人家。东去大街麦稭巷、状元楼,余皆妓馆,至保康门街。其御街东朱雀门外……亦妓馆。以南东西两教坊,余皆居民或茶坊。街心市井,至夜尤盛。"②由此再往南便到了龙津桥,继续南行,则可来到外城的正南门南薰门,这一段繁华程度已经大大逊于上一段了。除去经济上的特殊作用,这一街市由于正对大内皇宫,从而显得颇带政治文化气息。《朱雀门外街巷》下面说道:"其门寻常士庶殡葬车舆,皆不得经由此门而出,谓正与大内相对,唯民间所宰猪,须从此入京,每日至晚,每群万数,止十数人驱逐,无有乱行者。"看来牲畜也略微领略了皇城所带来的震撼力。上书卷一〇《除夕》记载:"至除日,禁中呈大傩仪,……教坊使……又装钟馗小妹、土地、灶神之类,共千余人,自禁中'驱祟',出南薰门外转龙湾,谓之'埋祟'而罢。是夜,禁中爆竹山呼,声闻于外。"③可见,这条街市的出现显现的是东京城市的整体面貌。

在四条御街之外,宫城宣德门前大街也是一条繁华街市,上面已经有所论述。在宫城的另一门东华门外,"市井最盛,盖禁中买卖在此。"④另外,值得一提的是从州桥往东御街下方的沿汴河大街。早在后周世宗时,便奖励居民沿汴河建造邸店⑤。进入北宋后,政府进一步疏通了东京周围的四大水系,其中汴河对于宋王朝极其重要,《宋史》卷九三《河渠志三·汴河上》便称:"宋都大梁,……故于诸水,莫此为重。"⑥由于南方经济地位的日益提高,南方漕运物资进入东京便要经过汴河,随着汴河的疏通,后周时已经初步创立的沿汴河街道得到了进一步发展。学者统计东京户口时,曾推算每年进入东京的船工达到万余,其中主要是经由汴河而进入的,沿汴河大街的发展正是得到了他们的消费支持。外城东面设有汴河东水门,它的南北面分别为通津门和上善门,这两个门往东分别到达州桥,形成这里所指的沿

---

① 《东京梦华录》,第82页。
② 同上,第99—100页。
③ 同上,第958页。
④ 同上,卷一《大内》,第41页。
⑤ (宋)文莹撰:《玉壶清话》卷三载周世宗显德中,周景"讽世宗,乞令许京城民环汴栽榆柳,起台榭,以为都会之壮。"中华书局,1984年,第26页。又,(宋)王辟之《渑水燕谈录》卷九《杂录》记载:"周显德中,许京城民居起楼阁,大将军周景威先于宋门内临汴水建楼十三间"。中华书局,1981年,第110页。
⑥ (元)脱脱等撰:《宋史》,中华书局,1977年,第2316—2317页。另可参看《东京梦华录》卷一《河道》,以及吴涛:《北宋都城东京》第一章"东京城的水系"专题。

汴河大街。北宋初期,这一带由汴河堤岸司和修完京城司建造房廊组给客户,用作货物堆积和客商自己居住的场所,其实带有了客栈的性质。据《东京梦华录》卷一《外诸司》记载,在这条街市沿线设有各种官仓,储藏米麦,同条下又说"仓前成市",可见这一带街市经济的发达。据杨宽的考察,北宋张择端所画之《清明上河图》反映的正是通津门内外沿汴河街市的情景,题名中的"上河"指的是往汴河游览[①]。由此更能证明这一带沿线城市经济的繁荣,从而加深对沿河经济形态的进一步考察,而这个经济状况同样构成北宋街市经济的一个层面。

以上论述大致勾勒了北宋东京街市经济的人员、时空情况和部分经济形态,目的是透过东京街市经济的状况来反映整个北宋城市经济的一些规律和模式,从而使雅俗文学的消长有了一个可以实施考察的根基。

参考文献

[1](宋)孟元老撰.伊永文笺注.《东京梦华录笺注》.中华书局.2007年第2版。

[2](日)加藤繁著.《中国经济史考证》(第一卷).商务印书馆.1959年。

[3]吴涛著.《北宋都城东京》.河南人民出版社.1984年8月。

[4]邓广铭,漆侠著.《两宋政治经济问题》.知识出版社.1988年11月。

[5]宋昌斌著.《中国古代户籍制度史稿》.三秦出版社.1991年1月。

[6]杨宽著.《中国古代都城制度史研究》.上海古籍出版社.1993年12月。

[7]谢桃坊著.《中国市民文学史》.四川人民出版社.1997年10月。

[8]孙新民.《略论北宋东京外城的兴废》.《华夏考古》.1994年第1期。

[9]陈朝云.《北宋东京皇城、宫城问题考辨》.《郑州大学学报》.1997年第6期。

[10]田银生.《北宋东京街市的开放性》.《华中建筑》.1999年第2期。

---

① 参看《中国古代都城制度史研究》下编第三章第四节"《清明上河图》所描绘沿汴河到东水门的街市和虹桥的桥市",第312—319页。

禅宗与汤亭亭的诗人之路

——兼评《做一个诗人》①

杨春

【论文摘要】《做一个诗人》是汤亭亭的一本诗文集,它描绘了汤亭亭在一个特殊阶段的创作心理与思想轨迹,反映了汤亭亭接受佛教思想影响、借鉴禅宗的冥想方式进行诗歌创作的真实过程。汤亭亭的诗歌创作明显受到了禅宗思想的影响,体现出以禅入诗的特征,阐发了禅趣、禅理。汤亭亭对佛教思想的接受既是"二战"后美国社会崇佛习禅风气影响的结果,也是作家受到垮掉派文学影响的反映。汤亭亭将禅宗思想与和平主义观念结合起来,实现了她独具特色的禅宗实践。她对中国人宗教信仰的混杂性的认识也表现出其独到的眼光。

【关键词】 汤亭亭 禅宗 《做一个诗人》 佛教思想 华裔美国文学

《做一个诗人》(To Be the Poet,Cambridge,Massachusetts:Harvard UP,2002)是汤亭亭的一本诗文集,出版以来几乎没有引起研究者的注意。其实,这部作品细腻地描绘了汤亭亭在一个特殊阶段的创作心理与思想轨迹,反映了汤亭亭接受佛教思想影响、借鉴禅宗的冥想方式进行诗歌创作的真实过程。因此,当我们研究佛教对汤亭亭的影响时,这部诗文集是不可忽视的。

1991年,年近六旬的汤亭亭已经出版了《女勇士》、《中国男人》、《孙行者》等作品,获得了美国国家图书奖等很多重要奖项,在文学界确立了她的地位。10月,一场大火席卷了加州的伯克利和奥克兰山林地区,烧毁了3500多幢房屋。在这场火灾中,汤亭亭失去了家和全部作品的手稿,包括一部接近完工的长篇小说。在重建家园的过程中,汤亭亭并没有停止她的文学创作。这一次,她暂时放弃了散文体的

---

① 本论文为教育部2013年度人文社会科学研究规划基金项目"当代华裔美国文学与中国文化传统"的阶段性成果。项目批准号:13YJA751058。

长篇作品,打算从一个新的角度继续她的文学之旅:创作诗歌。《做一个诗人》就是这一时期汤亭亭探索新的创作形式的记录与成果。

《做一个诗人》首先回顾了汤亭亭童年时代的诗歌创作记忆。她记得小时候的自己曾被妈妈抱到窗户旁,在妈妈的鼓励下自创了一首歌谣唱给赶着马车干活回家的叔公们听。在书中,作家用英文字母记录下了这首粤语歌谣:

> Som Goong ah.
> Say Goong ah.
> Nay hoy nai, yah?
> Mah hai cup cup,
> Say ngyeuk, yow say ngyeuk,
> Nay hoy nai, yah?①

如果把这首歌谣改写成普通话大约是这样的:

> 三公啊,
> 四公啊,
> 你去哪儿啊?
> 马蹄磕磕,
> 四只,又四只,
> 你去哪儿啊?

这首童稚的歌谣得到了叔公们的拍手称好,也被汤亭亭作为她诗歌创作的最初起点。

青年时代,汤亭亭阅读了大量"垮掉派"(The Beats)文学作品,深受震撼。垮掉派文学的代表人物如艾伦·金斯堡、加里·史耐德、杰克·凯鲁亚克等人的作品,使汤亭亭产生了强烈的共鸣。由于垮掉派文学中存在着明显的佛教尤其是禅宗思想影响的痕迹,以至于汤亭亭曾一度认为"达摩"就是经由这些作家传入美国

---

① Maxine Hong Kingston, *To be the Poet*, Cambridge, Massachusetts: Harvard UP, 2002. p.4.

的。① 当然,她也看过当时在美国风行一时的著名日本禅宗学者铃木大拙(D. T. Suzuki,1870—1966)的书,铃木大拙的禅学著作对"二战"后美国社会尤其是知识界的崇佛习禅风气曾经起到重要的推动作用。受到禅宗思想触动的汤亭亭试图在自己的创作中借鉴禅宗的修行方式,探索一种特殊的诗歌创作的途径。

"禅",即梵语中的"Dhyāna",指"沉思"、"静虑"、"默想"之意。最初的禅学是印度佛教的一支,重视默想、冥思。从印度传入中国之后,与中国的老庄、玄学等思想相融合,演变成为在中国社会影响最大的佛教流派——禅宗,其影响远及东亚及欧美。禅宗认为心性本觉、佛性本有,主张明心见性、见性成佛,强调不立文字、顿悟成佛。所谓"禅"即"静修"、"冥想",就是要求人把散乱的心念集中,排除一切外在的干扰,也排除一切内在欲念的干扰,使意识集中到一点,进入一种单纯、空明的状态。在这种冥想中,"我"与"物"的界限消失,物我交融,心灵在虚明澄净中达到喜悦与解脱,实现物我两忘、本心清净的最高境界。有学者曾经研究凝神观照、沉思冥想与艺术创作的关系,如葛兆光曾就禅宗冥想对中国士大夫艺术思维的影响做过精彩的分析。②

在《做一个诗人》中,汤亭亭详细描绘了她是如何借助禅宗的冥想进行诗歌创作的。她把这种创作行为称为"写作静修"(writing retreat)。汤亭亭往往会选择一个特殊的场所来进行这种静修,或者是在家里铺设了榻榻米地板的"冥想室"(meditation room),或者是在可以俯视优美的山谷景色的门廊。

汤亭亭的"写作静修"包括以下几个步骤:

1. 首先集中注意力于你内心的感受,(那可能是一种或几种一般的感受,或者是唤起你关注的一种特别的感受。)写下一个词或一个短语。

2. 闭上你的眼睛。现在你感觉怎样?把它写下来。

3. 现在环视你的四周。你看到了什么?记下一个或几个事物。要写得简洁。不用写完整的句子(除非你感受到了它)。

4. 再次闭上眼睛。现在你感觉如何?把感受写下来。不要做出判断,只是接受它。

5. 睁开眼睛。写下你看到的东西。不要尝试去理解或者加工这些东西,也不要问为什么。

6. 重复这个过程直到你已经准备好了停止。

---

① John Whalen-Bridge, "Buddhism, the Chinese Religion, and the Ceremony of Writing: An Interview with Maxine Hong Kingston", John Whalen-Bridge, Gary Storhoff eds., *The Emergence of Buddhist American Literature*, Albany, New York: State University of New York Press, 2009. P. 178.

② 葛兆光. 禅宗与中国文化. 上海人民出版社,1988

7. 现在找到一个你个人的方式,把这些词语组织到一起。①

可以看到,汤亭亭的所谓"写作静修"是把禅宗的冥想和写作结合了起来。这样的诗歌创作方式就是让作家在一个宁静的环境中集中心智进行自由联想,同时把自己神游所及有所感悟的东西记录下来,作为诗歌创作的材料。汤亭亭试图通过这种特殊的方式召唤诗歌的缪斯,给予她创作的灵感。通过这种冥想,汤亭亭收获了不少诗歌作品。有的作品更是以禅入诗,阐发禅趣、禅理,体现了作家对禅宗思想的感悟。以下是一首诗的节选:

星期五
经过两天融化马路的酷热,
我看到了朦胧线条的移动——
是积雨云?——向一座山行进——是烟雾?——
直直地从大海里来,厚重的灰色的源头,
云低低地掠过群山,低低地覆盖在街上。
山上的墓地隐去了,
消失了,然后突然地,又清晰地出现。
云在空中奔涌。
一片云停留在地上,
我站在它里面,但不能碰到它或者审视它。
那一刻,我的内心和我看到的世界连通了。这个意识漂移并吹送,
穿过并围绕着事物,来了又去,
逐渐消逝又变得清晰。
……②

在一刹那间,诗人意识到,"我"和世界突然连通了,她感受到了物我合一的境界。在这一瞬间,物我、物物之间的界限已经消失不见,诗人此时所得颇有禅宗梵我合一、事事无碍的意味。

汤亭亭不仅在诗歌创作中自然地引入禅宗的典故如"梵我合一"等,还时常运用富于禅趣的意象。在《做一个诗人》中,汤亭亭特别提到了她的中文名字的来源和含义。据汤亭亭说,父亲为她取的中文名字来自于中国的诗句:"亭亭独立"("Ting ting doak lup"),"亭亭"就是像山峰一样独自挺立的意思。随后,汤亭亭展

---

① Maxing Hong Kingston, *To Be the Poet*, Cambridge, Massachusetts: Harvard UP, 2002, pp. 25—26.
② MHK, *To Be the Poet*, pp. 73—74.

开了联想:

　　孤独的旅行者——僧人、鬼怪、恋人、自由独立的灵魂、诗人——在山顶孤松下的凉亭相遇。驻足,聆听,在亭子中焚烧祭品。①

　　这里,山顶孤松下的凉亭、僧人、诗人、孤独的旅人,都是中国古代诗歌、绘画作品中常见的意象。尤其是"山"的意象,在中国古代山水诗以及归隐诗中是很常见的。在王维、孟浩然、谢灵运、寒山、拾得、皎然等人富于禅趣的诗歌中,"山"具有重要的象征意味。首先,禅寺一般都建在远离热闹城镇的深山幽谷,山中的景致清净雅致而又寂寞闲适,正适合僧人修身养性、参禅悟道。而禅宗重视和追求的就是内心的解脱,尤其提倡从日常生活的小事中得到禅理的启示,或者从对大自然的静观欣赏中获得顿悟。此外,归隐山林在中国古代文人心目中就是离世绝俗的象征,代表着对世俗生活的超越、对更高精神境界的追求。因此,山成为了人们观照自然、体味禅理时最重要的参照物之一。在汤亭亭的作品中,"山"显然也具有类似的象征意味。自由独立的灵魂、诗人、恋人、僧侣以及孤独的旅人在山顶凉亭的相遇,这样的场景不仅让人联想到中国传统文化中遗世独立、寄情山水的风骨与情怀,也让人想起那位隐士兼禅宗流浪汉寒山。

　　"山"的意味还被汤亭亭进一步引申开去。汤亭亭在诗歌中写到她曾久居的夏威夷的著名山峰"莱纳卡乌汉",并把它称作"灵魂飞升的地方"。她还写道,夏威夷人崇拜的火山女神佩拉(Pele)曾对她"棒喝":

　　　　"受着,女勇士,
　　　　你叫自己女勇士,是吗?"②

　　火山女神的棒喝让汤亭亭反思自己的成名作《女勇士》对女主人公投身战争的肯定和推崇。在《做一个诗人》的结尾,汤亭亭创作了一首新"木兰辞",重新书写了"女勇士"的故事,强调了反战、和平以及女性的力量。在这首新"木兰辞"中,一位女性带领大家远离战争、重归故乡。汤亭亭说:"我用一首诗结束了我的长书。所有的那些散文体的书积累成了这一首诗。如果我没有让自己投身诗歌之境,我就不可能想到以这种方式来结束我的长书。我走进了诗歌之门,走出了战争故事。"③看起来,火山女神的棒喝使作家"顿悟"了。她不再把战争和暴力当作解决

---

① ibid, p.94.
② *To Be the Poet*, p.100.
③ ibid, p.111.

问题的适当手段,她认为当年在战场英勇奋战、以暴力对抗各种歧视和不公的"女勇士"应该放下武器、解甲归田。显然,作家在诗歌中把对禅理的感悟与她的和平主义思想结合了起来。作家对和平主义的坚持促使她重新思考以往作品的主题和人物,她试图以和平主义理念纠正和终结以往作品的偏差。从某种意义上说,《做一个诗人》是汤亭亭对以前创作的反思和总结。和平主义思想、诗歌的缪斯和禅宗佛理的结合,造就了这部奇妙的作品。

  如果我们探究汤亭亭接受禅宗思想影响的根源,首先要谈到的就是时代潮流的影响。与《洛丽塔》等打破性禁忌的文学作品相类似,佛教从20世纪50年代开始在美国的大流行,也是当时反主流文化思潮的一种表现。有学者指出,"垮掉的一代"是"追求宗教的一代"。当时的年轻人反叛基督教、天主教、犹太教这些正统教派,主要就是因为这些教派与美国中产阶级的生活方式及价值观密不可分。因此,年青一代试图向东方寻求"精神上的灵感"并得到了答案,这就是亚洲的佛教禅宗。艾伦·瓦兹和铃木大拙的著作是造成这一禅宗热的重要媒介。此外,20世纪50年代开始在美国大学开设的亚洲文化方面的课程,传授亚洲的文学、历史、艺术和宗教等,也培养出了一批对亚洲文化感兴趣的学生和学者。[①] 而垮掉派文学的著名作品如凯鲁亚克《达摩流浪汉》对寒山这样一位中国唐代"禅癫"的推崇,更使得禅宗在青年人中风靡一时。加里·史耐德等人对寒山诗的翻译则把寒山这个禅宗人物推向了垮掉一代和嬉皮士们顶礼膜拜的神坛。

  其次,汤亭亭在青年时代就深受垮掉派文学的影响,艾伦·金斯堡、加里·史耐德、杰克·凯鲁亚克等作家以及他们的文学作品,都是她非常喜爱甚至崇拜的。这在她自己的小说如《孙行者》中有清楚的反映。和当时很多美国年轻人一样,汤亭亭从垮掉派作家的作品中认识了禅宗思想并深受吸引。

  但是,汤亭亭对禅宗思想的接受和借鉴并不是人云亦云,而是带着她独有的个性和特征。汤亭亭对禅宗思想的接受和借鉴也没有仅仅停留在文学创作的层面,而是贯穿在她作为和平主义者的社会实践中。就如同史耐德把他的环保主义理念与禅宗思想相融合,汤亭亭把禅宗思想融入她的和平主义实践中,如组织退伍老兵写作工作坊,并把"写作静修"作为疗治退伍老兵心理创伤的方法。在大火烧毁了她的长篇小说手稿后,汤亭亭就组织了一个退伍军人写作坊来进行"社团写作"(write-in-community)。她召集那些从越南战争、伊拉克战争中退伍的老兵们来参加写作活动,以帮助医治他们的心理创伤。他们会选择在加州乡间的一个农场,在面朝群山和山谷、可以远眺大海和欣赏日落的地方,或者是在乡下的"冥想大厅"(Meditation Hall)或

[①] 钟玲. 史耐德与中国文化. 首都师范大学出版社,2006. 172-173

"禅修中心"(Zen Center)来进行这种集体的"冥想＋写作"的活动。①

由于出生在一个传统的中国家庭,小时候的汤亭亭就对中国人的宗教信仰有一些了解和印象。汤亭亭的父母自认为是儒家的信徒,家里供奉着祖先牌位,在一些特殊的日子里会用香火、食物等祭祀祖先。虽然并不理解这些祭坛、仪式的特殊含义,但从父母的行动中,汤亭亭懂得这些都是中国人的传统信仰。母亲曾对汤亭亭说,他们家信仰的是"儒教"(Confucius)。但是母亲也在家里到处摆放着观音塑像,并时常向观音祈祷。1984 年,汤亭亭与艾伦·金斯堡、加里·史耐德、托尼·莫里森等美国作家一起访问中国。这个美国作家代表团参观了中国很多城市,也游览了一些著名的佛寺、道观和乡村的家族祠堂。在回美国的飞机上,汤亭亭曾向史耐德提出一个问题:"有没有这种可能,就是(中国)乡下的农民抱持着这样一种宗教信仰,一种融合了儒家、道家、佛教的民间宗教信仰?"史耐德回答说:"没有。"②可是,汤亭亭并没有接受史耐德的这个回答。她认为,凭借她自己的经验和观察,有成千上万的中国民众确实在实践着一种混杂的宗教信仰,就像她的母亲那样。

汤亭亭的部分诗歌作品被加里·加荷选入了一本美国佛教文学选集《什么书?!——从垮掉派到嘻哈派的佛教诗歌》,在选集中汤亭亭被归类为"禅宗诗人"。虽然被称作"禅宗诗人",但汤亭亭并不接受"佛教徒"或者"禅宗信徒"的定位,她认为这样的定位和归类过于狭窄,她拒绝被局限在某一种宗教或哲学思想的框架中。她说,可以说她是佛教徒,也可以说她是道家信徒,还可以说她是儒家信徒。总之,她相信自己属于一个更为广阔的传统。

参考文献

[1] 葛兆光. 禅宗与中国文化. 上海人民出版社,1986

[2] 铃木大拙. 禅与生活. 刘大悲译,光明日报出版社,1988

[3] 铃木大拙,弗洛姆. 禅与心理分析. 孟祥森译. 海南出版社,2012

[4] 铃木大拙. 铃木大拙说禅. 张石译. 浙江大学出版社,2013

[5] 钟玲. 史耐德与中国文化. 首都师范大学出版社,2006

[6] Maxine Hong Kingston, *To Be the Poet*, Cambridge, Massachusetts: Harvard UP, 2002.

[7] John Whalen-Bridge and Gary Storhoff ed., *The Emergence of Bud-*

---

① MHK, *To Be the Poet*, pp. 88—89.

② John Whalen-Bridge, "Buddhism, the Chinese Religion, and the Ceremony of Writing: An Interview with Maxine Hong Kingston", John Whalen-Bridge, Gary Storhoff eds., *The Emergence of Buddhist American Literature*, Albany, New York: State University of New York Press, 2009. P.179.

dhist American Literature, Albany, New York: State University of New York Press, 2009.

[8] B. A. St. Andrew, "Maxine Hong Kingston. To Be the Poet", *World Literature Today*, 77. 2 (2003): 107—108.

刘勰"自然"文学观浅谈

岳 岚

[内容摘要] "自然",即自然而然,是刘勰的重要文学观念之一,贯穿于整个《文心雕龙》。"自然"的观念源于老子,刘勰首次将此观念引入文论。刘勰的"自然"观包含文本于自然、创作主体的本然状态和自然的美学风格三个方面的内涵,刘勰对自然的崇尚对后世产生了很大的影响。无独有偶,西方人也有着类似的自然观念。

[关键词] 刘勰 自然 文学观 《文心雕龙》

刘勰在《文心雕龙》的开篇即提出:"文之为德也大矣,与天地并生者何哉?夫玄黄色杂,方圆体分;日月叠璧,以垂丽天之象;山川焕绮,以铺理地之形:此盖道之文也。仰观吐曜,俯察含章,高卑定位,故两仪既生矣。惟人参之,性灵所钟,是谓三才。为五行之秀,实天地之心。心生而言立,言立而文明,自然之道也。"(《原道》)刘勰认为人文与天地之文并生,都是自然而然形成的,亦即文法"自然"。刘勰的这种文法"自然"的文学观念是贯穿《文心雕龙》的一个重要观念,这种观念显然受到了道家的影响。

一、"自然"之渊源

"自然"一词最先由老子使用,在《老子》中有:"功成事遂,百姓皆谓我自然"(十七章)、"人法地,地法天,天法道,道法自然"(二十五章)、"道之尊,德之贵,夫莫之命而常自然"(五十一章)、"以辅万物之自然而不敢为"(六十四章)。"其内涵主要指'自然而然',为一状词,而在整个中国古代,其意义都与此义相关,而未出现名词性的'自然界'之义"。[①]《庄子》中的"自然"涵义大致相同,如:"常因自然而不益生"(《德充符》)、"游心于淡,合气于漠,顺物自然而无容私焉"(《应帝王》)、"夫至乐

---

① 李建中.中国古代文论范畴发生史:《老子》卷.武汉大学出版社,2009.62

者,先应之以人事,顺之以天理,行之以五德,应之以自然,然后调理四时,太和万物"(《天运》),均可解释为"自然而然"。

"'自然'是老子哲学最重要的一个观念。老子认为任何事物都应该顺任它自身的情状去发展,不必参与外界的意志去制约它。事物本身就具有潜在性和可能性,不必由外附加的。因而老子提出'自然'这一观念,来说明不加一毫勉强作为的成分而任其自由伸展的状态"。[1] 王充在《论衡》中最早以"自然"二字名篇,重在阐述自己的朴素唯物主义自然观。刘勰则将"自然"导入文论,认为"傍及万品,动植皆文;龙凤以藻绘呈瑞,虎豹以炳蔚凝姿;云霞雕色,有逾画工之妙;草木贲华,无待锦匠之奇。夫岂外饰,盖自然耳。"[1]P9 自然界的万物及动植物都有天然之文,是为"形文";"至于林籁结响,调如竽瑟;泉石激韵,和若球锽"(《原道》)大自然的各种天籁之音和谐相生,是为"声文";"故形立则章成矣,声发则文生矣"(《原道》),与"无识之物"相比,"有心之器,其无文欤?"(《原道》)作为万物之灵的人所作的"情文"如同形文、声文一样,也是自然而生的。总之,"五色杂而成黼黻,五音比而成韶夏,五情发而为辞章,神理之数也"。(《情采》)

那么如何才能达到"自然"的境界呢?老子说:"道常无为而无不为"。(三十七章)要以无为的方式去做,才能达到道的自然无为的境界,也就是说一切事情要顺其自然。老子的"无为"之法从哲学方法论的角度揭示了文艺创作的基本原理和规律,其思想受到古代文艺理论家的高度重视,"无为"的法则不但被广泛运用于理论研究领域,同时也运用于指导创作实践。针对六朝形式主义的文风,刘勰也倡导创作要本于自然,反对过分雕饰。他认为文学作品状物抒情都是顺乎自然的,"感物吟志,莫非自然"(《明诗》)文学创作是"因情立体,即体成势"(《定势》)等等。艺术创造精彩作品的关键正在于"无为"而作,自然天成。

二、"自然"之内涵

文法"自然"作为贯穿《文心雕龙》的重要文学观念,其内涵主要包括以下几个方面:

就创作来源而言,文本于自然,显自然之道,明自然之理。如前所述,"文之为德也大矣,与天地并生者何哉"(《原道》)、"五色杂而成黼黻,五音比而成韶夏,五情发而为辞章,神理之数也"。(《情采》)人文与自然界之文都是自然并生的,都是秉天地之气,而非人工造作,所以圣人是本着推求自然之道的精意来写文章的:"爰自风姓,暨于孔氏,玄圣创典,素王述训,莫不原道心以敷章,研神理而设教"(《原

---

① 同上,P63

道》),知道自然的道理靠圣人用文章显示出来,圣人用文章说明自然的道理:"沿圣以垂文,圣因文而明道",圣人的文辞也因为它是说明自然之道的,才能够鼓动天下。"辞之所以能鼓天下者,乃道之为文也"。

就创作主体——作者而言,要发自然之情,显自然之才,养自然之气,创作主体呈现的是一种本然状态。

刘勰认为人的思想感情是外物感召的结果,有了情思自然而然就会生发为文辞。"人禀七情,应物斯感,感物吟志,莫非自然"。(《明诗》)"夫情动而言形,理发而文见"(《体性》)。他还把各种有感而发的文辞分为八种风格,"总其归途,则数穷八体"(《体性》)。"若夫八体屡迁,功以学成,才力居中,肇自血气;气以实志,志以定言,吐纳英华,莫非性情……触类以推,表里必符,岂非自然之恒资,才气之大略哉!(《体性》)虽然文章的风格各有千秋,但都是外表的文辞和作者内在的性情气质的有机结合,是一种"自然"状态。比如蔡邕所作的碑碣就显现了其才华自然而然的发挥:"其叙事也该而要,其缀采也雅而泽,清词转而不穷,巧义出而卓立;察其为才,自然而至矣。"(《诔碑》)正因为发乎自然,蔡邕的碑碣才是无人能比的。

在文章的撰写过程中,要养自然之气。应该从容不迫地顺着自己的感情,自然地抒发出来。即"志于文也,则申写郁滞;故宜从容率情,优柔适会。"(《养气》)他反对"销铄精胆,蹙迫和气,秉牍以驱龄,洒翰以伐性"(《养气》)这样违背身体的本然状态,损伤身心来写作,是不符合"自然"的原则的。

就创作成果——作品而言,则是顺自然之势,造自然之辞,呈现一种自然的风格。

针对当时轻靡、新奇的文风,刘勰指出,"夫情致异区,文变殊术,莫不因情立体,即体成势也。势者,乘利而为制也。如机发矢直,涧曲湍回,自然之趣也"。(《定势》)不同的体裁形成不同的风格,各种风格是顺势自然而成的。所以写作时要"因利骋节,情采自凝"(《定势》)。

文章中的秀句,也是自然的杰作,"然烟霭天成,不劳于妆点;容华格定,无待于裁熔;深浅而各奇,秾纤而俱妙"。(《隐秀》)它的深浅秾纤已经是浑然天成的了,如同浓妆淡抹总相宜的西子。如果强加进行人工的雕琢,就会适得其反,反而破坏了它的秀美。"若挥之则有馀,而揽之则不足矣"。(《隐秀》)这些秀句都是情思和文辞的自然而完美的融合,无需人工的刻意雕琢。"凡文集胜篇,不盈十一;篇章秀句,裁可百二;并思合而自逢,非研虑之所求也。或有晦塞为深,虽奥非隐,雕削取巧,虽美非秀矣。故自然会妙,譬卉木之耀英华;润色取美,譬缯帛之染朱绿。朱绿染缯,深而繁鲜;英华曜树,浅而炜烨,秀句所以,盖以此也"。

六朝时期追求形式主义的文风,文章讲究对偶。在刘勰看来,即使是他人认为带有严重形式主义色彩的对偶也是自然的造化。"造化赋形,支体必双,神理为用,事不孤立。夫心生文辞,运裁百虑,高下相须,自然成对"。(《丽辞》)对偶这种语言形式在不追求形式美的古代早已有之,像"满招损,谦受益"之类,"岂营丽辞,率然对尔"。(《丽辞》)所以对偶并不是人们追求形式主义的结果。

三、"自然"之影响

"自然"首次被刘勰引入到文学理论中,他认为文与自然并生,文辞要说明自然之道;强调创作时作者的本然状态;崇尚自然的艺术风格,反对刻意雕琢,"自然"也成为文学审美和批评标准之一,对后世影响很大。

钟嵘强调诗歌创作"皆由直寻",推崇"自然英旨"。刘熙载在《艺概·赋概》中指出,"春有草树,山有烟霭,皆是自然造化,非设色之可拟"。人文与自然之文皆源于天然,文辞创作也要秉自然之精华。

唐代李德裕《文章论》指出:"文之为物,自然灵气。惚恍而来,不思而至,杼轴得之,淡而无味"。王国维《人间词话》指出,诗人"以自然之眼观物,以自然之舌言情"。他们都说明了作者创作时的本然状态。这一点明代李贽在《焚书》卷三《读律肤说》中表达更为淋漓透彻:"盖声色之来,发于情性,由乎自然,是可以牵合矫强而致乎? 故自然发于情性,则自然止乎礼义,非情性之外复有礼义可止也。唯矫强乃失之,故以自然之为美耳。又非于情性之外复有所谓自然而然也。故性格清彻者音调自然宣畅,性格舒徐者音调自然疏缓,旷达者自然浩荡,雄迈者自然壮烈,沉郁者自然悲酸,古怪者自然奇绝。有是格,便有是调,皆情性自然之谓也。莫不有情,莫不有性,而可以一律求之哉? 然则所谓自然者,非有意为自然,而遂以为自然也。若有意为自然,则与矫强何异"。

李白在《书怀赠江夏韦太守良宰》诗中,用"清水出芙蓉,天然去雕饰"来赞美自然的艺术风格。唐宋以后,"自然"成了诗人和诗论家推崇和追求的一种艺术境界。司空图继承和发展了前人重自然的传统,不仅把自然美作为诗歌创作的一种独特风格,列专品加以形象地描绘:"俯拾即是,不取诸邻。俱道适往,著我成春。如逢花开,如瞻岁新",北宋苏轼《答谢民师书》:"所示书教及诗赋杂文,观之熟矣,大略如行云流水,初无定质,但常行于所当行,常止于所不可不止,文理自然,姿态横生"。自然美学风格的提倡,也使得自然成为文学批评的一个尺度。如南宋严羽《沧浪诗话·诗评》中所言:"谢所以不及陶者,康乐之诗精工,渊明之诗质而自然耳"。清杨振纲《诗品解》引《皋兰课业本原解》云:"凡诗文无论平奇浓淡,总以自然为贵"。清沈祥龙《论词随笔》:"词以自然为尚,自然者,不雕琢、不假借、不着色相、不落言筌也"。近代王国维《宋元戏曲史》第十二章:"古今之大文学,无不以自然胜"。自然在后代成为品评诗词曲赋各种文体的标准之一。

四、"自然"之比较

人类有着共同的生命体验和认识经验,不仅中国文论中崇尚自然,自然之美也逃不过西方人的眼睛。赫拉克利特在欧洲文论史上首次提出尊重自然、现实的模仿说,黑格尔认为,"理念的最浅近的客观存在就是自然,第一种美就是自然美"。① 狄德罗也强调自然天成:"自然所创造的没有一样不正确的东西。任何形式,不管是美好的和丑恶的,都有他的原因;而且在所有生存的物体中,没有一个物体不是应该这样的。"②"狄德罗认为艺术需要的是未经雕琢的和动荡的自然,因为这种自然充满着原始的气息和旺盛的生命力"③;这与刘勰所强调的自然而然有着异曲同工之处。

在强调创作主体的本然状态方面,华兹华斯在他的《抒情歌谣集》序言中指出"一切好诗都是强烈感情的自然流露";布封的著名论断则是"风格就是人","'风格就是人'这句名言,过去往往被解释为'文如其人',这与布封的愿意不尽相符。布封的意思不仅讲作品的风格像作家的人格,而且强调作品的风格就是作家思想感情的表现形式,是作家本人的思想、感情、性格、气质、审美爱好、艺术才能等等主观因素在作品中的印记和标志。"④这与刘勰的"自然之恒资,才气之大略"有着不谋而合之处。歌德则认为"对艺术家所提出的最高的要求就是:他应该遵守自然,研究自然,模仿自然,并且应该创造出一种毕肖自然的作品"。⑤ 席勒在《论朴素的诗与感伤的诗》中指出,"诗人或者是自然,或者寻求自然"⑥,他把素朴诗作为古代"自然人"的作品,而将感伤诗作为近代"文化人"的作品。⑦ 席勒的古代"自然人"是一种自然状态的纯粹之人

席勒也同样赞赏自然的美学风格,他认为"当艺术作品自由地表现自然产品时,艺术作品就是美的。"⑧黑格尔尽管认为自然美低于艺术美,但同时又强调,自然本身一旦表现出人的情思而与人的灵性相契合,则能向人展示其和谐动人之美。

参考文献

① 黑格尔著、朱光潜译.美学.北京:商务印书馆,1996.149
② 胡经之.西方文艺理论名著教程.北京:北京大学出版社,1989.167
③ 胡经之.西方文艺理论名著教程.北京:北京大学出版社,1989.168
④ 胡经之.西方文艺理论名著教程.北京:北京大学出版社,1989.176
⑤ 同上,255
⑥ 同上,286
⑦ 同上,292
⑧ 同上,304

[1]周振甫.文心雕龙今译.北京:中华书局,1986
[2]朱谦之.老子校释.北京:中华书局,2000
[3]陈鼓应.庄子今注今译.北京:中华书局,1983
[4]郭绍虞.中国历代文论选.上海:上海古籍出版社,2001
[5]胡经之.西方文艺理论名著教程.北京:北京大学出版社,1989
[6]黑格尔著、朱光潜译.美学.北京:商务印书馆,1996
[7]李建中.中国古代文论范畴发生史:《老子》卷.武汉大学出版社,2009

《悲剧心理学》第十二章的比较文学方法论分析

张洪波　刘小乔

[内容摘要]　朱光潜《悲剧心理学》是比较文学名著,其第十二章《悲剧的衰亡:悲剧与宗教和哲学的关系》的比较文学方法论典型意义尤为突出。本文系统梳理了此章的方法论优长和局限,指出其优长之处在于,作者以翔实文献为基础,从心理学、宗教、哲学等跨学科角度,来透视古希腊悲剧研究,并将之置于古希腊、罗马、中国、印度、希伯来等多元文化视域之中,通过反复比照辨析,以突出其特点,其论述深广而雄辩;而其局限之处在于作者对古希腊悲剧的偏爱所造成的对悲剧内容和体裁的认识局限。此中得与失,对于比较文学研究而言都颇具方法论启示意义。

[关键词]　《悲剧心理学》第十二章,比较文学方法论,优长,局限

　　朱光潜先生的《悲剧心理学》,是从心理学角度研究悲剧理论的著作。这部作品是他文艺思想的起点,是《文艺心理学》和《诗论》的萌芽;也为中国的美学和文艺理论研究开拓了一片新的天地。他对于学术问题严谨认真的态度,面对西方理论的批判解读,跨学科的学术视域,以西方为参照对东方文化的反思,如今仍是我们可以借鉴的宝贵参照。本文拟对朱先生《悲剧心理学》第十二章进行细读,从比较文学方法论视野出发,分析其优长之处和局限之处,作为初入比较文学门径的榜样和借鉴。

一、《悲剧心理学》的写作背景

　　《悲剧心理学》一书是朱先生以1927年在爱丁堡大学心理学研究班小组讨论会上宣读的论文《论悲剧的快感》为基础成文的。通读这部作品,我们可以看到朱先生这部作品可以说是跨文化(中西)、跨学科(心理学、美学、文学、舞台表演、宗教

和哲学)的研究著作。作者以悲剧快感这一问题为切入点,以古代悲剧和现代悲剧为基础,运用心理学的方法将自古以来自己可以看到的所有悲剧理论进行审视和打量,对于各种悲剧快感理论批判研究,形成对于悲剧快感的整体观念。我们可以看出这本著作的核心观念是"悲剧快感",即人们可以从悲剧中获得快乐,这是从悲剧欣赏的角度出发对于悲剧作用的解读。人们何以从悲惨的故事中获得快乐?这似乎违背了人们的道德感,当作者从近代心理学中寻找解答时,很失望地没有找到满意的解答,因此作者从心理学的角度尝试对悲剧快感问题做出解答。在这部作品中我们可以看到朱先生学贯中西的广阔视野,打通学科界限的渊博学识,以及面对前人观点的批判接受,这些无疑都与朱先生的教育背景密切相关。

朱光潜出生在安徽省桐城县的一户书香门第。他的父亲是一位熟读经史百家,擅长策论经义的私塾先生,朱先生先后接受父亲的私塾教育,桐城中学的古文熏陶,武昌高师的文字学基础和外文书阅读。在武昌高师一年之后,朱光潜被选拔到香港大学读教育学。在这里他学习了英国语言和文学、教育学、生物学、心理学等。他对于心理学和古希腊文艺和哲学的兴趣也起源于这里。1925年他留学英国爱丁堡大学时,在心理学系主任詹姆斯.竺来佛博士的指导下,相当深入地研究了各派心理学理论,写出了一系列心理学论文和著作,特别是1930年由开明书店出版的《变态心理学派别》和1933年由商务印书馆印行的《变态心理学》两部专著,对变态心理学的理论、方法、流派及发展演变等,作了准确而全面的述评,受到心理学界的广泛称誉。

从朱先生的早期经历我们可以看出他早年在心理学研究方面下过扎实的功夫,并为西方心理学在中国的传播做出了很大的贡献。这种兴趣也许不只是学识上的,还有着为国人振衰除弊的思想。在《行为派心理学之概略及其批评》这篇论文中朱光潜说"吾人无论操何职业,必能预测人之行动,而后能筹应付之方,使临时不致仓皇失措。商人教师与政治家其著例也。教条国法之规定,尤必借助于心理学;盖环境如何改变而后社会与个人各得其所而无过行,设环境不可变,个人性质如何变化而后可适合环境,此种问题皆待决于心理学也"。[①]

但是朱先生并未一直在心理学这条道路上走下去,1928年在爱丁堡大学取得硕士学位后,此年他进入伦敦大学,主修英国文学,并在巴黎大学听课,其中《艺术心理学》引起他的浓厚兴趣。朱光潜对心理学和文学理论都很感兴趣,二者的抉择一度令他犹豫,1929年初,他舍弃了心理学而专攻美学和文艺理论。但心理学方面的修养对于他的美学和文学研究是大有裨益的,1931年的《悲剧心理学》和1932年的《文艺心理学》就是跨学科研究的成功实践。

---

① 朱光潜.朱光潜全集.安徽教育出版社,1993.14

《悲剧心理学》第十二章,朱先生在批判各种关于悲剧的理论之后,探究悲剧只在希腊而不在世界其他地方得到发展的原因,进一步证明命运观念对悲剧创作和欣赏的重要性。宿命论是人类各民族在原始时代的共同信仰,在面对生活中令人困惑难解的力量时,人类的思考将他们引向了不同的方向,一种是宗教的方向,一种是哲学的方向,而另一种则是悲剧的方向,宗教给感情以满足的信条,哲学找到可以从理论上加以论证的教条,而悲剧不满足于任何一种解答,在思而不得所答的时候情愿让那些困惑作为一个问题来呈现。从这种区别可以看到每个人不同的生活态度,也可以看到各个民族之间的差异。朱先生认为希伯来人和印度人走上了宗教的路,中国人、罗马人走上了伦理哲学的路,唯独希腊走上了最费力的道路,因此才产生了那般气势恢宏,充满生命张力又弥漫着忧郁悲观的命运感的悲剧。近代欧洲以希腊和希伯来文明二种截然不同的文化为源头,基督教文明是与悲剧精神完全敌对的。在莎士比亚的悲剧尚且可以看到异教精神,高乃依和拉辛的悲剧中基督教精神占据主导地位,强调人类的自由意志,已经与希腊人的命运观念相去甚远。文艺复兴以后,基督教失去对人的思想的控制力量,而科学代之而起,唯物主义和写实主义等科学理念给悲剧致命打击,现代人的欣赏心理也已经发生变化,因此悲剧衰亡。

　　在这一章以及前面各章中,我们都可以看到朱先生对于古希腊悲剧的偏爱,他认为古希腊悲剧是一个生命力旺盛的民族对生命的思考,"一个民族必须深刻,才能认识认识悲剧的一面,又必须坚强,才能忍受。软弱的心灵更容易逃避到宗教信仰或哲学教条中去,但希腊人却不是那么容易满足于宗教或哲学,他们的心灵是积极进取,向多方面追求的心灵"。[①]作者并非简单地下了判断,他努力在中国、印度、希伯来民族的戏剧经典中去寻找悲剧,试图寻找可以和古希腊悲剧相媲美的作品,但他很失望地发现中国文学深受道德感的束缚,戏剧本为末流,后来在元代繁荣,但中国的戏剧往往是以大团圆的喜剧结尾;印度的宗教是从人生悲惨的方面看到尘世幸福的虚幻,对受苦受难大众的同情,他们的戏剧不能写成不幸的结局的;希伯来是一个受苦受难的民族,但他们深刻的道德感和强烈的宗教感情让他们不会把灾难和痛苦视为悲剧,因此他们把好人的受难当作对于信仰的考验。如果说朱先生偏爱悲剧,那他的喜欢不是简单的一句陈述,而是有条有理地将我们说服,他带着我们在东方和西方的戏剧世界做了一次畅游,仔细打量了各民族最为杰出的悲剧,通过他细致的分析告诉我们,这都不是悲剧。古希腊悲剧"始终渗透着深刻的命运感,然而从不畏缩和颓丧;它赞扬艰苦的努力和英勇的反抗。它恰恰在描绘人的渺小无力的同时,表现人的伟大和崇高。悲剧毫无疑问带有悲观和犹豫的色

---

① 朱光潜.悲剧心理学.安徽教育出版社,1989.300

彩,然而它又以深刻的真理、壮丽的诗情和英雄的格调使我们深受鼓舞。它从刺丛中为我们摘取美丽的玫瑰"，①因此当宗教和哲学介入，当近代科学的曙光让一切清晰可解时,悲剧无疑在走向它的末路。

不过我们也可以看到偏爱古希腊悲剧对于论文形成的消极影响,那就是朱光潜先生像孔子推崇周礼一样让悲剧成为不可超越的丰碑,表达出一种"此花开尽更无花"的哀叹。不过这种偏爱也让朱先生对悲剧的欣赏也就局限在了古希腊悲剧上,他在第一章提出"心理距离",如果我们仔细分析,不难看到,朱先生的"心理距离说",更多的是欣赏古希腊悲剧时的审美体验。他认为悲剧因为通过真人来表现行动和感情,有写实的倾向,观众容易采取批判态度,也更容易唤起道德感和个人感情,但是悲剧有使得生活距离化的几种手法,即空间和时间的遥远性,人物、情境与情节的非常性质,艺术技巧与程式抒情成分,超自然的气氛,舞台技巧和布景效果等,他认为悲剧中可怖的东西通过距离的阻隔,只剩下美和壮丽。同时,由于偏爱悲剧,朱先生也忽视了小说等其他文类中所表达的类似于悲剧的精神探索,当他说"曾经被埃斯库罗斯、索福克勒斯、欧里皮得斯、莎士比亚等等伟大悲剧使人们高踞的宝座,现在一方面被陀思妥耶夫斯基、D. H. 劳伦斯、普鲁斯特这样的小说家们占据着,另一方面被卓别林、雪瓦利埃(Chevalier)等人占据着。悲剧的缪斯似乎已经一去不复返了"②的时候,不免有一种世风日下的感觉。Love is blind. 朱先生似乎也是这样,他偏爱古希腊悲剧,却忽略了古希腊悲剧中更重要的不是悲剧表现的形式,而是他自己提到过的古希腊悲剧面对人生的难题时,努力寻找解答,却不满足于任何便宜的,或者简单的解答,而让他们以问题的形式继续存在的勇气和坚持。而这种精神探索可能不止于悲剧这一种文学体裁,也同样体现在文学的其他体裁之中,至今不熄。

朱先生是写文章的好手,下面我们将通过对《悲剧心理学》第十二章及《悲剧心理学》这部著作的方法论的细致辨析,学习朱先生对待学问的态度和方法,也从他的白璧微瑕中得到借鉴和参考。

二、其方法论优长

《悲剧心理学》一书的特点如前文已经提及的,是一部跨文化、跨学科的著作。首先解题,"悲剧心理学"即从心理学的角度来研究悲剧问题。文中的重要概念,即"悲剧快感",是从读者或者观众角度对悲剧审美体验的分析,朱先生从心理学这一

---

① 朱光潜.悲剧心理学.安徽教育出版社,1989.335
② 朱光潜.悲剧心理学.安徽教育出版社,1989.310

角度切入,如他所言,首先解决了许多一般心理学的问题,如感情问题,同情的本质,情绪缓和的作用等,而且也对于美学、文学批评、舞台艺术等学科中一些问题的解决也大有帮助。心理学就像是一根绳子,将美学、文学、艺术、宗教、哲学等学科串联起来,因为这些学科无疑都有人的参与,而其中审美心理的分析对于很多问题的解决无疑是必要的。譬如朱先生对于"心理距离"说的引申和拓展,当他把距离具体为戏剧中的空间、时间、任务、情境与情节、艺术技巧与程式和抒情成分等内容与形式的各个方面时,原来我们以为的神秘体验和难以言传的审美感觉在这些具体的分析中不再玄之又玄,而是有理可循,有源可考。朱光潜先生通过跨文化、跨学科而从心理学方面寻找到一个新的视角来研究悲剧快感这个老问题,对于纠缠已久的悲剧快感问题给予了很有意义的解答。

其次在文章的前言部分我们可以看到作者作为论证基础的材料。朱先生详细地列举了他为论文的形成所准备的资料,悲剧的杰作,书籍和杂志上记录的有关悲剧的意见和印象(悲剧诗人们自己发表的言论,观众、读者、编辑、评论作者和演讲者的言论,演员的言论,哲学家的言论),个人印象。首先我们不得不感叹朱先生为论文所下的扎实功夫,他已经搜集了所有与悲剧杰作以及与悲剧相关的理论。此外我们还需要注意的是朱先生看待资料的态度,当他打算对"悲剧快感"这一理论性的问题进行分析时,他并没有首先迷信那些前人已有的理论研究,而是将目光首先放在了作为基础材料的文本上。如他所言,很多关于审美经验的形式主义观点,都是在抽象的形式中处理审美经验,把它从生活的整体联系中割裂出来,并通过严格的逻辑分析把它归并为最简单的要素。朱光潜却是将悲剧的杰作看作具有头等重要意义的文献,既考虑古代悲剧,也考虑近代悲剧,然后以悲剧欣赏者的身份对于悲剧快感问题进行分析,得出"心理距离"说是审美体验的一个重要标准,并以此为打量前代关于悲剧理论的一个尺度。就像他自己说的,他提出的看法也许难以得到所有人的认同,但"唯一的理由就是它们都是经过仔细研究具体事实之后才形成的"。[①] 没有脱离文学作品的文学理论,文学理论只有立足于文本本身,其分析和解读才可能有理有据,因此朱先生这种立足文本来研究悲剧欣赏理论的方法是做文学理论研究最基本的态度。

在第十二章中,朱先生通过将古希腊与中国、印度、希伯来民族的悲剧杰作做比较来说明命运观念在悲剧创作中的重要性。朱先生在《文学的趣味》一文中说"一切价值都由比较得来,生长在平原,你说一个小山坡最高,你可以受原谅,但是你错误。'登东山而小鲁,登泰山而小天下',那'天下'也只是孔子所能见到的天下,要把山估计得准确,你必须把世界各山都游历过,测量过。研究文学也是如此,

---

① 朱光潜.悲剧心理学.安徽教育出版社,1989.25

你探索的作品愈多,种类愈复杂,风格愈分歧,你的比较资料愈丰富,透视愈正确,你的鉴别力(这就是趣味)就愈可靠"。① 在《谈趣味》一文中,他说"理想的游览风景者是向东边走之后能再回头向西走一走,把东西两边的风味都领略到。这种人才配估定东西两边的优劣"。② 朱先生就正是这样的人,如果说他认为古希腊悲剧是最杰出的悲剧,那么打动我们的理由并不是他的偏爱,而是因为他的结论是出自于他广阔的视野和比较的眼光。他广泛地阅览了东西方的悲剧杰作,仔细分析了中国的《赵氏孤儿》,印度的《沙恭达罗》和希伯来的《约伯记》。他认为它们都有悲剧的情节,可他们最终都走上了宗教或伦理哲学的道路而逃避了悲剧观,从这方面来讲,古希腊悲剧中的主角们却都直面悲剧的惨淡人生。

三、《悲剧心理学》的方法论局限

在前面我们已经提到过由于朱先生对于古希腊悲剧的偏爱对于他的悲剧研究所形成的局限,下面我们将进行具体分析。

首先朱先生在广泛阅读东方、西方、古代、近代悲剧之后,认为心理距离是艺术和审美经验中的一个重要因素,是确定产生和保持审美态度的条件的一个标准。首先我们必须承认"距离"这个概念是非常重要而有意义的。朱先生认为这个词不只是用于本义上的时间和空间,也运用于比喻意义上,即在一物体和我们自己的实际利害关系之间插入一段距离,但这个距离又必须需要在"切身的"体验和"有距离"的隔离之间保持一种适度的平衡,如此才不至于太接近到接近现实,也不会太遥远到无法欣赏。这些理论的阐发让我们对于审美体验有了更清晰的认可。然后朱先生将心理距离一说应用于悲剧,提出了悲剧中使生活"距离化"的几种重要手法。当我们仔细分析这些手法的时候,我们就会发现他所分析得出的手法更多地是依照古希腊悲剧总结归纳出来的,所以戏剧从时间上来说发生在往古的历史时期,地点是在遥远的国度,人物多是超越于一般人之上的帝王将相或英雄,悲剧英雄又常常具有超群的力量和令人难以置信的弱点,从形式上要求统一、平衡、对比、幕与场的适当分布;从语言上来说多用诗歌体写成;戏剧中往往被神怪的气氛笼罩;舞台多装饰得像一个舞台。朱先生最后得出的结论是写实主义与悲剧精神是不相容的。他认为"悲剧表现的就是理想化的生活,即放在人为的框架中的生活。它是现实生活中不可能找到现成的艺术作品"。③

从以上的分析中我们可以看到,朱先生所说的悲剧指的更多是古希腊悲剧,或

---

① 朱光潜.朱光潜全集(第四卷).安徽教育出版社,1988.176.
② 朱光潜.朱光潜全集(第三卷).安徽教育出版社,1987.346—347
③ 朱光潜.悲剧心理学.安徽教育出版社,1989.29—58

者我们应该将莎士比亚的悲剧也加入其中。他认为自从"市民悲剧"开始兴起,真正的悲剧就从舞台上消失了,代之而起的只是小说、问题剧和电影。从这里我们就可以大致看到朱先生对于悲剧概念的缩小,他说"悲剧是人类激情、行动及其后果的一面放大镜,一切都在其中变得更宏大",①他认为人物的地位越高,其沉沦带来的悲剧性就会越有强烈的落差感。首先,我们不可否认,这个结论是有道理的,但是如果我们结合我们的审美体验,阅读现代戏剧中小人物悲剧时的感觉,如易卜生的《人民公敌》,阿瑟·米勒的《推销员之死》、《桥头眺望》等戏剧作品,我们可能依然会感受到悲剧的力量。因此,面对朱先生的悲剧观念,我们的疑问是悲剧是否只能是身处高位之人的悲惨命运,而生活中平凡人物的切近苦难进入文学作品所带来的悲剧快感就显得没有那么荡气回肠? 其次,悲剧中更重要的也许应该是人在面对难以解决的困难处境时,对于人的有限性的无奈和抗争,这种感悟和精神并没有伴随古希腊悲剧而消亡,而是作为人类难解的问题一直都存在着,并将继续存在下去,而且表现在各个时代,各个国家的文学之中。也许每个时代都有自己的表现形式,每个民族都有各自的表达方式,或者含蓄哀婉,或者直抒胸臆,或者昂首反抗,或者低首顺眉,但这些问题并不会因为任何表达方式或者面对姿态的不同而有所消减,而是一直存在于文学之中。一代有一代之文学,在中国从诗经,楚辞发源的中国文学,唐诗,宋词、元曲、明清小说,也许文学体裁各有不同,但表达的思想感情可能大同小异。

因此朱先生的悲剧观在两个方面可能存在局限,一方面从戏剧体裁来说悲剧,悲剧是否只能表现位高权重者的悲惨命运,小人物的苦难人生也许一样可以体现人生中的悲剧性,所以悲剧更多的是其中体现的对于人有限性的无奈和抗争,表现形式和艺术技巧当然很重要,但在某种程度上并不足以影响到悲剧的本质。另一方面,既然我们已经提到悲剧中更重要的是思想内容而不是形式,那么悲剧自然就不只是体现在戏剧这一文学体裁中,小说也可以很好地表现悲剧。朱先生自己也承认"对于现代知识界读者,长篇小说比悲剧更细致入微地描写各种复杂变幻的感情。对于一般人说来,高度理想化的悲剧不能满足他们对强烈刺激的渴望;他们离开剧院,宁愿去看电影。曾经被埃斯库罗斯、索福克勒斯、欧里皮德斯、莎士比亚等等伟大悲剧诗人们高踞的宝座,现在一方面被陀思妥耶夫斯基、D. H. 劳伦斯、普鲁斯特这样的小说家们占据着,另一方面被卓别林、雪瓦利埃等人占据着"。② 朱先生对于这一现象有些哀叹,但是文学创作和文学欣赏趣味的变迁也是时代变化和发展不可避免的事情,我们总需要找到我们这个时代的文学,并只能立足于当下的

---

① 朱光潜.悲剧心理学.安徽教育出版社,1989.119
② 朱光潜.悲剧心理学.安徽教育出版社,1989.310

时代来欣赏,无法超越。当科学的曙光照亮人类曾经蒙昧的区域,神的旨意和命运的安排对于悲剧的形成可能已经无法令现代人信服,如果我们参照王国维先生在《〈红楼梦〉评论》中所提到的三种悲剧,其中第三种是"由于剧中人物之位置及关系而不得不然者,非必有蛇蝎之性质与意外之变故也,但由普通之人物、普通之境遇逼之,不得不如是。彼等明知其害,交施之而交受之,各加以力而各不任其咎"。① 这种普通人物的、并未由盲目命运所导致的悲剧也许更符合我们现在的认识,而其中的悲剧性相比于古希腊悲剧中轰轰烈烈的人生未必逊色。朱先生已经将古希腊悲剧分析得引人入胜,那么我们在此基础,是否可以将悲剧的概念扩大一点,对于悲剧衰亡的理论进行反思,梳理出悲剧发展的脉络?

四、所提供的方法论启示

在对朱光潜先生的《悲剧心理学》第十二章的研究方法之优长和局限进行分析之后,在这里总结一下这本书给我们方法论方面的启示。

1."接着说"的研究方法

朱光潜先生在《悲剧心理学》的第一章中说"推动学术的发展可以通过发现过去未知的东西来实现,也可以通过把已经说过的话加以检验,重新评价和综合来实现",②他认为"理论一般像从周围各点拍摄的照片一样,有时它们拍出的甚至只是被照物体的无关紧要的方面,为了对物体的全貌有一个清楚的概念,我们就必须把从不同角度拍摄的所有照片加以比较"。③ 朱先生所做的就是总结关于悲剧快感的相关理论,得出关于这一问题的整体观念。面对已有的学术研究,特别是中国古代文学悠久的历史,如何提出新的观点大概是很多研究者苦恼的问题,运用新的文学理论可能是很多人会采取的办法,在朱先生这里我们又学到了一种,那就是"接着说",新意和创造可能是来源于对于既有研究的继承和发展之上,因此对于既有研究的打量和思考,对于文学研究是很有必要的。

2.立足于"文本"的意识

朱光潜先生在第一章中提到了一个问题,那就是很多哲学家所犯的一个普遍错误,即提出一个玄学的大前提,再把悲剧作为具体例证去证明这个前提,这样就陷入了循环论证的圈子。朱先生认为,关于悲剧的合适理论只能来源于悲剧作品本身,特别是悲剧杰作,因此他将悲剧的杰作看成具有头等重要意义的文献,在具

---

① 王国维.王国维文集(第一卷).中国文史出版社,1997.11
② 朱光潜.悲剧心理学.安徽教育出版社,1989.21
③ 朱光潜.悲剧心理学.安徽教育出版社,1989.22

体的分析中,他并非是迷信前人的研究理论,而是紧密地结合悲剧文本,从悲剧欣赏的实际体验出发来验证前人理论的合理性。没有脱离文学文本的文学理论,我们也不能为了附和某一理论来缩小文本本身的意义,因此朱先生对于各种悲剧快感理论的打量都来源于丰富而多元的悲剧杰作本身,所以面对悲剧欣赏这一复杂的现象,他并不是去寻找一个唯一的原因,而是看到了原因的多样性和复杂性。简单化的诱惑也许是我们常常犯的错误,我们总是试图为复杂的现象寻找一个出口,并误以为那是唯一的,而其实结果往往大谬不然,所以当我们努力寻找仍然不能寻找到一个答案的时候,我们也许可以让问题保持敞开的状态,继续发问,而不是草率地了结。

3. 比较的研究方法

关于比较的研究方法,随着比较文学的发展已经非常普及,而如何让比较不只流于表面的牵强附会和生拉硬扯可能仍然是我们需要思考的问题。在朱光潜先生对古希腊、中国、印度、希伯来民族的悲剧进行比较的时候,我们就能看到他立足于东西方文化中哲学与宗教观念的不同,对于在其影响下的悲剧创作进行分析,这时候对于悲剧的分析和评价就不只是人物、情节、艺术手法的表面差异,而是各个民族在面对人生问题的时候不同的态度。这也是值得我们学习的地方,对于比较对象并不只是浮光掠影的寻找不同,而是努力多看一点,多读一点,打开自己的视野和局限,能够立足于更广阔的文化背景中对比较对象不同特点和共同文心有较为深刻的体会和把握。

4. 诗学研究的启发

审美体验对于我们而言可能更多的是一种主观的体验,我们体会到一出戏,一个故事,一场演出的美,却并不总能将它何以是美的,我们又是为何接受它阐述得那么清楚。很多时候,只能慨叹一句"只可意会,不可言传"。朱先生在这里为我们做了一个很好的榜样,他喜欢古希腊悲剧,这不是多么稀奇的事情,也许很多人喜欢,但难得的是,他将这种喜欢用简单明了的文字诉诸笔下,让我们看到原来直观的感受背后那无数牵连着的断断续续的原因。因此理论和逻辑不一定是会破坏美的,它们也许可以让我们更好地理解美何以成为美。朱先生通俗晓畅的语言,循循善诱的引导,鞭辟入里的分析让我们对于直观的审美体验进行反思,这对于诗学研究也是很有启发的。

以上四种方法论的总结是对朱光潜先生《悲剧心理学》(以第十二章为主)所提供的方法论的总结。朱先生所谈的是悲剧,对于我们而言,不仅对于古希腊悲剧的美有了更深刻的认识,更多的可能是文学研究的方法论启发。当我们初次踏入比较文学的道路,朱光潜先生做学问的态度和方法都是值得借鉴和深思的,"路漫漫其修远兮,吾将上下而求索"。

主要参考文献

[1]朱光潜.悲剧心理学,张隆溪译.安徽教育出版社,1989年

[2]钱念松.朱光潜:出世的精神与入世的事业.北京出版社,2005年

[3]王国维.王国维文集(第一卷).中国文史出版社.1997年

[4]张洪波.《红楼梦》的现代阐释——以"事体情理"观为核心.中华书局,2008年

博士专栏

孙悟空信仰在泰国的流行

[泰]班侬·拉姆盖*

[内容摘要]《西游记》里面人们耳熟能详的主要人物有唐僧、孙悟空、猪八戒、沙僧等,其中勇敢好斗、活泼乐观、善于魔法的大师兄孙悟空最广为人知。在中国,孙悟空是著名的小说人物,然而在泰国却不只如此。对在泰国生活的泰籍华人华裔来说,孙悟空不单单是聪敏多才的猴王,还是华人供奉崇拜的神仙,而人们普遍称他为"行者"神猴。

[关键词] 孙悟空,行者,信仰,泰籍华人

笔者于2013年和2014年春节与暑假期间走访了泰国曼谷、北柳及清迈的几座中式大乘佛教寺庙、神宇与佛堂,发现这些寺庙、神宇及佛堂里供放了三世佛、十八罗汉、众多神像等。在众多神丛里面,笔者看到了《西游记》里著名的神猴孙悟空神像。孙悟空怎样从小说里的神猴演变成人们信仰供奉的神仙将是本篇论文试着探讨的问题。

一

根据泰国内政部统计,全国华人神宇一共大约651座。这些数据还没包括同样具有中国建筑风格的中式大乘佛教寺庙、斋堂、华人善堂及各所中华会馆等。如果把它统计起来也许能达到上千数字。① 研究这方面的学者和著作,根据笔者所见有Pornpan Juntaronanont的《中国风》,主要阐释在泰华人神宇的来源、神宇祖

---

① 段立生,Boonying Raisuksiri. 泰国中式寺庙与神宇. Songsiam有限公司,2000. 前言部分

籍分类等；Kulsiri Aroonpak 的《曼谷的华人神宇》，主要讲述坐落于曼谷的九座具有代表性的神宇；Netrnapa Kaewsaengtum 的《神游9座华人神宇》，主要描述9座中式寺庙与神宇；Jittra Konuntakiat 的《中国神仙榜》，主要介绍中国众神的来源；Nawarat Pakdeekham 的《中国神仙》，主要分类介绍中国神仙以及相关故事；段力生、Boonying Raisuksiri 合作完成的《泰国中式寺庙与神宇》，主要阐释泰国曼谷及各地城府的60座中式寺庙与神宇，介绍其所在地区、供奉的神仙排列、建筑风格等；Palathip Anantaya 的《神圣的行者——21家非去不可的孙行者神宇》，主要介绍孙行者的来历、中泰对孙行者的崇拜现象、神像形式、21家供奉孙行者神像的神宇、斋堂、佛堂等。

《西游记》在泰国的知名度较广，尤其作为唐僧西天取经整个路程的重要保护者孙悟空备受喜爱。孙悟空在泰国华人社会里颇受崇拜，这种崇拜反映在人们专门为他建了孙行者神宇，里面供放其神像。在一些神宇的大堂神坛上也把他排列在神丛里，作为供奉神仙之一。即使与其他神宇如本头公庙、妈祖庙等在数量上相比会略显逊色，但在全国的东西南北都能看到其踪影，尤其部分供放观音菩萨神像的除了金童玉女之外，还能看到孙行者的陪伴。

最早建立的孙行者神宇是位于曼谷著名唐人街耀华力路，建立于拉玛二世皇时期（公元1810—1824年）。该神宇坐落于商铺群中，其规模只有一间大小，在走道上悬挂着泰中语牌子"ศาลเจ้าเห้งเจีย/大聖佛祖廟"，以及红白灯各一对，走道边上摆放着油灯台和几乎每座神宇都有的"天地父母"香炉坛。孙行者神堂上面的红色大牌子写着"大聖佛祖"，牌子底下摆着一对金狮，金狮下面是"合衆平安"牌。神堂大门两边贴着十几张关于孙悟空的画像，这些画像的内容来自于《西游记》里面的某片段。门框有一副对联，右边是"大德宏開神恩遠"，左边是"聖功浩赫佛法長"，门两边还放着一些油、纸扎、祭品用具等。进入大堂里面，中间就是龙坛，上边放着四尊大小不同的孙悟空神像，在这些神像前面即是祭品，主要是水果，其中也少不了猴子爱吃的蕉类，旁边是功德箱。这里除了该神宇的功德箱之外，还摆放一些爱心、公益基金会机构的捐款箱。再往最里面正中间玻璃框内即是该神宇的主神像，门额是"神通廣大，佛法無邊"。在这里供放的主神猴有两种形象，他们把他分为文神猴和武神猴。这两种神猴形象的差别在于其手势与表情，武神猴在胸前竖起两个拇指好像是在念魔法，表情较凶猛，而文神猴即是在胸前弯下中指和无名指，竖起大拇指、食指和小拇指，表情较慈祥。据说武神猴的形象是代表孙悟空还没成为菩萨之前，而文神猴代表成为菩萨之后的形象。据该神宇的管理人员介绍，文武神猴以及香炉是他祖先从中国潮汕地区请来的。① 主神猴的右侧面神坛供奉

---

① Kunsiri Aroonpak. 曼谷的华人神宇. Museum Press,2010.92

着一尊佛像及观世音菩萨像。除此之外,神坛上内外还摆放着大小不等,形象不同的孙悟空神像,比如握拐杖抬单腿式、用手挡于额头上远望或飞奔形象、打禅静坐等,几乎是按照小说里,模仿孙行者的各种典型动作。此外,也有几尊孙悟空菩萨像的。孙行者手里所拿的东西主要有如意棒、鞭子、桃子、连珠等。这些神像当中,有的还被贴预订纸牌,估计是信徒者将从神宇请回去的。来这里朝拜的人们还喜欢把钱放于神像身上或手里,企求财富。在观世音菩萨像神坛侧下方摆放着地主神位,该神位上面的横排写着"聚寶堂",里面有一对慈祥的公妈神像,两边有一副关于招财进宝的对联。对华侨华人来说,地主神位几乎是必不可少的神位。在他们的家里、商铺里、公司里等都能看到。华人认为地主神位既能保护家人平安,也能促使家庭兴旺。

大聖佛祖廟的建筑结构和风格与其他神宇没有太大差别,从外面的天地父母神坛、油灯台、灯笼、门神、门对联,再到里面的烧纸宝塔(为了安全,目前已禁止使用)、供拜坛、主神坛、地主神位、功德箱以及各种彩锦挂饰等,其建筑基色以红色为主。该神宇即使规模不大,但其影响力不小,一是由于建筑历史悠久,大约有一百年左右的历史;二是受到了泰国皇家成员的重视,于墙上可见挂着两幅拉玛九世皇诗丽吉王后与诗琳通公主莅临该神宇朝拜的照片;最后,也是笔者认为最重要的即是孙行者神威的力量,来这里供拜的人大多如愿以偿,久而久之,代代相传,于是这里的香火仍然盛旺,时时有人过来烧香拜神捐款。大聖佛祖廟的重要活动是每年年初根据中国农历时间举办的酬神活动,一般为期三天,活动内容有戏剧、电影等娱乐项目。该活动既能娱神,也能娱乐信徒者,尤其是前者,为了感谢神明常年的保佑,神快乐了也会在来年为人们赐更多的福。在该神宇里,笔者看到了两个活动的张贴,一个是谕吉,邀请善男善女来参加大聖佛祖寶诞(农历八月十六日)为期三天的庆祝活动。另一张即是上面所提到的酬神活动,该活动将于2015年1月23—25日举办。另外,该神宇的管理人员在特殊的日子,还制作了一些孙行者像牌,为信徒者恭请,同时也作为管理该神宇的资金来源之一。

该神宇还专门为了前来朝拜的人准备了祷文,两张内容相同的祷文被贴于供拜坛前。其大体的内容是"本人名叫＿＿＿＿姓＿＿＿＿居住于门牌＿＿＿＿路＿＿＿＿县＿＿＿＿府＿＿＿＿。①借着今天是黄道吉日,本人特地前来朝拜大圣佛祖,为祈福纳祥,祈求保佑,但愿从今日起,本人的命运、事业及生活逐步好转,愿只遇好事,遇到贵人帮助,无论做任何事情都无阻碍,一年内的十三个月里,月月平安,身体健康,心想事成,愿赐本人智慧,为能圆满解决生活上的种种困难,为能达成愿望,让心安神定,愿本人事事顺心,得心应手,生活幸福,步步兴旺,金宝满堂,有钱有势,

---

① 姓名以及家庭住址是按照泰式排列的

万事如意,年底来临时候,本人将再来拜谢。"①从祷文的内容来看,富裕、健康、势力等是人们心中共同的美好愿望,然而这些愿望是否能实现不仅只靠自己本身的能力,还把它也寄托于自己崇拜的神明的威力上。

  在曼谷唐人街耀华力路除了以孙行者为主神像的大圣佛祖庙之外,还有不可不提的是著名大乘佛教寺庙"龍蓮寺(或龍蓮禅寺)",即泰国人所熟悉的 Wat Leng(龍)Noei(蓮)Yi(寺),泰名为"Wat Mangkornkamalavas"。龍蓮寺建立于1871年,是拉玛五世皇给该寺庙的开山祖师续行御赐4莱18平方瓦的地皮建寺的。据说,续行祖师是广东潮州人,少年受戒为僧,于公元1862年南渡,来到泰国时先驻曼谷耀华力路谷斗巷观音宫,并宣扬禅宗,深受善男善女的崇拜。续行祖师于1863年提出建立中式寺院的计划得到了拉玛五世皇的重视与批准,并让当时的枢密院华人大臣帕崖绰德拉差禧提②负责带领华民按照中国南方的寺院建筑风格建立龍蓮寺,历时8年竣工,由续行祖师为第一方丈。龍蓮寺是泰国第一座华宗寺庙,同时也是全国最大的大乘佛寺。笔者于2013年2月16日到该寺庙去走访,当时正是春节期间,因此,寺庙院内人山人海,香火旺盛。从寺庙大门走进去即看到随处可见的红灯,院内布置了蜡烛、花圈销售部,全年禮诵南辰北斗經部,太岁保運部及主持宣传的,各部均由该寺庙的和尚负责。在这里供奉的以佛像为主,同时也有华人信奉的诸神。由于节日期间朝拜人繁多,于是寺庙就把一些小型的佛像摆放在外面,也制作了简单的神坛,方便信徒烧香朝拜,也可预防事故的发生。摆在大堂外面的有三世佛即"南無阿彌陀佛"、"南無释迦牟尼佛"、"南無藥師佛"、"Upaguta佛"。再往里面即是按顺序排列象征性的菩萨与神坛;1号是彌勒菩萨、四大天王、伯公;2号是天公;3号是監齊菩萨、六祖、觀公、觀世音菩萨;4号是太陽太陰、三官爷,这些神坛没有像,只是在大牌上写名字,下面摆香炉。中间摆着放祭祀品的大桌。寺庙大堂门前有住持续行敬题并书的一副楹联"龍勢飛騰地、蓮燈照耀天",大门两边摆放建寺添汶箱。进入佛堂后首先看到玻璃框里四大天王威猛的神像,朝着佛堂大门的彌勒佛及添汶箱,背着彌勒佛的是韋陀菩萨像。佛堂大厅右边是十八罗汉、释迦牟尼九个姿像及27个钵多罗。大雄殿中间是金光灿灿的三世佛像,两边即是诸神神位,有大圣殿、保佑平安、本頭公、本頭媽、財神爺、藥王大帝、華陀仙师、太歲爺,再往里面走将看到地藏王、開山祖師(祖師殿)、六祖殿、監齊菩萨、山西夫子(关公)等。在大堂里面的大圣殿即是供奉孙行者的神坛。该神像是坐姿、猴子面孔慈祥略带微笑的菩萨像,右手握着如意棒,头部戴头饰,披着黄纱,神

---

 ① 根据笔者2014年8月21日的田野调查
 ② 帕崖绰德拉差禧提(田)(Phraya ChoduekRachasetthi(Thien)),公元1826—1894年,华民政务司的最高领导,拉玛五世皇的枢密院大臣,泰国第一位华宗寺庙龍蓮寺和大城府邦巴茵王宫威哈詹伦宫殿的创始人

坛的一副楹联写着"大德宏深敷吉慶善徒、聖恩廣蕩錫禎人間"。①

离曼谷大约 80 公里的北柳府有座大乘佛教寺庙叫"三寶公佛寺"（Wat Sompokong 或者 Wat UphaiPhatikaram）。据说，由于该寺庙经常发生水灾，拉玛五世皇御访北柳府时便根据此事为该寺庙赐名为"Uphai Phatikaram"。这里的主佛像是"三寶公"或"Luang Po To"，据说，三寶公佛像在泰国仅有三尊，分布于三座寺庙，而北柳府的三寶公佛寺即是其中之一。该寺庙的三寶公佛像被赐名为"Pra-PhutTrirattananayok"，制作于拉玛五世皇时期的石雕贴金佛像，宽度 6.5 米，高 12 米。三寶公佛像威力广传，据说，为许愿者带来了不少好运，给经商者带来生意上的顺利，求财福、健康的大多如愿以偿。如果有谁如愿了，便将一对大蜡烛作为还愿供品。于是，在佛堂内外都会看到正燃烧照亮的各种大小的蜡烛。三寶公佛寺大门左边的建筑是明德斋坛，门边的楹联是"明光日月齋衆迎駕降、德配乾坤壇中集佛恩"。斋坛中央供放着五尊大小不等的佛像，有三尊泰式佛像，一尊中式佛像，另一尊是观世音菩萨，再往里面就是被放于玻璃框里的斗姥元君九皇佛祖神像。其前面的神坛上放着诸神排位，有斗姥元君、九皇佛祖、如来佛祖、慈悲娘娘、八仙祖师、獅子爺公、天地父母、南辰星君、北斗星君。寺庙核心建筑的大雄寶殿大门的左边是面向大众的弥勒佛，右边是小型三寶公佛像，其香炉下面有巴利文祷告词。佛堂两道门没有门神，但有对联"風調雨順、國泰民安"，里面所供放的有富貴佛祖，太子爺公、常義祖師、韋駄菩薩、華陀仙師、三英帝君（刘备、关羽、张飞）、華雲祖師、玄天上帝、地藏王菩薩、觀世音菩薩、大士爺、拉玛五世皇以及"大聖佛祖"等。该寺的大聖佛祖与龍蓮寺的同样是坐姿菩薩像，但其慈祥的面孔稍显严肃，右食指和小拇指朝上，左手握着如意，神坛上除了香炉以外，还有四对光亮大蜡烛。②

除此之外，笔者在对本头公庙进行考察期间发现在一些神庙里也供放着孙行者神像，比如曼谷 Banmo 本頭公廟神堂外观世音菩萨像的旁边供放着"齐天大圣"像，该神像同样是坐姿菩萨像，但是陶瓷神像，右手指全朝上，左手握着桃子，披着红纱，在其胸前放着看似棍子的东西。③位于曼谷耀华力路地区的安南巷（Trok Khaosarn）里的本頭公廟，该庙看似土地公祠，规模不大，布置简单，显得稍微简陋。在玻璃框里的神坛上供放着老本頭公、東宫三太子爺、福德伯公、财神爺、招帝爺以及"大聖佛祖"，大多是陶瓷神像。该神庙的大聖佛祖是站立像，红色面孔，身着武装，左手挡在额头上遥望远方，右手拿着武器。④清迈 Sanpakhoi 市场里的本頭古廟，在觀世音菩萨像的旁边也摆放着孙行者像，该陶瓷神像身穿黄衣，其左手握着

---

① 根据笔者 2013 年 2 月 16 日的田野调查
② 根据笔者 2013 年 2 月 13 日的田野调查
③ 根据笔者 2014 年 8 月 18 日的田野调查
④ 根据笔者 2014 年 8 月 14 日的田野调查

桃子,右手拿着棍子,右腿抬起,站立于白云上。①清迈修德善堂与天福堂佛教社里也摆放着孙行者的陶瓷像,其姿势如同 Sanpakhoi 市场本头古廟里的。②目前在泰国不少寺庙里为了能吸引更多的善男善女,已逐渐出现泰中佛神融合的现象,在小乘寺庙里也供放了一些菩萨以及神明供信徒朝拜。比如曼谷的 Bangnanai 寺庙的大院里也摆放着中国菩萨及诸神,其中有孙行者像。这里的孙行者陶瓷像,脚踩蓝龙,左腿抬起,右手拿着棍子,左手握拳。③

  孙行者在小说里是唐僧的保护者,不管遇到什么困难都能解决,而且其神威非凡,藏有很多法宝。于是,来朝拜孙行者的人们不但相信神猴具有排忧解难、避邪的威力,另外,还能给人们带来幸福、智慧、勇气等,就如其在小说里的表现一样。人们通常向神猴请求事业上的顺利、克服生活上的困难。公务员、军人、警察群体普遍崇拜武神猴,而经商者大多则崇拜文神猴。然而由于孙行者还具有治病的法宝,因此也会有人向他请求健康,部分人在春节期间来向神猴求子时,在许完愿之后必须拿走一个橘子,并与另一半分享等。泰国有句俗话说"淘气如猴",于是如果孩子太淘气、太吵闹的话,家长就会来向神猴求助。后来,随着属相相冲相克的说法普遍开来,到中式寺庙或神宇去进行法事的人也日益增多,属什么相要拜什么神,在哪里拜每年都有明确的说法。于是孙行者神宇自然而然地成为属猴者的必经之地。然而对属虎者来说是必躲之处,据说是因为两者相冲。这种属相相冲观念在泰国越来越普遍,而对当地泰国人来说还有另一个做法,就是要向印度黑神罗睺神朝拜并供奉黑色供品,这显然是受印度神仙观念影响的表现。至于供品,为了方便人们朝拜,各个寺庙与神宇一般都准备好了供品,朝拜者直接去请就可以了。

  来孙行者神宇朝拜的人一般会供奉鲜桃,因为相信孙行者爱吃桃。其次就是蕉类如芭蕉、香蕉等,因为猴子喜欢吃蕉类的,同时也可以供奉肉类,但禁止牛肉。另外,在许多中式寺庙与神宇里还准备了武神袍子与文神袍子纸扎作为供品。④对于水果供品,由于桃子不是泰国本地的水果,大多是从中国进口的,而且不是常年都有,于是人们即选择泰国常年水果以及时令水果为主,一般以芭蕉、香蕉、橘子、苹果等居多。相传在家里供奉孙行者神象,要禁忌摆放唐僧和哪吒神像,因为前者会使其神威减弱,后者即与其不合。⑤不过笔者认为如今这种观念在某些地区已逐渐改变,由于在走访一些寺庙、神宇、善堂等过程中也发现神坛上三者并奉的现象。

---

 ① 根据笔者 2013 年 8 月 27 日的田野调查
 ② 根据笔者 2013 年 8 月 28—29 日的田野调查
 ③ 根据笔者 2014 年 8 月 28 日的田野调查
 ④ Kunsiri Aroonpak. 曼谷的华人神宇. Museum Press,2010.94
 ⑤ Netrnapa Kaewsaengtum. 神游 9 座华人神宇. Amarin 出版社,2011.161

二

一位神猴竟受到华人,也包括泰国当地人如此高的崇拜。然而对该神的崇拜相信不只是流行于泰国而已,在其他华人居住的国家与地区,也或多或少能见到其神像。众所周知,移入泰国定居的华侨华人主要来自中国沿海地区如广东省、福建省等。在泰国生活的华人群体,除了慢慢适应新的生活环境以外,还给新的居住地带来了其民俗文化。他们逐渐融化于泰国社会的同时,泰国社会也自然而然地接受华人文化,使之在泰国生根发芽生长,并成为泰国文化的重要元素之一。

中国沿海地区的省份,自古就有神猴或猴精崇拜文化。彭光斗在《闽琐记》中谈到福建有三件奇怪事,其中之一就是"祭孙大圣"。①关于福建地区猴精崇拜文化已经有学者进行过探讨。

萧仕平在《从神猴到齐天大圣——由地理文化视角看闽北顺昌猴精崇拜对象的变迁》一文中谈到福建顺昌县的猴精崇拜文化历史悠久,根据作者的研究可上溯到唐代。在顺昌县尤其宝山地带是多猿猴地区,由于在顺昌先民周围生活的猿猴众多,它们在某些能力超过人,如攀援、跳跃、逃遁、或攻击入侵者等等,人们便对它们形成了崇拜、畏惧感和规避习惯。②后来由于陈靖姑信仰的流传,而顺昌属于该信仰的亚中心区,促使两种信仰互相涵化,陈靖姑的尊号"通天圣母"为神猴信仰吸收改造,神猴崇拜即转换为"通天大圣"崇拜。到了明代时期,随着《西游记》的传播影响,该小说作品里的神猴形象"齐天大圣"也逐渐被人们所熟悉。然而由于齐天大圣与猴精在形貌与本领方面的相似度较高,于是,对于在神事活动中具有主导地位的猴精崇信者来说,为了彰显和扩大自己所崇拜的精怪,在一次次的请神、祝祷中,他们会开始不自觉,后来是自觉地给猴精添加上"齐天大圣"名号,以便使自己所崇信的猴精与已经被人们认定具有无与伦比的才智和能力的"齐天大圣"汇合在一起,以"齐天大圣"的才智和能力巩固猴精的神魅。③最终,猴精原先的"通天大圣"形象就被"齐天大圣"孙悟空所代替。

陈利华在其《猿猴崇拜与福建的孙大圣信仰研究》论文中探讨了猿猴崇拜,并得出如下结论:一、福建地区的猿猴崇拜最早出自于人们对猴的畏惧与厌恶心理,这种认识与萧仕平的观点相同。《淳熙三山志》曾载有唐朝大历年间古田县山林百

---

① 平山冷燕.《福建孙悟空崇拜》.www.hexun.com
② 萧仕平.《从神猴到齐天大圣——由地理文化视角看闽北顺昌猴精崇拜对象的变迁》.中共福建省委党校学报,2010(6).93
③ 萧仕平.《从神猴到齐天大圣——由地理文化视角看闽北顺昌猴精崇拜对象的变迁》.中共福建省委党校学报,2010(6).96

猴骚扰乡民破坏庄稼的故事,这说明福建多猴及百姓惧猴是产生猿猴崇拜的最先因素。特别是民间传说百岁老猴会成精,会降赐福于人,因此,宁德、福安一些地方称猴子为"师父",不但不敢伤害它,反而会建猴神宫,烧香礼拜。①还有一些小村庄特别惧怕白猴,他们俗传如果触犯了它,就会发生传染病。因此当地人即奉白猴为守护神,给予"白将军"尊号。此外,在民间传说中也有不少关于猿猴的厉害;二、出于某种功能的需要,作者认为在《西游记》里面封猴王为"弼马温",其实是改换了弼(避)温(瘟)两个同音字而成的,因为民间传中猴子是可以避瘟的,并以北魏贾思勰《齐民要术》:"常系猕猴于马坊,令马不畏、避恶、消百病也。"明代杰出的医药学家李时珍在《本草纲目》(兽部第51卷)《猕猴》条中也说:"养马者厩中畜之,能避马疫"为根据;三、具有佛教因素,并非纯动物崇拜,作者认为佛教东传及佛典中的猿猴或有猴类形体特征的神将及神猴哈努曼的形象与中国固有的猴崇拜相融合,终于创造出了《大唐取经诗话》中的猴行者形象,也产生了福建猴菩萨。因此南宋福建猴神终于稍改恶貌,开始被人用来避邪。在福州的一些古小巷内也会摆放猴头人身石像,俗称"四周佛着壁"。②另外,在一些文人著作里面也会出现猴"人"化的灵性描写。

然而,自从《西游记》普遍传播之后,孙悟空的形象就逐渐代替原来的神猴的形貌,并且在福建地区逐渐出现了不少大圣庙、大圣宫及大圣神像。焦东周生的《扬州梦》云:"《西游记》有齐天大圣,鹿角大仙旧城竞建祠同祀。"同时《艮斋杂说》也谈说"福州人皆祀孙行者为家堂。又立齐天大圣庙,甚壮丽。四五月间,迎旱龙舟,装饰宝玩,鼓乐喧阗,市人奔走若狂,视其中坐一猕猴耳。"八闽大地出现的大圣庙有福安甘棠陈祖山的齐天大圣宫;南平樟湖板的钟灵庵;福州屏山、邦洲、排尾、程埔头;闽侯天水村的齐天大圣庙;南靖三下畲族村的大圣庙;武夷莲花峰大雄宝殿孙悟空塑像及古田县四十二都的大圣宫等。③ 孙悟空的形貌既有善也有恶,大部分崇信者普遍视齐天大圣为保护神,并向他求财、求医等。据说,有些地方以每年六月初一传为大圣诞辰日,除了举行祭典外,还要演三日戏酬神,有的就以七月十五或初一为齐天大圣生辰,十月十二日成佛日,届时也同样要举行祭典,供奉素食祭品,也有演戏、讲评话等酬神活动,有的就在初一和十五时来大圣庙烧香礼拜,在家供奉者也是如此。

从这两位学者的论述来看,中国南方尤其福建地区的神猴崇拜文化在很早时期就已经形成。从最初的偏向原始自然的神猴或猴精崇拜,逐渐演变到后来普遍广泛的孙大圣崇拜。看来这种神猴崇拜文化就是沿海地区移民者带到新的居住

---

① 陈利华.《猿猴崇拜与福建的孙大圣信仰研究》.南平师专学报,1995(3).48
② 陈利华.《猿猴崇拜与福建的孙大圣信仰研究》.南平师专学报,1995(3).48
③ 参陈利华.《猿猴崇拜与福建的孙大圣信仰研究》.南平师专学报,1995(3).49

地,并流传至今的。

三

孙行者崇拜本是泰国华侨在迁徙泰国期间从祖国引入泰国地区的诸神信仰中的一种神明信仰之一。这种崇拜具有大约一百多年的历史,且被华侨华人保留至今,大部分信仰者也自然是泰籍华人。对于泰国本地人如何知道孙行者的存在,文学作品、电视剧、电影、佛寺里的壁画等便是推广对孙行者的认识的重要渠道。然而大多泰国本地人只知道孙行者是《西游记》里的一只富有神能的猴子,他的聪明与法宝让人欢喜,他的无理取闹也让人厌烦。但是以孙行者作为神明来供拜之情况,对泰国本地人来说并不是普遍的事。如果没有生活在华人地区,或者居住地区没有孙行者神宇,或者没见过孙行者神像等的泰国本地人来说,对这种现象是一无所知或知之甚少的。泰国素有"黄袍佛国"之称,但她也是个多种宗教信仰的国家。除了佛教之外,在没有危害泰国社会秩序的基础下,她同时也容纳了其他宗教与信仰,如伊斯兰教、基督教、印度教、道教、原始宗教、民间信仰等。这还包括各种宗教所崇奉的教主及诸多神明。在泰国历代国王的支持与赞助之下,加上泰国本地人的随和性格,促使各个宗教与信仰在泰国均有一席之地,各建设了其宗教建筑物与活动场所,各民族自由弘扬自己的文化。在这样宽容的国度,泰国华侨华人才能在泰国立足起业,弘扬中国文化,他们的神明信仰各个相安,神宇多处。更重要的是泰国华人的神明信仰也得到了皇室的重视与尊敬,部分华人神宇曾接待过皇室成员莅临参观与供拜,其中也不乏大圣佛祖庙。

在泰国的孙行者信徒者,在信仰表现与形式方面主要是根据祖籍地区的做法,但是在一些细节上也会有所差别。首先是孙行者的形象。最初的神像是泰国华侨华人从自己的故乡请到泰国来的,主要是菩萨形象,猴子脸型。但随着《西游记》在泰国的流传,更多的人知道他,并按照他在小说里、电视剧、电影里的形象制造出几种经典动作的神像,包括其服饰、武器都相似,而制作者也不再限于华人了。但是也有一些神宇的孙悟空形象略有不同。比如身体仍是猴身,但脸面已人化,或者身与脸都人化,但脸和脖子上仍保留其毛。服饰方面,除了常见的金黄、红色之外,还有全黑的神像。位于甘烹碧府(Kamphaengphet)的孙行者神宇,据说是全泰国最大的神宇。这里的孙行者神像有几尊,也比较特别,如大黑孙行者神像,该神像有三面六只手,红眼,表情威猛,是难得一见的武神猴。[①] 在 Saraburi 府的一座神宇,

---

① Palathip Anantaya. 神圣的行者——21家非去不可的孙行者神宇. Pueanchaoban 出版社,2008.137

孙行者是木制菩萨像。该神宇里还有一处叫 Bo pran lang nua 的小水池。据说，泰国华人相传唐僧一组曾经过此地区，唐僧口渴，孙悟空便飞寻水源，直见到该水池就用棍子扎地，水就涌出来。至今，该水池中央还摆放着象征性的棍子。① 关于在泰国出现的孙行者神像，大多还是原型的写照，但其中也不缺乏就地取材与艺术创意相结合的结晶。其二是对孙行者的供拜法。在泰国不论是拜佛还是拜神，在用香方面都比较讲究。在华人神宇里都会有指示牌告诉你如何供拜，一般是以1、3、5单数字为主。至于香的数量主要根据神明在该神宇的地位，在朝拜烧香过程中最好要按照指定次序进行。笔者于2015年春节期间远赴南方广州、汕头、泉州神宇考察的时候并没有发现这样的规矩。这可能是笔者去的神宇没有这样的规定，也有可能是本来就没有。笔者在泰国考察的时候曾经询问过照管神宇人员关于用香法一事，但他们只能说这样的规矩是从很久以前就有了，据说也是模仿祖籍国的做法。对于这一点笔者目前尚未找到能解答的相关资料，于是暂时无法考证。在供品方面，由于孙行者是菩萨，因此信徒者一般供奉素食品，但也可以供奉荤菜，只是禁奉牛肉。在泰国大部分信仰观音菩萨的信徒者是不吃牛肉的，孙行者既是菩萨，而且跟观音菩萨有关联。另外，不吃牛肉即是一种妙计，少吃肉便少杀害一个生命。对佛家来说，它是一种积德，而泰国人也认为少杀生，就等于为自己延续生命。再说孙行者本身是猴子，于是供品以水果居多。在人们的印象里，猴子是喜欢吃蕉类水果的，而泰国蕉类水果常年盛产，算是家常水果，于是芭蕉、香蕉、鸡蛋蕉等便是主要供品。此外，珍珠串也被选为供品之一。部分信徒者对孙行者供奉白色、粉色珍珠串，把纸币塞进其手里，这都为了祈求财气。在各个神宇常见的纸扎也是必不可少的供品，其中还包括纸袍子。泰国一些孙行者神宇还专门在神坛外摆放神像，为了给人们贴金，挂花圈。贴金与挂花圈一事对佛徒来说是很寻常的做法。他们在佛像或高僧像身上贴金和挂花圈是为了祈求吉祥美满的生活。其三是与孙行者有关联的庆典活动。泰国华人神宇举办活动的日期几乎都按照中国农历时间来进行，而且仪式形式也参照祖籍地区的做法的。这一点笔者在此特地补充说明。孙行者崇拜在中国福建尤其福州地区比较盛行，包括台湾地区也是如此。泰国很多神宇都会设置管理组织。这些管理组织与祖籍地区及台湾因具有相同的神明信仰而时常来往，于是泰籍华人举办活动的形式也借鉴了这些地区的做法。在泰国一般以佛祖寶诞日与酬神日为主。佛祖寶诞日是8月16日，而酬神日大约在年底举办。根据以上所述，这些庆典内容的含义便是为了对神明答谢、娱乐和祈求。活动一般为期三天，除了一些法式之外，主要就是娱乐项目，比如潮剧、电影、

---

① Palathip Anantaya. 神圣的行者——21家非去不可的孙行者神宇. Pueanchaoban 出版社，2008.148

Lekae（泰国民间表演，有说唱跳）等。活动规模的大小取决于该神宇的资金以及信徒者与赞助者的数量。有些举办得比较隆重的神宇还有商贩来摆摊，主要销售饮食。有的规模、名气较大的神宇每年还举行盂兰胜会，为鬼魂祭祀供品，为穷人捐助食品、生活用品。其四是资金筹备法。各个神宇为了筹备资金来修缮神宇，除了依靠信徒者的捐款、供品销售之外，还制作一些小型神像供人恭请。有的神宇还制作可以随身携带的神牌。这种做法与佛寺相同，尤其小乘佛寺。笔者认为这可能是前者借鉴了后者的做法。有的神宇还增添通神法术项目，该法术即是请法师来进行与神明或鬼魂沟通，以便解答求助者的困惑。有的神宇还添加看相与算命服务。这些项目的增添的主要目的就是想招引更多信徒者，一旦灵验的话就有助于提高神宇的名气。

四

在泰国崇拜孙行者之现象主要有以下原因：

一是受到祖籍流传的神猴文化的影响。在异国他乡的华人群体，在与当地社会融化之前，都会与同一个祖籍群体保持密切的关系，群体的凝聚力特别强。这种凝聚力体现于他们尽量保持原风貌的祖籍习俗文化，一是为了继承，二是为了证明他们的存在。于是，华人文化色彩在泰国依然强烈。

二是泰国人对猴子的态度。众所周知，猴子是一种聪明、活泼、可爱的动物，即使它们的一些动作会让人惧怕，但大部分人还是喜爱它们，并提倡保护。泰国很多地方因猴子而出名或以猴子为招牌，比如中部的华富里府（Lopburi）号称"猴子之城"，到处都能看到猴子自由自在地行走。在市内人们会看到大猴塑像，每年都会举行跟猴子有关的活动如猴宴等。还有东部春武里（Chonburi）府，西部的碧武里（Petchburi）府的一些旅游点也以猴子为招牌动物。泰国人不讨厌猴子，也喜爱《西游记》里的猴子形象的孙悟空。于是，一只小说里的神猴，竟然变成人们崇拜的神明，虽然泰国人不都了解其来源，但也觉得颇有趣，且开怀接受。

三是印度文化的影响。印度最古老的史诗《罗摩衍那》里的哈努曼几乎是泰国家喻户晓的神猴将。大约公元前3世纪，印度婆罗门教传人泰国，在公元13世纪泰国第一王朝素可泰王朝建立之前该宗教在泰国地区曾达到鼎盛时期。随着婆罗门教的传播，印度文化也逐渐渗入泰国社会，与当地国文化融合。泰国很多领域皆受到了印度文化的影响。印度著名史诗《罗摩衍那》广泛流传于泰国社会，为了推广该经典作品，让人们更能够了解其内容，泰国有关部门的专家便将该文学作品作成通俗易懂的白话版本。于是，该文学作品才变得更普及，它不仅被选入学生课本里的节选课文，还被定为课外读物。此外，还演变成戏剧表演，在泰国艺术舞蹈学校都有专门训练该戏剧,更重要的是《罗摩衍那》还一直被列入宫廷里重要的戏剧表演项目之一。如果皇室举办重大文艺活动,几乎都少不了该戏剧表演。除此之外,《罗摩衍那》里的人物与情景也出现在很多佛寺里的壁画,还被运用于艺术作品制作等方面。从这些例举中可见《罗摩衍那》在泰国社会中有着不平凡的地位与影响。在人物方面,除了主要的男女主人公及反派巨人之外,其中的机灵英勇,具有特能,人人所知,人人所爱的猴子哈努曼便是大家印象深刻的正义人物。由于哈努曼拥有如神般的法宝,一心保护及帮助男主人公,因此在人们心中其也是个神猴。哈努曼与孙悟空同样被认为都是猴子,但两者的形象还略有差别。哈努曼有四面八只手,因此其形象本身更倾向于神,身体显得强壮,但孙悟空的猴子形象显得更突出,其身体微微瘦小。两者的出生均富有神话色彩,各扮演着正派守护者,也各有不寻常的特能与法宝。哈努曼与孙悟空形象相似,其威力也不相上下,更重要的是自始至终他们都忠诚于主人,正义并协助主人完成任务,一个帮王子夺回爱妻,一个帮高僧西天取经,且最终均大功告成。两者的神话英雄形象深入人心。他们不但出现在小说里,在寺庙,在神宇也能看到他们的壁画,另外,在演台、屏幕上出现的他们使其知名度更高更广。印度教信徒者把哈努曼崇奉为神,泰籍华人即把孙行者推崇为神。虽然前者先来,但后者也不逊色。多一个神来保护是好事,于是崇猴文化对泰国人来说便是不难接受之事。

四是佛教元素。孙悟空在取经之前,性格叛逆,喜欢张扬自己的本领,谁都难以拘束,并作出一系列的闹事,不论是偷蟠桃、盗丹药、大闹天宫等。到后来,他被收服跟随着唐僧西天取经,饱经磨难之后,逐渐从一个破坏者变成维护者。他所遇到的种种困难磨炼了他的心灵,最终以功告成,成为猴菩萨,被封为"斗战胜佛",而他的别称还有"大圣佛祖"。从他的身份以及别称都跟佛有关联,于是在一些中式寺庙中就把孙行者排于佛菩萨之中供人参拜。从另一方面来看,在泰国人的印象里,孙悟空就是猴子。然而仅仅以猴子的形象作为供拜对象几乎不符合当今的社会趋势。泰国本是佛教文化兴盛的国家,于是以菩萨形象显示于世人面前即更容易被接受。从其名称来看也是如此,人们可以根据电视剧、电影而称之为行者、悟空等,但神宇以及神明的名称必须与佛有关,以便表示对其的敬重。

五是孙行者作为保护神的形象满足了人们避邪除害的心理诉求。孙行者除了天生的智慧、勇气等之外,其法术也超高,并在整个取经的路程扮演着保护者,面对困难与挑战的时候也不屈不挠,而且最终都能战胜一切,他的法术也能救助许多人。于是,人们对孙行者的心理愿望与崇拜跟他的形象以及其所表现的本领有密不可分的关系。首先是他的英勇,能战胜一切困难,于是被人们请求保护,助事事顺利,克服生活中的一切困难;其次是他的本领,能实现一切愿望,人们相信孙悟空的超高本领,也请求他的本领能让人们事事如意;其三是他的神医特能,孙悟空能治疗百病,人们请求他除去病魔,使身体健康;其四是他的毛,神猴的毛略带臭气,使恶鬼不敢接近,而且他的毛通过法术后可变成猴军或武器,人们便请求他助于避邪;最后是因为他是猴子,属猴的人便加以崇拜,祈求神猴的特别保护。综上所述,归根到底人们崇拜孙行者就是希望他能像小说里一样,用他的威力保国安民,实现众人的愿望,然而一旦得到了应验,他的名气就更大。泰国人本来就有神明信仰的基础,自然神、祖先神及鬼魂神信仰这些都渗透在泰国社会里。于是,只要自己所祈求的神明能够实现其愿望,显灵验,那么该神明就有存在与被保护的价值。

参考文献

专著:

[1][泰]段立生,Boonying Raisuksiri. 泰国中式寺庙与神宇. Songsiam 有限公司,2000

[2][泰]Jittra Konuntakiat. 中国神仙榜. Jittra 出版社,2001

[3][泰]Pornpan Juntaronanont. 中国风. Prapansarn 出版社,2003

[4][泰]Palathip Anantaya. 神圣的行者—21家非去不可的孙行者神宇. Pueanchaoban 出版社,2008

[5][泰]Kunsiri Aroonpak. 曼谷的华人神宇. Museum Press,2010

[6][泰]Nawarat Pakdeekham. 中国神仙. Amarin 出版社,2010

[7][泰]Netrnapa Kaewsaengtum. 神游9座华人神宇. Amarin 出版社,2011

论文:

[1]陈利华.《猿猴崇拜与福建的孙大圣信仰研究》.南平师专学报,1995(3)

[2]谢爱国.《浅论畲民盘瓠与孙悟空崇拜》.宁德师专学报(哲学社会科学报),2010(2)

[3]萧仕平.《从神猴到齐天大圣——由地理文化视角看闽北顺昌猴精崇拜对象的变迁》.中共福建省委党校学报,2010(6)

网站:

[1]www.baidu.com

[2]www.hexun.com

[3]www.google.com

[4]www.china2learn.com

[5]www.wikipedia.org

【作者简介】

班侬·拉姆盖,女,泰国人,北京外国语大学比较文学与跨文化研究专业博士生。

中唐文士的文化反思与文化认同

王雷

[内容摘要] 中唐时期现实存在着自身的文化危机,并由此引发文士的文化认同危机,归根结底在于社会危机。中唐文士为解决当时的文化问题所做的种种努力,最终目的也是为了解决社会危机,这些都是在政治权力所许可的范围内进行的。社会危机使得文化危机凸显起来,而文化危机无疑会促使文士寻求文化身份的认同,确认自己的文化身份必然要经历一个文化反思和在反思中寻求出路的过程。

[关键词] 文化危机、文化反思、文化认同

中唐时期出现了纷繁复杂的文化现象,比如对天命观的重新梳理、兴起新春秋学派、重新重视史传传统、复兴儒学、排佛反佛与统合儒释、新乐府运动、古文运动等,这并非纯粹的思想、经学、史学或文学的问题,而是与中唐社会格局的变动,与中唐时期的社会矛盾与社会危机息息相关,与中唐文士努力寻求中唐时期凸显的文化问题的出路密不可分。

一、中唐纷繁文化现象的根源

以陆淳为代表的新春秋学派复兴儒学的主要目标在于"匡时救弊",带有儒家知识分子独有的忧患意识以求解决种种社会问题,他们"宗经重教"的学术要求虽然切合他们强烈历史使命感的社会身份,然而在针对具体社会问题时却相对缺乏深刻的、实质性的、切中时弊的洞察力。他们所关注的个体道德修养并不具备普遍适用性,特别是在乱世自制的意志永远抵不过人类的欲望。理想的世界和现实的世界从来都存在着巨大的反差,而且儒家学者也没有从儒学内部反思儒学衰落的原因,这样一来他们的理论也只能通过"复古"得以支撑,他们的谆谆善诱的教化策略也只能流于学术上的空谈,对社会弊端并不能有任何实践层面上的动摇,对王权时政的"匡补作用"也显得极为有限。中唐文士并不因此而停止他们复兴儒学的努

力,而是在总结前人的经验教训的基础上,面对新的不断变动着的社会现实,重新对现行的思想文化进行思考,进而提出新的主张与要求,力求缩小儒家理想与社会现实之间的鸿沟。

随着唐宪宗时代的到来,一批著名的文士登上历史舞台,书写了一段横空出世的文学史。他们带着强烈的社会责任感,带着自觉的济时拯世的儒家情怀,走向社会实践层面,实践着以恢复儒家道统来重建社会秩序的理想。他们的儒家道统是以儒家经典和孔孟的言行为标准的,这需要他们坚守独立思考和自觉批判的主体精神,需要他们身体力行理论主张,需要"知之不可为而为"的勇气和"不强人以不能"的变通,需要个体心性修养与社会教化的相得益彰。他们也因而通过返古复古的文化策略实现了对前代儒学的超越。

中唐文士们面对社会危机和儒学统治地位的危机,为了复兴儒学,选择了不同的态度。以韩愈为代表的儒家文士坚守民族文化本位的立场,为了维护儒学的权威,选择的是通过极力抨击佛、道的方式。韩愈尽管和僧人有所交往,但他本人对佛教义理并无深刻的研习,在三教合流的中唐时期算是少有的"醇儒",他的"反佛"也就带有了明显的儒、释较量的意味。他继承了他的前辈傅奕、姚崇等人的反佛传统并将这传统发挥到了极致,他的立论根据并无新意:无非是僧道游食逃赋,不耕而食不织而衣,建寺筑观劳民伤财,加重了国家的经济负担;佛教违背中国传统的伦理道德规范,从而导致秩序的混乱,秩序的混乱势必会危及国家的统治基础;儒学是中华文化的正统,佛教出自"夷狄",从传统思维模式的"以其夷也"得出"儒优佛劣"的推论。韩愈恢复弘扬儒家道统的出发点虽然是好的,但他不愿承认佛教已经在中土广泛传播的事实,没有看到佛教在长期中国化的过程中自觉接受儒家思想并不断自我完善的努力,而且他在反佛的议论中缺乏有效的针对性。情感的强烈并不能提升批判的力量,相反在文化交流融合的趋势中,完全排外的立场就显得陈腐狭隘、不合时宜。

以柳宗元、刘禹锡为代表的中唐文士虽然也是站在儒家文化的立场上,虽然也极力维护儒家文化的统治地位,但他们选择的是通过汲取佛、道之中的精华来改造和完善儒学的方式。他们和韩愈一样有着儒家积极入世的政治抱负和历史责任感,他们自身对佛教有一定的个人情感并对其义理多有钻研,他们看到统合儒释是时代潮流更是历史趋势,佛、道不可尽废,应该批判地继承其合理的精华,利用其丰富的文化资源来补益儒家传统文化,从而保持儒学的生命力。李翱尽管也以排佛著称,但在"以儒统佛"的基础上也无形中吸收了佛教"以佛理证心"[①]的思想。白

[①] 李翱.与本使杨尚书请停率修寺观钱状.全唐文.第六百三十四卷.上海古籍出版社,1990.2827.

居易也认为儒、道、释有相通之处:"夫儒门、释教,虽名数则有异同;约义立宗,彼此亦无差别。所谓同出而异名,殊途而同归者也。"① 他们将儒学如何更切合时代发展的问题提到日程上来,并从"三教合流"与"援佛道入儒"的角度对儒家文化进行了深刻的反省,从而以期达到儒家文化"救时补世"的社会功效。

新历史主义学者认为文学与历史之间可以相互阐释,文学对于历史事实的反映既不是机械式的也不是被动的。中唐文士就是有意识地通过散文与诗歌的创作积极参与当时的社会政治生活,实践着他们重振大唐国威、恢复安定秩序的理念。唐代盛行科举取士,而在科考中最受推崇的就是进士科,声律、丽辞(对偶)、华美的语言、句式的整齐均衡都是文士才华的评判指标。正是因为有唐一代重视文学的社会氛围,造就了文士围绕"诗辞律赋"进行自觉训练的风习。实用的目的性过分强烈,势必会大大削弱文章所承载的社会内容与思想意义,会妨害文学家所极力宣扬的"道统"、"文统"观念的自由发挥与酣畅的表达。于是到了中唐时期,一方面骈俪依然是社会文风流行的风尚标;一方面有文化自觉地文士竭力反对空洞无物的骈文(尽管他们自己也能写出雍容典丽的骈体辞章),要求文体的革新,倡导以"古文"为文章范式的文学运动。他们所谓的"古文"名义上是通行于先秦两汉时期的散文文体,实际上是与时代流行的"骈文"相对立的具有独创性的概念。

韩愈、柳宗元是这场古文运动的核心人物,他们要创造的"古文"是以散行单句、朴素自然、不拘格式、布局自由为特征,旨在涵纳丰富的思想内容、表达真情实感,进而有益于宣扬儒家"道统"。他们所发起的古义运动,虽然在当时并未获得实质性的胜利,但对宋代文学格局的变化产生了深刻的影响,为宋代"古文"运动的最终完成奠定了基础。韩愈提倡古文是立足于对社会现实的反省与探索,在"文以载道"的文学价值观的统摄之下,他身体力行地在吸取古代散文优良传统的基础上,创造出一种新散文体,其宗旨在于用散文作为工具更好地传达他的"反佛排佛"、"复兴儒学"、"恢复道统文统"的思想观念。柳宗元也主张"文者以明道"、发言立论要以六经为准绳,他所要发扬光大的"道"就是儒家社会政治伦理道德。他们极力反对六朝以来的形式主义文风,强调文章要以儒家经典为根本,作文必须言之有物,并要求行文之间应该"文从字顺"、"惟陈言之务去"。古文运动在倡导改革文风的同时,也要求在文学语言方面进行革新,以除骈文弊端。韩愈、柳宗元都是中唐杰出的文学家,他们创作的古文不仅内容丰富、情感充沛,还兼具语言修炼、逻辑性强的艺术成就。后世称韩愈的散文古韵流动、气势磅礴,柳宗元的散文内容含蓄深刻、文风峭拔俊秀。正是这批古文运动的倡导者和实践者,为中国古代散文开辟出了一个气象万千的艺术空间,为中唐文坛注入了鲜活的生机,更成为唐代文化艺术

---

① 白居易.三教论衡.白居易集.第六十八卷.中华书局,1979.1436.

宝库中的一道绚烂的风景。

在诗坛上元稹、白居易、张籍、王建、李绅等诗人出于恢复和弘扬"儒家诗教"的传统,运用具有社会讽喻性质的乐府诗体的形式创造了大量的诗歌,史称新乐府运动。"时之所重,仆之所轻",他们自觉地舍弃了当时已经发展成熟律诗及便于抒发主观情绪的五言、七言的古体诗,自视为重的是以期有"美刺比兴"社会效果的讽喻诗。如果诗歌有了严格的形式方面的限制,就会影响诗人情感的自由表达,就无法容纳丰富的社会内容,发挥不了应有的社会效应,承载不了诗人以"国事民生"为念的思想。乐府诗则凭借着其自由伸缩的体式、浓郁的生活的气息、便于针砭时弊地叙事写实等优势得到了许多关心社会现实的诗人的认同。而且新乐府诗大多音乐性较强,适宜和乐而歌,从而可以扩大其传播范围,增加其社会功效。与此同时,他们的审美观趋向于"以俗为美",他们大都追求诗风的浅切平易,白居易主张"删淫辞、削丽藻",元稹作诗亦力求"言直文甚奇",这表明他们面向大众传播的文化自觉,而且是将理论自觉与创作自觉有机地结合起来。

新春秋学派复兴儒家的努力也好,古文运动的文学家对文体文风的改革也好,新乐府运动的诗人们对于诗风和诗体的选择也好,他们都是在寻求社会问题的出路,都在以期运用文化来疗救社会危机。除此之外,大历诗人群体"窃占青山白云、春风芳草以为己有"①,将历史的沧桑与人生的迷惘寄托于自然与自己的心灵世界,他们面对现实社会的衰落却还没有来得及进行理性的沉淀,只有将凄凉的心境转化成悲愁感伤的诗篇。韩愈以文为诗、造语奇险,实在克制不住的时候,就将对诸多社会现象的议论感慨征引入诗,从而开启了诗歌历史中"宋调"的先声。以韩愈、孟郊为代表的韩孟诗派"竞奇逞怪"的诗歌倾向,也源自于他们对媚俗的不满,他们要在创新求异中寻找对文化身份的确认。

二、中唐凸显的文化问题与文士的文化反思

唐朝出现了举国上下的对文学诗赋的普遍推崇,虽然文学可以享有"经国之大业"的地位,文学也确实在"关乎世之治乱"方面发挥自己独特的作用,但毕竟翰林之学士与兴邦治国之吏才之间是有一定实际差距的。中唐时期由于社会历经了动荡不安,文士对这种文化现象带来的社会问题进行了反思,尽管他们自身雅善文辞。

首先,表现在将诗文之正统复位在"道统"之中,主张发挥诗文的儒家教化作用,诗文要符合儒家的圣人之道。李华在《质文论》中提出了自己的文学主张,推崇

---

① 皎然撰,李壮鹰校注.诗式校注.第四卷.齐鲁书社,1986.197.

古文范例的最终原因也在于证明五经之书是文章最高的典范,除去繁文缛节选取简易、合乎人心者用来教化风俗。富于文辞的柳冕,其社会身份是史学家,更是坚守极端的儒家伦理道德的教化思想,他的"尊经术,卑文士"的主张更为强烈:"经术尊则教化美,教化美则文章盛,文章盛则王道兴。"①白居易在《读张籍古乐府》中云:"为诗意如何,六义互铺陈。风雅比兴外,未尝着空文。读君学仙诗,可讽放佚君。读君董公诗,可诲贪暴臣。读君商女诗,可感悍妇仁。读君勤齐诗,可劝薄夫敦。上可裨教化,舒之济万民。下可理情性,卷之善一身。"②他在借评价张籍的乐府诗的机会表达了自己作诗的价值取向。

其次,针对中唐时期以传教授经为旨的国子诸学荒败不堪的现状,文士们一反"重进士,轻明经"的时尚传统,将五经六艺视为文学之根本。元稹在反省中唐士子弃经学轻儒术的原因时说:"尚儒术而衰盛业,盖章句之学兴,而经纬之文丧也","至于考绩之科废,章句之学兴,经纬之道丧,会计之期速,皆当今之极弊也"。并进而提出了解决方案:"今国家之所谓兴儒术者,岂不以有通《经》文字之科乎?"③韩愈在其著名的《进学解》篇中指出作文到达"闳其中而肆其外"的途径就是从儒家元典中寻找丰富的文苑资源:"沉浸醲郁,含英咀华,作为文章,其书满家。上规姚、姒,浑浑无涯;《周诰》、《殷盘》,佶屈聱牙;《春秋》谨严,《左氏》浮夸,《易》奇而法,《诗》正而葩。"④他在《答李翊书》中也表达了类似的见解:"行之乎仁义之途,游之乎《诗》《书》之源,无迷其途,无绝其源,终吾身而已矣"⑤,都是要从儒家经典文献中探本溯源地寻求文法。

最后,他们面对政治权力对个体生存的挤压,却依然保持着自我的人格尊严与担当道义的方向感,并将此终极价值追求融入到他们力求创新与个性鲜明的创作实践中,以文章寂寞之道承载他们的理想与志向。在崇尚文辞奢丽的社会环境中,辞采华茂的时文无疑会给文士们带来最切实的利益,即仕途的显达与世人的景仰。但韩愈对自己文章的评价趋向与世人的好恶所趋大相径庭,他孤独地坚守着自己的方向——大刀阔斧地对文风文体进行着"自以为是就是是"的革新,他的竞奇逞怪已经远远超越了他的时代,他也因此成为文学史上独一无二的韩愈。刘禹锡在《献权舍人书》中曰:"乃今道未施于人,所蓄者志。见志之具,匪文谓何?是用颙颙恳恳于其间,思有所寓。非笃好其章句,沉溺于浮华。时态众尚,病未能也,故拙于

---

① 柳冕.谢杜相公论房杜二相书.全唐文.第五百二十七卷.2371.
② 白居易.读张籍古乐府.白居易集.第一卷.中华书局,1979.2.
③ 元稹.才识兼茂明于体用策一道.元稹集第二十八卷.中华书局,1982.336.
④ 韩愈.进学解.马其昶校注.韩昌黎文集校注.第一卷.上海古籍出版社,1986.46.
⑤ 韩愈.答李翊书.韩昌黎文集校注.第三卷.170.

用誉;直绳朗鉴,乐所趋也,故锐于求益。"①同样表达了与韩愈相一致的文学审美价值倾向:不以世俗的轻重为念,时俗所尊崇的并不值得自己去赞誉。韩门弟子皇甫湜也说:"意新则异于常,异于常则怪矣;词高则出于众,出于众则奇矣","功既成,泽既流,咏歌纪述光扬之作作焉;圣人不得势,方以文词行于后"②。一方面自己认同的是不流于时俗的新、异、怪、奇;另一方面也反映了他对文学关系世之治乱问题的自觉思索。

三、中唐文士文学价值观念的变化与文化认同

中唐文士虽然对时文风气深恶痛绝,对时文之弊有深刻的反省并刻意求异创新,但他们已经认同科举取士的制度,认为士以文章进已经是历史的必然,时政之弊并不在于科举制度本身的存废,而在于社会文化的症结——即社会的变动与文化价值观念的变动。中唐文士对社会危机与时政弊端有着清醒的认知,他们要担当大任、指陈是非、兴利除弊,却因仕途艰阻不能具备"再使风俗淳"的世俗权力,为了追求国家的复兴、伦理秩序的复位,不得不寻找另外一种符合他们文士身份又切实可操作的方式;在对文化身份进行重新确认的过程中充分发挥他们所擅长的文学的功能,这势必会引起中唐文士价值观念的新变。

魏晋南北朝时期是一个文学自觉的时期,文士竭力使文学脱离政治的附庸装饰地位,使文学走向表现自我的心灵世界与个体情感体验。从而使文学渐渐远离政治的残害与杀戮,摆脱六经旨意的羁绊,但同时文士对文学形式美感的追求也达到了登峰造极的地步。初盛唐时期的新气象又给文士们带来了希望,使他们关注经世治国的谋略,文学辞赋只是才华的显现、交游的工具、盛世的点缀、心情的挥洒或者晋级的阶梯。偶尔有陈子昂等人贬抑六朝以来华靡的文风,但他们反对的是内容空洞、恶俗浮丽的堆砌词藻之文,而对文章形式上的美感却是认可的。像李白就赞美过"蓬莱文章建安骨,中间小谢又清发",并不是完全弃绝六朝诗赋。张说对六朝文士及其作品也不是全盘予以否定的,而是择其优者而善之。

到了中唐时期,社会危机又促使他们形成了另一种自觉的文学价值认同:即诗文应弘扬儒家道统,应契合时政民生的实用性。提倡恢复诗文的正统,就是要通过追溯儒家传承统系确立诗文的标准与典范。柳宗元对于六朝以降轻薄文风皆弃而不取,以《诗》、《书》、《易》、《春秋》等儒家经典为文章之根本和正统。他除了儒家元典之外,还提到了庄周、屈原、太史公等可以作为优秀的文学遗产均有可取之处,

---

① 刘禹锡.献权舍人书.瞿蜕园笺证.刘禹锡集笺证.第十卷.中华书局,1989.284.
② 皇甫湜.答李生第一书.全唐文.第六百八十五卷.3111.

并刻意地回避了六朝的各位作家。韩愈更为径直地称"非三代两汉之书不敢观,非圣人之志不敢存"①。他借复古而表达了变新求异的价值取向:复古是一种宣传策略,实则不在于追随古人之印迹的形似,而在于求得古人先贤之神韵与风骨,为自己恢复"道统"的社会功利价值观而服务。

韩愈曰:"读书以为学,缵言以为文,非以夸多而斗靡也;盖学所以为道,文所以为理耳。"②在这里他传达了他的价值观:为文作诗之理就在于诗文自身明道致用的功能,在于有助于恢复经济教化的儒家正统之道。柳宗元认为:"圣人之言,期以明道,学者务求诸道而遗其辞。辞之传于世者,必由于书。道假辞而明,辞假书而传。"③道统的传播流布离不开文辞,他为了使"道"的传达更为明了更为广泛和深远,有意识地以言辞的语言工具更高效地为其文章化成天下的价值观服务。白居易在《策林·议文章》中说"古之为文者,上以纫王教,系国风,下以存炯戒,通讽谕;故惩劝善恶之柄,执於文士褒贬之际焉;补察得失之端,操於诗人美刺之间焉。今褒贬之文无核实,则惩劝之道缺矣;美刺之诗不稽政,则补察之义废矣。虽雕章镂句,将焉用之?"④他认为如果华美的言辞妨害了惩劝讽喻之道的表达,就应该毫不犹豫地废弃。

中唐文士作文以明道经世为宗旨,这就使得文学重新置于社会政治的体系中,文学被附上了浓重的功利色彩,沦为政治教化的工具。最终,中唐文士以丧失文学的相对独立性为代价换取了社会身份与价值的确立,他们并不是在皇权的压力下被迫为之,这是他们主动的认同选择,并且这种认同选择在他们看来无疑是他们自我价值实现的必然归宿。

---

① 韩愈.答李翊书.韩昌黎文集校注.第三卷.170.
② 韩愈.送陈秀才彤序.韩昌黎文集校注.第四卷.260.
③ 柳宗元.报崔黯秀才论为文书.柳宗元集.第三十四卷.中华书局,1979.886.
④ 白居易.策林·议文章.白居易集.第六十五卷.1369.

唐代军士的《金刚经》信仰与崇经

张开媛

【中文摘要】 唐代社会对小部头的《金刚经》非常热衷。作为社会中的一部分,唐代军士信奉《金刚经》,体现出从众性及独特性的特点。从众性是指,军士群体为了护身保命,崇信《金刚经》带来的生命庇护方面的灵验功能,持经、抄经,祈求经本的保护;独特性是指,唐代军人具有保家护国的使命,因此,他们征战沙场,希望以此建功立业,得到朝廷的认可。故有军人求告于《金刚经》的灵验的功能,祈求打败敌人。在这些心理作用下,唐代军人与唐代民众一样,将经本视为可时时求告的偶像,生发出对经本的信仰,并体现在其抄经行为上。此外,唐代开始,出现了一些《金刚经》的灵验记作品,这些作品中对唐代军人群体求告《金刚经》并获响应的故事多有记载。综上所述,唐代军士群体持诵《金刚经》,体现出《金刚经》对这一群体的影响之深。

[关键词] 唐代军士,《金刚经》,灵验记,抄经,信仰

《金刚经》自后秦鸠摩罗什译出,至唐代又出五译,仅唐一代,就出两译。唐人对《金刚经》的奉持,秉承前朝持经热潮,抄经、持经、诵经行为极为普遍。唐人对《金刚经》的热衷,与唐代开放的佛教政策有关。作为世俗社会的特殊群体,军士阶层持诵《金刚经》的行为值得关注。

目前,学界在唐代军士群体的《金刚经》信仰研究方面成果略少,多从佛教与军事角度或军士的佛教信仰角度着眼进行研究,为原始材料的推砌、或者在讨论其他问题中一带而过,从分析上着笔甚少。由于唐代社会秉承前代余续,唐人的《金刚经》信仰同样影响到军事阶层,并引发其抄经行为。这两个因素相互作用,故需要结合二者,共同分析其对唐代军士的影响。

一、唐代《金刚经》信仰的流行

唐代延续前朝余续,对《金刚经》的使用出现有宗化趋势。这主要表现在:一、

唐代玄奘及义净两次重译此经。首先，玄奘本《金刚经》全称《能断金刚般若波罗蜜经》，"金刚"为一切尖锐之物，"能断"出现在"金刚"之前，意在指出经本具有断除一切烦恼、困惑之义。并且，玄奘本在用词上，与罗什本多有不同。如"相想"、"命者想"、"士夫想"、"补特伽罗想"、"意生想"、"摩纳婆想"、"作者想"、"受者想"等。他从因缘相生的角度，对经本进行了唯识宗思想指导下的重新阐释。第二，义净本的出现，比罗什首译本晚三百年。义净本的名称较玄奘本，于首部多出"佛说"两字。意在表达佛的地位。虽然唐代重出此二译，但是罗什本仍然流行、影响广泛。此外，其他三个译本在唐代也流行，但流行程度不及罗什本。由于《金刚经》各译本的存世，为经本在唐影响及流传提供了条件，进而为《金刚经》信仰扩大了受众。二、唐代社会对《金刚经》的接受，是经本教义有宗化的体现。唐人使用《金刚经》，多基于对其灵验功能的信仰。遍观现存的唐人作《金刚经》灵验记，多对经本冠以偶像化崇拜。唐人认为，《金刚经》可带来现世利益和福祉。因此，唐人赋予经本众多灵验功能，比如庇护生命、还阳、登科、先知、赐福、长牙、祈雨等方面。这其中，唐人对经本护佑生命的功能极为推崇。各阶层人群都对这种现世利益非常看重，因此，灵验记故事多记载这类内容。唐人对经本的这种使用倾向，是有宗化影响下的产物。知识层对经义向法有我空的转变，是促进世俗社会对经本灵验功能的开关。故唐人对《金刚经》的使用，脱离了罗什首译本的毕竟空教义，在有宗化过程中进一步世俗化。三、唐代禅宗的影响。唐代禅宗自弘忍时起，便将立宗经典改为《金刚经》。由于禅宗的兴盛，《金刚经》得到了推广。特别是唐玄宗以后，民间对《金刚经》传播的呈现上升趋势。玄宗后期，安史之乱使唐朝国力受到损伤，战乱使民间《金刚经》信仰势头看涨，经本提供生命保障的灵验关怀成为吸引军民的条件。在此基础上，禅宗的中国化使经本的受众变广、增多。四、唐代密宗的影响。部分唐人写《金刚经》写本，在经文的或前或后的位置增添了陀罗尼咒文或者真言，这表明密教对《金刚经》信仰的渗透。并且，金刚的形象呈现出威猛的武士化风格，在一定程度下，符合军人对自身形象的定位，有助于经本在军士中的流传。

二、《金刚经》灵验记中的唐代军士

唐代社会崇尚《金刚经》，可从《金刚经》灵验记中发现。唐人所作的各种灵验故事集，主要包括：《冥报记》、《报应记》、《金刚般若经集验记》、《金刚经鸠异》、《持诵金刚经灵验功德记》等。这些故事集中的故事大多数被宋人李昉收录在《太平广记》中。这些故事的主题包括：一、报应；二、延寿；三、积阴德；四、求雨；五、止雨；六、托生；七、长牙；八、祛病；九、灵异；十、防灾；十一、救人；十二、指路；十三、保命或者避祸；十四、驱魔；十五、逢凶化吉；十六、除冤。归总起来，可将其分为三类：

一、生命关怀类;二、求告愿望类;三、祈求福德类。

段成式所作的《金刚经鸠异》中,有三条例子可作为军人祈愿《金刚经》灵验功能的代表:一是永泰初,朔方节度使张齐丘、二是襄州小将孙咸、三是韦南康镇蜀时的左营伍伯。这三人对经本的持诵,均出于庇护生命的心愿。张齐丘通过持诵《金刚经》得以护身保命、孙咸得以还阳避祸、伍伯得以保全性命。

李昉所作的《太平广记》中保存有92则唐代灵验故事。其中,唐代军人持诵《金刚经》的灵验记录多集中在灵异、还阳、除业、救身、保命、平叛等方面。如唐贞观年间,辽东中郎将韦克勤持经得以护身;唐神功年间,长安监门卫将军魏恂因持经得以还阳;唐永泰年间,朔方节度使张齐丘利用经本灵验功能,平叛兵变;唐神功年间,长安监门卫将军魏恂依靠经本灵验力量得以还阳;唐元和年间,军士董进朝得以保命;唐乾符年间,兖州军将因持经而得以保全性命;另有坊州的宋参军替冤魂申诉得以应验的记载。

此后,王泽泩在《金刚经感应分类辑要》中,记录了两则军人持经还阳的灵验故事:唐天宝初,阳州参军田氏还阳;唐天宝中,淮南张判官还阳。

清朝周克复在《金刚经持验记》中记载军人故事涉及还阳、救命、除业三个方面。比如,唐龙朔中,虢州朱阳尉白仁哲在经本的护佑下,得以不被水溺;唐开元中,尉陈利宾同样在经本的护佑下得以保命;此外,唐易州的田参军和唐兖州军将借助经本的灵异力量,死后重归人世;唐代的宋参军通过经本的力量,为阴司人除冤;唐代一牙将宁勉在经本的保护下保得性命。

通过这些记载军人持经并受益的故事,可发现军人对《金刚经》灵验功能的推崇。由于唐人对经本的应用较为偶像化,为经本增添了神秘色彩。唐代军士人群对经本的利用,体现出从其职业需求,寻取庇护的特征。除了关心自身生命安全以外,军人利用《金刚经》的灵异功能剿平叛乱。经本被视为即时应验的求告工具,在上阵杀敌之前,求告得到经本的庇护、满足心愿可起到鼓舞士气的作用。此外,《金刚经》在此岸的护身保命功能,到了彼岸同样有效。宋参军为替阴司人除冤,借助了经本的灵验力量。

三、《金刚经》灵验记影响下的唐代军士抄经行为

现存敦煌写经中,保留了大量的唐人写《金刚经》。通过抄本细节,可发现军人的写经本。比如北4387号尾记为:"景龙二年九月二十日曦武校尉前,行兰州金城镇副阴副缓受持读诵。"[①]此本为残卷,从"耨多罗三藐三菩提者于法不说断灭"开

---

① 黄永武编.敦煌宝藏83册.新文丰出版公司.1986,92页.

始,直至经尾。尾记所提内容,指明持诵《金刚经》的人是一名军官。从抄经的虔诚度方面,军人抄经与其他人群抄经并无不同。罗什本讲"毕竟空"的原义已经不传,经本内容中对功德的表述,使其被放大出灵验护佑功能,并被唐人虔诚信奉。

军人的职责是保家卫国、驻防戍边。作为征战沙场的先锋军,他们对于生命比其他人群更加重视。从《金刚经》自身的经名释义来看,"金刚"即坚不可摧,可破万物。军人希望借助"金刚"的力量,所到之处,皆能攻破。这在敦煌写经中有所反映。比如,斯5436号记载了"启请文+写经"两个内容。首先,是启请文:"奉请第一青除灾金刚,奉请第二辟毒金刚,奉请第三黄随求金刚,奉请第四白净水金刚,奉请第五赤声金刚,奉请第六定除灾金刚,奉请第七紫贤金刚,奉请第八大神金刚。"启请文后附记:"凡欲受持金刚经先须启请八大金刚,我今愿供养受持此经唯愿大圣□临□,场慈悲为证能此八金刚常能卫护,经之人不遭灾横祸之行□苦亦不横死,军阵开敌不被刀刺。"[①]其后是三十二分经本残卷。此本残卷当为军人所写,因为在启请文中,写经人关注的重点是"不遭灾横祸"、"亦不横死"和"开敌不被刀刺"。单就这三项中的前两项来看,无法区分写经人的身份,但最后一项可以帮助辨明。从唐代世俗社会对《金刚经》的接受来看,在人们关注《金刚经》带来的各种灵验功能中,有八成以上与生命关怀有关。并且,处于特殊身份的军人群体对生命的热衷程度,相比其他人群更加迫切。一方面,军人群体希望通过征战沙场、建功立业,得到朝廷的重用,名垂史册;另一方面,从作为一个人的生存需求来看,对生命的保有是作为人的最基本权利。因此,军人群体生活在矛盾的两个极端中,既要行使军人本职,又希望继续存活下去。故写经人才会在启请文后写出相关的求告内容,寄希望于《金刚经》的灵验功能得到庇护。此外,从启请文对八大金刚的奉请来看,八大金刚主管的范围各有不同,但均是可供求告者实现现世愿望的管辖者。斯5436的启请文内容并不完全,借用其他抄本的启请文内容来看:"奉请第一青除灾金刚 能除宿殃□祭 主大海;奉请第二辟毒金刚 能除一切众生行之温毒 主除温毒;奉请第三黄随求金刚 能令一切众生所□皆逐 主旨廉功德;奉请第四白净水金刚 能除一切众生热恼 便得清凉 主一切宝;奉请第五赤声金刚 能以光明照瞭一切众生使令见佛 主能生风;奉请第六定厄金刚 能除三灾八难之苦 主琉璃宝;奉请第七紫贤金刚 能令一切众生心得开悟一切法门 主坚牢藏;奉请第八大神金刚 能令一切智牙增长晓悟大道 主能王。"从中可知,以上八大金刚管辖治病、功德、往生、解脱等现世福报。从斯5436号写经残卷可看出,此本残卷的写经人对经本的利用于崇奉佛教偶像无异,希望从中得到庇佑的急切心情一览无余。

此外,《金刚经》内容短小、易于读诵,对于非知识层的军人群体来说,易为接

---

① 黄永武编.敦煌宝藏42册.新文丰出版公司.1986,481页.

受。虽然这部佛经本义讲"毕竟空",但是唐代有宗化思潮的作用下,经本体现出被世俗社会应用于求告现世利益的用途,唐代社会对经本的世俗化应用,在一定程度上便于其在军人群体中流播。

四、"重刊寿州金刚经碑"体现出唐代军士的崇经视角

"重刊寿州金刚经碑"的内容收于《八琼室金石补正》,为清人陆增祥所著。从碑刻内容来看,帮助修造的人除了官员和僧人以外,剩下的都具备军事背景。如"寿州营田副使"、"前军寿州勾官"、"右军衙前压衙"、"充清淮军右都压衙"、"马步诸指挥都虞候"、"右长剑指挥使"、"罗城使"、"左厢马步都虞候"、"右军散压衙"、"充衙内步军诸指挥"、"都军头虞候"、"兼左随身指挥使"、"衙内亲从指挥使"、"右军散兵马使"、"充衙内右随身指挥副使"、"甲报指挥公事"、"右军衙前虞候"、"充清淮军衙内随身"、"马军指挥副指挥"、"清淮军节度压衙"、"右军衙前十将"、"清淮军节度衙前总管"、"右军讨机副使"、"充清淮军引官"、"左军散十将"、"充清淮军客将"、"充衙内右随身指挥都军头虞候"、"右厢虞候"。①

虽然碑刻的内容较为简练,但是仍然可以从中寻得刊刻的原因:"夫《金刚经》者,乃众经之源,诸法之本,为苦空之风骨,为寂灭之纲者矣。"此碑的刊刻,在于推崇《金刚经》,因其为一切经、一切法的本质。由于大法弘化,"上人开讲是经",故"敬奉测听者若而叠之"。由此可知,碑刻中提及的、参与碑文刊刻的军人,是在大法弘化的恩泽下,敬信这部佛经的,故这些军人不一定都对《金刚经》的义理十分精通。但是唐代社会俗讲兴盛,使军人对经本应有所耳闻,特别是《金刚经》经文中讲获得福德的一部分内容有所了解。

通过这个碑刻,可对唐代军士施功德的行为有所了解。《金刚经》称布施、持经皆为成就功德的方法,军人通过俗讲,对经本中有关修福德的内容加深了认识。在对经本崇信的心理状态下,为了求取这些能够带来现世好处的福德,军人参与到持诵《金刚经》的活动当中。这在一定程度上,是唐代社会崇奉《金刚经》的缩影。

五、结语

从分类来看,唐代军人可划为官宦阶层,但军人的整体知识水平难以与士人匹敌。从对《金刚经》利用的心理来看,军人利用经本的心理与唐代俗世社会利用经本求告庇护的心理等同。从这类人群的工作职责来看,军人为了保卫国家,对《金

---

① 陆增祥.八琼室金石补正.北京图书馆出版社.2003,639−641.

刚经》护佑生命的功能尤为看重。在此情况下,军人对《金刚经》的持诵和崇奉,体现出从众性和独特性。

在唐代佛教大繁荣的背景下,军人对《金刚经》的使用受到了来自于世俗社会的影响。此外,禅宗地位的上升、安史之乱的发生,使唐玄宗时代成为《金刚经》受到追捧的重要转折点。在这种环境下,唐代军人在保家卫国职责的履行中,在寻求生命安全的心理需求下,寻找着护全性命和建功立业的平衡点。在这种情况下,《金刚经》进入了他们的日常生活,成为他们的精神寄托,同时,也成为了他们在遇到困难时,求告灵验发生的工具。因此,唐代军人对《金刚经》生发出信仰,将其作为偶像加以崇拜,进而出现了写经行为。

整体来说,唐代军人利用《金刚经》是《金刚经》在世俗社会世俗化发展的一个里程碑,唐代有宗化的经本教义更适于唐人心理,体现出经本在适应中生存的状态,也可作为佛教中国化进程中的一个印记。

参考文献

[1]黄永武编.敦煌宝藏.新文丰出版公司,1986.

[2]陆增祥.八琼室金石补正.北京图书馆出版社,2003.

[3]鸠摩罗什.金刚般若波罗蜜经.大正藏.新文丰出版公司,1975.

[4]李昉.太平广记.中华书局,1959.

[5]大正藏.新文丰出版公司,1975.

[6]梁亚伟.唐代法佛教与军事.西北大学中国史硕士论文.2014.

略论佛教与《文心雕龙》"圆"范畴

张明娟

(北京外国语大学中文学院 北京 100089;
烟台大学外国语学院 山东烟台 264005)

[内容摘要] "圆"作为中国文论范畴正式出现于中国首部系统化的文学理论著作《文心雕龙》中,在文本层面、创作论及批评论中均有呈现。考察术语的生成历史,发现"圆"走过了从原始意象到文化关键词再到文论术语的历程,其中外来佛教思想对其在中国文论中的转化再生起到重要作用。佛教思想激活了中华本土之圆,赋予其新的生命力。从理论家个人来说,刘勰的儒家知识分子与佛教徒的双重身份使得圆作为文论范畴的地位自《文心雕龙》始得以正式确立。大而言之,这是本土思想与外来佛教思想共同作用的结果。

[关键词] 圆范畴;文化关键词;文论术语

"圆"是中国古代文论的一个重要范畴。《文心雕龙》以前的文论中"圆"出现的频率并不高,偶见于西晋时陆机《文赋》"虽离方而遁圆,期穷形而尽相"一句中,《文选》李善注曰:"方圆谓规矩也。言文章在有方圆规矩也"[1]。"圆"也应用于书画批评中,如西晋卫恒《四体书势》中就有"或守正循检,矩折规旋;或方圆靡则,因事制权"、"不方不圆,若行若飞"之说[2]。在审美领域"圆"显然比"方"更受偏爱。最早借"圆"谈论诗文者当属南朝齐时的谢朓。《南史·王筠传》载沈约之言云:"谢朓常见语云:好诗圆美流转如弹丸。"[3]。在《文心雕龙》中,"圆"出现达18次,涉及16篇,自此,"圆"正式成为文论范畴。本文试图考察该术语的生成史,尤其是探讨佛

---

[1] 萧统编、李善注.文选(卷十七).中华书局影印本,1977.243
[2] 全上古三秦汉三国六朝文 第四册 晋(上)河北教育出版社,1997.309-310
[3] 李延寿.南史.中华书局,1975.609

教思想在其中的作用。有部分学者论文涉及这一话题①,但"圆"如何从一个悠远广阔的时空文化背景中经由佛教至刘勰的《文心雕龙》成为范畴,笔者认为这一课题尚有探讨的空间。

一、《文心雕龙》中"圆"作为术语在文本层面的呈现

《文心雕龙》中,"圆"在文本层面的呈现按照意义划分,大致分为三类:

第一类:"圆"指天体:夫玄黄色杂,方圆体分,日月叠璧,以垂丽天之象,山川焕绮,以铺理地之形,此盖道之文也。(《原道》)②"圆"喻指天体,此为"圆"最早的含义。东汉许慎《说文解字》云:"圜,天体也"。古人相信"天圆地方",《大戴礼记·曾子天圆》有"天道曰圆,地道曰方"之说③。《庄子·说剑》亦提及"上法圆天,以顺三光;下法方地,以顺四时"④。

第二类:"圆"指完美无缺、齐全周备。这一类又可以细分为两类,一是以"圆"字作为限定性语根,如:"圆通"(出现三处:《明诗》、《论说》、《封禅》)、"圆备"(《明诗》)、"圆合"(《熔裁》)、"圆览"(《比兴》)、"圆鉴"(《总术》)、"圆该"(《知音》)、"圆照"(《知音》);二是作谓语用来说明事、理、思、韵之理该想状态,如"事圆"(《杂文》)、"理圆"(《丽辞》)、"思转自圆"(《体性》)、"骨采未圆"(《风骨》)、"虑动难圆"(《指瑕》)。"圆"的"完备、周全,圆满无缺"之义,为"天体"说引申而来。清代段玉裁《说文·口部》对"圆"注解为:"圜,全也……圜者天体。天屈西北而不全。圜而全,则上下四旁如一。是为浑圜之物"⑤。

第三类:"圆"指圆转流动,运转无碍:圆者规体,其势也自转。方者矩形,其势也自安(《定势》)。切韵之动,势若转圆。(《声律》)圆球体的形态特征是运动不停,与稳定、静止的方形相对。《易经·系辞上》曰:"蓍之德,圆而神",韩康伯释云:"圆者,运而不穷"。孔颖达《正义》:"圆者,运而不穷者,谓团圆之物运转而无穷已,犹阪上走丸也。蓍亦运动不已,故称圆也。"⑥《吕氏春秋·大乐》云:"天地车轮,终则

---

① 对圆范畴做过探讨的有:欧宗启.印度佛教圆观念的中国化与中国古代文论圆范畴的建构.求索,2006(9).149-151;黄金鹏."圆":中国古代审美范畴.天府新论,1994(5).61-64;闫月珍.对中国古典美学"圆"范畴的文化解读.华南师范大学学报,1998(5).57-64

② (梁)刘勰.文心雕龙.陆侃如、牟世金译注.齐鲁社,1995.96.下引《文心雕龙》语,均见此注本,只标明篇目,不再注明出处。

③ 四库全书2经部.北京艺术与科学电子出版社,2007.961

④ (战国)庄子.庄子.山西古籍出版社,2001.197

⑤ 段玉裁.说文解字注.上海古籍出版社,1981.177

⑥ 《十三经注疏》(上).上海古籍出版社,1997.81

复始,极则复反,莫不成当。"①

按照现代意义上的文学分类,"圆"在文学本体论、创作论、批评论思想上均有涉及。《原道》篇中刘勰将文学的地位、价值提升至与"天地并生者"的位置:"文之为德也大也,与天地并生者何哉",并创造性地提出"自然之道"这一主张:"心生而言立,言立而文明,自然之道也"。"圆"为天道,浑然天成,正是自然之道的体现;"圆"又代表圆转流动,永无停息的生命力,故有"圆活"之说。创作论《定势》篇言"圆者规体,其势也自转。方者矩形,其势也自安",谈及确定文章的体裁风格,主张按照内容自然形成的趋势,圆者自然会转动,方者自然会安定;《声律篇》言"切韵之动,势若转圆,讹音之作,甚于枘方",主张按照自然形成的格律,使声调调配得当,顿挫有律,流动婉转,才能达到和谐。切韵和谐的诗歌音调有一种平滑流畅之势,而不规则的"讹音之作"则生硬倔强。《丽辞》篇:"若气无奇类,文乏异采,碌碌丽辞,则昏睡耳目。必使理圆事密,联璧其章,迭用奇偶,节以杂佩,乃其贵耳",追求均衡对称之美。然而,刘勰认为,如果通篇全用对偶,易窒塞文气,迭用奇偶则会产生跌宕变化的流畅美。文章圆转而流动,自然成势,富于生机,则臻于完美的艺术境界。

《知音》中的"知多偏好,人莫圆该","会己则嗟讽,异我则沮弃;各执一隅之解,欲拟万端之变。所谓东向而望,不见西墙也"体现了刘勰"圆该"的批评之思。刘勰认为知音之难,一在于"文情难鉴",二在于欣赏者"知多偏好,人莫圆该"。他要求批评家勿"各执一隅之解,欲拟"万端之变",以致"东向西而望,不见西墙"。理想的批评家应"无私于轻重,不偏于憎爱","平理若衡,照辞如镜"地通过"六观"(一观位体,二观置辞,三观通变,四观奇正,五观事义,六观宫商)来"披文以入情"。好的鉴赏者和批评者应该学会"圆照",即全面认识和观察的基础,而这需要建立在广泛阅读、经验累积的基础上:"凡操千曲而后晓声,观千剑而后识器;故圆照之象,务先博观"(《文心雕龙·知音》)。以"六观"批评纬度来考察《文心雕龙》,从作品的整体构架、整体风格到局部细节、从表现手法到宫商韵律,并从作品外部参照系统来做比较,《文心雕龙》也正是符合刘勰"圆该"批评论思想的作品。

《文心雕龙》中的"圆"术语大量出现,并且集中反映了刘勰的文论思想。圆作为范畴的地位得以确立。那么,它又是如何生成的呢?笔者认为,"圆"从原始意象到文化关键词再到文论范畴,经历了漫长的历史过程。

---

① (战国)吕不韦著. 吕氏春秋. 中州古籍出版社,2010.65

二、"圆"作为文化关键词①

"圆"首先是一种原始意象。

1. 原始意象之"圆"

"圆"是一种普遍的文化现象。按照荣格的理论,"圆"属于原始意象。通过对宗教和神话心理学的研究,荣格注意到,世界上不同文化、不同地域的原始部落中有着某些相似的原始意象。学界普遍认同最古老的舞蹈形式是环舞或圈舞。这种舞蹈遍及亚洲、欧洲、美洲、澳洲,遍及一切有人类有舞蹈的地方的古老传统中。②新石器时代的马家窑文化中有一件彩陶盆,上绘 5 人一组(共 3 组 15 人)手臂相连、围圈而舞的环舞,据考证距今已有 5000 至 5800 年。西方不少文学作品中都谈到了圆形的宇宙舞蹈,最早见于荷马史诗《伊利亚特》第十八卷中所描绘的"阿克琉斯之盾"。神匠赫法伊斯托斯为阿克琉斯铸造了一个坚固的大盾牌,当中有一个"舞场",小伙子和姑娘们在舞场手挽手排成长串,优美地绕着圆圈,迅疾地旋转,犹如陶工弯腰试转时的转盘。四旬斋篝火、复活节篝火、万圣节篝火由古老的欧洲篝火节演变而来,人们环篝火成圈而舞。苏珊·朗格认为这类圆形原始舞蹈通常有着神圣意义:"那种环舞或圈舞作为舞蹈形式与自发的跳跃无关,它履行一种神圣的职能,也许是舞蹈最神圣的职能——将神圣的'王国'与世俗存在区分开来。"③原始舞蹈与图腾崇拜密切相关,圆舞多含"参天地谐造化"之意。

2. 中华文化关键词之"圆"

在中国的历史语境下谈"圆",不能不谈到"方"。"天圆地方"是古代中国人对天地形态的最原始的想象。"没有规矩,不成方圆"。"方圆"直接与"规矩"相连,二者都与宇宙论、创世说密切相关。中国古代天体说中的盖天说、浑天说均持"天圆"论。盖天说认为天似盖笠,地似覆盘。《吕氏春秋·序意篇》云"大圜在上,大矩在下,汝能法之,为民父母"④。浑天说观点则如其代表人物张衡所说"天圆如弹丸,地若卵中黄"。"方"、"圆"离不开"规"、"矩"。山东嘉祥县汉武梁祠画像、山东沂南汉墓石柱、新疆高昌故址阿斯塔那古墓彩色绢画均出现"伏羲手执矩,女娲手执规"的图案。在中国上古神话中,伏羲、女娲被视为人类始祖,手持规矩有画天地方圆、

---

① 1976 年,英国文化学家雷蒙·威廉斯出版《关键词:文化与社会的词汇》一书,受其影响,本世纪初,国内学界兴起"关键词"热,相关论文、著作和丛书时有发表和出版。参见李建中. 关键词研究:困境与出路. 长江学术,2014(2).66-72. 笔者认为,"圆"亦属中华文化关键词。
② 张华. 中国民间舞与农耕信仰. 吉林教育出版社,1992.31
③ 于平. 中外舞蹈思想概论. 人民音乐出版社,2002.484
④ (战国)吕不韦著. 吕氏春秋. 中州古籍出版社,2010.158-159

定世间秩序之义。先秦两汉文献中,出现了大量有关"规、矩"的言论,"规"和"矩"表示绘图和测量工具,与"圆"和"方"对应。如:"圆者中规,方者中矩"(《荀子·赋》)①;"巧匠为宫室,为圆必以规,为方必以矩,为平直必以准绳"(《吕氏春秋·分职》)②;"礼之于正国也,犹衡之于轻重也,绳墨之于曲直也,规矩之于方圆也"。(《礼记·经解》)③;"离娄之明,公输子之巧,不以规矩,不能成方圆"(《孟子·离娄上》)④;"我有天志,譬若轮人之有规。匠人之有矩,轮匠执其规矩,以度天下之方圆"(《墨子·天志上》)⑤;"未尝闻身治而国乱者也,未尝闻身乱而国治者也。矩不正不可以为方,规不正不可以为圆。身者事之规矩也,未闻枉己而能正人者"(《淮南子·诠言训》)⑥。

德国哲学家卡尔·雅斯贝尔斯认为,公元前 800 年至公元前 200 年间,尤其是公元前 500 年前后,是人类文明的"轴心时代"。这段时期不仅是人类文明精神的重大突破时期,而且也决定了后来人类文化的意义建构。"就华夏文明而言,时空节点是殷商西周及春秋战国,经典文本是六经及诸子,语义根源则是先秦元典关键词。"⑦可以说,从最原始的宇宙论、创世论开始,到成为社会秩序、修身治国之伦理标准,伴随"规矩","方圆"在先秦时期成为中华文化关键词之一。

然而,值得注意的是,"方"与"圆"往往成对出现,"圆"却更受到偏爱。《易经·系辞上》有"蓍之德,圆而神",王弼、韩康伯注曰:"圆者,运而不穷"。⑧圆在先秦时代成为极富生命力的关键词。《周易·说卦传》如是规定:"乾为天、为圆、为君、为父","坤为地、为母、为方",对"天地、方圆、男女"进行高卑定位。《淮南子·天文训》):"天道曰圆,地道曰方。方者主幽,圆者主明。明者吐气者也,是故火曰外景;幽者含气者也,是故水曰内景。吐气者施,含气者化,是故阳施阴化",已经隐含着天地、方圆、阴阳、男女的不平等地位:天尊地卑、圆尊方卑、阳尊阴尊、男尊女卑。《周礼·春官·大宗伯》:"以玉作六器,以礼天地四方。以苍璧礼天,以黄琮礼地,以青圭礼东方,以赤璋礼南方,以白琥礼西方,以玄璜礼北方。"郑玄注:"礼神者必象其类,璧圆象天,琮八方象地"⑨。考古研究表明商周时期玉琮已趋于衰落,重璧

---

① 孙安邦、马银华译注. 荀子. 山西古籍出版社,2003. 242
② (战国)吕不韦著. 吕氏春秋. 中州古籍出版社, 2010. 416
③ 崔高维校点. 礼记. 辽宁教育出版社,2000. 171
④ 杨伯俊、杨逢彬注释. 孟子. 岳麓书社, 2000. 115
⑤ 墨子. 商务印书馆,1930. 84
⑥ 刘安著. 淮南子. 河南大学出版社,2010. 481
⑦ 李建中. 关键词研究:开启中华文化现代意义世界. 中国社会科学报,2014－6－4(603)
⑧ (魏)王弼、(晋)韩康伯注,施伟青点校. 周易王韩注. 岳麓书社,1993. 205－206
⑨ 郑玄注,贾公彦疏. 周礼注疏. 上海古籍出版社,2010. 281－282

轻琮是一种普遍现象①，而重璧轻琮是"天尊地卑"观念的体现，天尊地卑的结果则是重圆轻方。

3. "圆"作为文化关键词在哲学上的体现

道家、儒家均有尚圆之风。黄老道家的重要典籍《文子·自然》将运转无穷之圆视为道之本体，宇宙万物之本根："老子曰：'夫道者，体圆而法方，背阴而抱阳，左柔而右刚，履幽而戴明，变化无常。'"②道家所采用的标志太极图亦是以圆形出现。儒家虽没有对圆做出明确阐述，但儒家、道家均将《易经》视为经典，而《易经》正体现了"圜道观"（"圜"通"圆"）。"圜道"即循环之道。圜道观认为，一切自然现象和社会人事的发生、发展、消亡，都永恒遵循圆周运动，周而复始。圜道观始见于《道德经》，如"反者道之动"、"远曰及"，返本归初是事物运行的趋势。《吕氏春秋·圜道》篇则对此进行了展开论述："物动则萌，萌而生，生而长，长而大，大而成，成而衰，衰乃杀，杀乃藏，圆道也"③。《易经》认为宇宙万物处于循环往复的运动之中。天地是一个大循环，每一个事物是一个小循环，事物直接有着循环转化的关系："无平不陂，无往不复"（《泰卦》），"反复其道，七日来复"（《复卦》）。就儒家而言，"中和"思想则与"圆"思想符契相合。首先，就思维活动而言，"中"即"不偏不倚，无过无不及"。中既是起点，又是终点，不偏不倚的圆满状态需要不断循环的思维活动才能达致，这种思维路径恰好表现圆形④。其次，就伦理价值而言，《中庸·天命》云"喜怒哀乐之未发，谓之中；发而皆中节，谓之和。中也者，天下之大本也；和也者，天下之达道也。致中和，则天地位焉，万物育焉"⑤，"达道"就是四通八达，无所不通，这与"圆融无碍"并无二致。

由此可见，在《文心雕龙》成书之前，"圆"在中国本土已是关键词。圆是在跨越了更遥远的时空，纵横神话、宗教、哲学、美学等诸多领域而进入六经及诸子典籍，而后才进入文论中。《文心雕龙》是一部以儒家思想为主导，融会道、佛思想的理论著作。刘勰在这部书中也清晰地宣示了儒家知识分子的身份。中华本土的"圆"应是存在于他的知识结构之中，这从书中对"圆"的各种意义的娴熟应用即可看出。然而，不容忽视的事实是，除了儒家知识分子，刘勰还笃信佛教。他曾三入定林寺，初依佛教律学大师僧佑居定林寺十余年，后奉旨入定林寺编集佛教经藏，晚年于定林寺出家。他的佛教徒身份是否也参与了"圆"作为文论范畴的建构？

---

① 邓淑苹.由考古实例论中国崇玉文化的形成与演变.中国考古学与历史学之整合研究，1997.805
② 李德山译.文子译注.黑龙江人民出版社，2003.219
③ （战国）吕不韦.吕氏春秋.中州古籍出版社，2010.421
④ （韩）李顺连.道论.华中师范大学出版社，2003.157
⑤ 朱熹注.中庸.西泠出版社，2008.1

三、佛教之于文论范畴"圆"的生成

佛教进入中土后,至刘勰所处的梁武帝时达到极盛。梁武帝笃信佛教,发起种种兴佛运动,如广建寺院,立丈八佛像;禁肉食;创立忏悔法;提倡义学,自疏《涅槃》《净名》等经典,自讲《般若》义,自立《伸明成佛》义,诏编《众经要钞》《义林》等佛教类书,推崇《成实》论师和《十诵》律师。这些举措促进了佛教向社会深层的广泛流布。

佛教对中国社会生活和文学艺术都发生了深远的影响。佛教进入中土,与中国本土文化之间既是相互冲突、碰撞,同时又是相互激发、共同提升的过程。正是在与中国本土思想的冲突、碰撞、融合中,佛教实现了中国化的过程;这也是中国本土思想不断发展、整合的过程,并催生了魏晋南北朝时期的玄学。关于佛教与玄学的关系,宾西法尼亚大学教授梅维恒认为佛教是玄学的催化剂:"可以更有力的论证,就时间顺序和内容而言,是佛教(尤其是般若学和毗昙学,为现存中国思想的混合体(主要是儒家思想和道家思想提供了发酵剂,催生了玄学"①。尽管汤用彤先生认为,"玄学与印度佛教在理论上没有必然的关系,易言之,佛教非玄学生长的正因。反之,佛教倒是先受玄学的洗礼,这种外来的思想才能为我国人是所接受",他也承认,"不过,以后佛学对于玄学的根本问题有更深一层的发挥。所以从一方面讲,魏晋时代的佛学可以说是玄学。而佛学对玄学为推波助澜的助因是不可抹杀的"②。正是玄学开启了中国历史上的文学自觉时代,佛教对中国思想界乃至整个上层建筑影响重大。在文学领域,"此时正值佛典大量翻译、传播,佛家学说与中国传统学术有着巨大差别,在宇宙观、人生观、心性观、认识论等方面提出了新课题并给予了十分细密的论证与解答。处于形成期的文学理论,从佛学中寻找借鉴与依据,亦属自然。"③例如,佛教发达的造像艺术启发文学理论中的形象学理论;佛教的"空观"使文论家和诗人开始追求一种不同于现实真实的艺术真实,追求"方外之至真",从而赋予了文学作品一种空灵、超脱的精神境界。身为佛教徒的儒家知识分子刘勰在构建自己文学理论体系时,从佛教中吸取营养,亦属自然。正是自刘勰起,"圆"作为文论范畴的地位得以正式确立,这会否受到佛教的影响呢?

比较而言,佛教尚圆意识较儒、道表现更为突出。佛教认为,圆代表完美无缺,是一切形状中之最美者。大乘佛教中的宇宙广大无边。世界的中央是须弥山,日

---

① Rebecca Shuang Fu,etl. "What is Geyi, After All", *Essays by Victor H. Mair*, New York: Cambria Press, 2013.541.
② 汤用彤.汤用彤全集(第四卷).河北人民出版社,2000.112
③ 孙昌武.佛教与中国文学.上海人民出版社,2007.251

月星辰围绕着须弥山运行。四周是九山八海,最外侧的咸海中有四大洲。人类就居住在四大洲之一的南瞻部洲上。咸海之外是铁围山,下面有地轮、水轮、风轮支撑着,再下面是虚空轮。以上构成一个小世界。同样的世界有三千大千世界,即一千的三次方那样多的世界。由是观之,宇宙运转呈现圆形模式。与此相关的是佛教的"六道轮回"观。事实上,早在佛教产生之前,印度社会就存在着圆形为美的审美趣味①。宗教的产生离不开世俗社会的文化环境,世俗的尚圆之风也随佛教的产生而移入其中并得以升华。圆在梵语中为 avikala,意为"不偏倚、圆满、圆融",常用来比喻般若智慧。《圆觉经》"以圆觉慧,圆合一切"②。佛说法之音因其圆满周密美妙,被称为"圆音"。佛顶上之圆轮光明,称为"圆光"。佛教多取相于圆形之物,如"圆轮"、"圆月"、"圆镜"、"圆珠"、"弹丸"作象征。《大乘本生心地观经·发菩提心品》第十一论菩提心相如"圆满月轮于胸臆上明朗"。与佛教相关的器物如莲花、佛珠、法轮均为圆形,象征着智慧之圆满无碍。除了表示般若智慧这样的佛教本体,"圆"也成为佛教文学艺术中的审美范畴。龙树《十二礼赞阿弥陀佛文》曰:"面善圆净如满月,威光犹如千日月,声如天鼓俱尸罗,故我顶礼弥陀尊。"③《三藏法数》卷四十八载"三十二相"中与"圆"有关的描写有"足跟满足","踵圆满无凹处";"足背高起而圆满";"股肉纤圆";"肩圆满相,两肩圆满而丰腴";"两足下、两掌、两肩并顶中,此七处皆丰满无缺陷"等。④

  佛教东传离不开翻译。究竟何人何时将 avikala 翻译为"圆",已无从考证。但可以肯定的是,印度佛教中的圆与中国本土圆的共性,使得 avikala 与"圆"产生共振,并催生了大量与"圆"有关的术语:圆通、圆照、圆明、圆鉴、圆悟、圆妙、圆觉、圆融、圆相、圆好、圆应等。正如钱钟书所云:"盖自六朝以还,谈艺者于'圆'字已闻之耳熟而言之口滑矣。"⑤"圆"作为文论范畴出现在齐梁之际绝非偶然。佛教在其中发挥了重要作用。佛教中的"圆"与中国本土的文化关键词"圆"发生共振,强化了中国人的尚圆意识,经由文论家转化为审美范畴,从而焕发了新的生命力。易言之,"圆"范畴是中国本土文化与外来佛教文化化合作用的产物。以"圆通"为例。该词在《文心雕龙》中出现了三次。但在《文心雕龙》写作之际,该词已频现于佛教典籍或佛经翻译批评中,其意义主要有三:一是涉及佛教本体论,意味着至高无上,包罗万象,是神明之体现。如:(僧)肇曰:"无生之道,无有得而失者不退也;流演圆通,无系于一人轮也。诸佛既转此轮,诸大士亦能随顺而转之。""平等不二,圆通一

---

① 祁志祥.以圆为美——佛教对现实美的变相肯定之一.文史哲,2003(1).38
② 荆三隆注释.圆觉经注译与评说.太白文艺出版社,2000.182
③ 孙维新.佛源语词词典.语文出版社,2007.154
④ 丁福保.佛学大辞典.文物出版社,1984.138
⑤ 钱钟书.谈艺录(补订本).中华书局,1984.432-433

身,可谓大象之真"。二是指通达,圆融无碍,如:"明知圣人之教,触感圆通,三皇以淳朴无服,五帝以沿情制丧,释迦拔苦,故弃俗返真。检迹异路,而玄化同归"。三是指向"完备、周密",多见于当时的佛经翻译批评中。如:"(鸠摩罗)什持胡本,(姚)兴执旧经,以相摊校。其新文异旧者,义皆圆通。众心恢伏,莫不欣赞焉"①。

可以发现,"圆通"除表示佛教中的智慧真如之圆融无碍外,已经开始成为翻译批评术语。不唯如此,"圆通"一词也开始进入儒家注经中。南北朝齐梁时《论语》曾被论者评为如"车轮之圆转无穷",如"明珠之小而圆通"。皇侃《论语义疏·自序》谈及《论语》之"论"有四种理解,其中第四种解释为:

伦者,轮也。言此书义旨周备,圆转无穷,如车之轮也";皇侃案曰:今作"论"者,明此书之出不专一人,妙通深远,非论不畅。而音作"伦"者,名此书义含妙理,经纶千古,自首臻末,轮转不穷。依字则证事立文,取音则据理为义,义文两立,理事双该。圆通之教,如或应示,故蔡公为此书为圆通之喻,云:"物有大而不普,小而兼通者;譬如巨镜百寻,所照必偏,明珠一寸,鉴包六合"。故有言《论语》小而圆通,有如明珠;诸典大而偏用,譬若巨镜。诚哉是言也!②

文中所引"蔡公"为东晋时期学者蔡谟。蔡谟原句并没有出现"圆通"一词,皇侃据其句意"拈出""圆通"一词。佛教传入中国后,与中国传统的儒学之间经历了一个由碰撞、冲突至渐趋融合的过程。在这一过程中,二者互相影响、互相渗透。佛教对儒家思想的渗透,主要"体现对儒家讲经、注经的语言形式、阐释风格及阐释原则"的影响③。皇侃《论语义疏》中明显有借用佛教术语之处。黄侃在其《汉唐玄学论》中指出用佛语阐释儒经始于皇侃:"皇氏《论语义疏》所集,多晋末旧说,自来经生持佛理以解儒书者,殆莫先于是书也"。④ 其对《论语》的评价也明显借用佛教中的"圆通":"义文两立,理事双该。圆通之教,如或应示"。至于"圆通"一词的意义,笔者认为则为"内教"、"外教"中"圆"的意义的融合。在中国文化中,圆常表示圆满无缺、圆转无穷。佛教之圆"运转无穷"意义并不明显。《三藏法数》四十六曰:"性体周遍曰圆,妙用无碍曰通。乃一切众生本有之心源,诸佛菩萨所证之圣境也"⑤。丁福保《佛学大辞典》释义为"妙智所证之理曰圆通。性体周遍为圆,妙用无碍为通。又以觉慧周遍通解通入法性,谓为圆通"⑥。佛教中"圆通"指智慧之神

---

① 参见普慧.《文心雕龙》对佛教外来词语的吸收和借鉴.中国中外文艺理论学会年刊,2008.549—561
② (梁)皇侃撰,高尚榘校点."论语义疏自序".论语义疏.中华书局,2013.3
③ 焦桂美.论南北朝时期佛教与经学的相互渗透.北方论丛,2007(3).107—111
④ 黄侃.中国现代学术经典·黄侃卷.汉唐玄学论.河北教育出版社,1996.388
⑤ (明)释一如.《三藏法数》卷四十六.浙江古籍出版社,1991.85
⑥ 丁福保.佛学大辞典.文物出版社,1984.1169

通圆融、自在无碍、周行于一切。这与中国本土"圆"所蕴含的"周备、圆满、无缺"意义契合。此段评论中皇侃首先以"轮"喻《论语》:"圆转无穷,如车之轮也",其次借用蔡谟的评论"巨镜百寻,所照必偏,明珠一寸,鉴包六合"。镜与明珠的区别一是静止,一是运转,静止的镜子即使再大,所照也必有偏缺,而明珠因为其流转,即使再小,也可以照鉴东西南北上下,照鉴整个宇宙空间及万事万物。可见,皇侃用"圆通"一语,是取运转无穷与周密完备意之综合,换言之,是印度佛教中"圆"与中国本土文化中"圆"的本义的融合。

上述皇侃以"圆通"评《论语》可作为佛教之于中国文化影响的例证。与皇侃地道的儒家学者、经学家身份不同的是,刘勰是位笃信佛教的儒家知识分子。《文心雕龙》以儒家思想为主导,言"论文必征于圣,窥圣必宗于经"(《文心雕龙·征圣》),"圣"与"经"均指儒家圣贤与经典。然而,儒家知识分子与佛教徒的身份并没有产生冲突,而是共存互补。他在《文心雕龙》中创造的文论范畴"圆"是中国文化固有思想与外来佛教思想共同作用的结果。在这个范畴之下的术语,有取自中国化佛教的术语如圆该、圆览、圆合、圆通,同时,佛教的输入也激发了作为本土文化关键词的"圆"的新的生命力,如作为天体的"圆"及其引申义"完美无缺"的"规体之圆"、以及寓意"圆转无穷"之圆。无论是佛教中的"圆"还是中国本土中的"圆"在文论中均焕发了新的生命力,并融合而形成审美领域的"圆"范畴。

"圆"能由文化关键词经由佛教在文论家刘勰的笔下成为范畴,与刘勰所处时代的思想背景、精神特征和刘勰本人的思想密切相关。魏晋南北朝时期,"三教一致"思想盛行。这一思想发端于佛教初入中土之时。作为一种外来文化,佛教必须适应中国文化土壤才能扎根生长。为此,佛教采取的一种适应策略便是倡导"三教一致论",通过比附儒、道,迎合中国传统的思想文化,努力调和与儒、道思想的矛盾,并极力论证佛教与儒、道在根本上的一致性。例如汉末出现的《牟子理惑论》,称佛法为"道",而对佛的阐释又是儒学化的:"道之为物,居家可以事亲,宰国可以治民,独立可以治身"[①]。魏晋时期的玄学已有会通儒、道二家的倾向。正始时玄学代表人物王弼、何晏以无为本,崇尚老庄,却不废儒书,仍尊孔子为圣人。之后的向秀、郭象亦称儒道双修。南朝时玄风盛时,多认佛道儒诸家同源合流。南朝宋时在俗的佛教徒、画家宗炳在《明佛论》(《全宋文》卷二十一)提出:"孔老如来,虽三训殊路,而习善共辙"。他认为,儒家讲治国安邦之道,道家讲寡欲少动之道,佛家讲宇宙人生之道;但三教的宗旨却是一样的,即都是劝人为善;其作用也是一样的,即都有利于社会教化[②]。崇敬儒学和信仰佛学并不矛盾,甚至可以同时体现在一个

[①] 刘立夫、魏建中、胡勇译注.弘明集 上.中华书局,2013.16
[②] 李霞.圆融之思——儒道佛及其关系研究.安徽大学出版社,2005.261

人身上。南朝齐时张融既笃信佛教又喜爱儒、道,认为三教之间"感而遂通",临终留下遗言:死后要左手执《孝经》、《老子》,右手执《小品》、《法华经》。梁武帝就曾经提倡三教同源,也就是儒、释、道三教同源。《广弘明集》载梁武帝《述三教诗》:"少时学周孔","中复观道书","晚年开释卷"①。张少康、笠征总结到,"佛教自东汉传入东土,经过几百年的发展,至于六朝,已然与中国本土文化渐趋融合。佛学和儒学不是对立的,而是完全可以互相兼容的。其间虽有夷夏之论,本末之争,但本同末异观念遍及晋、宋、齐、梁"②。

刘勰本人在《灭惑论》③中明确谈及儒家、道家和佛家在"道"的问题上原理一致,可以相通:"至道宗极,理归乎一;妙法真境,本固无二。"不仅佛道和儒道是一致的,而且道家之道和佛家之道也是一致的:"梵言菩提,汉语曰道……权教无方,不以道俗乖应;妙化无外,岂以华戎阻情? 是以一音演法,殊译共解,一乘敷教,异经同归。经典由权,故孔释教殊而道契;解同由妙,故梵汉语隔而化通。但感有精粗,故教分道俗;地有东西,故国限内外。其弥纶神化,陶铸群生无异也。故能拯拔六趣,总摄大千,道惟至极,法惟最尊"④。

由是观之,不难理解刘勰在创建理论著作时会广采百家,"弥纶群言"。《文心雕龙》尽管以儒家思想为主导,却融会佛、道思想。对诸子百家及魏晋玄学家的评论也尽显其兼容并包之意:例如,他认为诸子百家之作"皆入道见志之书",尽管"有纯粹者,有踳驳者,但洽闻之士,宜撮纲要,览华而食实,弃邪而采正。因为极睇参差,亦学家之壮观也"(《文心雕龙·诸子》)。大量"圆"术语的使用,正体现了刘勰本人的圆融思想。

《文心雕龙》之后,"圆"正式成为文艺批评术语,不仅应用于文论,亦出现在书画、音乐批评中。清代张英在(《聪训斋语》卷上)。对此做了很好的总结:"天体至圆,故生其中者无一不肖其体……万物做到极精妙者,无不有圆者。圣人之至德,古今之至文、法帖,以至一艺一术,必极圆而后登峰造极。"⑤

结　语

从长时段来看,《文心雕龙》中的"圆"范畴的生成经历了从原始意象到文化关

---

① (唐)道宣撰.《广弘明集》卷三十,上海古籍出版社,1991.365
② 张少康、笠征. 刘勰《文心雕龙》和佛教思想的关系. 北京大学学报,2005(4).49
③ 学界对《灭惑论》作者存有争议,有人认为作者并非刘勰。笔者则持相反态度。《灭惑论》与《文心雕龙》一致体现了刘勰的圆融思想,对此笔者将另文探讨。
④ 蓝吉富.现代佛学大系 4.弥勒出版社,1982.326-327
⑤ (清)张英、张廷玉.聪训斋语澄怀园语合刊.青年协会书局,1927.13

键词再到文论范畴的漫长的发展历程。刘勰作为笃信佛教的知识分子,其双重身份并不发生冲突,而是并存互补,共同造就了《文心雕龙》中的圆范畴。大而言之,这是中国本土文化与外来佛教思想双重作用的结果。"圆"根植于本土,又在佛教思想的浇灌下,在中国文论中开出圆美之花。正是佛教的激发,有了审美领域之"圆"。佛教亦成为中国文论重要源头。

《山海经》中的"人鱼"形象在日本的变异

张西艳

[内容摘要] "人鱼"是《山海经》中出现频率最高的珍奇异兽之一,其"人面鱼身"的典型形象后来传到日本。自《倭名类聚钞》中出现"人鱼"一词以来,日本诸多作品中都有关于"人鱼"的描述,日本的"人鱼"形象以《山海经》中"人面鱼身"形象为原点的同时,发生了诸多的变异。至江户末期,"人鱼"的出现被视为一种"凶兆"。人鱼被视为长寿的妙药。自江户中后期起,日本"人鱼"的形象已由"人面鱼身"演变成"上半身为人、下半身为鱼",其"人"的成分增多了。日本"人鱼"形象的变异,既有中国文化的影响,又有本土文化的沉淀,加上欧美文化的洗礼,是多元文化共同作用的体现。

[关键词] 山海经 人鱼 日本

基金:北京外国语大学校级科研项目(中央高校基本科研业务费专项资金资助),项目编号为2015JX006

《山海经》是我国重要典籍之一,其中有关于古代日本的记载。早在日本奈良时代,《山海经》便传入日本。奈良时代初期,日本现存最早的正史《日本书记》中就有记载蒲生河中有"其形如人"的生物出现,这种生物很容易让人想到《山海经》中的"人鱼"。"人鱼"是《山海经》中出现频率最高的珍奇异兽之一,其"人面鱼身"的典型形象后来也传到日本,成为日本"人鱼"形象的原型。日本诸多作品中都有关于"人鱼"的描述,但是,日本的"人鱼"形象在历史的演变中却发生了不同程度的变异。

一、《山海经》中的"人鱼"形象

《山海经》中所记载的鱼有五十余种,其中,"人鱼"是出现频率最高的珍奇异兽之一,且有多种不同的称呼。南山经之青丘之山记载:"英水出焉,南流注于即翼之泽。其中多赤鱬,其状如鱼而人面,其音如鸳鸯,食之不疥。"①袁珂校注"鱬音儒;赤鱬,盖人鱼之类。"②依此看来,"赤鱬"是《山海经》中有关"人鱼"出现的最早记载,"状如鱼而人面"是其典型的形象。

自南山经之后,西山经之竹山、北次三经之龙侯之山、中次四经之熊耳之山、中次六经之傅山、阳华之山,中次十一经之朝歌之山、葴山,共有7处"多人鱼"的记载。其中,北次三经之龙侯之山有关于"人鱼"的详细描述,"其中多人鱼,其状如鯑鱼,四足,其音如婴儿,食之无痴疾。"③关于"鯑鱼",中次七经少室之山有记载,"休水出焉,而北流注于洛,其中多鯑鱼,状如盩蜼而长距,足白而对,食者无蛊疾,可以御兵。"④盩蜼据说是古代一种与猕猴相似的野兽。不管古代是否真有盩蜼这种野兽,但与人类基因相似度约为93%的猕猴却是众所周知的,其表情有几分酷似人类。由此可以推断,《山海经》中多处记载的"人鱼"与南山经中同为人鱼之类的"赤鱬"形象是类似的。正如袁珂所注,"即南山经青丘山之赤鱬,中次七经少室山之鯑鱼,亦均人鱼之属也。然此人鱼,乃动物之人鱼,非神话之人鱼也。"⑤

那么,除"赤鱬"、"人鱼"、"鯑鱼"这三种"动物之人鱼"外,《山海经》中还有哪些"神话之人鱼"?海外西经中有一段关于"龙鱼"的记载。"龙鱼陵居在其北,状如鲤,一曰鰕。"⑥"高诱注云:龙鱼如鲤鱼也,有神圣者乘行九野,在无继民之南。"⑦从袁珂的引注可以看出,"龙鱼"确实是神话传说中的一种鱼。海内东经中还有一段关于"陵鱼"的记载。"陵鱼人面,手足,鱼身,在海中。"⑧关于"龙鱼"与"陵鱼"之属,袁珂指出,"龙鱼,疑即海内北经所记陵鱼,盖均神话传说中人鱼之类也。"⑨根据《尔雅》、《本草纲目》中有关"龙鱼"、"人鱼"的记载,袁珂还指出,"'人面,手足,鱼身,在海中'之陵鱼,正是人鱼形貌。"⑩

被袁珂誉为"神话之渊府"的《山海经》不光有"龙鱼"、"陵鱼"这种"神话之人鱼",海内南经还有这样一段记载,"氐人国在建木西,其为人人面而鱼身,无足。"⑪关于"人面鱼身"的"氐人国",袁珂认为,"氐人国民盖神话中人鱼之类也。海内北

---

① 方韬译注.山海经.中华书局,2009:5.
② 袁珂.山海经校注.上海古籍出版社,1980:7.
③ 方韬译注.山海经.73.
④ 方韬译注.山海经.136.
⑤ 袁珂.山海经校注.323.
⑥ 方韬译注.山海经.188.
⑦ 袁珂.山海经校注.224.
⑧ 方韬译注.山海经.224.
⑨ 袁珂.山海经校注.224.
⑩ 袁珂.山海经校注.224.
⑪ 方韬译注.山海经.207.

经云：'陵鱼人面，手足，鱼身，在海中。'即此之属。唯彼手足俱具，此独'无足'耳。"①关于大荒西经中的"互人之国"，袁珂指出，"郭注：'人面鱼身。'郝懿行云：'互人国即海内南经氐人国，氐、互二字，盖以形近而讹，以俗氐正作互字也。'"②另外，关于海内南经中的"雕题国"，郭璞认为是"鲛人"。袁珂则指出，"郭云即鲛人，恐非，或有讹字。"③对此，袁珂进一步补充，"鲛人乃人鱼……此雕题国人固非鲛人也。"④在雕题国人是否为鲛人这一点上，今人虽无法判定，但《山海经》中的"神话之人鱼"却成了我国人鱼传说的渊源。

综上所述，《山海经》中的"人鱼"有"赤鱬"、"鳛鱼"、"龙鱼"、"陵鱼"、"氐人"、"互人"等多种不同的称呼，但使用最频繁的还是"人鱼"。无论是"动物之人鱼"，还是"神话之人鱼"，"人面鱼身"是《山海经》中人鱼之类的共同形象。只是有的生活在河水中，有的生活在海水里。有的"有足"，有的"无足"。有的其音如"鸳鸯"，也有的如"婴儿"。《山海经》中频繁出现的"人鱼"奠定了我国人鱼传说的基础，其"人面鱼身"的典型形象后来也传到了日本，成为日本"人鱼"形象的原型。

二、日本"人鱼"形象的原型

成书于奈良时代（710—794年）的《日本书纪》(720年)是日本现存最古老的正史，其第二十二卷之首推古天皇一条中，有这样的记载：

二十七年夏四月，己亥朔壬寅，近江国言，"于蒲生河有物，其形如人。"

秋七月，摄津国有渔父，沉罟于堀江．有物入罟，其形如儿。非鱼非人，不知所名。⑤

这两段记载中"其形如人"和"其形如儿"的形象很容易让人想到《山海经》中频繁出现的"人鱼"，但《日本书纪》中的这种"非鱼非人"的生物却"不知所名"。由此可以推断，在推古天皇二十七年，即619年，《山海经》尚未传入日本，所以不知"人鱼"为何物。日本自600至618年已派遣了5次以上的遣隋史，至《日本书纪》成书的720年，已派遣了9次遣唐使，《日本书纪》中也有遣隋使和遣唐使的记载，但《日本书纪》中对于619年出现的"其形如人"的生物却"不知其名"，更没有相关的注解。可见，至奈良初期的720年，《山海经》很可能仍未传入日本。

成书于日本平安时代宽平年间（889—897年）的《日本国见在书目录》是日本

---

① 袁珂．山海经校注．281．
② 袁珂．山海经校注．280．
③ 袁珂．山海经校注．270．
④ 袁珂．山海经校注．270．
⑤ （日）小島憲之等訳．新編日本古典文学全集(3)日本書紀(2)．小学館，1996：575．

现存最早的一部敕编汉籍目录,其"土地家"卷首有记"《山海经》二十一卷。郭注。见十八卷"①。这是日本古籍中现存最早也最明确的关于《山海经》的记载,说明在平安时代(794—1185年)早期,日本已有《山海经》的藏本。日本学者九头见和夫对日本"人鱼"形象深有研究,据其考证,"'人鱼'一词的使用,最早可以确认的日本文献为受中国汉代地理书《山海经》等影响的和汉辞典《倭名类聚钞》。"②《倭名类聚钞》成书于平安中期承平年间(931—938年),是日本现存最早的百科全书,其中有关于"人鱼"的解释,"兼名苑云、人鱼一名鲮鱼、上音陵、鱼身人面者也。山海经注云,声如小儿啼,故名之。"③《兼名苑》是我国一部早已失传的梁代名物辞典,其"人鱼"之名及"鱼身人面"的形象无疑源自《山海经》。

根据《倭名类聚钞》中有关"人鱼"的解释以及九头见和夫的考证,可以看出,日本"人鱼"之名出自《山海经》,其"鱼身人面"且"声如小儿啼"的形象也是以《山海经》中的"人鱼"形象为原型的。

三、成为"凶兆"的日本"人鱼"

日本"人鱼"之名及其"鱼身人面"的形象源自《山海经》无疑。但是,在比《倭名类聚钞》成书稍早一些的《圣德太子传历》(917年)中,却有这样的记叙。

廿七年,己卯,春正月……太子谓左右曰:"祸始于此。夫人鱼者瑞物也,今无飞免。出人鱼者,是为国祸。汝等识之。"④

圣德太子是推古天皇的摄政,同是推古天皇二十七年的事,《圣德太子传历》中出现两次"人鱼",这与《日本书纪》中所记推古天皇二十七年出现的生物"不知所名"明显矛盾。2008年6月,日本大阪市立美术馆曾举办了一次特别展览,名为"圣德太子因缘的名宝",在展览期间宣传主页的第6条中有这样一段,"《圣德太子传历》并不是根据历史事实记载圣德太子49年生涯的。其中大部分是从奈良到平安时代因太子崇拜信仰膨胀而添加的功绩。"⑤正史与个人传纪,孰真孰假,往往不言自明。这也正如九头见和夫所言,"著作《圣德太子传历》的后世之人,一定是从据说9世纪传到日本的《山海经》等书中得到启示,用'人鱼'来称'非人非鱼'的

---

① (日)藤原佐世.日本国见在书目录.続群書類従完成会,1941:39.
② (日)九頭見和夫.日本の「人魚」像——『日本書紀』からヨーロッパの「人魚」像の受容まで.和泉書院,2012:56.
③ (日)中田祝夫編.倭名類聚抄.勉誠社文庫,1978:213.
④ (日)九頭見和夫.日本の「人魚」像——『日本書紀』からヨーロッパの「人魚」像の受容まで.43.
⑤ 大阪市立美術館で開催中の特別展「聖徳太子 ゆかりの名宝」 http://www.bell.jp/pancho/k_diary-2/2008_06_05.htm

生物，说成是圣德太子的话。……关于圣德太子视人鱼出现为国祸的记述也是写《圣德太子传历》的人创造出来的。"① 由此可见，平安时代的 917 年，日本文学作品已经受到《山海经》的影响。而且，《山海经》中的"人鱼"形象在日本已经开始变异，即"出人鱼者，是为国祸"，"人鱼"的出现成为一种"凶兆"。

关于"人鱼"的出现为"凶兆"这一点，在《圣德太子传历》之后的日本诸多书籍中都有出现。成书于镰仓时代末期 1300 年左右的《吾妻镜》是一部记录 1180—1266 年间镰仓幕府史事的编年体史书。其中有这样的记载：

三浦五郎左卫门尉参左卫御方、申云、去十一日、陆奥国津轻海边、大鱼流寄、其形偏如死人。……此事则被寻古老之处、先规不快之由申之。所谓文治五年夏有此鱼、同秋泰衡诛戮。建仁三年夏又流来、同秋左金吾有御事。建保元年四月出现、同五月义盛大军、急为世御大事云云。②

这段记载中虽未明确出现"人鱼"二字，但"偏如死人"的"大鱼"之形貌，以及此鱼一出即有战乱的描述，与《圣德太子传历》中的"人鱼"十分相近。

至日本江户时代前期成书的历史书《北条五代记》，其中也有关于人鱼出现即有国祸、战乱的内容，"人鱼"的出现往往与"不吉之事"有所关联。之后的《新编分类本朝年代记》(1684 年)中，也有这样一段关于"人鱼"的描述。

后深草院宝治元年三月廿日、人鱼死、津轻浦流寄。形如人、有腹四足。先代有之、兵乱起。因有下御祈祷。③

1687 年，井原西鹤发表了短篇小说集《武道传来记》。其第二卷第 4 篇《夺命的人鱼之海》中，曾描述由于人鱼的出现，船上的人们吓得嚎啕大哭。在井原西鹤的笔下，"人鱼"的出现虽然并没有引起国祸、战乱等大事，却意味着台风等灾难的来临。

至江户时代中期，俳句诗人菊冈沾凉撰《诸国里人谈》(1743 年)一书，其卷一有关于"人鱼"的记述。若狭(今福井县)有个渔民出海捕鱼时，发现岩石上有只人鱼。渔民用船桨将其打死，把尸体投入海里正要返航时，"海上起了飓风，海鸣十七日不止。三十日后发生大地震，御浅岳山麓至海边地裂，整个乙见村全被吞没。"④

在这些文学作品中，"人鱼"成了厄运、不吉的征兆。到了江户时代后期，松浦静山的随笔集《甲子夜话》中，船上的人们看到人鱼时甚至都厌恶提到"人鱼"之名。

---

① （日）九頭見和夫.日本の「人魚」像——『日本書紀』からヨーロッパの「人魚」像の受容まで.43.
② （日）国書刊行会編.吾妻鏡(下巻).大観堂.1943:359.
③ （日）前田金五郎.『武道伝来記』の事実と創作.文学.岩波書店.1966(7):49.
④ （日）九頭見和夫.日本の「人魚」像——『日本書紀』からヨーロッパの「人魚」像の受容まで.15.

这些都是日本"人鱼"形象之原点的《山海经》中所没有的。

四、被视为"长寿妙药"的日本"人鱼"

除《武道传来记》中的《夺命的人鱼之海》外,井原西鹤在其作品《好色五人女》(1686年)第五卷第五节中有提到"人鱼咸菜",另一部作品《西鹤织留》第五卷第一节中又有"此女,既没服不老丸,也没食人鱼"的描述。可见,在井原西鹤的笔下,"人鱼"不但有预示台风等灾难来临的征兆作用,而且其肉可食,有长生不老之功效。当时的人鱼肉被当作长寿的妙药,只有有钱人才能得到。这是《山海经》中的"人鱼"形象在日本变异的又一特征。

关于"人鱼"可食这一点,早在日本镰仓时代中期的《古今著闻集》(1254年)中就有记载。《古今著闻集》是橘成季根据《今昔物语集》等编写的,全书20卷,是现今了解日本古代生活、风俗、信仰等的重要资料。在这本规模仅次于《今昔物语集》的故事集中,第20卷30篇中有一段关于"人鱼"的故事,即712段"伊势国别保渔民得人鱼献前刑部少辅忠盛之事"。"头部似人,齿细与鱼无异,口突如猿……啼声如人,落泪亦与人无异。"①橘成季不仅详细描述了人鱼的形貌,而且作出了这样的推测,"其味甚美。所谓人鱼,乃此种鯑鱼之物乎!"②毋庸置疑,橘成季关于"人鱼"的描述以及"人鱼即鯑鱼"的推测与《山海经》是完全一致的。但是,橘成季的推测中却多了一条,即人鱼"其味甚美"。

除井原西鹤的作品外,贝原益轩的《西北纪行》(1713年)、百井塘雨的《笈埃随笔》(1790年)等作品中,人鱼都被视为长寿的妙药。山东京传的《箱入娘面屋人鱼》(1791年)中有"舐人鱼可以活千岁"的说法。1806年,鸟翠台北茎的《北国奇谈巡杖记》中也有"食人鱼可长寿"的记述。到了1842年,山东京传的弟子曲亭马琴的《南总里见八犬传》中,则有"食人鱼之肉,可寿至三千年"③的说法。这些江户中后期的作品中,"人鱼"具有"长寿妙药"的鲜明特点。

说到人鱼被视为长寿的妙药,不得不提到日本各地广为流传的"八百比丘尼传说"。"八百比丘尼传说"是日本传说之一,据说是一个少女不小心吃了人鱼肉而活到800多岁的故事。关于这个传说,日本各地流传着不同的版本,不过内容大同小异。例如,日本江户时代初期的儒学家林罗山(1583—1657)在其著作《本朝神社考》中就曾提到,在他孩提时代,父亲给他讲过类似的故事。故事的主人公叫白比

---

① (日)永積安明、島田勇雄校注.日本古典文学大系84、古今著聞集.岩波書店,1966;533.
② (日)永積安明、島田勇雄校注.日本古典文学大系84、古今著聞集.534.
③ (日)小池藤五郎校訂.南総里見八犬伝(九).岩波書店,1973;124.

丘尼,食人鱼后活到四百余岁。日本学者九头见和夫根据民俗学家柳田国男等人的考证,认为《八百比丘尼传说》是从镰仓时代,最晚自室町时代起,开始在日本广泛流传。"①然而,从镰仓时代中期的《古今著闻集》中并未提到这一传说来看,《八百比丘尼传说》在日本广泛流传应该在镰仓时代中期以后。不管传说中的比丘尼到底活到多少岁,也不管此传说何时在日本广为流传,食人鱼肉可以长寿这一印象却深深扎根于日本。

直到今天,被称为"八百比丘尼传说"发祥地的日本福井县小滨市的空印寺里还保留着一处洞窟,据说是八百比丘尼入定时的洞。关于这个洞,日本学者花咲一男在《江户的人鱼们》一书中曾提到,"前来祈求长寿的参拜者很多。"②

五、"上半身为人、下半身为鱼"的日本"人鱼"

井原西鹤笔下的"人鱼"不但有预示台风来临的征兆作用,有长生不老的功效,而且,与"人面鱼身"的传统"人鱼"相比,《夺命的人鱼之海》中的"人鱼"形象又产生了新的变异。

后深草院宝治元年三月二十日,人鱼初次漂到津轻大浦,其形如下,头如红色鸡冠,面如美女。四足,滑如琉璃,鳞泛金光,体香浓郁,声如云雀笛轻奏。③

从这段描述可以看出,井原西鹤笔下"面如美女"的"人鱼",其"人"的成分增加了。其后的日本"人鱼"形象开始从"人面鱼身"向"上半身为人、下半身为鱼"转变。1743年,菊冈沾凉在《诸国里人谈》中描述的"头如人,胸前有如鸡冠般鲜红的肉褶,下半身为鱼"④的人鱼与井原西鹤描述的人鱼极为相似。

早在1607年,明代李时珍的《本草纲目》就传到日本。1709年,日本儒学家贝原益轩著成《大和本草》一书,其中有关于"人鱼"的具体名称和详细分类。第十三卷"河鱼"之"鳛鱼"的内容如下:

名人鱼,同类有两种。生于江湖中……是鳛鱼。亦称人鱼。其声如小儿。又一种鲵鱼……右为本草纲目之说。又海中亦有人鱼,记为海鱼类。⑤

关于"海鱼"之"人鱼",则有这样的介绍:

---

① (日)九頭見和夫.日本の「人魚」像——『日本書紀』からヨーロッパの「人魚」像の受容まで.169.
② (日)花咲一男.江戸の人魚たち.太平書屋,1978:22.
③ (日)麻生磯次,富士昭雄.対訳西鶴全集七.武道伝来記.明治書院,1988:77.
④ (日)九頭見和夫.日本の「人魚」像——『日本書紀』からヨーロッパの「人魚」像の受容まで.15.
⑤ (日)益軒会編纂.益軒全集卷之六.益軒全集刊行部,1911:324.

本草纲目鯑鱼集解。引徐铉稽神录云。谢仲玉者。见妇人出没水中。腰以下皆鱼。乃人鱼也。又徂异记云。查道奉使高丽。见海沙中一妇人肘后有红鬣。问之。曰。人鱼也。云鯑鲵亦人鱼。乃同名物异。日本纪二十二卷推古帝二十七年……亦应为人鱼之类。①

从以上关于"鯑鱼"和"海鱼"之"人鱼"的内容不仅能看出《山海经》和《本草纲目》对贝原益轩的影响,也能看到《稽神录》、《徂异记》对他的影响。不仅如此,《大和本草》中还有关于"海女"和"海人"的两段介绍。

海中罕有。上半身为女人、下半身为鱼。其骨为止下血之妙药。世间云人鱼者是也……

在海中。其形完全如人。头发须眉悉具。唯手足如水鸟,相连且有蹼。不能言语……其余皆人也。上陆地数日而不死。②

从贝原益轩对于"人鱼"的介绍可以看出,人鱼有多种,"声如小儿"的"鯑鱼"、"鲵鱼"与《山海经》中的"动物之人鱼"的形象是一致的。日本书纪中推古天皇二十七年出现的"非鱼非人"的生物亦属人鱼之类。而"上半身为人、下半身为鱼"的"人鱼"则是同名异物,又有"海女"和"海人"之分。1803年,本草学家小野兰山以中日两国诸文献为基础,著成有江户时代最大博物志之称的《本草纲目启蒙》,其第四十卷关于"鯑鱼"的介绍与贝原益轩在《大和本草》中的记述基本一致,只是添加了诸多中国人鱼传说的因素。

1786年,精通荷兰医学的兰学家大规玄泽在《六物新志》一书中不仅记述了"人鱼之骨"为"药饵",而且在书中配有多幅"人鱼"插图,图中"人鱼"皆"上半身为人、下半身为鱼",且有雌雄之分。之后,司马江汉的《西洋画谈》(1799年)和《和兰通舶》(1805年)也参照了大规玄泽的《六物新志》,其"人鱼"形象基本一致。

自1821年起,松浦静山始撰随笔集《甲子夜话》,至1841年去世,历时20年著成278卷,成为后人了解当时民俗的重要史料。其正篇和三篇中都有关于人鱼的见闻记录。

人鱼之事,大规玄泽之《六物新志》有详。且附考之中,记吾国所见。予所闻……呈人形,腹下虽未能见,然呈女容,肤色青白,发长薄赤。(正篇卷二十之二十六)③

头如妇人,肤色白皙,披发凌乱……船中人皆厌提其名。非人鱼无疑。(三篇卷十七之十六)④

---

① (日)益軒会編纂.益軒全集卷之六.345.
② (日)益軒会編纂.益軒全集卷之六.447.
③ (日)中村幸彦、中野三敏校訂.東洋文庫314、甲子夜話2.平凡社,1977:12—13.
④ (日)中村幸彦、中野三敏校訂.東洋文庫415、甲子夜話三篇2.平凡社,1982:65—66.

从《甲子夜话》中对"人鱼"的描述可以看出,江户后期的松浦静山明显受到《六物新志》的影响。

除此以外,1791年,山东京传在其小说《箱入娘面屋人鱼》中讲述了一个人鱼与人通婚并变成人的故事。身为龙宫女婿的浦岛太郎与鲤鱼偷情生下一个"上半身为人、下半身为鱼"的人鱼女孩,因害怕龙王怪罪而将其抛弃。人鱼女孩被男子平次带回家为妻。因生活所困,人鱼到妓院卖身,却遭客人嫌弃。之后夫妻二人靠"舔人鱼可以活千岁"赚钱度日,直到浦岛太郎和鲤鱼带来的玉匣子打开后,人鱼完全变成人。故事无非是将浦岛太郎传说与人鱼传说合二为一,却向读者传达了两个信息。一是人鱼之"上半身为人、下半身为鱼"的形象,二是"添人鱼可以活千岁"。

从以上文献可以看出,日本江户时期的"人鱼"仍被视为可怕的对象,可食、可入药,具有"长寿妙药"的功效。江户后期的日本,由于实行锁国政策,只与中国和荷兰保持贸易往来,此时的日本"人鱼"形象,一方面受中国《太平广记》等古籍中的人鱼传说和李时珍《本草纲目》的影响,另一方面也受到荷兰学者约翰·江斯顿(1603—1676)所著《动物图谱》的影响。这个时期的"人鱼"形象已由"人面鱼身"转变为"上半身为人、下半身为鱼",其"人"的成分明显增多了。

明治维新以后,"人鱼"在日本的诗歌、小说、随笔等文学作品中频繁出现。这些作品中,有的是受到"八百比丘尼传说"的影响。例如,森欧外的短篇小说《追傩》(1909年),民俗学家南方熊楠的随笔《人鱼的故事》(1910年)和《若狭的人鱼》(1916年),其中的人鱼都是可食的。有的作品则是根据江户时代的作品改变的。例如,蒲原有明叙事诗《人鱼之海》(1907)和太宰治的同名短篇小说《人鱼之海》(1934年)都是以井原西鹤的《夺命的人鱼之海》为蓝本创作的。然而,在这些作品中,不论是诗歌,还是小说,为数众多的却是受欧洲文学影响的作品。例如,北原白秋的《红玉》(1907)一诗中的"人鱼"有着油亮的黑发,会用美丽的声音诱惑船上的人们,这无疑有着德国传说中的美人鱼罗蕾莱和希腊神话中的海上女妖塞壬的影子。谷崎润一郎的小说《人鱼的叹息》(1917)描述了贵公子恋上人鱼后祈求人鱼完全变成人,而人鱼却说出了人鱼与人恋爱永被禁止的宿命。这与爱尔兰作家王尔德的童话《渔夫和他的灵魂》(1891年)有许多相似之处。1911年,堀口大学曾翻译了法国诗人阿波里奈尔的诗《人鱼们》,并于1926年发表了诗歌《人鱼》。另外,自小川未明的小说《红蜡烛与人鱼》(1921年)起,严谷小波的小说《天上的桥姬》(1928年)、长崎源之助的童话《人鱼给予的樱蛤》(1974年)、川北亮司的小说《双子的魔法人鱼之歌》(2002年)、岛田庄司的《人鱼兵器》(2005年)等作品都或多或少都受到安徒生的《海的女儿》的影响。

明治维新以来有关"人鱼"的众多文学作品中,除立松和平的小说《人鱼之骨》

(1970 年)中的人鱼"像马一样,难看且有着长长的头盖骨"①以外,其他作品中的人鱼不论是有着"绿色的头发",还是有着"油亮的黑发","上半身为人、下半身为鱼"是其共同的特征。

自《倭名类聚钞》中出现"人鱼"一词以来,日本的"人鱼"形象以《山海经》中"人面鱼身"的形象为原点的同时,发生了诸多的变异。至江户末期,"人鱼"的出现往往被视为一种"凶兆"。而且,人鱼肉可食这种观念深深植根于日本,人鱼被视为长寿的妙药。自江户中后期,尤其是近代以来,"人鱼"的形象已由"人面鱼身"演变成"上半身为人、下半身为鱼",其"人"的成分明显增多了。日本的"人鱼"形象在变异的过程中,既有中国文化的影响,又有日本本土文化的沉淀,再加上欧美文化的洗礼,是多元文化共同作用的具体体现。

参考文献

[1] 袁珂校注. 山海经校注. 上海古籍出版社, 1980.
[2] 方韬译注. 山海经. 中华书局, 2009.
[3] (日) 九頭見和夫. 日本の「人魚」像——『日本書紀』からヨーロッパの「人魚」像の受容まで. 和泉書院, 2012.
[4] (日) 益軒会編纂. 益軒全集卷之六. 益軒全集刊行部, 1911.
[5] (日) 永積安明、島田勇雄校注. 日本古典文学大系 84、古今著聞集. 岩波書店, 1966.
[6] (日) 花咲一男. 江戸の人魚たち. 太平書屋, 1978.

作者:张西艳(北京外国语大学中文学院 比较文学与跨文化专业 2014 级博士生,研究方向:东亚文学关系)

电话:13889902499

E-mail:359315050@qq.com

---

① (日)立松和平. 立松和平初期作品集Ⅰ、人魚の骨. 六興出版, 1990:32.

说"潦倒"

——杜甫的《登高》究竟表现了什么样的精神状态？

赵晓晖

[内容摘要] 杜甫的《登高》艺术成就极高，但对于这首诗表现出来的精神状态，却有不同的理解。本文从分析"潦倒"一词入手，结合史料与旁证，指出除了一般人所认为的"衰颓失意"之外，也有表现作者"疏放潇洒"、"落拓不羁"的另一种可能。

[关键词] 杜甫 《登高》 潦倒

杜甫的《登高》被明胡应麟称为"古今七律第一"，全诗如下：

> 风急天高猿啸哀，渚清沙白鸟飞回。
> 无边落木萧萧下，不尽长江滚滚来。
> 万里悲秋常作客，百年多病独登台。
> 艰难苦恨繁霜鬓，潦倒新停浊酒杯。

对于这首诗的艺术成就，无人否认；但是对于这首诗到底表现了诗人什么样的精神状态，却有不同的理解。笔者在 2004 年做硕士研究生毕业论文《江山与心灵的诗性交融——论长江与李白、杜甫的诗歌》时，认为这首诗主要体现了杜甫的"生命意识"，以下是笔者在论文中对这首诗的分析：

杜甫主要为儒家做派，儒家知其不可为而为之的奋斗精神，老当益壮的人生态度，使他更多地体会到了江水滔滔不尽、万世不竭的一面，他从长江意象中更强烈地提炼出了生命意识，从长江中感受到了无限的生命力。他的《登高》不仅仅是悲秋，更是生命意识的高昂：……这种生命意识的觉醒，更激励着他用生命的强度去弥补其长度的不足。……百病缠身，衰弱不堪的杜甫，依然借长江的奔涌表现出"烈士暮年，壮心不已"的奋斗精神，宛如春花在将谢之时的无比鲜艳，宛如恒星在燃烧将尽时的突然爆发，诗人在生命快要结束的时刻，突然爆发出了无比灿烂的光彩；诗人久经漂泊看破世事，因而变得更加从容自若。……这个生命是老迈病残的，但精神却是傲岸昂扬的；这个生命是苍凉忧郁的，但精神却是异常顽强的。这是杜甫用自己的生命意识谱写的一篇壮丽诗篇，这是在长江岸边天人合奏的一曲生命的绝唱！

阅读古诗，最大的乐趣是能够与古人"对话"，笔者在读这首古诗时，与杜甫跨越千年，完成了这一番对话。但对于这首诗的理解，更多的是不同意见。总的来说就是认为杜甫此时孤苦无依，身患重病，他的精神状态不可能如此积极。其实，这首诗的大部分地方含义甚明，争论的焦点当在"潦倒"一词上。在今人看来，很容易将本诗中的"潦倒新停浊酒杯"与现代汉语中的"穷困潦倒"联系起来，于是产生了消极悲观之感。事实上，很多注家也确实是这样解释的：今人萧涤非在他的《杜甫诗选注》说："潦倒，犹衰颓，因多病故潦倒，《夔府咏怀》诗云'形容真潦倒'可证。"①今人邓魁英也说："潦倒：失意颓丧貌。"②若把"潦倒"理解为"穷困潦倒"，当然是很悲观的，然依笔者当时的感觉，以杜甫的性格和他一生的经历，他不会如此消极。但若仅仅停留在感性层面，没有有力的证据，就很容易造成"诗无达诂"的局面。

近日，翻看宋朝郭知达的《九家集注杜诗》，在卷三十找到了另外一种说法：

"潦倒"字、"浊酒杯"字并出嵇康，盖云"潦倒粗疏"。又曰"浊酒一杯"也，若"潦倒"义，则《北史·崔赡传》云："自天保以后重吏事，谓容止酝藉者为潦倒，赡终不改也。"如此则潦倒亦非不佳之语，故公又曰"多才依旧能潦倒"。③

笔者以为宋代去唐未远，研究唐诗，宋人的意见值得重视。说自天保以来，"容止酝藉者为潦倒"。查中国历史年表，"天保"作为年号，有两处，一处是北齐文宣帝高洋的第一个年号，历时九年余，从550年五月至559年十二月；二是西梁政权梁明帝萧岿的年号，从562年二月至585年十二月，共计23年余。两者时间相差不远，都是唐以前，而此处既是《北史》，当指第一处。那么，何为"酝藉"呢？《辞海》（上海辞书出版社1999年版）云："酝藉，同'蕴藉'。宽和有涵容。"举例有：《汉书·薛广德传》："广德为人温雅有酝藉。"《北史·王昕传》："（昕母崔氏）生九子，皆风流酝藉。"由上例可以看出，"酝藉"的意思是形容人的风度潇洒。又如：《隋书·儒林传·元善》："善之通博，在何妥之下，然以风流酝藉，俯仰可观，音韵清朗，听者忘倦，由是为后进所归。"《旧唐书·权德舆传》："动作语言，一无外饰，酝藉风流，为时

---

① 萧涤非.杜甫诗选注.人民文学出版社,1979.302
② 邓魁英,聂石樵.杜甫选集.上海古籍出版社,2012.337
③ 洪业.杜诗引得.上海古籍出版社,1985.485

称向。"但也可以形容文章诗画意趣飘逸含蓄。如清赵翼《瓯北诗话·李青莲诗》："《春思》之'春风不相识,何事入罗帏',皆蕴藉吞吐,言短意长。"由此可见,如果说"容止酝藉者为潦倒"的话,这个"潦倒"实在算不上什么坏事,与我们今天所用的"潦倒"相差何止十万八千里!

仇兆鳌的《杜诗详注》注《登高》时云:"《绝交论》,潦倒粗疏。"可见,仇兆鳌和郭知达一致认为"潦倒"一语出自嵇康。那么,嵇康的"潦倒"究竟是何意呢?目前的《辞海》(同上)上"潦倒"有两意:一是指落拓不羁,举止不自检束。即放荡潇洒之意,举例即为嵇康《与山巨源绝交书》:"足下旧知吾潦倒粗疏,不切事情。"二是指衰病,失意。举有两例,一为李华的《卧疾舟中相里范二侍御先行赠别序》:"潦倒龙钟,百疾丛体。"二即是杜甫的《登高》诗:"艰难苦恨繁霜鬓,潦倒新停浊酒杯。"历史上嵇康之例早出,因此是"落拓不羁"之意在前,而"衰病失意"之意后起。事实上,落拓不羁、"不切事情",是很有可能造成经济困顿、生活失意的,这可能也就是"潦倒"一词的演变轨迹。发展到今天,在《现代汉语词典》(商务印书馆2002年增补本)里,潦倒就只有"颓丧;失意"的义项了。在解诗时,后人又有可能望文生义,以后世的"潦倒"去理解古人的原意。因此杜诗《登高》中的"潦倒"究竟是何意?是不宜轻易下结论的。

具体到唐代来说,"潦倒"表示"疏放",即"落拓不羁"之意不胜枚举,如王绩《答程到时书》:"吾受性潦倒,不经世务,屏居独处,则萧然自得。"李邕《春赋》:"趣下里之潦倒,喧乐土之繁华。"李白《上安州李长史书》:"白之不敏,窃慕余论,何图叔夜潦倒,不切于事情。"刘禹锡《苏州上后谢宰相状》:"某山东一书生,潦倒疏阔,在少壮日犹不逮人,况今衰迟,智力愈短。"《洛中酬福建陈判官见赠》:"潦倒声名拥肿材,一生多故苦遭廻。"白居易《答林泉》:"渐知吾潦倒,深愧尔留连。"《七年春题府厅》:"潦倒守三川,因循涉四年。"以上"潦倒"应皆为"疏放"之意。但与此同时,表示"失意颓丧"之意也有用例,除了上述李华诗之外,又如沈传师《次潭州酬唐侍御》诗:"嗟余潦倒久不利,忍复感激论元元。"唐之后,"潦倒"的用例仍然不绝如缕,笔者利用"诗词名句网"检索"潦倒"一词,共得从唐到近代222例,基本不出这两种用法。① 最有趣的是清曹雪芹的《红楼梦》中贾宝玉出场时对于他的描述:"潦倒不通世务,愚顽怕读文章。行为偏僻性乖张,那管世人诽谤!"说此时的贾宝玉穷困潦倒恐怕无论如何都说不过去,因此只能是"疏放"、"落拓不羁"之意。可见"潦倒"一词直到清代仍然有两义。

萧涤非指出,解释杜诗最好的办法,是"以杜解杜",杜甫一生创作极为丰富,因

---

① http://www.shicimingju.com/chaxun/shiju/%E6%BD%A6%E5%80%92 检索日期2015年4月8日。

此萧氏认为引诗互证,比较容易接近真相。① 遍检杜诗,"潦倒"一次共出现四处。上文萧涤非解释《登高》这首诗时引用的"形容真潦倒"出自《夔府书怀四十韵》,上下文为"不必陪玄圃,超然待具茨。凶兵铸农器,讲殿辟书帷。庙算高难测,天忧实在兹。形容真潦倒,答效莫支持。"这几句诗讲的是面对国难,杜甫陈救时筹策,希望息兵端、开言路,但是不能如愿,为足叹耳。萧氏言此处的"潦倒"是"衰颓"之意,然语意并不甚明了。又,郭知达所举之例"多才依旧能潦倒",出自《戏赠阌乡秦少公短歌》,全诗云:"去年行宫当太白,朝回君是同舍客。同心不减骨肉亲,每语见许文章伯。今日时清两京道,相逢苦觉人情好。昨夜邀欢乐更无,多才依旧能潦倒。"《杜臆》云:"末句有戏意。"仇兆鳌《杜诗详注》云:"本诗上忆往日交情,下喜中途欢聚。乐更无,谓更无如此之乐。秦抱才而为下吏,故曰依旧潦倒。"然而,郭知达显然是从积极的方面来理解此诗的,认为此处的"潦倒"应为"疏放"、"落拓不羁"之意。另外,杜诗中还有"大雅何寥阔,斯人尚典刑。交期余潦倒,材力尔精灵。二子声同日,诸生困一经。文章开突奥,迁擢润朝廷。"(《秦州见敕目薛三璩授司议郎毕四曜除监察与二子有故远喜迁官兼述索居三十韵》)之句。"余潦倒"与"尔精灵"相对,一般论者以为杜甫在秦州索居,必定说的是自己身困而喜彼陞擢,望其垂注也。然而,不要忽视"余潦倒"前面的"交期"二字,结合诗题中的"与二子有故",可以看出诗人在此处说的是当初他们交往时朋友之间意气风发的样子,故此处"潦倒"应为"疏旷"、"放达"之意。

综上所述,"潦倒"一词,除形容"穷蹙失意"之状,还可以表示"容止疏放"之意,而且后者才是本意。那么,一味强调杜甫《登高》中的"潦倒"为"衰颓失意"是不合适的。从杜甫的一生来看,年少时"放荡齐赵间,裘马颇轻狂"(《壮游》),至晚岁"白日放歌须纵酒,青春作伴好还乡"(《闻官军收河南河北》),其性格中确实有疏放潇洒、落拓不羁的一面;从时代背景来看,此诗当是作者漂泊夔州时所作,此时虽多病而戒酒,但未失为儒者风度,未失其容态,更未失其昂扬向上积极进取的奋斗精神,由创作于此时前后的《诸将五首》、《秋兴八首》等诗可见。《秋兴八首》以忧念国家兴衰的爱国思想为主题,以夔府的秋日萧瑟,诗人的暮年多病、身世飘零,特别是关切祖国安危的沉重心情为基调,但其间也穿插着轻快欢乐的抒情。从《登高》的具体内容来看,若解"潦倒"为"衰颓失意",则由前句"艰难苦恨繁霜鬓"一衰到底:戒酒的原因在于生活困顿,无钱买酒,因此是愈写愈悲,悲观之极;若释"潦倒"为"落拓不羁",则宕开一笔,由"艰难苦恨"转向豪放疏朗:作者已经经历过如此多的艰难困苦,现在的戒酒又是什么大不了的事情呢?以"无可无不可"的态度对待之,与前文的"不尽长江滚滚来"相呼应,一个藐视困苦,生命意志勃发的形象跃然纸上!对

---

① 萧涤非. 杜甫诗选注·例言. 人民文学出版社,1979.

于《登高》这首诗的理解,在王尚文先生为黄灵庚《训诂学与语文教学》一书作的《序二》中指出:

  照课文注释,此时的杜甫体弱多病,精神更是颓唐不振,是何等的萎靡!灵庚先生则注意到宋郭知达《九家集注杜诗》,说"容止酝藉者为潦倒",是六朝以来的俗语。再从杜诗本意看,杜甫晚年虽多病而戒酒,仍未失为儒者风范,精神更未失其翩翩风度的固态,所以"潦倒"非"穷蹙失意"之状,而是"容止疏放"、精神疏朗的样子。则二者所观照的"杜甫形象",其差异何止霄壤?

  由此可见,传统上对于杜甫《登高》的理解未必完全符合杜甫的原意,就其中表现出来的精神状态而言,说衰颓失意者自有其道理,但也不排除"疏放潇洒"、"落拓不羁"的另一种可能。而这恰恰表现了杜甫悲观中的乐观,绝望中的希望,彰显了他顽强的生命意识。杨义说李白往往在喝得酩酊大醉的时候,超越几乎是不可超越的市井与朝廷、布衣与天子的社会等级台阶,借助酒的刺激显示其生命的强力[1];而杜甫最突出地显示其生命的强力的时候,却可能是他"新停浊酒杯"之时。这或许是巧合,然而这种巧合也恰恰反映了他们人生状态的根本不同。

参考文献

  [1]萧涤非. 杜甫诗选注. 人民文学出版社,1979
  [2]邓魁英,聂石樵. 杜甫选集. 上海古籍出版社,2012
  [3]洪业. 杜诗引得. 上海古籍出版社,1985
  [4]仇兆鳌. 杜诗详注. 中华书局,1979
  [5]黄灵庚. 训诂学与语文教学. 浙江大学出版社,2008

---

  ① 杨义. 李杜诗学. 北京出版社,2001. 71—72